Kuba

Eine Übersichtskarte von Kuba mit den eingezeichneten Reiseregionen finden Sie in der vorderen Umschlagklappe.

Martina Miethig

Kuba

Kuba – Insel der Träume

Blumenverkäuferinnen in Havanna

»Hay que inventar« (sich was einfallen lassen) – so heißt das kubanische Überlebensmotto: eine Flasche Rum oder Speiseöl, damit die Frau zu Hause was kochen kann, ein paar Babywindeln oder wie man die kaputte Klospülung wieder hinkriegt, wie der altersschwache russische Kühlschrank in die Werkstatt oder man selbst am nächsten Morgen die 20 Kilometer zur Arbeit und wieder zurück kommt ... In der schlimmsten Phase der »período especial« (Spezialperiode) nach dem Zusammenbruch der Sowjetunion kursierten Anfang der 1990er Rezepte für die kubanischen Hausfrauen: wie man aus Grapefruitschalen genießbare »Steaks« machen kann ...

Am 28. Oktober 1492 betrat Kolumbus erstmals Kuba und wähnte sich bekanntermaßen in Indien: »Das ist das schönste Land, das menschliche Augen je gesehen haben!«, schwärmte der Entdecker. Als Wim Wenders und Ry Cooder 500 Jahre später die Insel besuchten, müssen sie Ähnliches gedacht haben. Der deutsche Regisseur und der US-Musiker lösten mit ihrem stimmungsvollen Musikfilm über die greisen Charmeure vom »Buena Vista Social Club« 1998 einen weltweiten Kuba-Boom aus.

Es ist wahrlich nicht zu überhören: Musik ist allgegenwärtig, schallt aus quasi jedem einsturzgefährdeten Hauseingang. »Musik ist in Kuba ein Teil des Lebens, das tägliche Brot«, sagt Wim Wenders. »Wenn es nichts zu essen gibt, gibt es immer noch Musik.« Eine Überdosis riskiert der Reisende in Havanna, Trinidad und Santiago de Cuba: Die pausenlos »Chan Chan«-schmetternden Musikanten-Trios spielen heute vorwiegend für Touristen (und den eigenen Lebensunterhalt) – in jedem Hotel und Restaurant, am Pool und selbst am Strand.

Musik, Rum und Galgenhumor helfen den Kubanern, ihren postsozialistischen Alltag mit all seinen Hürden zu ertragen – wenn es sein muss mit leiernden Klängen aus dem Kassettenrecorder, weil der Strom mal wieder gesperrt ist und Batterien Mangelware sind im Reich Fidel Castros. Hätten die elf Millionen Kubaner nicht ihre Musik, ihre mitreißende Lebenslust und eine bewundernswerte Improvisationskunst – nicht zu vergessen: die Dollars der Exilverwandten – Fidel und seine *Compañeros* wären schon längst Geschichte wie die alten Genossen in Ostberlin und Moskau. Kuba aber bleibt hartnäckig eine der letzten »Inseln«

des Sozialismus. Ein *socialismo* im Salsa-Takt wohlgemerkt, der auch den Touristen zunehmend gefällt: mit Sonnenschein, Palmen und leckeren Cocktails, langbeinigen Tropicana-Tänzerinnen und *piropos* – Komplimente und Schmeicheleien (oft auf weibliche körperliche Vorzüge bezogen) –, die nur kubanische Männer über die Lippen bringen.

Wenn Kolumbus damals Salsa oder Rumba zu hören bekommen hätte, wäre der »Große Admiral« nicht zeitlebens seinem geografischen Irrtum erlegen. Heute weiß jeder: Kuba liegt mitten in der Karibik – die Bahamas, Jamaika und Florida sind nur einen Katzensprung entfernt. *La Isla Grande* ist voll exotischer Naturschönheiten. Mehr als 300 Strände blenden mit weißem puderfeinen Sand, über dem Kokospalmen Schatten spenden, das Meer leuchtet in türkis-grün-blauen Schattierungen bis zum Horizont.

Kuba ist die größte Insel der Antillen mit rund 4000 großen und kleineren *cayos* (Inseln), die parallel zur 5700 Kilometer langen Küste im Karibischen Meer und im Atlantischen Ozean verstreut sind. Die Karibikinsel ist weithin bedeckt mit wogenden Zuckerrohrfeldern, sattgrünen Tabakpflanzen, Palmen- und Guaven-Hainen. Kutschen und Ochsengespanne, klapprige Oldtimer und kubanische Cowboys hoch zu Ross sowie eine Armada aus Fahrradfahrern prägen bis heute das Bild auf den Provinzstraßen. Eine Insel, auf der die Zeit an manchen Orten tatsächlich stehen geblieben ist.

Die Kapitale **Havanna** ist eine der schönsten Städte der Welt – und eine der am meisten verfallenen. Die Kubaner schwärmen

Kuba – Insel der Träume

Spätestens seit »Buena Vista Social Club« ist Kuba berühmt für seine Musik und die heißen Rhythmen

Oldtimer gehören zum Stadtbild von Havanna

Kuba – Insel der Träume

Malerisch und marode: Sonne und Meerwasser lassen Havannas Fassaden bröckeln

An die lebensnotwendigen Devisen (Euro oder CUC) kommt der normal sterbliche Kubaner nur mit Jobs im Tourismus oder mit Schwarzmarktgeschäften, mit Exilverwandten oder Prostitution. Denn das offizielle monatliche Durchschnittsgehalt um 400 Pesos cubanos (umgerechnet ca. 11-15 €) wird in »moneda nacional« ausgezahlt. In Kuba kostet jedoch fast alles auch für die Kubaner »künstliche« Pesos convertibles (die Ausländerwährung) oder Euros: Lippenstift, Shampoo, Schokoriegel, Jeans oder die Taxifahrt.

So bleibt vom offiziellen Gehalt nicht viel übrig, wenn ein kubanischer Familienvater mit seinen Kindern in die staatliche Fastfood-Kette Burgui geht und ein paar Hamburger und kubanische »Tropicolas« bezahlt – in CUC versteht sich. Selbst ein Arzt in Kuba verdient umgerechnet kaum 25 Euro pro Tag in quasi wertlosen kubanischen Pesos.

trotzdem von ihrer Hauptstadt wie von einer betörenden Frau: *La Habana* bezaubert in ihrer kolonialen Altstadt mit mächtigen Festungen und Barockkirchen, kolonnadenreichen Palästen und Villen mit marmornen Säulen. 500 Jahre Geschichte sind hier mit Hilfe der UNESCO restauriert und wieder zum Leben erweckt worden – so lebendig und real, dass niemand sich wundern würde, käme in den kopfsteingepflasterten Gassen zwischen all den Souvenirständen Kolumbus einen Bolero pfeifend um die Ecke geschlendert. In manchen alten Palästen, in denen heute herrlich restaurierte Hotels residieren, fühlt man sich wie Alexander von Humboldt bei seinem Havanna-Besuch vor 200 Jahren: Man muss den Kopf einziehen, wenn man das Gemach betritt, die Badewanne steht auf bronzenen Löwenpranken, der Ausblick auf den Hafen ist schmiedeeisern vergittert.

Gleichermaßen sehenswert sind die ebenfalls von der UNESCO als Weltkulturerbe geschützten Kolonialstädte **Trinidad** und **Cienfuegos**, wo Pferdehufe über holprige Kopfsteine klappern oder ein Alter im Schaukelstuhl auf der Veranda sein Nickerchen macht. Noch nicht so sehr von Reisegruppen überlaufen sind koloniale Schmuckstücke wie **Camagüey, Matanzas** und **Sancti Spíritus**. Mit oft noch unverfälschtem, d.h. weithin unrestauriertem Altstadtcharme empfangen das abgelegene **Baracoa** (die erste spanische Siedlung) sowie die Städtchen **Remedios, Gibara** und **Manzanillo**.

Bei der Reise über die Insel liegen neben den Städten auch märchenhafte Landschaften am Wegesrand. Im Westen weist die Provinz **Pinar del Río** eine Kulisse auf, die aus dem »Jurassic Park«-Drehbuch stammen könnte: Bizarre urzeitliche Kalksteinhügel *(mogotes)* überragen das **Viñales-Tal** – buckligen Riesen gleich, die über das Mosaik aus kupferroter Erde und grünen Kaffee- und Tabakpflanzen wachen. Oder das reizvolle hügelige **Valle de los Ingenios** mit seinen Zuckermühlen-Ruinen bei Trinidad. Kubanische Cowboys mit Strohhüten, die *Vaqueros*, treiben ihre Rinderherden über die endlosen Weideflächen im Landesinneren – und manchmal auch über die leere Autopista, und dann heißt es Vorsicht! So ein Zebu-Stier hat schon in manchem Mietwagen eine Beule hinterlassen.

Je weiter der Reisende ostwärts in den Oriente vordringt, desto tropischer präsentiert sich das karibische Land. Der äußerste Ost-

Kuba – Insel der Träume

zipfel um das verschlafene **Baracoa** ist die regenreichste Region Kubas: Hier wartet der bergige Regenwald im **Nationalpark Alejandro de Humboldt** auf Entdeckung. Die herrliche Serpentinenstraße La Farola schlängelt sich hinunter Richtung Guantánamo und Santiago, wo schließlich eine ebenso spektakuläre Küstenstraße in die Provinz Granma führt, immer haarscharf entlang der schroffen Steilküste der Sierra Maestra und mit sagenhaftem Panorama über das Karibische Meer. Die Berge der **Sierra Maestra** wachsen hier dramatisch steil aus dem Meer empor. Kein Wunder, dass die Gebirgskette Mitte der 1950er als Unterschlupf für die Rebellen um Fidel Castro diente. Doch der Osten gilt ohnehin als die aufmüpfigste Ecke Kubas: Hier fanden im Laufe der Jahrhunderte fast alle entscheidenden Befreiungskämpfe statt – gegen Kolonialherren und Sklavenhalter, gegen Diktatoren und *Yanquís*.

Die rund zwei Millionen Urlauber können auf einer Vielzahl von **thematischen Touren** quer durch das Land ihr eigenes Lieblings-Kuba entdecken. Wer den historischen Spuren von Castro und Co. folgen will, begibt sich auf revolutionäres Terrain: zuerst in die mit viel Pathos und Propaganda gefüllten Museen, zum Beispiel in Santiago, wo Castro am 1. Januar 1959 die siegreiche Revolution ausrief. Man besucht Kommandozentralen in bergiger Wildnis, das Che-Guevara-Mausoleum in Santa Clara, Castros Zelle im Gefängnis Presidio Modelo auf der **Isla de la Juventud** und natürlich die **Bahía de Cochinos**, die Schweinebucht an der Südküste, wo die Invasion der Exilkubaner gegen Castro 1961 gescheitert ist. Revolutionsanhänger können auch tatkräftig anpacken und sind bei den Solidaritätsprojekten und Arbeitsbrigaden immer wieder gern gesehene Gäste.

Un-dos-tres – wer lieber die Hüften schwingt, kann einen Salsa-Tanzkurs buchen und die Nächte in den unzähligen Bars, *casas de la trova* und Konzerthallen im ganzen Land durchschwofen.

Kuba war das erste Land, das die Konvention zur Beseitigung jeder Form von Diskriminierung der Frauen unterzeichnete

Kuba – Insel der Träume

Im Straßenbild allgegenwärtig: Comandante Ernesto Che Guevara

In der Zeit um Jahrzehnte zurückversetzt: Zuckerrohrbauer im Viñales-Tal

Zigarren-*Aficionados* schauen den Zigarrendrehern in den Tabakfabriken über die Schulter oder fachsimpeln mit den Tabakfarmern im Westen des Landes, wo die weltweit besten Tabakpflanzen gedeihen. Von hier stammen die weltberühmten Zigarren: die »Cohibas«, die »Montecristos« und »Romeo y Julietas«. Doch die malerische Gegend um **Pinar del Río** mit ihren kühlen Kiefernwäldern, Höhlen und Wasserfällen zieht zunehmend auch Naturfreunde und Ornithologen, Moutainbiker und Wanderer in ihren Bann, ebenso die **Sierra del Escambray** im Landesinneren und die östliche Sierra Maestra.

Auch die Fans von Dampfloks, Jazz oder Unterwasserhöhlen kommen in Kuba auf ihre Kosten, ebenso die Cineasten und Domino-Spieler, Segler und Taucher, Felsenkletterer und Reiter ... Eigentlich sind auf der Karibikinsel nur die professionellen Gipfelstürmer fehl am Platz, denn Kubas höchste Herausforderung, der **Pico Turquino**, misst ganze 1974 Meter ... (er birgt dennoch einige Überraschungen, wie man beim zweitägigen Aufstieg merken wird, vgl. S. 171 f.).

Pilgern kann man in Kuba auch auf den Spuren der Götter der Sklaven: Die afrikanischen *orishas* haben sich im Laufe der Jahrhunderte mit den katholischen Heiligen im **Santería-Kult** vereint, und so wird dem heiligen Lazarus noch heute alljährlich Mitte Dezember ein Huhn oder gar ein Ziegenbock geopfert – damit im irdischen Leben des Spenders nichts mehr schief gehen kann. Je unsicherer die Zukunft, desto größer der Andrang bei den okkulten Priestern.

Die kubanischen Errungenschaften in Bildungs- oder Gesundheitssystem sind zwar noch immer einzigartig unter den lateinamerikanischen Staaten und der so genannten Dritten Welt, ebenso unübersehbar sind jedoch auch die Warteschlangen vor den staatlichen Peso-Läden mit ihren meist leeren Regalen, die

seit 40 Jahren immer gleichen Durchhalteparolen am Straßenrand: »Hasta la victoria siempre« (Bis zum immer währenden Sieg) und die mit Geldscheinen winkenden Kubaner an den Ausfallstraßen – das Trampen ist seit der US-Blockade mangels Benzin und Transportmitteln ein kubanisches Massenphänomen.

Seit 1959 haben mindestens eine Million Kubaner ihre Heimat verlassen. Allein 2001 sollen ebenso viele Kubaner ein Visum für die USA beantragt haben – doch nur 20 000 werden pro Jahr offiziell bewilligt. Verzweiflung spricht aus den ungewöhnlichen Fluchtmethoden: im Fahrgestell von kanadischen Flugzeugen, auf Flößen oder in den zu Amphibienfahrzeugen umgebauten Lastwagen. Die Flüchtlinge, die vor der nur 150 Kilometer entfernten Küste Floridas von der US-Küstenwacht aufgegriffen werden, schickt man zurück – nur wer das amerikanische Festland erreicht, darf auch bleiben. Die Rückkehrer leben in Kuba unter Beobachtung der Staatssicherheit und mit der Hoffnung auf eine Demokratisierung und Verbesserung ihrer Lebensumstände – wie Abertausende unzufriedener Landsleute. Viele junge Frauen und Männer versuchen neuerdings, der wirtschaftlichen Misere durch eine Heirat ins Ausland zu entgehen – der Tourismus als Kontaktbörse und Fluchthelfer.

Die meisten Touristen können nach zwei Wochen die kubanischen Ohrwürmer mitsingen. Aber von den Schattenseiten im *paraíso tropical* werden und wollen viele nur wenig spüren, schon gar nicht in Havanna und in den Touristenzentren mit ihren kilometerlangen Puderstränden und reich gefüllten Büfetts. »Besame, besame mucho« ... Doch wer jemals in Kuba die karibischen Nächte nach diesem Evergreen voller Abschiedsschmerz durchtanzt hat oder sich vom Rhythmus der Rumba verführen ließ, wird trotzdem immer wieder hierher zurückkehren ...

Von Palmen gesäumter Puderstrand an der Bahía de Corrientes im Westen Kubas

Viele berühmte Sänger und Schauspieler, die heute in den USA leben, stammen aus Kuba: die Pop-Ikone Gloria Estefan, die kürzlich verstorbene Salsa-Königin Celia Cruz und ihr Kollege Willy Chirino, und nicht zu vergessen: Jennifer López und der US-Schauspieler Andy García. Meist sind sie im Kindesalter mit Ihren Eltern in die USA ausgewandert bzw. geflüchtet oder als Kinder von kubanischen Emigranten geboren.

Chronik Kubas
Daten zur Landesgeschichte

Tönerne Kultfigur der Taíno-Indianer aus dem Osten Kubas

Detail am Portal des Capitols von Havanna: die Verbrennung von Hatuey durch die Spanier

4000–6000 v. Chr.
Vor rund 6000 Jahren leben bereits Ureinwohner auf Kuba. Im Laufe des 2. Jahrtausends besiedeln drei indianische Stämme die Insel: die Guanahatabey den Westen, die Siboney das Zentrum und die Taíno den Osten. Die Taíno sind am weitesten entwickelt: Sie leben vom Ackerbau und stellen Ton-Utensilien her.

(27./28. Oktober) 1492
Christoph Kolumbus entdeckt und betritt Kuba (bei Gibara im Osten) in dem festen Glauben, er habe Indien gefunden. Verlockend ist besonders die strategisch günstige Lage als Tor zur Neuen Welt – zur Eroberung und Ausbeutung (vor allem des Goldes) des restlichen lateinamerikanischen Kontinents.

Christoph Kolumbus landet am 27. Oktober 1492 auf Kuba

1511–15
Diego Velázquez de Cuéllar wird als erster Gouverneur der spanischen Krone nach Kuba geschickt. Seine Truppen erobern die Insel im Sturm und unterwerfen die Indianer als Sklaven. Ein aus Hispaniola (heute Haiti und Dominikanische Republik) vor den Spaniern geflohener Kazike namens Hatuey führt 1511/12 einen Aufruhr gegen die Kolonisatoren an und wird 1512 auf dem Scheiterhaufen verbrannt – heute gilt er als der erste Revolutionär und Märtyrer Kubas. Die ersten sieben *villas* werden gegründet: Baracoa, Bayamo, Trinidad, Sancti Spíritus, Santiago de Cuba, Havanna und Camagüey.

16./17. Jh.
Innerhalb eines halben Jahrhunderts nach der Entdeckung Kubas sind die schätzungsweise 200 000 bis 500 000 Indianer ausgerottet durch Masern und Pocken, Inquisition, Zwangsarbeit und Massaker. Schon ab 1522 ersetzen Sklaven von der Nachbarinsel Hispaniola und aus Afrika die Ureinwohner als billige Arbeitskräfte. Die Reichtümer Kubas sind Tabak und Zucker. Ein königlich-spanisches Handelsembargo gegen britische, französische und hol-

ländische Kaufleute tritt in Kraft und sorgt für Unzufriedenheit in der Kolonie und für Schmuggel. Die drei Länder schicken ihre Piratenflotten nach Kuba unter der Leitung von Francis Drake und Henry Morgan.

Chronik Kubas
Daten zur Landesgeschichte

1762
Die Engländer erobern mit einer Armada aus 200 Kriegsschiffen die kubanische Kapitale Havanna. Eine der ersten Maßnahmen der fast einjährigen Belagerung ist die Öffnung der kubanischen Häfen und Städte für den freien Handel – eine wirtschaftliche Blütezeit ist die Folge.

Um 1800
Wegen der Sklavenaufstände und der Republikgründung auf Haiti (1804) fliehen rund 30 000 französische Kaffee- und Zuckerplantagenbesitzer mit ihren Sklaven nach Kuba. Durch den Zusammenbruch der haitianischen Zuckerproduktion wird der Zucker aus Kuba jetzt zum wichtigsten Exportprodukt.

10.10.1868–1878
Der erste Unabhängigkeitskrieg beginnt mit dem »Schrei von Yara«: Der Zuckerbaron Carlos Manuel de Céspedes führt den Aufruhr im Osten an und entlässt seine Sklaven. Zahlreiche Bauern, ehemalige Sklaven und Intellektuelle schließen sich den *Mambíses*, den Freiheitskämpfern, an. Den Friedensvertrag von Zanjón (1878) erkennen viele Befreiungskämpfer, wie Antonio Maceo, Máximo

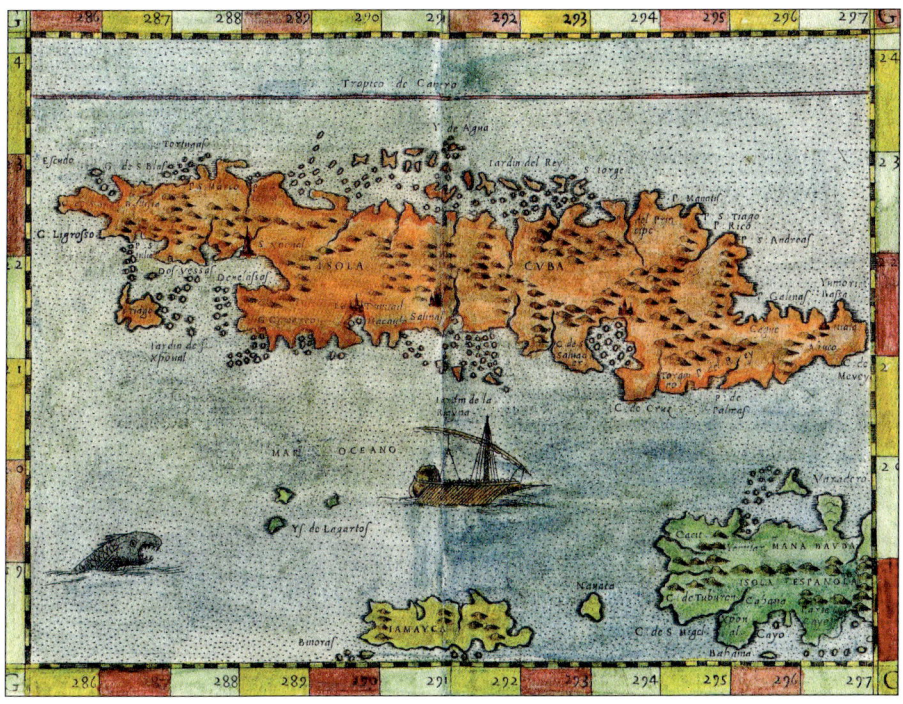

Kupferstich der »Isola Cuba Nova« des Italieners Girolamo Ruscelli von 1561

Chronik Kubas
Daten zur Landesgeschichte

Zuckerrohrkähne am Ufer des Río San Juan in Matanzas - im 19. Jahrhundert Hauptstadt des Zuckerrohrs

Historisches Pflaster betritt man auf dem San Juan-Hügel im Osten von Santiago, dem finalen Schauplatz des zweiten Unabhängigkeitskrieges gegen Ende des 19. Jahrhunderts: Unter einem Ceiba-Baum unterzeichneten die besiegten Spanier im November 1898 die Kapitulation, womit die 30 Jahre andauernde Krieg und die 400-jährige spanische Kolonialepoche endgültig beendet wurden. Ein Denkmal sowie ein Zaun aus Bajonetten wurden an diesem Baum errichtet. Ein paar Schritte weiter oben liegt ein friedlicher Platz mit Bäumen und Königspalmen, einem Obelisken, alten Kanonen und einigen Soldaten-Statuen. Unter den amerikanischen Soldaten, die hier an der Seite der Kubaner gegen die Spanier gekämpft hatten, war auch der spätere US-Präsident Theodore Roosevelt.

Gómez und José Martí, wegen der nur minimalen Reformen nicht an und gehen schließlich ins Exil.

1895–1898
Der zweite Unabhängigkeitskrieg wird von dem bedeutendsten kubanischen Dichter, Philosophen und Politiker José Martí angeführt, der allerdings schon 1895 bei den ersten Kämpfen im Osten fällt und damit zum Märtyrer für den Befreiungskampf Kubas wird. Im Februar 1898 explodiert im Hafen von Havanna das US-Schiff »Maine« – die Amerikaner geben den Spaniern die Schuld an dem Vorfall und besetzen Kuba. Ende des Jahres kapituliert Spanien.

Ab 1902
Kuba wird 1902 zur Republik erklärt. Im *Platt Amendment*, einer pro-amerikanischen Zusatzklausel in der kubanischen Verfassung, wird die Souveränität der Insel unter einem US-Gouverneur allerdings stark eingeschränkt: Die USA können jederzeit militärisch eingreifen, wenn ihre Interessen in Gefahr sind – bis in die 1930er Jahre machen die US-Militärs diese Drohung viermal wahr. Weite Teile der De-facto-Kolonie Kuba und seiner Wirtschaft sind in US-Besitz, vor allem die Zuckerproduktion, Obstplantagen, Rinderfarmen und Nickelminen.

1940–52
Der (ehemalige) militärische Oberbefehlshaber Fulgencio Batista wird zum Präsidenten Kubas – und innerhalb seiner vierjährigen Amtszeit zum Millionär. Nach einem Putsch gelangt der korrupte Batista 1952 ein zweites Mal ins Präsidentenamt. Die Schere zwischen Arm und Reich klafft immer weiter auseinander, die kubanische Opposition wird brutal unterdrückt.

26.7.1953–1955
Unter der Führung des jungen Rechtsanwaltes Fidel Castro stürmen rund hundert Männer am Karnevalstag die Moncada-Kaserne in Santiago de Cuba. Der Überfall misslingt, die meisten Rebellen werden inhaftiert, gefoltert und ermordet. Aufgrund des öffentli-

chen Drucks wird den Überlebenden der Prozess gemacht: Castro hält seine berühmte Verteidigungsrede, die gleichzeitig eine Anklage des Batista-Regimes ist: »Die Geschichte wird mich freisprechen.« 1955 wird er amnestiert und geht ins Exil nach Mexiko.

Chronik Kubas
Daten zur Landesgeschichte

2.12.1956–1958
Mit der Landung der vollkommen überladenen Yacht »Granma« an der südostkubanischen Küste wollen Fidel Castro und weitere 81 Rebellen (darunter Ernesto Che Guevara) die Revolution ein zweites Mal durchsetzen, doch auch dieses Unternehmen scheitert – sie werden von der kubanischen Armee erwartet und beschossen. 18 überlebende Guerilleros fliehen in die Sierra Maestra. In den Bergen schließen sich immer mehr Bauern und Regierungssoldaten der Guerilla an.

Amerikanische »Marines« im Parque Martí in Guantanamo-City

Der Widerstand gegen das verhasste Batista-Regime wächst in der Bevölkerung, selbst die CIA sollen die Befreiungsbewegung finanziell unterstützt haben. Eine Offensive der Regierungsarmee mit 10 000 Soldaten gegen rund 350 Rebellen wird zurückgeschlagen. Am 30.12.1958 erobert Che Guevara mit seiner Rebellentruppe die Stadt Santa Clara im Zentrum Kubas. In der Silvesternacht flieht Batista in die Dominikanische Republik.

1.1.1959
Mit einem Generalstreik verhindern die Kubaner die erneute Machtübernahme der Militärs. In der Nacht vom 1. zum 2. Januar verkündet Fidel Castro in Santiago den Sieg der Revolution.

1959/60
Zu den ersten Maßnahmen der Revolutionäre gehören die Alphabetisierungskampagne, die Einführung der kostenlosen Gesund-

Fidel Castro umarmt Juri Gagarin, den die Russen als ersten Menschen im Weltall feiern (1961)

Chronik Kubas Daten zur Landesgeschichte

Ernesto Che Guevara: Fotografie aus dem Che-Guevara-Museum in Santa Clara

Ernesto Che Guevara, 1928 in Argentinien geboren, ist der weltweit berühmteste aller Guerilleros, verehrt wie ein Pop-Idol, und mit seinem jugendlichen Antlitz in Kuba allgegenwärtig. Er stammte aus einer Familie der Oberschicht, war Arzt und wurde zum intellektuellen Vordenker für den Guerilla-Kampf in allen Teilen der Erde. In Mexiko traf er 1956 Fidel Castro und schloss sich den Exil-Kubanern an, als sie mit der Yacht »Granma« im gleichen Jahr im Südosten Kubas landeten.

Camilo Cienfuegos Gorriarán: neben Che Guevara und Fidel und Raúl Castro einer der führenden Revolutionäre

heitsversorgung, die Mietpreissenkung und eine Agrarreform. Großgrundbesitz über 400 Hektar wird enteignet, alle US-amerikanischen Firmen und Banken werden konfisziert und verstaatlicht. Die USA kündigen daraufhin ihre langjährigen Importe von Zucker und den Export von Erdöl nach Kuba. Die Sowjetunion übernimmt bald die Rolle des größten Handelspartners von Kuba. Hunderttausende Batista-Gefolgsleute und reiche Kubaner verlassen das Land. Anhänger des Diktators werden als »Kriegsverbrecher« zum Tode verurteilt.

1961
Die Invasion in der Schweinebucht von rund 1500 Exilkubanern mit Hilfe der CIA im April wird verhindert. Ein US-Handelsembargo tritt in Kraft. Im Dezember erklärt Fidel Castro Kuba zur ersten sozialistischen Republik in Lateinamerika.

1962
Im Oktober 1962 kommt es zur Kuba-Krise, die als Höhepunkt des Kalten Krieges gilt und fast Anlass zu einem Dritten Weltkrieg mit Atomwaffen wird: Die Sowjetunion zieht nach einer Drohung von US-Präsident John F. Kennedy ihre seit April 1962 auf Kuba stationierten Atomraketen ab. Die USA erklären daraufhin schließlich in geheimen Abmachungen den Verzicht einer militärischen Invasion in Kuba.

1970er/1980er Jahre
Hunderttausende Kubaner kämpfen in Algerien, Zaire und Angola an der Seite kommunistischer Rebellen und Truppen. Nur die Wirtschaftshilfe und Subventionen der UdSSR sorgen dafür, dass die Versorgung der kubanischen Bevölkerung gesichert ist. Tausende Kubaner fliehen dennoch 1980 auf selbstgebauten Flößen Richtung USA.

1990–92
Seit dem Zusammenbruch der Sowjetunion herrscht in Kuba die *período especial:* Immer mehr Lebensmittel und Alltagsgüter wer-

den in dieser »Spezialperiode« rationiert. Es kommt zu Stromsperren, Krankheiten durch Mangelernährung, kleineren Rebellionen, politischer Verfolgung und verstärkter Flucht ins Ausland.

Chronik Kubas
Daten zur Landesgeschichte

1993–95
Die Zeit zaghafter Reformen beginnt: Den Kubanern dürfen u.a. kleine Restaurants, Privatpensionen und Handel auf den Bauernmärkten betreiben. Joint Ventures werden vor allem im Tourismus zugelassen. Der Besitz von US-Dollar wird 1993 legalisiert.

August 1994
Die USA wollen sich nicht an die offiziell zwischen beiden Staaten vereinbarte Einreisequote von 20 000 Kubanern pro Jahr in die USA halten. Castro lässt daraufhin die Ausreise erleichtern und die Küstenkontrollen aufheben – eine Massenflucht von Tausenden unzufriedenen Kubanern auf kleinen Fischerbooten und Flößen ist die Folge. Die meisten der *Balseros* (Bootsflüchtlinge) werden von den USA nach Kuba zurückgeschickt.

1995/96
Mit dem weltweit heftig kritisierten Helms-Burton-Gesetz verschärfen die USA ihr Embargo und drohen nun sogar (Dritt-) Ländern mit Sanktionen, wenn sie Handel mit Kuba betreiben.

1998
Papst Johannes Paul II. besucht Kuba, politische Gefangene werden aus diesem Anlass amnestiert. Ein Rekord: rund 1,4 Millionen Touristen besuchen das Land. Kuba entwickelt sich zu einem boomenden Reiseziel von Pauschalurlaubern und Abenteuer suchenden Individualtouristen aus aller Welt.

1999
Gesetze gegen Oppositionelle und »Konterrevolutionäre« werden verschärft, ebenso die Straßenkontrollen – offiziell als Maßnahme gegen die mit dem Tourismus wieder aufkeimende Prostitution und Straßenkriminalität.

John F. Kennedy 1962: die Kuba-Krise erreicht ihren Höhepunkt

Seit 1959 haben etwa eine Million Kubaner ihre Heimat verlassen. Bis heute sind in Kuba weder eine Oppositionspartei noch freie Medien zugelassen. Regierungsgegner werden weiterhin inhaftiert bzw. ins Exil gezwungen oder sie leben unter den Repressalien der Staatssicherheit: Hausdurchsuchungen mit Beschlagnahme des Eigentums, Diffamierungen als »Verrückte« oder »Würmer« (gusanos), Arbeitsverbot und Zensur.

Für US-Präsident Bush rangiert Kuba auf der »Achse des Bösen« gleich hinter Iran und Nordkorea. Doch Fidel Castro war bis zu seinem Rücktritt im Juli 2006 (wegen einer Darm-Operation) der unbestrittene »Máximo Líder« – der am längsten amtierende Staatschef der Welt!

Ananas: einer der wichtigsten Exportprodukte Kubas – bereits Kolumbus kam in ihren Genuss

15

*Chronik Kubas
Daten zur Landesgeschichte*

El Capitolio – das Capitol in Havanna überragt sein Vorbild in Washington D.C. um einen Meter

Waschtag in Havanna: »The Star-Spangled Banner«

2000–2001

Im Jahr 2000 beschließt der US-Senat die Lockerung des US-Wirtschaftsembargos, und nach den schweren Verwüstungen des Hurrikans »Michelle« führt Kuba erstmals seit den 1960ern Ende 2001 wieder US-Lebensmittel ein. Dennoch sollen 2001 rund eine halbe Million Kubaner Visa für die USA beantragt haben (nur 20 000 werden jedoch erlassen). Die US-Militärbasis Guantánamo wird nach den Anschlägen vom 11. September 2001 in den USA von der amerikanischen Regierung genutzt, um vermeintliche Al-Qaida-Mitglieder und Kriegsgefangene festzuhalten – ohne Anklage und Rechtsbeistand.

2002

Ex-Präsident Jimmy Carter besucht im Mai Kuba. Ebenfalls im Mai reicht das oppositionelle Varela-Projekt eine Liste mit rund 11 000 Unterschriften beim Volkskongress ein – ein erster Massenprotest mit der Forderung nach freien Wahlen und Redefreiheit. Im Juni wird der Sozialismus per »Volksentscheid« als »unberührbar« und auf ewig in der Verfassung verankert.

Seit Ende des Jahres nehmen Fluchtversuche, teils durch Boots- und Flugzeugentführungen, zu. Die kubanische Regierung beschließt, die Hälfte der Zuckerrohrfabriken zu schließen und damit eine halbe Million Arbeitskräfte freizusetzen.

2003

Kubanische Gerichte verurteilen im Frühjahr insgesamt 75 friedliche Regimekritiker (der Varela-Bewegung) wegen angeblicher Beteiligung an »verschwörerischen Aktivitäten« in der ständigen Vertretung der USA in Havanna zu hohen Gefängnisstrafen. Die deutsche Beauftragte für Menschenrechte der Bundesregierung, Claudia Roth, kritisiert die Zustände und darf nicht nach Kuba einreisen.

Salsa-Königin und Grammy-Gewinnerin Celia Cruz stirbt in New Jersey im Alter von 77 Jahren. Einige Tage zuvor verstarb Compay Segundo (Buena Vista Social Club) 95-jährig in Havanna und im Dezember 2003 schließlich auch sein Kollege Rubén Gonzáles im Alter von 84 Jahren.

2004

Der US-Dollar wird als offizielles Zahlungsmittel wieder abgelöst durch den *Peso convertible* (CUC; und den Euro in den Touristenregionen).

2005

Über Kubas Öffentlichkeit wird ein gesetzliches Rauchverbot verhängt (in Büros, Theatern, Kinos usw.). Ibrahim Ferrer, die Stimme vom Buena Vista Social Club, stirbt 78-jährig im August in Havanna.

2006

Kuba will seine Elektrizitätsanlagen mit neuen leistungsstarken Generatoren ausstatten, die den bisher fast täglichen Stromabschaltungen *(apagones)* ein Ende machen sollen.

Am 31. Juli 2006 gibt Fidel Castro wegen einer Operation seine Regierungsgeschäfte vorläufig an seinen jüngeren Bruder Raúl Castro Ruz ab.

2008

Fidel Castro tritt nach fast 50 Jahren an der Staatsspitze zurück, neuer Staatspräsident wird Raúl Castro. Die EU nimmt die diplomatischen Beziehungen nach dem Abbruch 2003 wieder auf. Die Weltwirtschaftskrise trifft jetzt auch Kuba hart, ebenso die drei Wirbelstürme »Gustavo«, »Ike« und »Paloma«, die in der zweiten Jahreshälfte Schäden in Milliardenhöhe anrichten.

Als Tourist bezahlen Sie auf Kuba mit Pesos convertibles

2009

Der neue US-Präsident Obama erleichtert die Reisebedingungen für die in den USA lebenden Exil-Kubaner nach Kuba und lockert weitere Sanktionen, auch der private Geldtransfer in die einstige Heimat der Kubaner wird erleichtert.

2010

Die 2008 angekündigten Reformen sind bisher nur teilweise umgesetzt worden (u.a. erlaubte Übernachtungen für Kubaner in Touristenhotels, Kauf von Handys und Computern) – tatsächlich verändert sich nicht viel, denn die meisten Kubaner haben kein Geld für die horrenden Preise in Devisengeld, dem Peso covertible (CUC). Dennoch sehen Experten das Land seitdem in einem allmählichen, wenn auch langsamen politisch-wirtschaftlich und gesellschaftlichen Umbruch.

Wie auf einem Gemälde ▷ präsentiert sich die traumhafte, fast urzeitlich wirkende Landschaft im Valle de Viñales

2011

Zum Jahresbeginn 2011 kündigt die Regierung weitere einschneidende Reformen an: In den kommenden Monaten sollen eine halbe Million Staatsbedienstete entlassen werden (20 Prozent aller staatlich Beschäftigten), innerhalb von drei Jahren sollen sogar etwa 1,3 Millionen Stellen gestrichen werden. Damit will die Regierung einen Wirtschaftskollaps verhindern, weil die Staatskassen leer sind. Im Gegenzug sollen nun endlich auch im sozialistischen Kuba verstärkt private Erwerbstätigkeit in 178 Berufen erlaubt werden, etwa wie schon bisher als Friseure und Taxifahrer (die nun auch Angestellte haben dürfen), neuerdings auch als Bauern und Handwerker.

Der 84-jährige Fidel Castro gibt im April die Führung der Kommunistischen Partei an seinen jüngeren Bruder Raúl Castro ab.

Che Guevaras Konterfei an der Plaza de la Revolución in Havanna

**Chronik Kubas
Daten zur Landesgeschichte**

Die schönsten Reiseregionen Kubas

REGION 1
Havanna und Umgebung

Havanna und Umgebung
Stadt der Säulen und der Salsa

Havanna war die dritte Hauptstadt der Welt mit Gasbeleuchtung (1848) und die vierte Metropole weltweit mit einem Eisenbahnanschluss (1837). Die erste Werft Lateinamerikas baute hier Handels- und Kriegsschiffe.

Mythos und Kult um die Habana-Zigarre sind weltweit ein Phänomen

Im November 1519 wurde San Cristóbal de La Habana am geschützten Naturhafen der tiefen Bahía de La Habana gegründet – heute eine der schönsten Städte in der Karibik, wenn nicht der Welt! »Die Stadt der Säulen« nannte der kubanische Schriftsteller Alejo Carpentier Havanna in den 1960ern. Schier endlos reihen sich die alten Kolonnaden und Arkadengänge aneinander, im Laufe der Jahrhunderte vor sich hinbröckelnd. In der 500-jährigen Altstadt ist mit Hilfe der UNESCO in den vergangenen zehn Jahren eine Bilderbuchkulisse entstanden, die manchem Kritiker schon fast zu steril erscheint: Musikanten-Trios schmettern ununterbrochen »La Bamba« und kolonial kostümierte *Habaneros* sitzen für das Urlauberfoto Zigarre paffend in Pose. Hier hat die touristische Inszenierung den eher spröden Charme von Havanna fast schon verdrängt.

Doch wer mit Zeit und offenen Augen durch die Altstadt geht, wird den ganz und gar nicht pittoresken Alltag der Habaneros wahrnehmen: die endlosen Schlangen vor den tristen Peso-Läden mit ihren meist leeren Regalen, die greisen Erdnussverkäufer und die wegen Wohnungsmangel völlig überfüllten alten Paläste, wo die Menschen mit täglichem Strom- und Wasserausfall leben. Noch

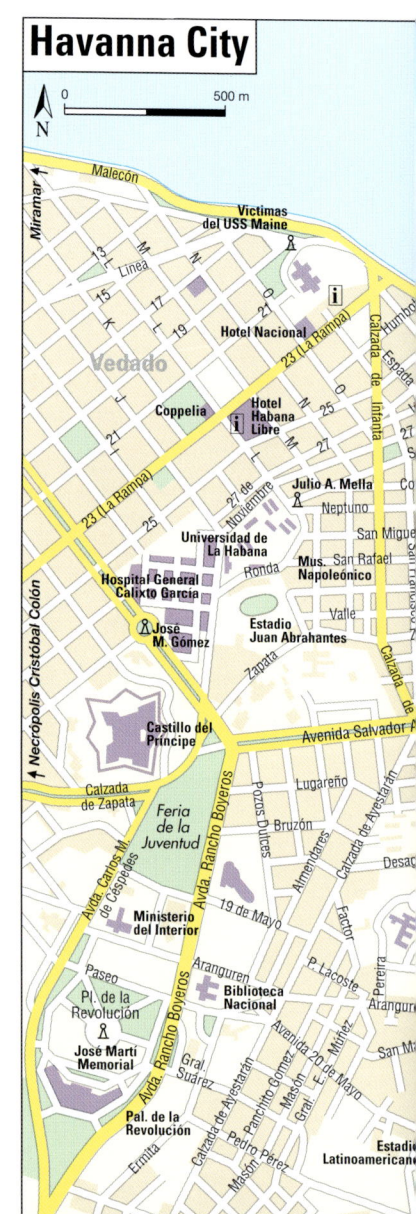

gibt es Kindergärten und Schulen in Jugenstilvillen, Altenheime und Standesämter in Prunkpalästen – aber wie lange noch? Vor allem am Prachtboulevard Prado sind die alten Herrschaftshäuser entkernt worden – oft verbergen sich nun luxuriöse Hotels hinter der neoklassizistischen Fassade. Viele Habaneros mussten bereits aus dem Flaniergebiet der Touris-

> **REGION 1**
> *Havanna und Umgebung*

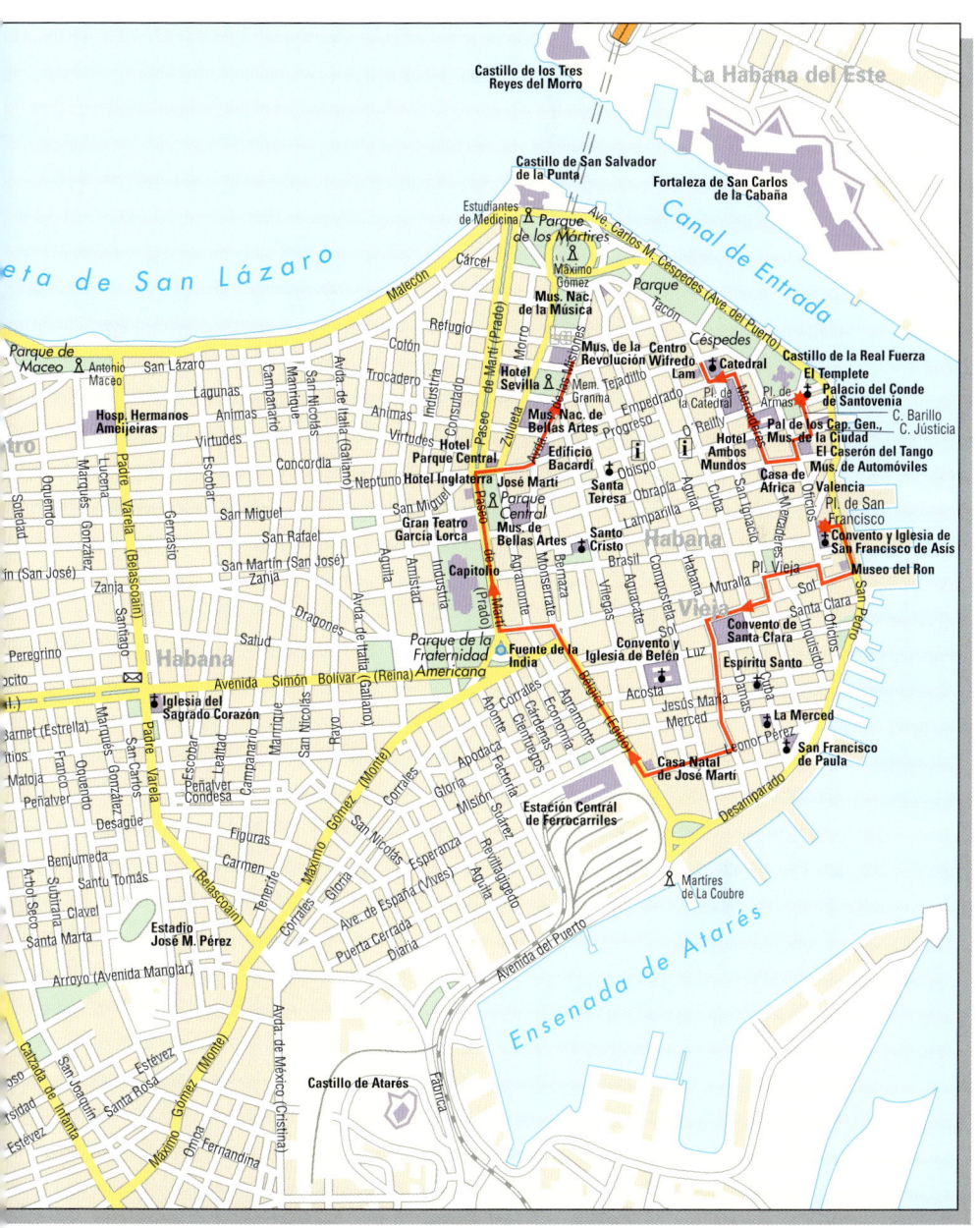

REGION 1
Havanna und Umgebung

Kreuzfahrtschiff vor dem Malecón – Havannas berühmter Uferpromenade

Die Festung La Cabaña wachte einst über den Hafen von Havanna

ten weichen und in die hässlichen Plattenbausiedlungen am Stadtrand ziehen. Aber nicht alle scheinen unglücklich darüber, wenn nur nicht der überfüllte Bus mangels Benzin lediglich morgens und abends einmal ins Zentrum fahren würde, wenn überhaupt!

Nicht wenige Ecken in der karibischen Metropole sehen noch immer morbide, verwittert und heruntergekommen aus. Im Bezirk Centro fällt schon mal ein Balkon in die Tiefe, an der beliebten Uferpromenade Malecón bröckelt unaufhaltsam der Putz von den Kolonnaden. Im Buchladen in der Einkaufsstraße Neptuno fangen Plastikeimer neben aufgequollenen Büchern das Regenwasser auf, in der Ecke liegt Che Guevaras Lebensgeschichte – als Comic. Um jede andere Stadt mit solch einem Erscheinungsbild würden Reisende einen weiten Bogen machen – nicht um *La Habana*!

Die Stadt und die Habaneros besitzen unwiderstehlichen Charme – auch wegen der vielen Kontraste und Widersprüche zwischen Sozialismus und Kommerz. Der Malecón, der »Balkon zum Meer«, wie Carpentier schrieb, führt als lebhafte Uferpromenade bis zum modernen Geschäftsviertel Vedado mit seinen Art-decó-Villen, Hochhäusern und legendären Hotels. Vor der Revolution tobte hier das Leben in Casinos und frivolen Nachtclubs – als Havanna noch die Lasterhöhle der Karibik war und die Mafia ein und ausging.

Havanna ist laut, schwül und heftig. Wer sich in die Provinz Havanna begibt, lernt eine andere Seite Kubas kennen: in verschlafenen Fischerdörfern, in Pilgerstätten der afrokubanischen Santería-Gläubigen oder auf den Spuren Hemingways in seiner ehemaligen Villa. Und zum Erholen in der »Badewanne« der Habaneros, an den Playas del Este ist es auch nur ein Katzensprung.

REGION 1
Havanna und Umgebung

Der Blick nach oben lohnt in der Altstadt von Havanna fast immer

1 Rundgänge durch Havanna

Für die Besichtigung Havannas benötigt man mindestens zwei bis drei Tage, ein »Muss« sind zwei Spaziergänge: in der Altstadt (Habana Vieja) und dem angrenzenden Bezirk Centro. Eine Rundfahrt bietet sich in den westlichen Bezirken Vedado und Miramar an, am besten per Taxi oder Fahrrad, weil hier die Sehenswürdigkeiten weiter verstreut liegen. Als historischer Einstieg mit dem besten Stadtpanorama eignet sich ein Abstecher an die östliche Seite der **Bahía de La Habana** auf den **Loma Cabaña**, den Cabaña-Hügel (über den Autotunnel zu erreichen). Hier thront das **Castillo de los Tres Reyes del Morro** (auch: El Morro). Die Festung wurde zwischen 1589 und 1630 errichtet und ist weithin an ihrem Leuchtturm an der Hafeneinfahrt zu erkennen – mit Baujahr 1845 das älteste Leuchtfeuer in Kuba und zugleich Wahrzeichen der Stadt.

Unter der Regierung Batista bis zur Revolution 1959 diente das Gemäuer als Gefängnis. Aber schon zuvor saß hier auch der Dichter und Freiheitskämpfer José Martí zeitweilig hinter Kerkermauern. Erschießungen der Befreiungskämpfer gegen die spanische Krone waren im 19. Jahrhundert an der Tagesordnung. Man sollte den Gruselgeschichten der Reiseleiter jedoch keinen allzu großen Glauben schenken: In dem Festungsgraben verhinderte zwar Wasser die Flucht, aber zu keiner Zeit Haie und Krokodile.

Nur ein paar Spazierminuten südlich öffnet sich hinter Gräben und dicken Mauern das **Fortaleza de San Carlos de la Cabaña:** Das weitläufige Fort (1763–74) – eines der größten des amerikanischen Kontinents – beeindruckt durch seine bildschön restaurierten Gebäude mit kopfsteingepflasterten Gassen, Burgzinnen und Kanonen. 14 Millionen spanische Pesos hat der Bau gekostet; sein Namens- und Geldgeber König Carlos III. bewies Sinn für Humor, als er seine Finanzberater damals nach einem Fernglas gefragt haben soll: »Bei solch einer Summe müsste man das Fort von Madrid aus sehen können!« Im 18. Jahrhundert verkündete das *cañonazo* das Signal zum Schließen der neun Stadttore, und die Eisenkette in der Bucht wurde hochgezogen.

Die »Kanonenschuss-Zeremonie wird heute allabendlich wiederbelebt: Trommelwirbel, salutierende Soldaten, Pferdekutschen und einige Burgfräuleins verwandeln den Abend in ein koloniales Schauspiel, bis es gehörig knallt und man im Hier und Jetzt wieder auftaucht – mit anschließender Salsa auf der Wiese im Innenhof der Festung. Ein kleines **Museum** erläutert den Werdegang von Che Guevara – dort, wo der siegreiche Rebell nach der Revolution 1959 sein Hauptquartier in der Festung aufschlug.

Rückblende: Die vielen *castillos* und *fortalezas* in Havanna sind unübersehbare Zeugen der Piraten-Ära seit Mitte des 16. Jahrhunderts: Um 1700 war *La Habana*, wie die Habaneros ihre Kapitale bis heute nennen, eine der größten und reichsten Städte der Neuen Welt mit einigen zehntausend Einwohnern – sie zog Siedler aus allen europäischen Ländern an, darunter Architekten, Bildhauer, Adlige, Geistliche, Abenteurer und Schmuggler. Durch ihre Lage und ihren Reichtum steigerte sie auch die Begehrlichkeiten der anderen Seefahrernationen. Die spanischen Kolonialherren ließen nachts lediglich eine Eisenkette durch die Bucht von El Morro zur gegenüberliegenden Festung La Punta spannen und wähnten sich in Sicherheit – bis die Engländer die Stadt 1762 mit Kriegsschiffen eroberten und fast ein Jahr lang besetzten. Nur im Tausch gegen Florida konnten die Spanier Havanna ein Jahr später zurückerhalten.

REGION 1
Havanna und Umgebung

Bücherstände auf der Plaza de Armas in Havanna

Vom Castillo de la Real Fuerza sieht man die kleine Giraldilla-Figur auf einem der kuppelgekrönten Wehrtürme (das Original steht im Stadtmuseum): Die 1631 aus Bronze geschaffene Wetterfahne ist der Gattin von Gouverneur Hernando de Soto nachempfunden. Sie hielt im 17. Jahrhundert vom Turm des Castillo nach ihrem Mann Ausschau – vergeblich, denn er kam aus Florida nicht mehr zurück. Heute findet man sie als eines der Wahrzeichen von Havanna verewigt auf dem Stadtwappen, auf Rumflaschen und Cocktailstäbchen aus Plastik.

Santería-Priesterin in Havanna

Noch weiter südlich erreicht man den Stadtteil **Casablanca**, wo eine gigantische marmorne Jesusstatue aufs gegenüberliegende Havanna schaut. Alejo Carpentier hat bis heute Recht mit dem, was er 1939 schrieb: »Casablanca ist der einzige Ort in Havanna, wo man noch eine Ruhe finden kann, die sonst aus der lautesten Stadt der Welt verbannt ist.«

Das alte Havanna – Habana Vieja

Gegenüber den beiden Festungen erstreckt sich am Hafen von Havanna die Altstadt. 1982 ernannte die UNESCO Habana Vieja zum Weltkulturerbe der Menschheit: Mehr als 900 historisch wertvolle, bis zu 400 Jahre alte Gebäude zählten die Stadtrestaurateure. An der **Plaza de Armas**, dem ältesten und faszinierendsten Platz, steht der Nationalheld Carlos Manuel de Céspedes (1819–74) als Statue verewigt und umgeben von Königspalmen, Palazzos aus dem 18. Jahrhundert und Museen. Bänke laden zum Ausruhen und Bücherstände zum Schmökern. Kommt man von der Hafeneinfahrt, liegt am nördlichen Eingang zur Plaza de Armas zur Linken ein kleiner neoklassizistischer Tempel mit griechisch-römischem Antlitz: **El Templete** erinnert an die erste Messe zur Stadtgründung im November 1519 exakt an dieser Stelle unter einem weit ausladenden Ceiba-Baum. Bei den alljährlichen Feiern zum Gründungstag Havannas umrunden die Habaneros dreimal den geheiligten Baum und die Säule – einer alten Sitte entsprechend soll dies alle Wünsche erfüllen. Das prächtige Gebäude rechts daneben war einst Wohnsitz des lebenslustigen Grafen Santovenia: Der **Palacio del Conde Santovenia** aus dem späten 18. Jahrhundert diente ab 1867 als eines der ersten Hotels Havannas: Hier übernachteten Kaufleute, spanische Generäle und Schiffskapitäne aus aller Welt – heute beherbergt der Palast das Luxushotel Santa Isabel.

Auffallend ist das kleine **Castillo de la Real Fuerza** mit seinen vier Wehrtürmen hinter einem Wassergraben, der nur über eine Zugbrücke zu überwinden ist. Das älteste Fort Kubas und das zweitälteste in Amerika (1558–78) diente vom 16. bis 18. Jahrhundert als Wohnsitz der spanischen Gouverneure. An der schräg gegenüberliegenden Seite der Plaza befindet sich der prachtvolle **Palacio de los Capitanes Generales** (1776–91) – ein Paradebeispiel des kubanischen Barock. Vor dem Palast fällt das hölzerne Pflaster ins Auge. Die Holzklötze sind im 19. Jahrhundert auf Wunsch des Gouverneurs Miguel Tacón anstelle des Kopfsteinpflasters eingesetzt worden: Das Geklapper der Pferdehufen und Eisenräder der Kutschen ging dem im Palast residierenden General-Kapitän auf die Nerven. Insgesamt wohnten hier 65 spanische Gouverneure, ihnen folgten zwischen 1898-1902 die amerikanischen Besatzer und die ersten Präsidenten der Republik Kuba bis 1920. Von der Ernennung des Letzteren am 20. Mai 1902 kann man sich ein lebhaftes Bild machen in den pompösen Sälen des im Palast angesiedelten **Stadtmuseums** – ein Muss für jeden geschichtlich interessierten Besucher (ein Geschenk des Wissenschaftlers Alexander von Humboldt sind übrigens die beiden eleganten Schokoladen-Gläser aus Bohemia-Kristall im Salon Blanco).

Ab jetzt sollte man sich treiben lassen durch ein Labyrinth aus Gassen und Plätzen, ab und zu mal in einen begrünten Patio hineinschauen und in einer

REGION 1
Havanna und Umgebung

Salsa – Musik und Tanz

Kuba ist die Wiege der Salsa. Diese »scharfe Soße« ist ein Gemisch aus den kubanischen Grundrhythmen: dem *Son cubano*, der aus afrikanischen und spanischen Klängen und Instrumenten entstanden war. Dazu kommt eine Prise Rumba, Mambo und Chachachá. Doch erst in den Exilstädten in den USA und Lateinamerika verhalfen die kubanischen Emigranten dieser Musik ab den 1970ern zu ihrem Siegeszug um die Welt. In Kuba nennt man Salsa auch *Casino* oder *Timba*.

Meist sind die Schritte und Rhythmen kompliziert, die Bewegungen aber fließend. Dabei ist Salsa nicht einmal der erotischste Tanz sondern eine Variante der Rumba namens *Guaguancó* (nicht zu verwechseln mit der in deutschen Tanzschulen gelehrten Rumba), wie Caridad (»Caruca«) Rodriguez, eine berühmte kubanische Tänzerin, erklärt: »Beim Guaguancó nähert sich der Mann seiner Tanzpartnerin mit eindeutig sexuellen Gesten und versucht, die Frau zu >impfen<. Und die Frau tut so, als wenn sie sich wehrt, aber das Ganze ist natürlich nur Koketterie!« Ihr Urteil über die Deutschen beim Salsa oder Rueda de Casino ist ernüchternd: »Die Deutschen denken beim Tanzen zuviel nach«, sagt Caruca schmunzelnd. »Ich bin schon gefragt worden, wie hoch und in welchem Winkel sie den Arm halten sollen.« Carucas Tipp: Viel Salsa-Musik hören und immer schön üben, zum Beispiel beim Zähneputzen.

In den *Casas de la Trova* geht es etwas züchtiger zu, denn die Musiker sind oft im Rentenalter und spielen eher gediegene Son, Bolero und Guaracha. Die *Trovas* sind romantische Balladen über Revolutionäre oder die Geliebte. Um die Jahrtausendwende erlebten die alten Herren, ausgelöst durch die Musikdokumentation von Ry Cooder und Wim Wenders »Buena Vista Social Club«, eine unglaubliche Renaissance: Wer jahrelang nicht einmal die Reparatur für sein Klavier bezahlen konnte, ging als gefeierter *Trovador* auf Welttournee und trat vor jubelnden Massen auf, etwa die »Vieja Trova Santiaguera« oder »Compay Segundo«, der 2003 starb.

Wer einige Tage in Havanna und Santiago ist, sollte sich umhören: Oft geben hier populäre Gruppen Konzerte in den Casas de la Música oder Hoteldiskotheken, etwa Los Van Van oder die Frauen-Big-Band Anacaona – Bombenstimmung ist garantiert. »Wir lachen viel, auch in ganz schwierigen Zeiten wissen wir uns zu amüsieren«, sagt María Eugenia Guerrero Rodriguez, Managerin von Anacaona.

www.salsa.de
www.salsomania.de
www.salsaholic.de
www.salsAlemania.de
www.canalcubano.com

Kuba – die Wiege des Salsa

REGION 1
Havanna und Umgebung

Alljährlich im Februar treffen sich in Havanna beim Cuban Cigar Festival die »aficionados«, die Zigarrenfans: Man fachsimpelt auf Seminaren und in Bars im blauen Dunst der Zigarren, sogar der eine oder andere Zigarre paffende Hollywoodstar lässt sich in der kubanischen Hauptstadt blicken.

Musikbar verschnaufen. Los geht's in der **Calle Baratillo**, die rechts vom Hotel Santa Isabel von der Plaza de Armas abzweigt. In der **Casa del Café** kann man Kaffee, Rum und Tabak kaufen oder nebenan im »Rumhaus« **Taberna del Galeón** eine kleine Bar im Obergeschoss aufsuchen. Nach Westen um die Ecke biegt man in die Calle Jústiz, wo Musik aus dem Theater **Casa de la Comedia** schallt – hier lernen Touristen die Hüften im Salsa-Rhythmus zu schwingen – oder man gesellt sich zu den Tango tanzenden Kubanern gegenüber in der **Caserón del Tango**. Weiter Richtung Innenstadt liegt gleich um die Ecke in der Calle Oficios ein kleines **Museo de Automóviles** mit einer Sammlung von edlen Oldtimern. In der Calle Obrapía sollten Santería-Interessierte die **Casa de Africa** mit einer sehr guten Ausstellung zur afrokubanischen Religion besuchen – eine Abteilung zeigt auch die Geschenke afrikanischer Staatsgäste an Fidel Castro.

In der Calle Mercaderes 120 (zwischen Calle Obrapía und Obispo) wartet die **Casa del Habano**, wo sich alles rund um die Zigarre dreht: *Aficionados* können sich im Museum umsehen und im Laden mit mehr als 30 verschiedenen Marken eindecken – die Kreditkarte sollte man allerdings dabei haben: die Kiste mit 25 Cohibas kostet rund 400 CUC, ist aber echt, im Gegensatz zur Schnäppchenware der ominösen Straßenhändler, die einem in Havanna auf Schritt und Tritt ihre Angebote zuwispern.

Zum Bummeln kann man nun abbiegen in die **Calle Obispo** – eine der lebhaftesten Straßen in der Altstadt voller Buchläden, Supermärkte, Boutiquen, aber auch mit tristen Peso-Läden, Cafés und Bars – wer ihr von der Südseite der Plaza de Armas folgt, landet unweigerlich im Strom der Touristen und Kubaner am westlichen Straßenende im Bezirk Centro am wunderschönen Platz Parque Central (vgl. S. 28 ff.). Ein rosafarbenes Haus fällt in der Calle Obispo (Ecke Calle Mercaderes) besonders auf und zieht die meisten Touristen schnurstracks in den fünften Stock: Der Liftboy im **Hotel Ambos Mundos** weiß schon nicht mehr, wie viele Male er an diesem Tag die schmiedeeiserne Tür des Fahrstuhls hinter sich und den erwartungsvollen Besuchern

Zeitvertreib der Generationen: Kreiselspiel am Paseo del Prado und ...

REGION 1
Havanna und Umgebung

... Zeitungslektüre auf einer Parkbank beim Capitol (Havanna)

zugezogen hat. Ernest Hemingway wohnte zwischen 1932-39 in dem Eckzimmer Nr. 511, zahlte ganze zehn US-Dollar Miete pro Tag und schrieb hier einen Teil seines Bürgerkriegs-Romans »Wem die Stunde schlägt« (zu sehen sind eine Schreibmaschine und ein Schiffsmodell seiner Yacht »Pilar«). Dabei hatte er nicht nur einen überwältigenden Blick über die Ziegeldächer und Paläste Alt-Havannas, auch die kubanischen Cocktails haben den amerikanischen Schriftsteller bekanntlich aufs Beste inspiriert.

Folgt man weiter Hemingways Fußstapfen und geht nun über die Calle Mercaderes nach Norden über die herrliche Plaza de la Catedral, bekommt man einen kleinen Eindruck von Hemingways Trinkgewohnheiten in der berühmten **Bodeguita del Medio** (Calle Empedrado) – vorausgesetzt, man möchte sich in die winzige Bar im Erdgeschoss hineinquetschen: Vor dem Eingang drängeln sich die Touristen wie sonst nur die Kubaner vor ihren staatlichen Peso-Läden. Hier trank Hemingway am liebsten seinen *mojito* und er soll gesagt haben: »Mi mojíto en la Bodeguita, mi daiquirí en el Floridita« (El Floridita ist die zweite, etwas feinere und noch teurere Hemingway-Kneipe in der Altstadt in der Calle Monserrate). Dem legendären Ruf in die Bodeguita folgten im Laufe der Jahrzehnte viele illustre Gäste, u.a. Errol Flynn, von dem der aussagekräftige Satz stammen soll: »A great place to get drunk.« Nicht zu vergessen Gabriel García Márquez, Brigitte Bardot und Harry Belafonte. Die Gäste dürfen sich nach dem Essen (am besten auf dem Dachlokal, links vom Eingang die Treppe hoch) ebenfalls an den bekrakelten Wänden verewigen, vorausgesetzt, man findet noch einige freie Zentimeter.

Wieder zurück auf der Plaza de la Catedral thront an der Nordseite die **Catedral de La Habana**, mit deren Bau Mitte des 18. Jahrhunderts im schlichten Barockstil begonnen wurde. Sofort ins Auge fallen die beiden merkwürdig ungleichen Türme, die etwas gedrungen in den Himmel ragen. Die Kathedrale bietet eine kurze und kühle Verschnaufpause von den Salsa- und Mambo-Klängen, die pausenlos aus dem Touristenrestaurant zur Linken, **El Patio**, tönen. Zwischen 1796 und 1898 ist der (angebliche) Leichnam von Kolumbus hier aufbewahrt worden, ehe er nach dem Ende der Kolonialherrschaft nach Sevilla gebracht wurde. Eine von zahlreichen Galerien rund um den Platz ist das in einer Gasse links der Kathedrale gelegene **Centro Wifredo Lam** (Calle Ignacio), wo der berühmteste kubanische und surrealistische Maler ausgestellt wird – viele seiner Werke sind unverkennbar von Picasso beeinflusst.

Hier kann man nun entweder nach Westen Richtung Bezirk Centro spazieren (vgl. S. 28 ff., am besten über die schon erwähnte trubelige Calle Obispo) oder man erkundet nun den süd(öst)lichen, nicht weniger sehenswerten

Über die Mojítos in der Bodeguita del Medio scheiden sich die Geister: Aber wie soll das kubanische Nationalgesöff aus Rum, Limone und zerstoßener Minze schon schmecken, wenn der Bodeguita-Barmann rund 300 Gläser davon an einem Tag mixt! Schon beim Preis würde sich der alte Hemingway vermutlich im Grabe umdrehen.

Ernest Hemingway machte Kuba zu seiner Wahlheimat

REGION 1
Havanna und Umgebung

Fremden begegnen Kubaner mit Offenheit

Buena Vista Social Club *(1999, Wim Wenders, Deutschland)*
Der amerikanische Musiker Ry Cooder und der deutsche Filmemacher Wim Wenders haben mit dem herrlichen Porträt über die traditionelle Rentnerband einen Welterfolg erzielt und den Kuba-Reiseboom ausgelöst.
Die CD zum Film wurde etwa fünf Millionen Mal verkauft, und das legendäre Konzert der kubanischen Allstars in der New Yorker Carnegie Hall war innerhalb der Rekordzeit von dreieinhalb Stunden ausverkauft. Eigentlich kein Wunder in einem Land, wo im Hospital Psiquiátrico in Havanna ein Profi-Orchester zur Unterhaltung der Insassen spielt: 79 ausgebildete Musiker und zwei Dirigenten – eine Besetzung, von der viele deutsche Theater nur träumen …

Teil der Altstadt, der allerdings erst seit Kurzem restauriert wird und der vor allem wegen einiger schöner alter Kirchen einen Rundgang wert ist. In diesem baufälligeren und untouristischeren Altstadtteil sollte man seinen vermeintlichen Reichtum (Kameras usw.) nicht unbedingt zur Schau stellen – es gab hier wiederholt Taschendiebstähle (das gleiche gilt übrigens für den Bezirk Centro westlich des Capitolio).

An der **Plaza de San Francisco de Asís** am Hafenbecken und Kreuzfahrtterminal steht die Klosterkirche **Iglesia San Francisco de Asís**, die ein Museum mit religiösen und etwas obskuren Objekten aus der Kolonialzeit beherbergt (z.b. einen mumifizierten Franziskanermönch) – man kann hier den höchsten Kirchturm in Havanna besteigen und den schönen Panoramablick aus 40 Metern Höhe genießen. Gegenüber dominiert den Platz das herrlich restaurierte alte Börsengebäude **Lonja del Comercio** – hier residieren heute viele ausländische Firmen, wie ein Blick in die edle Lobby verrät.

Weiter geht es entlang der Hafenstraße nach Süden, und an der Ecke Calle Sol wirft man am besten einen Blick in das **Museo del Ron Havana Club**. Das Rummuseum gibt einen anschaulichen und vor allem kostbaren Einblick in die Welt der Rumproduktion, von den Zuckerrohrfeldern über die Destillerie bis zum Ausprobieren in der angeschlossenen Bar. Ein paar Schritte westlich eröffnet sich die wunderschöne und erst kürzlich restaurierte **Plaza Vieja**, einer der ältesten Plätze aus dem 16. Jahrhundert, wo sich heute in den Herrenhäusern staatliche Kunstinstitutionen, Galerien und eine Schule versammeln, ein teures Apartmenthaus, ein schönes altes Hotel im Jugendstil sowie Restaurants und Bars – letzteres unerschwinglich für die Habaneros.

Über die Quergasse Sol gelangt man zum schönen idyllischen **Convento de Santa Clara**, einem ehemaligen Kloster aus dem 17. Jahrhundert, das heute u.a. als Stadtsanierungsbüro und Hotel dient, wo Touristen in den ehemaligen Gemächern der Nonnen übernachten. Drei weitere restaurierte Kirchen liegen in dem Straßengewirr zwischen Hafen und Bahnhof, etwa die Klosterkirche **Iglesia de Nuestra Señora de la Merced** (Calle Merced) oder die kürzlich restaurierte **Iglesia de San Francisco de Paula** (1730–45), eine der schönsten Kirchen in Havanna an der verlängerten Hafenstraße Desamparados (Ecke San Ignacio & Leonor Pérez). Das winzige, gelb-blau getünchte Geburtshaus des kubanischen Poeten und Nationalhelden Jose Martí (**Casa Natal de José Martí**) wartet am Ende der Calle Leonor Pérez auf Besucher: Hier sind Gegenstände aus seinem Leben ausgestellt, darunter Briefe und Bücher.

Der **Souvenir- und Kunsthandwerksmarkt** mit moderner Kunst bis hin zu witzigem Kitsch ist vom Tacón umgezogen in ein restauriertes Lagergebäude am Hafen (südlich vom Rummuseum in der Av. Desamparados, Ecke Calle Cuba).

Centro – Kunst, Kultur und Kommerz

Über die große Avenida de Bélgica (ehemals Egido) geht es nun nach Norden in den Bezirk **Centro**, wo die Kuppel des Capitolio weithin sichtbar über der gigantischen Freitreppe zu sehen ist. Durch das jüngere Stadtzentrum führt der **Paseo del Prado** (auch: Paseo de Martí oder kurz: Prado), eine erhöhte Prachtallee mit steinernen Löwen und Bänken, Richtung Meer. Rund um den zentralen Platz, den **Parque Central** mit dem Denkmal von José Martí, stehlen sich die hochherrschaftlichsten Bauwerke Kubas gegenseitig die Schau: Etwa das wundervoll und zugleich seltsam verschnörkelte **Gran Teatro García Lorca**, das sich mit seinen Türmchen, Kuppeln und Figuren offenbar nicht zwischen Neobarock und Jugendstil entscheiden kann. Hier gab Enrico Caruso 1920 noch Opernarien zum Besten, und heute begeistert das berühmte Ballet Nacional de Cuba die Zuschauer. Oder die legendären Hotels: das **Plaza** und das **Sevilla** (in letzterem spielte Graham Greenes »Unser Mann in Havanna«), das neoklassizistische **Inglaterra** (die älteste Herberge Kubas mit maurischem Dekor) und das moderne **Nobelhotel Parque Central**, das hinter kolonialer Fassade vollkommen neu entstanden ist.

Doch ein einziges Bauwerk überragt alles: das **Capitolio de La Habana** an der Südwestspitze des Parque Central. Der imposante, von Säulen getragene Bau aus hellem Kalksandstein (1926–29) war Sitz des Repräsentantenhauses und des Senats und beherbergt heute die Akademie der Wissenschaften und die Nationalbibliothek für Wissenschaft und Technik. In der marmornen Eingangshalle unter der 61 Meter hohen Kuppel steht eine Gold überzogene Frauenstatue namens »La República« – mit 14 Metern eine der größten überdachten Bronzefiguren der Welt. Davor befindet sich eine Nullpunkt-Markierung: Ab dieser Kopie eines Diamanten (das 24-karätige Original befindet sich in der Nationalbank) werden alle Distanzen in Kuba gemessen. Die zehn verschiedenen Sitzungssäle sind im Stil der italienischen Renaissance eingerichtet, besonders hübsch ist der kleine runde Parlamentssaal im rechten Flügel, wo die Politiker bis 1959 tagten: ein von Marmorsäu-

> **REGION 1**
> **Havanna und Umgebung**

Tipp für Boxfans:
Die legendären kubanischen Weltmeister und Olympiasieger Kid Gavilan und Teófilo Stevenson haben Box-Geschichte geschrieben. Wer etwas von der Atmosphäre des populären Sports in Kuba schnuppern möchte, kann sich im Sala Polivalente Kid Chocolate (gegenüber vom Capitolio) umschauen: Hier finden i.d.R. Freitagabend gegen 19 Uhr Kämpfe statt.

Im Gimnasio de Boxeo Rafael Trejo (Calle Cuba 815 zwischen Merced und Leonor Pérez) kann man nachmittags beim Training zuschauen.

Das Gran Teatro García Lorca mit seiner Fülle von Ornamenten und Figuren, dahinter die monumentale Kuppel des Capitolio de La Habana

REGION 1
Havanna und Umgebung

Bacardí war einst das erste international arbeitende Unternehmen Kubas

Der herzzerreißende Gesang kommt aus dem arkadengeschmückten Patio des Revolutionsmuseums: Eine Frau im Kittelkleid singt den Ohrwurm »La Gloria eres tu«, als hätte sie die letzten 80 Jahre nichts anderes getan. Ein Herr erhebt sich mühsam, wirft ihr begeistert eine Kusshand zu und schmettert danach selbst eine stimmgewaltige Arie, den Takt gibt er mit dem Krückstock. – Einmal im Monat samstags schwingen die alten Kampfgenossen von Fidel und Co. zu den Klassikern hier im Museum (im Patio oder Spiegelsaal) das Tanzbein: bei der »Peña de los Abuelos« – der Party der Omas und Opas.

len getragener, mit Fresken ausgeschmückt Raum, über allem wölbt sich eine herrliche Mosaikdecke. Auch die ehrwürdige alte Bibliothek ist beeindruckend: Mahagonischränke reichen bis an die hohe Decke und eine Balustrade führt in Schwindel erregender Höhe an den 3000 Büchern entlang – unnötig zu sagen, dass man hier in schweren Ledersesseln studiert.

Für Kunstinteressierte lohnt sich auf jeden Fall der Besuch im **Museo Nacional de Bellas Artes**, das seit seiner Renovierung auf zwei Gebäude aufteilt ist, die unterschiedlicher nicht sein könnten. Der zwischen all den Palästen und baufälligen Gebäuden auffallend moderne Klotz beherbergt die **Colección de Arte Cubano**: Kolonialkunst (3. Stock), gefolgt von Impressionismus und zeitgenössischer Kunst mit Meistern des 20. Jahrhunderts wie Wifredo Lam (Calle Trocadero). Zwei Blocks südlich am Parque Central (Calle San Rafael) befindet sich im ehrwürdigen ehemaligen Centro Asturiano die **Colección de Arte Universal** mit Meisterwerken der europäischen Kunst.

Genau dazwischen in der Avenida de las Misiones erhebt sich eines der am schönsten restaurierten Art-déco-Bauwerke Havannas, an seinem Turm mit der riesigen bronzenen Fledermaus von Weitem zu erkennen: Das **Edificio Barcadí** war einst der Hauptsitz des Rum-Imperiums der Familie Barcadí – heute mit vielen (ausländischen) Büros und einem Mirador-Aussichtsturm.

Viva la Revolución – ein bisschen Revolutionskunde gehört in Kuba dazu, zum Beispiel im **Museo de la Revolución** im früheren Präsidentenpalast. Vor dem kuppelgekrönten Prachtbau (erbaut 1913–17) haben die Revolutionäre einen Panzer stehen lassen – als Mahnmal der ersten niedergeschlagenen Attacke auf den Präsidentenpalast am 13. März 1957. Hinter dem Palast befindet sich ein Glasbau, in dem die originale »Granma« ausgestellt ist – jene Yacht, mit der Fidel Castro und 81 *Compañeros* 1956 aus dem mexikanischen Exil an Kubas Südküste landeten und die Revolution ihren Lauf nahm. Jeder Schritt der *Fidelistas* scheint im Revolutionsmuseum detailliert auf Karten, Fotos und Zeitungsausschnitten dokumentiert. Waffen und persönliche Gegenstände der Guerilleros füllen zahlreiche Schaukästen, darunter das blutgetränkte Hemd Che Guevaras und Fidels Lieblingszigarre. Che Guevara und Camilo Cienfuegos sind sogar lebensgroß in Kampfpose vertreten – aus Wachs. Auch die zahlreichen Attentatsversuche auf Fidel Castro werden erläutert.

Richtung Vedado und Miramar
Wo Hollywood und die Mafia ein und aus gingen

Sieben Kilometer führt die Küstenstraße **Malecón** von der Altstadt und dem kleinen Burg-Überrest La Punta im Osten bis zum winzigen Burgturm La Chorrera bei der Mündung des Rio Almendares im Westen – begleitet vom ständigen Zischen und Tosen der Brandung. Ein Spaziergang hier verheißt die schönsten und unvergesslichsten Eindrücken eines Kuba-Besuches, denn die Uferpromenade ist eine der populärsten Straßen – gesäumt von restaurierten Gebäuden in allen Regenbogenfarben und verblichenen, unaufhaltsam bröckelnden Fassaden hinter Arkaden, von einstigen Mafia-Hotels und einfachen Cafeterien, von Statuen der großen Volkshelden und Befreiungskämpfer wie Antonio Maceo (am Platz Parque Maceo) und Calixto García (Ecke Avenida de los Presidentes).

Die schöne alte Häuserfront ist dem salzigen Atem des Ozeans ausgeliefert, die Gischt frisst sich allmählich in die gute Stube der Habaneros, die hier tatsächlich noch in den einsturzgefährdeten Häusern leben (wie man oft erst abends sieht, wenn die Neonröhren im vermeintlichen Abbruchhaus zu flimmern beginnen). Seit einigen Jahren wird auch hier mit Hilfe der UNESCO und der Spanier fleißig restauriert, die Fortschritte sind auf einigen Plakaten mit Fotos dokumentiert – kleine Schritte im Kampf gegen die Naturgewalten. Ob beim Karneval im Juli oder bei der Massenkundgebung, ob zum Jogging, Inline-Skating oder Hunde-Gassiführen – auf dem Malecón ist immer was los. Vor allem abends, wenn er die Habaneros magnetisch anzieht: Schlepper auf der Suche nach Touristen, eng umschlungene Liebespärchen oder Angler, Jugendliche, Erdnussverkäuferinnen *(maniseras)* oder Musikanten mit Saxophon – hier kommt man schnell ins Gespräch, während die unvermeidliche Rumflasche die Runde macht.

Direkt am Malecón erhebt sich unübersehbar auf einem Hügel das mit seinen beiden Türmen im Art-decó-Stil der 1930er Jahre erbaute **Hotel Nacional** mit legendärem Ruf und einem schönen Park. Wem das Nacional bekannt vorkommt, sollte sich nicht wundern: Der Bau ist vom berühmten Breakers Hotel in Florida (Palm Beach) inspiriert – verständlich, dass sich hier die Hollywood-Stars in den 1950ern wohl gefühlt haben, darunter Ava Gardner, Marlene Dietrich, Fred Astaire, Clark Gable und Frank Sinatra. Aber auch die amerikanischen Mafiabosse wie Lucky Luciano und Meyer Lansky gaben sich hier die Klinke in die Hand.

Schräg dahinter ragt an der **Calle 23** (auch: La Rampa) das moderne Hochhaushotel **Habana Libre** mit 24 Stockwerken in die Höhe: das einstige Hilton, in dem Fidel Castro sein erstes Hauptquartier bezog, nachdem er als siegreicher Revolutionär am 8. Januar 1959 in die Hauptstadt eingezogen war. Hier beginnt **Vedado**, der lebendige Geschäftsbezirk der Habaneros mit vielen Büros und Hotels, Kinos und Bistros.

Wie ein gerade eben gelandetes Ufo wirkt der Eisladen **Coppelia** (bekannt aus dem Film »Fresa y Chocolate/Erdeer und Schokolade) gegenüber dem Habana Libre, wo die Kubaner oft Schlange stehen, um das etwas wässrig schmeckende Eis zu genießen – einige Habaneros sagen, das Eis schmeckt besser bei Bin Bom, wo es eine größere Auswahl gibt (an der Calle Infanta, Ecke 23, aber dort nur gegen Devisen …).

Läuft man durch die ruhigeren Parallelstraßen der Rampa, etwa die Calle 21, kommt man an den schönen alten Art-decó-Villen und klassizistischen Prachtbauten mit Säulenportal, Arkaden und steinernen Löwen vorbei, in deren Gärten Palmen und Bananenstauden wachsen.

REGION 1
Havanna und Umgebung

»Erdbeer und Schokolade« (Fresa y Chocolate, 1993, Regie: Tomás Gutiérrez Alea, Kuba): Der berühmteste Film des kubanischen Regisseurs hat sogar eine Oscar-Nominierung erreicht. Die Drehorte der Komödie in Havanna sind heute fast Kult unter Besuchern, so der Eisladen Coppelia und das Paladar La Guarida: Hier treffen sich der junge David (ein Parteikader) und der schwule Diego. Ein Film über Diskriminierung der Homosexuellen, aber auch über Toleranz in Kuba.

Drei Generationen am Malecón – Wahrzeichen und Hauptanziehungspunkt Havannas

REGION 1
Havanna und Umgebung

Kein Sightseeing in Kubas Hauptstadt ohne die **Plaza de la Revolución** etwa zwei Kilometer südlich von La Rampa. Auf diesem gigantischen Platz sprang 1959 der revolutionäre Funke aufs Volk über: Fidel Castro hielt am 1. Mai seine Rede an die Kubaner, Militärparaden und Konzerte folgten im Laufe der Jahrzehnte. Zuletzt begeisterte hier Papst Johannes Paul II. 1998 die Massen.

Rund 1,5 Millionen Menschen passen zwischen die umliegenden (Regierungs-) Gebäude im Plattenbaustil, darunter das Innenministerium mit dem stilisierten Gesicht von Che Guevara und seinem Revolutionsmotto (»Hasta la Victoria Siempre«), sowie das Nationaltheater.

Der weiße Obelisk mit dem Standbild an der Südseite des Platzes ist das **José Martí-Memorial**, nicht von Castro, sondern seinem diktatorischen Vorgänger Fulgencio Batista erbaut. In dem fünfeckigen Turm fährt ein Fahrstuhl zum höchsten Punkt Havannas (109–139 m), wo die hässlichen Truthahngeier an den Fenstern sitzen. Eine Tafel gibt Entfernungen an, z.B. nach Berlin: 8347 km). Eine Ausstellung im Erdgeschoss schildert die Lebensstationen des Dichters, Rechtsanwalts und Nationalhelden Martí (1853–1895), auch seine Exilzeit in Spanien und den USA, wo er u.a. als Reiseleiter gejobbt hatte. An der Wand prangt einer seiner bekanntesten Leitsprüche: »Barrikaden aus Ideen sind mehr wert als Bar-

Die Architektur von Alt-Havanna führt einen aussichtslosen Kampf gegen Sonne und Salz

<ins>Fidel Castro</ins> war bis zu seiner schweren Erkrankung und dem Rücktritt 2006 der weltweit am längsten herrschende Staatschef und prägt seit einem halben Jahrhundert das Weltgeschehen, er hat neun US-Präsidenten und unzählige Attentatsversuche überlebt. Als Sohn eines reichen Plantagenbesitzers wurde Castro am 13. August 1926 im Osten Kubas geboren. Schon in seiner Jugend als Studentenführer fiel er durch sein rebellisches Wesen auf.

Der Malecón: Prachtstraße der Vergangenheit, heute ein Boulevard der Dämmerung

rikaden aus Stein«. Martí gilt als wichtigster Vordenker für die Revolutionen in Kuba und für die Einheit der Völker Lateinamerikas. Er fiel im zweiten Unabhängigkeitskrieg in Dos Ríos (s. S. 167 f.) bei Santiago.

Die Anhänger von alten Friedhöfen sollten nun noch die rund einen Kilometer westlich gelegene **Necrópolis Cristóbal Colón** aufsuchen: Der Kolumbus-Friedhof ist eine gigantische Totenstadt mit pompösen Grabstätten voller Säulen und Kuppeln, tempelartigen Mausoleen und Katakomben vieler berühmter Kubaner, Helden und Märtyrer, darunter der Schriftsteller Alejo Carpentier (links vom Eingang in eher unscheinbarer Grabstelle), General Máximo Gómez und die Bildhauerin Rita Longa sowie Ibrahim Ferrer und Rubén González, Sänger und Pianist des legendären Buena Vista Social Club, die hier zwischen bronzenen Engeln, Marmorstatuen und Pavillons zur letzten Ruhe gelegt wurden.

Folgt man der Uferstraße Malecón bis ans westliche Ende und fährt weiter durch den Tunnel, erreicht man den Bezirk **Miramar**. Die Avenida Quinta führt quer durch den hübschen Villen- und Botschaftsbezirk hindurch – manch ein Kubaner sagt nicht ohne Stolz »Fifth Avenue«, es ist der amerikanischste aller Stadtteile. Unter den Wipfeln eleganter Königspalmen und gigantischer Banyan-Bäume, vorbei an gepflegten Gärten und Parks, Hotels und feinen Restaurants gelangt man mit einem Auto schließlich bis zur **Marina Hemingway** – einem Yachthafen mit Hotels, Apartments, Supermärkten und Diskothek. Hier findet alljährlich im Mai/Juni der 1950 von Hemingway ins Leben gerufene internationale Anglerwettbewerb um den Ernest Hemingway Cup statt.

REGION 1
Havanna und Umgebung

»Hasta La Victoria Siempre« (Bis zum endgültigen Sieg): das Che-Guevara-Zitat am Straßenrand in Havanna

Ein Kommunist war der junge, charismatische Anwalt Fidel Castro nicht. Seine politische Leitfigur war stets der Nationalheld und Dichter José Martí und dessen nationalliberale Gedanken zum Befreiungskampf gegen die Spanier im 19. Jahrhundert.

In Kuba scheinen vor allem die Älteren, die die Batista-Zeiten erlebt haben, den kranken Ex-Präsidenten noch immer zu verehren. So wie es trotz seines Rücktritts immer noch schwer fällt, sich Castro ohne seinen Bart vorzustellen, so bleibt es ein Rätsel, was aus Kuba ohne den einstigen »Comandante en Jefe« werden soll.

REGION 1
Havanna und Umgebung

Service & Tipps:

Einige Straßen in Havanna haben neue Namen, hier die wichtigsten (der alte Name zuerst):

Habaneros schrauben an schrott- wie museumsreifen Oldtimern

Rücklicht eines Oldtimers: auch nach über 50 Jahren noch blitzblank

Paula = Leonor Pérez
Egido = Av. de Bélgica (im südlichen Teil)
Teniente = Brasil
Zulueta = Agramonte
Monserrate = Av. de las Misiones (im Norden), Av. de Bélgica (im Süden)
Paseo del Prado (Prado) = Paseo de Martí
La Rampa = Calle 23 (in Vedado)

ⓘ Das wöchentliche Veranstaltungsmagazin »Cartelera« für Havanna informiert jeden Donnerstag neu über kulturelle Veranstaltungen, Konzerte usw.

ⓘ **Asistur**
Paseo del Prado 208, zwischen Calles Colón & Trocadero (in der Casa del Científico), 10100 Havanna, Centro
☏ 24-Stunden-Notruf 07-866 44 99, 07-866 83 39, www.asistur.cu
Mo–Fr 8.30–17 Uhr
Hilfestellung bei Notfällen, internationaler Geldtransfer, rechtliche Beratung usw.

ⓘ **Cubatur**
Calle 15 Nr. 410, zwischen Calles F und G, Havanna, Plaza
☏ 07-836 20 76, www.cubatur.cu

ⓘ **Infotur-Büros**
– Calle Obispo, Ecke San Ignacio, 10100 Habana Vieja
☏ 07-863 68 84, tägl. 8.30–20.30 Uhr
– Terminal de Cruceros (Kreuzfahrtanleger), Av. del Puerto
– Av. Quinta, Ecke Calle 112 11300 Habana Miramar, Playa
☏ 07-204 70 36
– Büros am Flughafen José Martí, Terminal II und III
www.infotur.cu

 Havana Bus Tour
Tägl. ca. 9–18.20 Uhr, Ticket CUC 3–5
Drei doppelstöckige Open-Air-Touristenbusse verkehren (theoretisch!) im 40-Minuten-Takt auf drei Linien durch Havanna und die Vororte, man kann beliebig ein- und aussteigen. **T1** ab Alameda de Paula/Altstadt über Parque Central zur Plaza de la Revolución und zurück bis Terminal de Cruceros/Altstadt; **T2** von der Plaza de la Revolución vorwiegend durch Miramar über Acuario und Colón-Friedhof bis zur Marina Hemingway; **T3** von Parque Central/Centro Habana über Fortaleza Cabaña nach Playas del Este.

 Castillo de los Tres Reyes del Morro (**El Morro**)
Loma Cabaña, Bahía de La Habana (Ostseite), Habana del Este
Tägl. 8–20 Uhr, Eintritt CUC 4 (abhängig von Museumsbesuchen, Foto und Video extra)
Im Eingangsgewölbe erzählt eine kleine Ausstellung die Geschichte der Burg, eine weitere von der Seefahrt zu Zeiten von Kolumbus mit alten Waffen und Wappen sowie nautischen Geräten, z. T. aus gesunkenen Schiffen.

 Fortaleza de San Carlos de la Cabaña/Museo de la Commandancia del Che
Loma Cabaña, Bahía de La Habana (Ostseite)
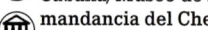 Habana del Este
Tägl. 10–22 Uhr, Eintritt CUC 5 (Fotos/Video extra), mit Cañonazo-Kanonenschuss-Zeremonie CUC 8 (mit Museen)
In der Festung befinden sich ein Museum mit mittelalterlichem

REGION 1
Havanna und Umgebung

Die Kathedrale aus dem 17. Jahrhundert …

… an der schönen Plaza de la Catedral in Havanna

Kriegsgerät (vom Rammbock bis zur Ritterrüstung), eine Kapelle, zwei Restaurants, eine Snackbar.

Das kleine Che-Guevara-Museum zeigt in drei Räumen Schwarzweißfotos und persönliche Gegenstände. Jeden Abend um 21 Uhr Kanonenschuss-Zeremonie mit anschließendem Salsa-Tanz (Einlass ca. 20.30 Uhr).

Castillo de la Real Fuerza
Plaza de Armas, Habana Vieja
Tägl. 9–17 Uhr, Eintritt CUC 5
Burg mit Keramikmuseum, einer Galerie und Souvenirshop sowie einem Dachcafé.

Palacio de los Capitanes Generales/Museo de la Ciudad
Plaza de Armas, Habana Vieja
Tägl. 9.30–18 Uhr, Eintritt CUC 3
Sehenswertes Stadtmuseum: Rund um den Patio im Erdgeschoss stehen Droschken, eine Feuerwehrkutsche und das Modell einer alten Zuckerfabrik, im ersten und zweiten Stock prachtvolle Exponate aus der Kolonialzeit in prunkvoll ausgestatteten Sälen, aber auch Waffen, Fahnen, Gemälde usw. aus den Unabhängigkeitskriegen.

Museo de Automóviles
Calle Oficios 13, Habana Vieja
Tägl. 9–18.30 Uhr, Eintritt CUC 1
Chevrolets, Buicks, Cadillacs, Rolls-Royce, eine alte Daimler-Limousine … – filmen sollte man angesichts der üblichen CUC-10-Videogebühr die Oldtimer lieber in Aktion auf der Straße, es gibt genug davon!

Casa de Africa
Calle Obrapía 157, Habana Vieja
Di–Sa 10–18, So 10–13 Uhr
Eintritt CUC 2
Auf drei Etagen befindet sich eine engagierte Ausstellung zur afrokubanischen Kultur und Religion: Musikinstrumente, Kleidung, Holzschnitzereien, Voodoo-Puppen, Altäre der verschiedenen Kulte und Sekten, gelegentliche Folklore-Shows.

Casa del Habano
Calle Mercaderes 120, zwischen Obispo & Obrapía
Habana Vieja
Di–Sa 10–17, So 10–13 Uhr
Eintritt CUC 1
Sehenswertes Zigarrenmuseum mit Laden: Ausstellungsstücke rund um die Zigarre, ihre Geschichte und Herstellung in Kuba.

Hotel Ambos Mundos
Calle Obispo, Ecke Mercaderes
Habana Vieja
(07) 860 95 29/-30
Fax (07) 860 95 32
www.habaguanex.com
Hemingway-Fans besuchen hier das Zimmer 511, wo der Schriftsteller in den 1930ern wohnte und arbeitete (tägl. 9–17 Uhr, Eintritt CUC 2), schönes Dachlokal.

Catedral de La Habana
Plaza de la Catedral
Habana Vieja

REGION 1
Havanna und Umgebung

Der Palacio de los Generales (vgl. S. 35) steht auf dem Grund einer Kirche, die 1741 bei einer Explosion stark beschädigt wurde – ein 450-jähriger Grabstein an der rechten Galeriewand im Hof erinnert an das einstige Kirchengelände – das älteste Relikt Havannas aus dem Jahr 1557 (eine Grabstelle sowie weitere Funde und Schätze aus dem Kirchenbesitz befinden sich im Erdgeschoss sowie im ersten Stock rechts).

Die bei den Restaurants angegebenen €-Preiskategorien beziehen sich auf eine Hauptmahlzeit:
€   – 4 bis 10 CUC
€€   – 10 bis 15 CUC
€€€ – 15 bis 20 CUC

Hemingway trifft Fidel Castro in Havanna

Im Kircheninnern sind kristallene Kronleuchter, massive Steinsäulen, farbenfrohe Mosaikfenster, Marmorboden und der marmorne Hauptaltar, geschmückt mit Fresken des Italieners Giuseppe Perovani, zu bewundern.

Centro Wifredo Lam
Calle Ignacio 22, Ecke Empedrado (links neben der Kathedrale), Habana Vieja
Mo–Sa 8.30–16.30 Uhr
Eintritt CUC 2
Werke des berühmtesten kubanischen Malers, eines Surrealisten aus dem 20. Jh., sowie wechselnde Ausstellungen anderer Künstler. Kleines Café.

Iglesia y Monasterio San Francisco de Asís/Museo de Arte Religioso
Plaza de San Francisco de Asís
Habana Vieja
Kirche mit dreidimensionaler Deckenmalerei, Museum (tägl. 9–17.30 Uhr, Eintritt CUC 2) und zu besteigendem Aussichtsturm (CUC 1).

Museo del Ron Havana Club
Av. del Puerto (auch: Calle San Pedro), Ecke Sol
Habana Vieja
Tägl. 9–17.30 Uhr, Eintritt CUC 8 (inkl. Foto/Video und Drink)
Sehr gut gemachtes und modernes Rummuseum mit angeschlossener Bar (bis Mitternacht), Laden (bis 21 Uhr), Galerie und Souvenirshop. Tanzkurse und Live-Musik (Fr Jazz, Sa Musica tradicional, So Rumba). Hier kauft man z.B. den Havana Club Gran Reserva (15 Jahre gereift, sehr teuer für ca. CUC 80, in Deutschland um die € 180), auch gut ist der Añejo 7 años (7 Jahre, ca. CUC 9) oder der Legendario (ca. CUC 8).

Convento de Santa Clara
Calle Cuba, zwischen Luz & Sol
Habana Vieja
℅ 07-866 93 27
Fax 07-833 56 96
Mo–Fr 9–17 Uhr
Eintritt CUC 3 (mit Führung)
Das einstige Kloster aus dem 17. Jh. entpuppt sich u.a. als idyllisches, oft ausgebuchtes Hotel (neun preiswerte Zimmer), Restaurant im wunderschönen ruhigen Patio mit Garten.

Iglesia de Nuestra Señora de la Merced
Calle Merced, Habana Vieja
Klosterkirche mit schönen Fresken.

Iglesia de San Francisco de Paula
Calle Leonor Pérez, Ecke Desamparados (verl. Hafenstraße)
Habana Vieja
Mo–Sa 9–17, So 9–13 Uhr
Eintritt CUC 2
Schöne Kirche mit interessanter Musikausstellung, oft Konzerte.

Casa Natal y Museo de José Martí
Calle Leonor Pérez 314, Habana Vieja
Di–Sa 9–17, So 9–13 Uhr
Eintritt CUC 1
Das kleine Geburtshaus des großen kubanischen Dichters und Befreiungskämpfers zeigt in vier Räumen viele persönliche Gegenstände, Dokumente und Bücher.

Capitolio de La Habana
Paseo del Prado (südl. Ecke des Parque Central), Centro
Wegen Restaurierung bis Ende 2012 geschl.
Sehenswert sind der runde ehemalige Parlamentssaal mit herrlicher Mosaikdecke und die alte, ehrwürdige Bibliothek. Im linken Flügel schönes Balkon-Restaurant, Internet-Café, Galerien und Shops.

Gran Teatro García Lorca
Paseo del Prado, am Parque Central (links neben Hotel Inglaterra) Centro
℅ 07-861 30 77/-8, 07-861 30 96
Tägl. 9–18 Uhr, Führung CUC 2, Aufführung CUC 20–50
Hier tritt das berühmte Nationalballett (Ballet Nacional de Cuba) unter der langjährigen Leitung der legendären Alicia Alonso seit 1948 auf (Programm im wöchentlichen Veranstaltungsmagazin »Cartelera«).

Museo Nacional de Bellas Artes
www.museonacional.cult.cu
Di–Sa 10–18, So 10–14 Uhr

Eintritt CUC 5-8
Das Museum der Schönen Künste liegt in Centro und ist unterteilt in:
– **Colección de Arte Cubano** (kubanische Kunst aus Vergangenheit und Moderne), Calle Trocadero, zwischen Agramonte (ehem. Zulueta) und Av. de las Misiones (ehem. Monserrate), ein Block südlich des Revolutionsmuseums.
– **Colección de Arte Universal** (ausländische Meister wie Goya, Rubens, Canaletto usw.), Calle San Rafael, Ecke Zulueta, im ehemaligen Centro Asturiano (am Parque Central).

Edificio Barcadí
Av. de las Misiones, zwischen Empedrado und San Juan de Díos
Centro
Das prachtvoll restaurierte Gebäude war der Hauptsitz des Imperiums der Familie Barcadí, heute ein Geschäftsgebäude, wo man den Mirador-Turm besuchen kann, oben kleines Snack-Café, €.

Museo de la Revolución/ Revolutionsmuseum und Memorial Granma
Calle Refugio, zwischen Agramonte und Av. de las Misiones, Centro
Tägl. 10-17, Uhr, Eintritt CUC 6, Granma CUC 2 extra, Foto/Video CUC 2 extra
Von der Ausrottung der Ureinwohner über die Befreiungskriege bis zur siegreichen Revolution (2. Stock). Im Freien der Glaspavillon mit dem Boot »Granma«, mit dem Fidel Castro und 81 Genossen Ende 1956 aus dem Exil in Kubas Südosten landeten, außerdem Panzer aus der Schweinebucht und alte Jeeps.

José Martí-Memorial
Plaza de la Revolución, Vedado
Mo-Sa 9.30-16.30 Uhr, Eintritt CUC 6 (inkl. Fahrstuhl)
Zu den Ausstellungsstücken in der Gedenkstätte für den Volkshelden gehören Faksimiles von Diplomen, Martís Bücher (darunter »The Golden Age«, das jede kubanische Familie besitzt), Fotos, Orden usw.; Fahrstuhl auf den höchsten Turm in Havanna.

Museo Compay Segundo
Calle 22 Nr. 103, zwischen Primera & Tercera, Miramar
℡ 07-202 59 22
www.compaysegundo.eu
Mo-Fr 10-12 und 14-16 Uhr – nach telefonischer Anmeldung! 
Eine kleine Ausstellung dokumentiert den Werdegang des berühmten Musikers: Internationale Preise, Instrumente (wie seine siebensaitige Gitarre namens Armónico, die er 1920 selbst erfand), Originalpartituren (»Chan Chan«) und Kleidung wie der unvermeidbare Sombrero-Hut. Souvenirshop.

Necrópolis Cristóbal Colón
Calzada de Zapata, Ecke Calle 12, Vedado
Tägl. 8-17 Uhr, Eintritt CUC 5
Kolumbus-Friedhof: Eine riesige »Stadt aus wunderschönen Grabmälern und Katakomben.

Bodeguita del Medio
Calle Empedrado 207 (nahe Kathedrale), Habana Vieja

REGION 1
Havanna und Umgebung

Pilgerziele in der Altstadt von Havanna: die »Bodeguita del Medio« (oben) und die Bar »El Floridita« (unten). Hemingway soll gesagt haben: »My mojito in La Bodeguita My daiquirí in El Floridita.«

37

REGION 1
Havanna und Umgebung

Viele kubanische Frauen, besonders in Havanna, betonen selbstbewusst ihren Sexappeal

Erläuterung zu kubanischen Adressenangaben
e/(entre) – heißt zwischen zwei Straßen (Calles)
esq. (esquina) – heißt Ecke
Steht nur ein »y« (und) zwischen zwei Straßennamen, dann liegt das Haus auf der Erstgenannten nahe der Zweitgenannten Straße.

Obststand in Havanna

✆ 07-867 13 74/-5
Tägl. 11–24 Uhr
Hemingways Stammkneipe, heute ein überlaufenes Touristenrestaurant mit übertreuerten Mojítos. €€

El Floridita
Av. Bélgica, Ecke Obispo, Habana Vieja
✆ 07-867 13 00, tägl. 12–24 Uhr
Internationale Gerichte und teure Daiquirís, wo einst Hemingway speiste und trank. €€–€€€

Restaurant 1830
Malecón, nahe Calle 20, Vedado
✆ 07-55 30 91/-92
Tägl. 12–24 Uhr
Hervorragend speisen kann man im eleganten Ambiente eines der besten Restaurants in Havanna, wenn nicht in Kuba! (Sa auf der Terrasse am Meer Show mit Salsa-Musik und Tanz, Bar und Nightclub bis 4 Uhr). €€

La Torre
Calle 17, nahe Calles M & N (im Hochhaus Edificio Focsa, extra Eingang), Vedado
✆ 07-838 30 88, tägl. 12–24 Uhr
Restaurant mit französisch-internationalen Gerichten im höchsten Gebäude Kubas – Traumpanorama im 36. Stock (vom Restaurant auf den Malecón, von der Bar auf der anderen Seite mit Sonnenuntergang). €€–€€€

La Divina Pastora
Av. Monumental Complejo Morro-Cabaña (unterhalb der Festung San Carlos de la Cabaña an der Ostseite der Bucht)
Habana del Este
✆ 07-860 83 41, tägl. 12–23 Uhr
Internationale Gerichte mit dem besten Veranda-Ausblick aufs gegenüberliegende Alt-Havanna. Große Weinkarte, abendliche Folklore-Shows. €€€€

Paladar La Guarida
Calle Concordia 418, zwischen Gervasio & Escobar, Centro
✆ 07-866 90 47, www.laguarida.com
Tägl. 12–16 und 19–24 Uhr
Der etwas teurere Paladar La Guarida ist bekannt aus dem Film »Erdbeer und Schokolade« und bietet originelle Kreationen aus Fisch (z.B. Tartar aus Thunfisch und Lachs in leckerer Senfsauce), Schwein und Lamm, Huhn und Kaninchen usw. (reservieren!). €€€

El Ajíbe
Av. 7ma, zwischen Calles 24 & 26, Miramar
✆ 07-204 15 83, tägl. 12–24 Uhr
Ein beliebtes Open-Air- und All-you-can-eat-Lokal, v.a. für Hühnchen-Liebhaber (ca. CUC 12), zu angemessenen Preisen. €

Los Nardos
Paseo del Prado 563, zwischen Dragones & Brasil (gegenüber vom Capitolio), Centro
✆ 07-863 29 85, tägl. 12–24 Uhr
Das Restaurant der Sociedad Juventud Asturiana ist derzeit so angesagt, dass man schon mal Schlange stehen muss – eine durchaus kubanische Erfahrung. Hervorragende spanisch-kreolische Gerichte, üppige Portionen (z.B. Paella oder *langosta a la catalana*), mit Sangria oder Cocktails, freundlicher Service und das alles manchmal mit Pianobegleitung. €

Parillada und La Casona del 17
Calle 17, zwischen Calles M & N (gegenüber dem Focsa-Hochhaus) Vedado
✆ 07-55 31 36, tägl. 12–23 Uhr
Grilllokal und Bar: Die riesigen Portionen sprengen fast die Teller, zum Beispiel das *Pollo-a-la-casa*-Hühnchen, aber auch der Hummer ist hier bezahlbar. Neben dem Grill-Lokal

liegt die **Casona del 17**, eine herrliche koloniale Villa mit hervorragenden Speisen und ebensolchem Service auf zwei Etagen. €

A Prado y Neptuno
Paseo del Prado, Ecke Calle Neptuno, Centro
✆ 07-860 96 36
Gut besuchte Pizzeria mit klassisch italienischen und internationalen Gerichten, wie den leckeren Penne à la Langosta oder dem Grillteller. €-€€

Paladar El Gringo Viejo
Calle 21 Nr. 454, zwischen Calles E u. Calle F, Vedado
✆ 07-831 19 46
Tägl. 12-23 Uhr
Beliebter und gemütlicher Paladar im Keller einer Villa, sehr professionell und freundlich, große Auswahl an Speisen und Wein. €

Paladar Torresson
Malecón 27, zwischen Prado & Cárcel, Centro
✆ 07-861 74 76, tägl. 12-24 Uhr
Mit Blick aufs Meer: kubanische Hausmannskost vom saftigen Kotelett bis Garnelen (preiswerte Menüs inklusive Suppe, Beilagen und Salat). €

Heladería La Coppelia
Calle 23, Ecke Calle L, Vedado

✆ 07-832 61 84, Di-So 11-23 Uhr
In der berühmten Eisdiele gibt es eine abgetrennte Ausländer-Devisen-Abteilung unten, die Kubaner stehen meist an der Schlange an und speisen oben bzw. im Garten. Man kann sich natürlich - mit ausschließlich kubanischen Pesos! - auch unter die Kubaner mischen, nach *el último* fragen und mitwarten ...

Tacón-Markt
Av. Desamparados, Ecke Calle Cuba, südlich vom Rummuseum, Habana Vieja
Tägl. 9-19 Uhr
Moderne Kunst bis hin zu witzigem Kitsch gibt es in dem hallenartigen, schön restaurierten Lagergebäude am Hafen: Musikinstrumente, Gemälde, Bücher, Antiquarisches (feste Preise - oder feste verhandeln...).

Palacio de Artesanía
Calle Cuba, Ecke Tacón 64
Habana Vieja
Tägl. 9-19 Uhr
Herrlicher Palast mit Souvenirläden im Patio: Rum und Zigarren, Ches Konterfei auf T-Shirts und Tassen sowie Maracas, Modeschmuck, Postkarten, Püppchen, Strohhüte, Masken ...

Galerías de Paseo
Paseo, Ecke Malecón (gegenüber vom Hotel Meliá Cohíba)
Vedado

REGION 1
Havanna und Umgebung

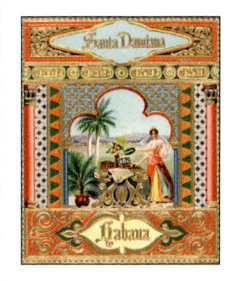

Der Genuss einer »Habana« ist etwas Besonderes

Es wird leider immer öfter in Havanna versucht, Touristen im wahrsten Sinn abzuzocken, deshalb der Rat: Falls es sich um ein kleineres unbedeutenderes Museum handelt, wo ein Angestellter mehr als 2-3 CUC Eintritt nehmen will, oder sogar um einen Laden mit nur ein paar Vitrinen, sollte man dies zurückweisen und gehen (man wird dann oft genug doch umsonst oder zum Normalpreis eingelassen – der Eintritt wandert nicht selten in die Privatkasse der Angestellten bzw. Verkäufer.

Auf den Straßen Havannas herrscht ein buntes Durcheinander der verschiedensten Verkehrsmittel: Fahrräder, Motorräder mit Beiwagen, klappernde Busse, uralte amerikanische Straßenkreuzer und Fahrradrikschas

39

REGION 1
Havanna und Umgebung

»Havanna ist die Stadt der Welt, in der man am besten zu trinken versteht«, sagte der französische Romancier André Demaison etwa 1920 zu Alejo Carpentier. Der kubanische Schriftsteller weiß auch warum: »...die kubanischen Barmen sind meiner Meinung nach die besten auf der ganzen Welt.«

»Cabaret Tropicana« – Tanzshow im Weltklasseformat

Havanna im Film

Außer dem weltberühmten musikalischen Porträt **»Buena Vista Social Club«** von Wim Wenders gibt es eine Reihe bekannter Filme über Havanna, hier einige Beispiele:

Der wohl berühmteste Film über die kubanische Hauptstadt ist der Spionagefilm und Klassiker **»Unser Mann in Havanna«** (USA 1959, Regie: Carol Reeds), basierend auf Graham Greenes gleichnamiger Roman-Parodie mit Alec Guinness in der Rolle des Staubsaugervertreters Jim Wormold, der Spionageberichte erfindet, um den unersättlichen britischen Geheimdienst beliefern zu können. Eine dramatische Liebesgeschichte aus den letzten Tagen des Batista-Regimes spielt sich in dem Hollywoodfilm **»Havanna«** (USA 1990, Sydney Pollack) ab: Robert Redford als amerikanischer Glücksspieler, der sich in die schöne Frau (Lena Olin) eines Guerilleros verliebt und der Revolution hilft. Die deutsche einfühlsame Dokumentarfilm **»Havanna, mi amor«** (Deutschland 2000, Uli Gaulke) zeigt den Alltag der Habaneros mit all seinen Tücken. In der chaotischen Komödie **»Kuba-Coup«** (Deutschland-Spanien-Kuba 2000) spielt ein angeblicher Schwede (Peter Lohmeyer) die Hauptrolle als diebischer Tourist, der zuletzt nicht einmal mehr die besitzlosen Habaneros verschont.

»Barrio Cuba« heißt der jüngste Film vom kubanischen Regisseur Humberto Solás (Kuba 2005): Sieben Habaneros auf der Suche nach Liebe, dabei musikalisch begleitet u.a. von der berühmten Salsa-Band Los Van Van. Um Musik, Lebenskünstler und die Söhne des Buena Vista Social Club dreht sich ebenfalls der Film **»Havanna Blues«** (Spanien-Kuba-Frankreich 2005, Regisseur Benito Zambrano).

Tägl. geöffnet
Spiegelverglastes Shoppingcenter mit Boutiquen, Drogerien, Eiscafés, Cafeterias und dem besten Jazz-Club der Stadt.

Außerdem viele Läden in der **Calle Obispo** (Altstadt) und in **Centro** in den Straßen San Rafael (auch: Bulevar San Rafael), Calle Neptuno und Av. de Italia: eher sozialistisch als schick mit lauter Peso-Waren, Friseuren und billigen Cafeterias – hier bummelt man am besten ohne Handtasche: Einerseits muss man oft noch die Tasche in den Läden vor Eintritt abgeben, andererseits weckt man ohne Tasche auch keine Begehrlichkeiten.

Cabaret Tropicana
Línea del Ferrocarril & Calle 72
Marianao
✆ 07-267 17 17/-19
www.cabaret-tropicana.com
Tägl. ab 20.30, Show um 22 Uhr im Freien, sofern es nicht regnet; zu buchen über Hotels und Reiseagenturen. Preise CUC 70–90 (inkl. Abendessen, Flasche Rum, Cola), Fotos CUC 5 extra, Video CUC 15!

Ein mitreißendes Potpourri der kubanischen Musik aus Folklore, Ballett und Artistik.

Cabaret Parisién
Im Hotel Nacional, Calles O & 21, Vedado
✆ 07-873 35 64, 07-55 00 04
Tägl. zwei Shows, 22 und 24 Uhr, ab CUC 35
Alternative zum Tropicana-Cabaret. Mi und Sa ab 22 Uhr außerdem Konzerte mit wechselnden Musikern vom Buena Vista Social Club, z.B. die Gruppe vom (verstorbenen) Compay Segundo.

El Gato Tuerto
Calle O Nr. 14 zwischen Calles 17 & 19, Vedado
✆ 07-836 01 12, Eintritt ca. CUC 5)
Winziger Nachtclub mit Live-Musik und viel Stimmung (Boleros, Son, Jazz).

Piano-Bar Maragato
Im Hotel Florida, Calle Obispo
Habana Vieja
✆ 07-862 41 27
CUC 5 (2 Getränke inkl.)
In der Hotelbar spielen ab 23 Uhr

40

Live-Bands Salsa, Bachata, Merengue, Reggae ...

🎵 **Casa de la Música**
🍴 Calle 20, zwischen Calles 35 & 33
Miramar, Playa
✆ 07-204 04 47, tägl. ab 22 Uhr Eintritt CUC 15–25, auch billigere Nachmittagskonzerte Di–So Manchmal beginnen die Bands auch erst um 1 Uhr morgens, aber das Warten lohnt sich: Hier spielen die bekanntesten Salsa- und HipHop-Bands.
Bis der Auftritt beginnt, können die Besucher im Laden mit CDs stöbern (tägl. 10–0.30 Uhr), im 2. Stock ist die Piano-Bar **El Diablo Tún Tún** geöffnet.

🎵 **Casa de la Amistad**
Av. Paseo 406, zwischen Calles 17 & 19, Vedado
✆ 07-830 31 14/-15
Eintritt CUC 5
Kulturzentrum in einer alten Villa mit großem Garten, wo jeden Samstag ab 21 Uhr die **Noche Cubana** mit Live-Bands und Tanzshow stattfindet (Salsa). Jeden Di heißt es **Chan Chan** mit Música tradicional (Son, La Guaracha usw.). Restaurant.

💃 **Un, dos, tres!**
Tanzschulkurse in Havanna kann man buchen bei Via Danza (in Deutschland ✆ 07 11-48 90 70 03, www.viadanza.com) und Kuba-Spezialist avenTOURa (✆ 07 61-211 69 90, www.aventoura.de, www.salsa-alegre.de).

🚴 **Per Drahtesel durch Havanna**
Wer mit dem Fahrrad in Havanna unterwegs ist, wird gelegentlich bestaunt, als wäre er mit einem Porsche auf Tour. Man wird von anderen Radlern gegrüßt und in Fachgespräche verwickelt. Im Vergleich zu anderen Großstädten der Welt ist auf Havannas Straßen wenig los. Privatfahrräder werden ab CUC 3 pro Tag angeboten. Leihräder vermietet das kubanisch-kanadischen Joint Venture:

Bicicletas Cruzando Fronteras
Edificio Metropolitano, Calle San Juan de Dios, Ecke Calle Aguacate, Habana Vieja
✆ 07-860 85 32, ca. CUC 12 pro Tag, ca. CUC 60 pro Woche, Rabatte für längere Zeiten, auch stundenweise, man kann verhandeln. Angeboten werden unterschiedliche Größen von ausgemusterten und gespendeten Fahrrädern aus Kanada. Man sollte keine besonders hohen Erwartungen an Rad-High-Tech haben und vorher eine Proberunde drehen (auf ein gutes Schloss achten!).

🚕 **Fahrradtaxis (Bici-Taxis)** eignen sich für kürzere Strecken innerhalb des Bezirks, **Coco-Taxis** sind knallgelbe, knatternde Dreirad-Oldtimer mit festen Preisen.

Taxis: z.B. Panataxi mit Taxameter (✆ 55 55 55), teurer sind Fahrten nachts und außerhalb von Altstadt und Centro. Preiswerter sind private *Taxis particulares* (handeln!) und *Colectivos* (Oldtimer, die als Sammeltaxis auf einer festen Route verkehren).

Oldtimer-Charter-Fahrten mit Chauffeur: man kann die Inhaber und Fahrer der Schmuckstücke vor dem Capitolio ansprechen.
Kutschfahrten durch die Stadt (bei Infotur zu buchen, z.B. ab Plaza de San Francisco de Asís oder vor dem Capitolio).

🎭 **Baila en Cuba**
🎵 Bei dem internationalen Tanzfestival schwofen alljährlich im November Salseras und Salseros aus aller Welt, viele Workshops und gute Konzerte (Info: www.baila-en-cuba.de, zu buchen bei avenTOURa, in Freiburg ✆ 07 61-211 69 90, in Hamburg ✆ 040-43 28 09 96, Büro in Havanna: Edificio Barcadí, Büro-Nr. 208, Calle Monserrate 261, Habana Vieja, ✆ 07-863 28 00, www.aventoura.de).

🎭 **Festival Internacional del Nuevo Cine Latinoamericano**
Zehn Tage Anfang Dezember sind die Kinos, Restaurants und Bars voll mit Cineasten und namhaften Regisseuren (auch aus den USA), Schauspielern und Fans aus aller Welt: www.havanafilmfestival.com.

REGION 1
Havanna und Umgebung

Pferdedroschken, »Calesas«, befahren als Taxis feste Routen durch Havanna

REGION 1
Havanna und Umgebung

Umgebung Havanna

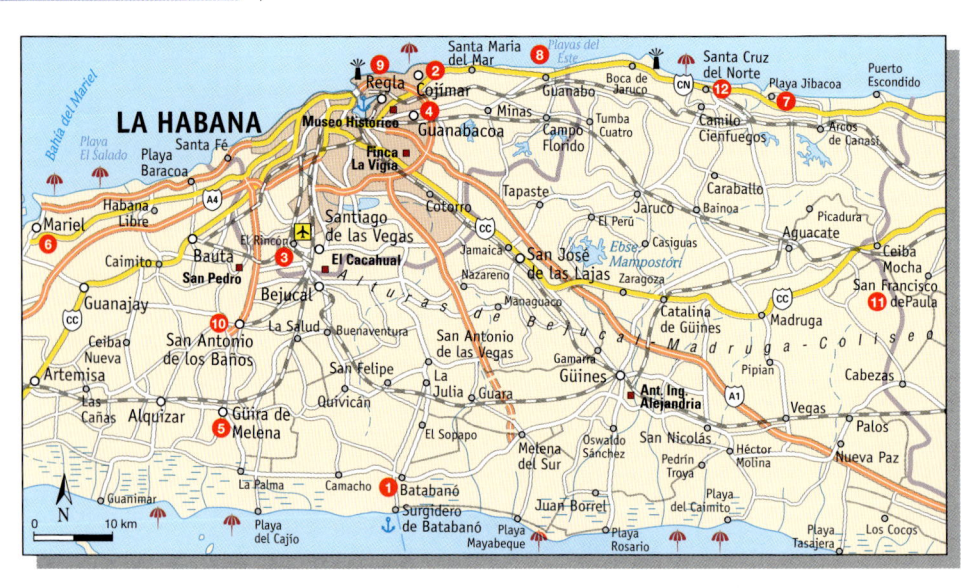

❶ Batabanó (Surgidero de Batabanó)

Der Hafen von Batabanó (ca. 50 km südlich von Havanna) ist bekannt als erste Siedlung der Stadt Havanna (die dann 1519 an die Nordküste verlegt wurde) und als Ausgangspunkt für die Fährfahrten zur Isla de la Juventud (s. S. 87 ff.). Die Fähren und Tragflächenboote legen ab im kleinen etwas südlicheren Küstenort namens Surgidero de Batabanó, wo man den Fischern am Pier zuschauen kann, aber sonst nicht viel los ist.

Interessant ist dieser Abstecher womöglich für historisch Interessierte, die den Spuren Fidel Castros durchs Land folgen. Denn hier gingen Fidel und einige seiner auf der Isla de la Juventud mitinhaftierten *Compañeros* wieder an Land, nachdem sie als politische Gefangene am 15. Mai 1955 auf öffentlichen Druck hin vom Diktator Fulgencio Batista amnestiert worden waren. Das idyllische Fischerdorf (5 km südlich von Batabanó) mit seinen verwitterten Holzhäuschen und den Schaukelstühlen auf den Veranden versorgt seine Besucher mit Frischfisch, Hummern und Garnelen in diversen Kreationen, meist aber als Grillfisch in den vielen Imbisslokalen. Hurrikans machten dem Hafenort allerdings in den vergangenen Jahren stark zu schaffen, und hinterließen ein heute eher hässliches Stadtbild.

Service & Tipps:

Terminal Kometa
Tragflächenboote und große (kanadische) Passagier-Katamarane verkehren zweimal täglich ab dem Festland (Surgidero de Batabanó), abhängig von Wetter, technischem Zustand und Bedarf. Nur in Havanna gibt es Fährtickets (übrigens teurer als der Flug) beim Astro-Busbahnhof (inkl. Busfahrt nach Batabanó). Man muss rechtzeitig reservieren!

❷ Cojímar

Cojímar wurde zu einem Kultort für Hemingway-Fans, denn in der kleinen Bucht und dem Küstenort wurde 1955 Hemingways Roman »Der alte Mann und das Meer« mit Spencer Tracy in der Hauptrolle verfilmt. Das kleine Fischerdorf am Stadtrand von Havanna (10 km östlich) erlangte aber schon durch den 1954 mit dem Nobelpreis gekrönten Roman Weltruhm. An der Mündung des Cojímar-Flusses lag in den 1940ern und 1950ern Hemingways Fischerboot »Pilar«, mit dem er die Küste Kubas erkundete, Marlins fing und sich zu seinen Romanen inspirieren ließ, z. B. zu »Inseln im Strom«. Vielleicht hat der Autor aber auch nach deutschen U-Booten vor der Nordküste Kubas Ausschau gehalten, um sie zu melden – so eines der vielen Gerüchte über Hemingways kubanische Segeltörns.

Eine Hemingway-Büste, 1962 von den Bewohnern zu seinen Ehren errichtet, schaut heute vor der kleinen Festung La Chorrera auf die Bucht von Cojímar. In den Gassen des hübschen Dorfes leben noch immer Zeitzeugen: Der alte Carlos passt auf die geparkten Touristenautos auf und erzählt von den Filmaufnahmen mit Spencer Tracy – 24 Jahre und Statist war Carlos damals. Auch Hemingways alter Bootsmann, Gregorio Fuentes, der angeblich Pate stand für den »alten Mann«, lebte hier jahrzehntelang im Dorf und gab bis zuletzt Interviews – er verstarb 2002 im hohen Alter von 104 Jahren.

Die kleine typische Gaststätte an der Fischerbucht besuchte Hemingway ab 1938 und nannte sie im Roman »Terrace«: Heute hängen viele Fotos an den Wänden, die Hemingway u.a. mit Fidel Castro und Gregorio Fuentes zeigen. Der Autor trank hier stets Daiquirís – mit einem doppelten Schuss Rum. Die Touristen können einen weiteren, etwas weniger starken Drink genießen, der angeblich auch dem Autor schon gemundet hat: Der »Papa Hemingway« entpuppt sich als ein süßsaures Gebräu aus Rum, Zitronensaft, Pampelmuse, Maraschino und Eis.

Wer sich für Sport begeistert, kann in dieser Gegend am östlichen Stadtrand noch das riesige **Estadio Panamericano** ansehen, das entlang der Vía Monumental auf dem Weg zurück nach Havanna liegt (etwa 2 km westlich von Cojímar): Es wurde mit 55 000 Sitzplätzen 1991 für die Panamerikanischen Spiele errichtet. Ebenfalls gigantisch wirken die tristen Plattenbausiedlungen des Havanna-Stadtteils **Alamar** auf der anderen, östlichen Seite der Boca de Cojímar: Rund 80 000 Menschen leben in der Trabantenstadt, die die *microbrigadas* nach dem Sieg der Revolution für die Kubaner gebaut haben.

REGION 1
Havanna und Umgebung

Die berühmte Geschichte »Der alte Mann und das Meer« spielt in dem kleinen verträumten Fischerort Cojímar

Noch heute blickt Hemingway auf die Bucht von Cojímar

> **REGION 1**
> **Havanna und Umgebung**

Cojímar: das Castillo de la Chorrera einst (unten) und heute (rechts)

La Terraza de Cojímar
Calle Real Nr. 161 & Candelaria
Cojímar
✆ 07-93 92 32, tägl. ab 10.30–22.30 Uhr

Ein Touristenlokal und eine Bar an der Cojímar-Bucht, auf frischen Fisch und anderes Meeresgetier spezialisiert, z.B. in leckerer Paella. €€

❸ El Rincón

Bei El Rincón (ca. 25 km südlich von Havanna) befindet sich die zweitwichtigste Pilgerkirche in Kuba, nach der berühmten Wallfahrtskirche El Cobre im Osten bei Santiago de Cuba: die **Iglesia de San Lázaro** (auch: Sanctuario de San Lázaro), dem heiligen Lazarus, der in Gestalt des heiligen Babalú Ayé den Schutzpatron der afrokubanischen Religion Santería (und der Gebrechlichen) darstellt. In der kleinen Kirche las Papst Johannes Paul II. eine Messe während seines Kuba-Besuches 1998.

Die Lazarus-Anhänger aus ganz Kuba treffen sich jedes Jahr am Vorabend des Tages des heiligen Lazarus (17. Dezember) zu Tausenden hier, um den Heiligen zu ehren und auf Wunder zu hoffen. Aber auch sonst ist die Kirche gut besucht: Unzählige Verkaufsstände mit allerlei Devotionalien und Spendengaben wie Blumen, Tonfiguren und bunten Kerzen stehen Spalier, wo manche Gläubige am Pilgertag auf Knien die Straße hochrutschen.

Iglesia de San Lázaro (auch: Sanctuario de San Lázaro)
El Rincón (ca. 3 km westlich von Santiago de las Vegas)

Kleine, aber bedeutende Wallfahrtskirche mit trubeligem und spektakulärem Pilgerfest am 16./17. Dezember.

❹ Guanabacoa

Für die Fans von Santería und afrikanischen Religionen und Kulten ist Guanabacoa einen Abstecher wert, auch wenn hier sonst nicht viel Bemerkenswertes zu sehen ist: Der Ortsteil, in dem die Spanier die wenigen noch überlebenden Indianer vor 500 Jahren angesiedelt hatten, liegt ca. fünf Kilometer östlich von Havannas Innenstadt und besitzt in seinem kolonialen Zentrum ein **Santería-Museum** und die barocke **Iglesia Mayor** am Platz Parque Martí.

Service & Tipps:

Museo Histórico Municipal
Calle Martí 108, Ecke San Antonio & Versalles
Guanabacoa
Mo und Mi-Sa 10-18, So 9-13 Uhr
(Di geschl., generell unregelmäßig geöffnet), Eintritt CUC 2
Das Ethnologiemuseum beherbergt in einigen Räumen interessante Objekte zum Santería-Glauben und den Kulten der Palo-Monte und Abakúa, Archäologisches und Kunsthandwerk sowie die dazu passenden Souvenirs, z.B. Puppen und Poster der Santería-Heiligen.

El Palenque
Calle Martí, Ecke Lamas
Guanabacoa
Tägl. ab 10 Uhr
Einfaches Gartenlokal mit kubanischem Essen und Imbiss-Snacks. €

REGION 1
Havanna und
Umgebung

❺ Güira de Melena

Inmitten von roter fruchtbarer Erde und vielen Feldern liegt die typische Kleinstadt in der Provinz Havanna (ca. 45 km südwestlich der Hauptstadt). Güira de Melena hat den Ruf, einer der wohlhabenderen Orte in Kuba zu sein, denn die Bauern in der Gegend verdienen offenbar nicht schlecht. Hier wächst das für die Kubaner fast lebenswichtige *Malanga* und die Süßkartoffel *Boniato*, schwarze Bohnen und Tomaten, Apfelsinen und Zitronen, Bananen und Papaya. Viel zu sehen gibt es in der Stadt mit ihren rund 40 000 Einwohnern nicht, man muss sich mit dem Alltag und dem charakteristischen Architekturmix begnügen: Platten- und Kolonialbauten, flachen Villen und Reihenhäuschen.

Am Parque Central steht eine Glorieta an der Stadtkirche – hier und in der angrenzenden Fußgängerzone Calle Cuba geht es an den Wochenenden abends lautstark zu. Ansonsten verläuft das Leben geruhsam, denn auf dem Land sind die *apagones*, die Stromabschaltungen, noch an der Tagesordnung – dann hält man kurzerhand Siesta oder ein Schwätzchen. Und wo sonst in der Welt sieht man heranwachsende Jungs noch mit Murmeln spielen ... Es sind die kubanischen Provinzstädte wie Güira de Melena, die weit gereisten Fremden aus der besser situierten Welt zeigen, wie sich ein Volk an einfachen Dingen erfreuen kann und damit zufrieden gibt (oder zufrieden geben muss).

Der Ceiba (Baumwollbaum) ist ein heiliger Baum der Santería

Malanga
Auf deutsch heißt die seit mehr als 2000 Jahren kultivierte Nutzpflanze aus der Familie der Aronstabgewächse Taro oder Wasserbrotwurzel. Genutzt werden vorwiegend die stärkehaltigen Knollen, die man wie Kartoffeln kocht, aber auch die Mineralien sowie Vitamin A, B und C enthaltenden Blätter und Blattstiele.

Charakteristisch für die kubanische Küche ist die Verwendung von »Boniatos«, Süßkartoffeln

REGION 1
Havanna und Umgebung

Um in den rosafarbenen Camello-Bussen, die auf einem Sattelschlepper aufliegen, mitfahren zu können, stellt man sich an die kreuz und quer stehende Warteschlange an der Haltestelle, fragt in die Runde nach »el último?« und darf dann nach Herzenslust mitdrängeln (kostet wenige Centavos in »moneda nacional«, nicht in CUC!). Am besten ohne Tasche und Wertsachen, da hier auch Langfinger gelegentlich mitfahren.

❻ Mariel

Es gibt wahrlich schönere Orte in Kuba: Der Hafenort (45 km westlich von Havanna) ist unrühmlich bekannt für die Massenflucht von 125 000 Kubanern, die von hier aus im April 1980 ihrem Land (nicht etwa nur dem hässlichen Mariel) den Rücken kehren wollten – Richtung Florida, das nur 150 Kilometer entfernt ist. Die Industriestadt mit der weithin sichtbaren riesigen Zementfabrik besitzt neben dem Industrieort Moa im Landesosten die am stärksten verschmutzte Luft in Kuba – und ist auch sonst wenig interessant, wenn man sich nicht gerade für Schiffsbau (Werften) und Heizkraftwerke interessiert. Auch der nahe gelegene, nicht so berauschende, felsige **Playa Baracoa** mit Hütten wird vornehmlich von Kubanern und Habaneros zum Partymachen am Wochenende besucht.

❼ Playa Jibacoa

Wenn die Habaneros an den Strand zum *Campismo* wollen, dann fahren sie nach Playa Jibacoa (ca. 60 km östlich von Havanna). Rund zehn Campismo-Bungalowanlagen liegen jenseits der Autobahn Vía Blanca in Strandnähe oder idyllisch versteckt im Hinterland. Die kleinen Strände, etwa auf halber Strecke zwischen Havanna und Varadero, sind eine gute Alternative zu dem bekannten Pauschalreiseziel, vor allem für Familien, Preisbewusste und Naturliebhaber. Wer schnorcheln oder an der Küste entlang wandern möchte, findet hier die richtigen Plätze. Und zum pittoresken Valle de Yumurí ist es nur ein Katzensprung (s. S. 56 f.) – ab dem **Mirador de Bacunayagua** kann man schon mal einen herrlichen Panoramablick auf das Palmental genießen.

Service & Tipps:

👁 **Mirador de Bacunayagua**
Vía Blanca (Autobahn Havanna–Varadero), ca. 2 km östl. von Puerto Escondido
Ein Traumpanorama bietet sich von Kubas längster Brücke (ca. 300 m) in 100 m schwindelnder Höhe über ein wunderschönes Tal, das **Valle de Yumurí** (s. S. 56 f.), mit hohen Königspalmen. Die Brücke markiert gleichzeitig die Grenze zwischen den Provinzen Havanna und Varadero. Die meisten Autobusse stoppen an dem Imbisslokal mit Aussichtsturm.

✗ **Ranchón Gaviota**
Vía Blanca, (Abzweig bei Arcos de Canasí, ca. 12 km landeinwärts von Puerto Escondido) Jibacoa
Tägl. 9–18 Uhr
Ca. CUC 8 (inkl. Lunch)

Auf einem Hügel gelegene Ausflugsfarm zwischen Palmenhainen und Zuckerrohrfeldern: Reitpferde und Kajaks stehen bereit, ebenso der Koch: es gibt deftigen Fleischeintopf *(ajiaco)* und Schweinefleisch mit Reis und Bohnen. €

🚂 **Hershey-Train**
(Vgl. S. 57)
www.transhershey.com
Sonntags immer als Touristen-Ausflug mit Live-Musik und Animation ab Guanabo, s. S. 48, zu buchen bei z.B. Cuba Real Tours in Havanna, Edificio Bacardí, Büro 404, Calle Montserrate 261, Ecke San Juan de Dios, Habana Vieja, ✆ 07-866 42 51, in Deutschland ✆ 018 03 100 03 27).
Der alte langsame Elektrozug stoppt in Jibacoa Pueblo, einige Kilometer landeinwärts, und fährt weiter durch das Valle de Yumurí bis nach Matanzas und zurück nach Havanna.

❽ Playas del Este

18 Kilometer östlich der Hauptstadt erstreckt sich auf neun Kilometern ein schöner, Palmen bestandener Küstenstreifen: die Playas del Este. Wenn auch nicht alle Strände paradiesisch-karibisch sind, so kann man sich hier doch erholen an kleinen Badebuchten oder langem Sandstrand unter Palmen. An den Sommerwochenenden setzt in Havanna eine Völkerwanderung stadtauswärts ein: Pärchen auf Fahrrädern oder ganze Familien auf qualmenden Mofas, eine Armada aus Pferdekutschen und Traktoren, von Fahrgästen überquellende Camello-Busse und Laster – alle wollen an die Strände im Osten, die die Habaneros auch ihre »Badewanne« nennen.

Die Strände heißen von West nach Ost: Bacuranao, Tarará, El Mégano, Santa María del Mar, Boca Ciega, Guanabo, Jibacoa und Tropico. Im schöneren und ruhigeren Abschnitt **Santa María del Mar** lockt ein Kilometer langer Strand unter Palmen, im Hintergrund türmt sich dünenhoch der goldgelbe Sand, bis der Strand in die weite Bucht von Boca Ciega übergeht. Dazwischen, auf der idyllischen **Laguna Itabo** am Ostende von Santa María del Mar, können Urlauber mit Paddelbooten in See stechen, Ruderboote und Kajaks ausleihen und die Mangroven erkunden. Das kubanische Flair ist hier unverkennbar im Gegensatz zu den reinen Touristenstränden auf Kuba: Hüften schwingen zu Salsa-Rhythmen im Sand, die Flasche Rum macht die Runde und der *Beisbol*-Schläger schwingt durch die Luft.

Die Strände bieten Wassersportmöglichkeiten, Reitvergnügen, einfache bis komfortable Unterkünfte, Grillfisch am Strand und kubanische Fastfood-Restaurants im Hinterland. In Santa María del Mar logiert man in Hotels direkt am Meer oder etwas abseits der Strandstraße, dafür ist hier außerhalb der Hotels nicht viel los. Am anderen östlichen Ende in **Boca Ciega** und **Guanabo** bieten sich kleine Stadthotels oder Privathäuser kubanischer Familien an, allerdings oft voller sonnenhungriger Kubaner (besonders im Juli und August). Man kann sich selbst verpflegen, der Mercado Agropecuario (Calle 494) in Guanabo verkauft alles, was die Saison hergibt: Papayas und Kochbananen, Gurken, Zwiebeln und Eier, und manchmal gibt's auch Hummer *(langostas)* ganz preiswert – unter der Hand und zugeflüstert, versteht sich ...

Etwa 60 Kilometer östlich von Havanna liegen die seltener besuchten Badebuchten und kleineren Strände von Jibacoa und Tropico. Im einstigen Fischerdorf **Santa Cruz del Norte** (s. S. 51) wird der weltberühmte »Havana Club« in der größten kubanischen Rumfabrik hergestellt.

**REGION 1
Havanna und
Umgebung**

Kubanische Cocktails haben eines gemeinsam: einen Schuss Rum, und einer der besten ist der Havana Club

Erholung an Sandstränden unter Palmen: die Playas del Este

REGION 1
Havanna und Umgebung

Der alte elektrische **Hershey-Zug** aus dem Jahr 1917 fährt auf seiner rund vierstündigen Fahrt zwischen Casablanca (Stadtteil in Havanna) und Matanzas auch nach Guanabo und Jibacoa Pueblo. Von den beiden Strandorten ruckelt der Zug durch Zuckerrohrfelder, hält nahe der einstigen Zuckerrohrfabrik Central Camilo Cienfuegos (auch: Hershey) – eine der größten in Kuba – und durchquert das landschaftlich reizvolle Valle del Yumurí (s. S. 56 f.).

Am Strand von Santa María del Mar

Service & Tipps:

Infotur
Büros in den Hotels Tropicoco und Las Terrazas sowie in der Av. del Sur (Av. de las Terrazas zwischen Calles 11 & 12, Santa María del Mar, tägl. 8.30–20.30 Uhr)

Infotur
Av. 5ta., zwischen Calles 468 & 470, Guanabo
☏ 07-796 68 68, www.infotur.cu

Zur Fortbewegung stehen folgende Verkehrsmittel zur Verfügung: Taxameter-Taxis oder Privattaxis (handeln!), Kutschen, Rad; der Viazul-Bus hält an den o. g. Infotur-Büros.

Mi Cayito
Santa María del Mar
☏ 07-797 13 39, tägl. 10–18 Uhr
Das Open-Air-Lokal auf der kleinen Insel im See bietet preiswertes kubanisches Essen (am Wochenende Musik und Show um 15 Uhr). €

El Cubano
Av. 5ta., zwischen Calles 454 & 456
Boca Ciega
☏ 07-796 40 61, tägl. 10–24 Uhr
Grill-Bar-Restaurant der Palmares-Kette: gegrillter Fisch, Garnelen in Tomatensauce, Huhn und Steak werden im Lokal oder im Garten serviert. €

Pizzeria Italiana Piccolo
Av. 5ta., zwischen Calles 502 & 504
Guanabo
☏ 07-796 43 00, tägl. 12–24 Uhr
Rustikaler Paladar (Privatlokal) mit knuspriger Pizza aus dem Holzofen, auch kubanische Speisen. €-€€

Tropinini
Av. 5ta. A, zwischen Calles 492 & 494
Guanabo
☏ 07-796 45 17, tägl. 8.30–23 Uhr
Mini-Paladar mit Frühstück und *comida criolla* (traditionell-kreolisches Essen), das sehr gut mundet: die zwölf Stühle sind fast immer besetzt! €

Mercado Agropecuario
Calle 494, zwischen Av. 5ta.B & Av. 5ta.C
Guanabo
Täglicher Markt mit frischem Gemüse und Fleisch.

Ein Museum und Folkloregruppen in Guanabacoa (s. S. 44 f.) und die Casa de Africa in Havannas Altstadt (s. S. 35) haben sich auf den Afro-Kult spezialisiert. Alljährliche Feste und Pilgerzüge finden beispielsweise am 17. Dezember in Havanna bei El Rincón (s. S. 44) und am 8. September bei Santiago de Cuba in der Basílica El Cobre (s. S. 150 f.) statt.
Verschiedene deutsche Veranstalter führen ihre Gäste zu Babalaos und Santeros, die eine Zeremonie oder Folkloreshow vorführen.

❾ Regla

Wer von Havanna nach Regla mit der Fähre (von der Festung Real Fuerza) übersetzt, begibt sich ins Zentrum der afrokubanischen Kulte von **Santería bis Abakúa** und damit ins Reich der Magie: In dem eher selten von Touris-

48

ten besuchten, etwas schläfrigen Ortsteil von Havanna an der Bahía de La Habana gegenüber von Hafen und Altstadt leben viele schwarze *Babalaos*, oberste Santería-Priester, und Hafenarbeiter. Gelegentlich schallen die Batá-Trommeln aus den Häusern, wo gerade eine Zeremonie im Gange ist. Man kann hier in Ruhe durch die Straßen und Gassen schlendern, und hat dabei oft die Skyline von Havanna im Blick. Das alljährliche Pilgerfest im September zu Ehren der Heiligen Jungfrau von Regla besuchen sowohl die Katholiken als auch die Santeros, wobei letztere jedoch dabei ihre schwarze Santería-Göttin Yemayá (die Fruchtbarkeitsgöttin) verehren.

REGION 1
Havanna und Umgebung

Schutzheilige der Seeleute: Nuestra Señora de la Regla

Service & Tipps:

Iglesia de Nuestra Señora de la Regla
Regla (nahe dem Fähranleger)
Tägl. 7.30–18 Uhr
Die alte weißgetünchte Kirche beherbergt die blauweiß gekleidete Santería-Göttin Yemayá, die »Herrscherin des Meeres und Schutzheilige der Seeleute« – für die Katholiken ist sie *Nuestra Señora de la Regla* ...
Alljährlich am 7./8. September finden eine feierliche Prozession und Messen zu Ehren der Göttin mit Opfergaben am Ufer und Trommlern statt.

Museo Municipal de Regla
Calle Martí 158, Regla
Mo–Sa 9–17, So 9–13 Uhr (unregelmäßig), Eintritt CUC 2
Auch im Heimatkundemuseum gibt es eine kleine interessante Abteilung zu den Santería-Priestern des Ortes.

Fiesta de los Orishas
Jeden Dienstagabend gibt es beim Fähranleger eine Touristenshow (zu buchen über die Hotels).

Ochún – die Santería-Göttin der Liebe und des Goldes

Santería – Lebenshilfe der Götter

Die Santería (auch: *Regla de Ocha*) ist eine in Kuba weit verbreitete Mischreligion aus afrokubanischen und katholischen Heiligen. Die schwarzen Yoruba-Sklaven aus Nigeria durften ihre Heiligenkulte in Kuba im 19. Jahrhundert nicht weiter ausüben. Sie suchten sich daher einen katholischen Heiligen als Pendant zu ihren Göttern, und fortan knieten sie in der Kirche beispielsweise vor der heiligen Barbara nieder, aber es blieb für sie immer der Kriegsgott Changó – in seiner katholischen Erscheinungsform. So entspricht der mit Wundern heilende, barmherzige Babalú Ayé dem heiligen Lazarus.
Die *Orichas* im afrikanischen Götterhimmel sind zahlreich, einige sind besonders mächtig, aber alle haben menschliche Stärken und Schwächen wie Eifersucht, Neid oder Trinksucht. Ganz oben in der Beliebtheitsskala der Männer steht **Changó**, der auch für die Männlichkeit sorgt. Ihm folgen **Obatalá** (der Friedensgott, der die Menschen schuf), **Elegguá** (Gott der Wege), **Ochún** (Göttin der Liebe und des Goldes) und **Yemayá** (Fruchtbarkeitsgöttin).
Lange Zeit hatten die sozialistischen Machthaber die afrokubanische Religion und ihre Rituale verboten. Der religiöse Aberglaube hatte wohl in der Politik nichts zu suchen, wo schließlich schon Propaganda und Zehnjahrespläne über die ruinierte Wirtschaft hinwegtäuschen sollten. Seit Anfang der 1990er geht Fidel Castro toleranter mit den Afro-Göttern um, ihre Anhänger können jetzt sogar in die Partei eintreten. Wahrscheinlich ist auch dem letzten Ungläubigen im Politbüro die (psychotherapeutische) Ventilfunktion des Aberglaubens bewusst geworden: In Zeiten der Krise boomt die Santería. Selbst Touristen zieht es zu den *Santeras* und *Santeros*, den als Priester geweihten Wahrsagern.
In den Wohnstuben in Havanna und Santiago begegnen einem die Götter auf Schritt und Tritt: ein buntes Sammelsurium aus Christenbildern, afrikanischen Götzen und allerlei Nippes, mal ist der »Altar« kaum zu sehen, mal nimmt er eine ganze Ecke des Raumes als Vitrinenschrank ein oder hat seinen Ehrenplatz auf dem Fernseher. Meist symbolisiert eine Puppe den ver-

> **REGION 1**
> **Havanna und Umgebung**

ehrten Gott. In einer Suppenschüssel *(sopera)* werden »geheime« Symbole aufbewahrt. Manch ein Gläubiger trägt selbst auf Reisen stets einen Stein mit sich, der den Gott in sich birgt. Nicht zu vergessen die allgegenwärtigen Perlenketten in den charakteristischen Farben der Götter, zum Beispiel Weiß für Obatalá und Gelb für Ochún.

Blut gilt als stärkstes Opfer. In der Nähe Trinidads in der Nacht vom 16. zum 17. Dezember, dem Namenstag des heiligen Lazarus: Aus dem Hinterzimmer dringen quietschende und röchelnde Laute. Die Opfertiere finden ein schnelles Ende, ein junger Ziegenbock und unzählige Hühner und Tauben. Die Santeros und Santeras sitzen an den Wänden und begleiten das Schlachtfest mit althergebrachten Gesängen an Babalú Ayé, die Luft ist süßlich und schwer. Nach dem Blutopfer erklingen die Batá-Trommeln, eine 98-jährige Priesterin tanzt sich wild schüttelnd in Trance.

Auch die Priester der Regla de Palo Monte beschränken sich nicht immer auf wohltätige Rituale, die *Paleros* bedienen sich auch der Schwarzen Magie, um Menschen zu verfluchen. Bei den Zeremonien werden Friedhofserde, Menschenknochen und Tierblut verwendet und in einem Kessel vermengt. In Santiago machte vor einigen Jahren ein Fall Schlagzeilen, bei dem ein Kind während einer Palo-Zeremonie getötet worden war. Die Hölle holte sich die Voodoo-Mörder umgehend – in Form der Todesstrafe. Auch *Abakuá* ist einer der Geheimkulte aus Nigeria, der immer noch ausschließlich von Männern praktiziert werden soll.

❿ San Antonio de los Baños

Das Städtchen (ca. 35 km südwestlich von Havanna) ist über die Grenzen des Landes hinaus bekannt als Talentschmiede für Regisseure, Kameraleute und andere Filmschaffende: Hier hat die **Escuela Internacional de Cine y Televisión** ihren Sitz, die mit Geldern von Kuba-Fans aus aller Welt eingerichtet wurde, zum Beispiel dem Autoren und Castro-Freund Gabriel García Márquez. Auch das **Festival Internacional del Humor** und das **Museo del Humor** ziehen Komiker und Witzemacher aus ganz Kuba zum Mitmachen und Mitlachen an. Der berühmte Musiker Silvio Rodríguez stammt aus dieser Kleinstadt.

Sie waren einst zu Gast in Hemingways Finca Vigía: Ingrid Bergmann und Gary Cooper

Museo del Humor
Calle 60, Ecke Av. 45
San Antonio de los Baños
Di–Sa 9–13, So 9–13 Uhr
Eintritt CUC 2
Satiren in Comics, Cartoons und Karikaturen, Gemälde und Skulpturen.

Festival Internacional del Humor
Alle zwei Jahre (2013, 2015...): Die Witze über Fidel Castro, den *Comediante en Jefe*, in Anspielung auf den *Comandante en Jefe* wird man hier jedoch öffentlich dann nicht hören ...

⓫ San Francisco de Paula (Finca Vigía)

In dem kleinen Ort nahe den Playas del Este (15 km südöstlich von Havanna) liegt die einstige Villa Hemingways. Hemingway-Fans aus aller Welt, darunter auch viele Kubaner, zieht es in Scharen hierher. 20 Jahre lang, 1940-60, hat Ernest Hemingway in der **Finca Vigía** mit seinen beiden letzten Ehefrauen und rund 50 Katzen gelebt und seine berühmtesten Romane geschrieben, darunter »Wem die Stunde schlägt«, »Der alte Mann und das Meer« und »Inseln im Strom« (vgl. S. 125, Cayo Guillermo).

> **REGION 1**
> **Havanna und Umgebung**

Seit dem Freitod des Schriftstellers 1961 ist nicht viel verändert worden, es scheint, als würde Hemingway jeden Moment vom Hochseefischen zurückkehren und seinen Gästen einen Drink anbieten: etwa 9000 Bücher stehen auf den Regalen (selbst im Badezimmer!), an den Wänden hängen Kostbarkeiten wie ein Wandteller von Picasso und Gemälde. Die Antilopengeweihe und ein Wasserbüffelkopf sind Trophäen von Tieren, die der Großwildjäger selbst in den 1930er Jahren in Kenia erlegt hatte; exotisches Flair verströmen auch die afrikanischen Masken. Es fehlen natürlich nicht die Familienfotos. Man beachte den Hemingway-typischen Stempel: »I never write letters – E. Hemingway«.

Seine Yacht »Pilar« kann man im exotischen Garten bewundern. In einem dreistöckigen Turm auf dem Gelände lebten vor allem die vielen Katzen und Hunde der Hemingways. Heute sind hier Ausstellungen kubanischer Künstler, Fotos aus dem Leben Hemingways und der Dreharbeiten zu »Der alte Mann und das Meer« mit Spencer Tracy zu sehen. Ganz oben im Arbeitszimmer (Hemingway schrieb in der Praxis doch lieber in der Bibliothek) kann man einen herrlichen Blick bis nach Havanna genießen. Der einstöckige koloniale Landsitz wird besonders an Sonntagen bestürmt von Urlaubern und Kubanern, die sich dann vor den Fenstern drängen, weil das Anwesen nur von außen zu besichtigen ist.

Die Kolonialvilla steht inmitten eines schönen, üppig grünen Parks mit Swimmingpool, in dem einst Ava Gardner bei ihrem Besuch nackt gebadet hat, aber auch Ingrid Bergmann und Gary Cooper (Hauptdarsteller in »Wem die Stunde schlägt«) und Spencer Tracy waren hier zu Gast.

Finca Vigía (Museo Hemingway)
San Francisco de Paula
Mo–Sa 9–16, So 9–14.30 Uhr, Di und bei Regen geschl.
Eintritt CUC 5 + Fotogebühr
Hemingways Villa ist nur von außen zu besichtigen.

Hemingway-Refugium: die Finca Vigía in San Francisco de Paula ist heute als Museum eingerichtet

⓬ Santa Cruz del Norte

Im einstigen Fischerdorf wird der weltberühmte »Havana Club« in der größten kubanischen Rumfabrik hergestellt – und das schon seit 1919, als die erste Destillerie hier eröffnete. Havana Club wurde 1878 von der Arrechabala-Familie aus Cárdenas gegründet. Heute ist die Industriestadt wenig attraktiv, wozu auch die vielen Ölförderanlagen an der Küste beitragen. Die Rumfabrik kann nicht besichtigt werden, ebenso wie eine weitere alte, für Kuba typische Produktionsstätte: die Central Camilo Cienfuegos, einst eine der größten Zuckerfabriken – sie wird noch heute auch Hershey genannt, da sie vor der Revolution zur Hershey Chocolate Company gehörte.

Central Camilo Cienfuegos
5 km südl. von Santa Cruz del Norte
Mit dem »Hershey«-Zug ab Havanna-Casablanca, Guanabo (s. S. 56 f.), Jibacoa Pueblo, Santa Cruz del Norte oder Matanzas zu erreichen, der Zug stoppt kurz an der Zuckerrohrfabrik.

REGION 2
Varadero und Umgebung

Varadero und Umgebung

Im »Todo-incluído«-Paradies - Palmen, Sand und Meer inklusive

Varadero lässt Karibikträume wahr werden – mit aquamarin schimmerndem Wasser, weiß leuchtendem Sand, breitem Strand und Palmen ohne Ende. Der beliebteste Urlaubsort in Kuba bietet für jeden etwas – nur nicht für die Kubaner: Die Einheimischen dürfen nur als Angestellte oder ausgezeichnete »Helden der Arbeit« auf die abgeschottete Touristen-Halbinsel!

Ansonsten fühlen sich auf der Península de Hicacos die Urlauber aus aller Welt pudelwohl und genießen die Abwechslung im *Todo-incluído*-Paradies: beim Cocktail mit Sunset-Panorama in der Bar Mirador, beim Wellenreiten mit den Delfinen, beim Katamaran-Ausflug auf einsame Cayos, bei einer U-Boot-Expedition zu den Korallenriffen. Oder einfach nur beim Faulenzen am Pool oder Sonnenbaden am 20 Kilometer langen und breiten Strand. Die Hotelanlagen sorgen rund um die Uhr mit prallen Büfetts für das leibliche Wohl und mit Animation und allabendlichen Tanzshows in bunten Kostümen für die Unterhaltung der Gäste.

Wer trotzdem den Alltag der Kubaner ein bisschen kennenlernen möchte, sollte die Poollandschaft wenigstens für einen Tag hinter sich lassen und nach Matanzas, die Provinzhauptstadt im Westen mit ihrer schönen Altstadt, oder ins verschlafene küstennahe Städtchen Cárdenas fahren. Herrliche Ausflüge ins Hinterland führen in das landschaftlich reizvolle Valle de Yumurí und in die Tropfsteingrotten der Cuevas de Bellamar.

Kubanerin in Varadero

REGION 2
Varadero und Umgebung

Quirliges Leben in der kleinen Hafenstadt Cárdenas

❶ Cárdenas

Die kleine Stadt Cárdenas mit rund 100 000 Einwohnern lebt von der Rum- und Fahrradproduktion sowie dem Schiffsbau. Aber Cárdenas hat auch einen geschichtlich bedeutsamen Ruf: Am zentralen Platz Parque Colón betritt man historischen Boden, denn hier wurde erstmals im Jahr 1850 die kubanische Fahne gehisst, daher der Beiname »Stadt der Flaggen« *(ciudad bandera)*. Fährt man die Hauptstraße Av. Céspedes Richtung Bahía de Cárdenas (am besten in einer Kutsche), stößt man auf das Denkmal zur Erinnerung an diesen Akt der Befreiung von den Kolonialmächten – einen riesigen Fahnenmast. Von hier schaut man weit übers Meer bis nach Varadero, das nur rund 20 Kilometer und doch Welten entfernt ist. Obwohl das Touristenzentrum Nummer eins so nah ist, scheinen sich nur selten Urlauber hierher zu verirren. Pferdekutschen und Oldtimer rumpeln durch die schachbrettartig angelegten Straßen des schläfrigen Zentrums.

Und das, obwohl das Küstenstädtchen in den vergangenen Jahren erneut weltpolitisch in die Schlagzeilen geriet, denn aus Cárdenas stammt Elián: der kleine Junge, der 1999 aus einem Boot vor der Küste Floridas gerettet wurde, während seine Mutter bei dem Fluchtversuch aus Kuba starb. Der Fünfjährige wurde zum Spielball der beiden verfeindeten Nationen. Er kehrte im Jahr 2000 zu seinem leiblichen Vater nach Cárdenas zurück. Im **Museo Batalla de las Ideas** wird die kubanische Interpretation der Tragödie gezeigt. Ansonsten gibt es nicht viel zu sehen, außer einigen ziemlich merkwürdigen Skulpturen, beispielsweise einem überdimensionalen Krebs und einer liegenden Nase, die sich als Bushaltestelle entpuppt, – Resultate eines Bildhauerwettbewerbs zum Thema »Strand«.

Service & Tipps:

Museo Batalla de las Ideas
Av. 6, zwischen Calles 11 & 12
Cárdenas
Di-So 9-15 Uhr, CUC 2
Eine Ausstellung über die kubanisch-amerikanischen Beziehungen, natürlich aus rein kubanischer Sicht. In Texten und Fotos wird das politische Gerangel um den Flüchtlingsjungen Elián ausführlich geschildert.

Museo Oscar María de Rojas
Parque Echevarría, Ecke Calle 4
Cárdenas
Di-Sa 10-18, So 9-12 Uhr, CUC 5
Eines der ältesten Museen in Kuba mit hervorragend präsentierten Ausstellungsstücken rund um Historie, Unabhängigkeitskampf und Naturkunde in einem restaurierten Kolonialgebäude.

Espriu
Calle 12, zwischen Av. 4 & 6, Cárdenas
Die staatliche Lokalkette Rumbos betreibt hier ein Lokal mit einfachen Gerichten, Snacks und Getränken (weitere Cafeterias befinden sich an der Av. Céspedes, Ecke Calle 12). €

Das Museo Oscar María de Rojas in Cárdenas

**REGION 2
Varadero und
Umgebung**

❷ Cuevas de Bellamar

Die berühmten Cuevas de Bellamar erstrecken sich nur fünf Kilometer südöstlich der Provinzhauptstadt Matanzas: eine der größten zusammenhängenden und begehbaren Höhlen des Landes mit mehr als drei Kilometern Länge. Das Höhlensystem wurde bereits Mitte des 19. Jahrhunderts entdeckt, doch aus Furcht vor dem Höllenschlund ließ man die Höhle immer wieder vorübergehend verschließen, aber auch, um während des Unabhängigkeitskrieges keinen Rebellen ein Versteck zu bieten.

Im Innern verbergen sich riesige glitzernde Gewölbe mit säulenartigen Stalaktiten und Stalagmiten wie die 26 x 80 Meter große »Gotische Halle«. Bäche umfließen die Tropfsteine, die stets die Phantasie der Besucher oder der Reiseführer anregen: etwa wenn sie den zwölf Meter hohen »Mantel des Kolumbus« oder die »Kapelle der 12 Apostel« im Schein der Lampen erblicken. Man sollte die schönen Gebilde nicht anfassen, denn das Hautfett vermindert das Wachstum der Tropfsteine! Die Wanderung ist anstrengend und kann besonders nach Regenfällen wegen der glitschigen Felsen gefährlich sein.

Service & Tipps:

Varadero)
Matanzas

👁 **Cuevas de Bellamar**
❌ Ctra. a las Cuevas (ca. 5 km südöstl. von Matanzas Richtung Canímar und ca. 20 km von

Tägl. 9-17 Uhr (stündliche Führungen, teils mit Helm und Stirnlampe), Eintritt CUC 5-8
Mit angeschlossenem Restaurant

❸ Matanzas

Die Stadt (ca. 35 km westlich von Varadero) schmiegt sich rund um die Bahía de Matanzas an der Nordküste. Die meisten Reisenden durchqueren den Küstenort nur auf ihrem Weg vom nahe gelegenen Internationalen Flughafen zum Ferienziel Varadero. Die 1693 gegründete Hafenstadt erkennt man auf den ersten Blick an den vielen Tankern und Containerschiffen, die vor ihren Toren in der weiten Bucht ankern. Manche glauben, dass hier noch immer die kostbare Ladung der spanischen Galeere »Flota de Plata« auf Grund liegt – das Schiff soll hier 1628 auf der Flucht vor holländischen Piraten gesunken sein.

Zwei Flüsse, der Río San Juan und der Río Yumurí, fließen durch die Stadt – ein Umstand, dem Matanzas seine zahlreichen schönen alten Brücken und den Beinamen »Stadt der Brücken« verdankt. Diese sind ebenso wie viele Häuser, die im 19. Jahrhundert reichen Zuckerbaronen und Künstlern gehörten, mit Säulen geschmückt, aber nicht wenige sind auch arg verblichen und verwittert. Doch nicht umsonst nennen die Kubaner die Stadt das »Athen Kubas«.

Der Camino de las Cuevas, der Weg zu den Tropfsteinhöhlen von Bellamar südöstlich von Matanzas

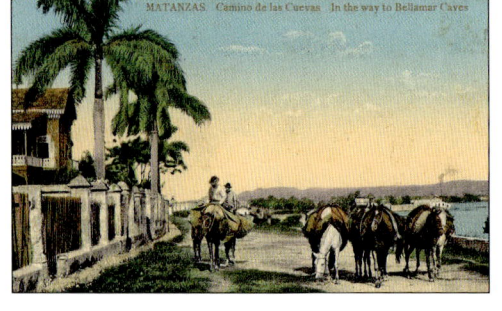

Die früheren Besitzer der Herrenhäuser waren mit Kaffee und Tabak und später Sklavenhandel und Zucker reich geworden: Aus der Provinz Matanzas gelangte im 19. Jahrhundert ein Viertel der weltweiten Zuckerproduktion auf den Weltmarkt – auch wenn der Zuckerboom ab Mitte des 19. Jahrhunderts bald ein Ende hatte, ist die Provinzhauptstadt bis heute das Zuckerverladezentrum Kubas geblieben. Außerdem wird hier das an der Nordküste geförderte Öl verladen.

Das historische Zentrum mit seinen Gassen erstreckt sich zwischen den beiden wichtigsten Brücken, der Puente Calixto García im Süden und der Puente de la Concordía im Norden. Hier kann man einen Eindruck von der herkömmlichen Pracht der Kolonialzeit erlangen: Der **Palacio del Junco** (Museo Histórico Provincial) und das prachtvoll restaurierte **Teatro Sauto** liegen sich gegenüber an der Hauptstraße und wurden beide während des Zuckerbooms im neoklassizistischen Stil errichtet. Im Theater bilden von Säulen getragene Balkone einen Halbkreis um die Bühne. Am Parque Libertad kann man die **Museums-Apotheke Triolet** mit säulenverzierten Regalen und Theken aus Edelhölzern und im Jugendstil bewundern.

Im Touristikpark **Río Canímar** (8 km östlich von Matanzas) gleiten Besucher mit dem Kajak oder Motorboot in die dschungelig anmutende Uferlandschaft am Río Canímar. Wer will, kann dann bei einer Touristenfarm auf Pferderücken umsteigen oder im Fluss baden. Auch ein Tagesausflug in das wunderschöne Valle de Yumurí (s. S. 56 f.) oder die Cuevas de Bellamar (s. S. 54) bietet sich von Matanzas aus an.

REGION 2
Varadero und Umgebung

In Kuba wird Bildung großgeschrieben: Schüler einer Dorfschule bei Matanzas

Beim alljährigen zehntägigen Festival del Bailador Rumbero in Matanzas treten ab dem 10. Oktober bekannte Gruppen wie Los Muñequitos de Matanzas auf (z.B. im Teatro Sauto).

Die Bananenblüte gehört zu den Superlativen im Pflanzenreich

Service & Tipps:

Infotur
Centro Comercial Hicacos
Av. Primera (1ra Av.) zwischen Calles 44 & 46, Matanzas
℃ 045-66 70 44

Aeropuerto Internacional Juan Gualberto Gómez
20 km außerhalb von Matanzas
℃ 045-24 70 15

Hershey-Zug
Calles 55 & 67, nördl. vom Río Yumurí und der Puente de la Concordía im Bezirk Versalles, Matanzas

Bahnhof
Calle 181 (südl. Stadtrand), Matanzas

Viazul-Busbahnhof
Calles 131 & 272, im Süden von Matanzas

Museo Farmaceutico Triolet
Calle 83 (ehem. Milanés), am Parque Libertad
Matanzas
Mo-Sa 10-18, So 10-14 Uhr
Eintritt CUC 3
Museums-Apotheke aus dem Jahr 1882 mit schöner alter Einrichtung und Gegenständen wie Porzellan-Mörsern, Waagen, Dosen ...

Palacio del Junco/Museo Histórico Provincial
Calle 272, Ecke 83 (Hauptstraße nördl. der Plaza de la Vigía)
Matanzas
Di-Sa 10-17, So 8-12 Uhr
Eintritt CUC 2
In dem schönen Palast hat das Provinzmuseum seinen Platz und illustriert die Stadtgeschichte, Samstag nachmittags oft Live-Musik.

Teatro Sauto
Calle 272 (Hauptstraße an der Plaza de la Vigía)
Matanzas
℃ 045-24 27 21
Führung CUC 5
Neoklassizistisches Theater aus dem Jahr 1862 mit herrlicher Innenarchitektur und Ausstattung, rund 750 Sitzplätze, Vorstellungen meist am Wochenende Fr-So um 20.30 Uhr.

Café y Cremería Atenas
Calle 83, an der Plaza de la Vigía
Matanzas
Tägl. 10-23 Uhr

55

**REGION 2
Varadero und
Umgebung**

Pizza, Spaghetti, Grillhühnchen und Eiscreme. €

Ruinas de Matasiete
Calle 129 (außerhalb der Altstadt, südlich der Puente Calixto García nahe der Bahía de Matanzas)
Matanzas
℗ 045-25 33 87, tägl. 10–22 Uhr, Fr–So Konzerte ab 21 Uhr
In dem Open-Air-Lokal schwofen die Bewohner Matanzas am Wochenende zu Live-Musik. €

Tropicana Matanzas
Vía Blanca (Autopista Matanzas–Varadero)
Matanzas
Mi–So 22 Uhr, Eintritt CUC 49
℗ 045-26 55 55, 26 53 80
Ähnliche Show wie im berühmten Tropicana in Havanna (vgl. auch Varadero).

Parque Turístico Río Canímar
Vía Blanca (ca. 8 km östl. von Matanzas Richtung Varadero)
℗ 045-26 15 16
Touristenpark mit Bootsausflügen, Reiten und Angeln, Campingplatz und Hotel, Bar und Lokal (der 4–5-stündige Ausflug mit kreolischem Essen im Restaurant kann in allen Hotels in Varadero gebucht werden).

Bereits Alexander von Humboldt zeigte sich begeistert vom Valle de Yumurí

❹ Valle de Yumurí

Viele Reisende können kurz nach ihrer Ankunft in Kuba eine der landschaftlich schönsten Kulissen der Karibikinsel genießen. Auf der Fahrt zwischen Havanna und Varadero passiert man auf der Vía Blanca die **Puente de Bacunayagua** (ca. 8 km westlich von Matanzas), die die beiden Provinzen Matanzas und Havanna verbindet. Die größte Brücke Kubas führt mit ca. 300 Metern Länge in 112 Metern schwindelnder Höhe über das reizvolle Valle de Yumurí – ein pittoreskes Tal, aus dem sich die endlos hohen Königspalmen recken. Die Schlucht fällt zum Meer hin steil ab, im Landesinneren verläuft sich das Tal in hügeligem Gelände, am Horizont begrenzt von den Kalkbergen der Cuchilla de Habana-Matanzas. Das acht Kilometer breite Tal wird von den Flüssen Yumurí und Bacunayagua durchquert. An einem Aussichtspunkt kann man den Blick schweifen lassen und Fotos schießen.

Der Río Yumurí bei Matanzas

Der elektrische **Hershey Train** aus dem Jahr 1917 hält auf seinem Weg zwischen Havanna und Matanzas im Yumurí-Tal: Der Zug ruckelt gemächlich durch die Zuckerrohrfelder, stoppt nahe der einstigen Zuckerrohrfabrik Central Camilo Cienfuegos (auch: Hershey), einer der größten in Kuba, und durchquert schließlich das Tal: »Das schönste Tal der Welt«, schwärmte schon Alexander von Humboldt angesichts der üppigen tropischen Kulisse und Tausender Königspalmen. Von Humboldt durchwanderte 1801 während seiner Forschungsreise in Kuba das Tal und sammelte Pflanzen und Tiere. Touristen können die Gegend bei einer abenteuerlichen Jeeptour erleben – mit Abstechern zur Zuckermühle, einer alten Kaffeeplantage mit den Überresten von Sklavenbaracken aus dem frühen 19. Jahrhundert und einer Bauernfamilie.

Mirador de Bacunayagua
Vía Blanca (Autobahn Havanna–Varadero, ca. 8 km westl. von Matanzas)
Die meisten Reisebusse stoppen an dem Imbisslokal mit kleiner Bar und Aussichtspunkt. €

Hershey Train
Der alte elektrische Hershey-Zug aus dem Jahr 1917 stoppt auf der Fahrt zwischen Havanna (Casablanca) und Matanzas in den strandnahen Orten Guanabo und Jibacoa Pueblo (Playas del Este) sowie im Yumurí-Tal an der alten geschlossenen Zuckerrohrfabrik Hershey; etwa fünf Züge verkehren tägl. (Fahrpreis CUC 1–3).

REGION 2
Varadero und Umgebung

❺ Varadero

Die Touristen-Enklave (ca. 140 km östlich von Havanna) lockt mit einem 20 Kilometer langen Strand auf der Halbinsel Hicacos, wo vor 3000 Jahren Taíno-Indianer gelebt haben und später in gigantischen Mengen Salz zum Pökeln für die Segelschiffe und Handelsflotten gewonnen wurde. Ab 1870 entwickelte sich Varadero zum bevorzugten Erholungsort der reichen Familien aus der nahen Stadt Cárdenas (s. S. 53) – mit hübschen Holzhäusern, die teils noch heute Varaderos Hauptstraße Avenida Prima säumen und die Zeit überstanden haben, etwa das Heimatkundemuseum **Museo Municipal** nahe dem Strand.

Zu Beginn des 20. Jahrhunderts kauften die Amerikaner in der US-abhängigen Republik Kuba die Sommerhäuser und Villen auf, die ersten Hotels eröffneten. Der berühmteste US-Bürger war Al Capone, der hier mit Leibwächter baden ging. Man vergnügte sich bei Segelregatten, im Yachthafen und im Casino (im Hotel Varadero Internacional), eine Pferderennbahn war geplant. Mit der Revolution 1959 durften die Kubaner wieder an die privaten Strände. Wovon manch ein Kubaner heutzutage nur wieder träumen kann: Denn die Península de Hicacos ist den Devisen zahlenden Touristen aus aller Welt vorbehalten (meist Kanadier, Italiener und Deutsche), fast scheinen die alten Verhältnisse wieder hergestellt – nur die US-Amerikaner sind noch selten. Rund 20 000 Kubaner wohnen allerdings nach wie vor in Varaderos Ortskern und arbeiten überwiegend im Tourismus – sie dürfen mit ihren Familien auch an den Strand im Ortskern ...

Eine der wenigen Sehenswürdigkeiten des Touristenortes ist die **Villa Du Pont**. Das hübsche Gebäude im Hacienda-Stil mit seinen grünen Ziegeldächern thront auf dem San-Bernardino-Felsen am Strand. Der amerikanische Milliardär und Chemie-Industrielle Irénée du Pont kaufte 1926 große Teile von Varadero zum Spottpreis von vier Centavos pro Quadratmeter! Im Innern beeindruckt das Haus, das du Pont »Xanadú« nannte, mit Mahagoni-Möbeln, italienischem Marmor, Kronleuchtern und Ölgemälden, einer antiken Orgel und einem schmiedeeisernen Aufzug. Im Erdgeschoss können die Gäste in der Bibliothek oder im »Roten Salon« speisen, im ersten Stock werden sechs stilechte luxuriöse Zimmer an Urlauber vermietet.

Ein Abstecher lohnt sich in den idyllischen **Parque Retiro Josone** am östlichen Ortsausgang, wo sich rund um den Ententeich Flamingos und Leguane aufhalten. Am Guarapo-Stand werden Cocktails aus dem frisch gepressten süßen Zuckerrohrsaft zubereitet. Ruderboote können ausgeliehen werden,

Nicht nur für Kinder ist es ein einmaliges Erlebnis, mit den Delfinen zu schwimmen

Mafia-Boss Al Capone besaß ein Sommerhaus in Varadero

Riffgeschütztes Baden am Strand von Varadero

Varadero - Ab und zu sieht man einen Pelikan vorbeifliegen

eine Galerie stellt Werke kubanischer Künstler aus, die Besucher werden in drei Restaurants versorgt.

Eine »tierische« Attraktion ist das **Delfinario** in der Mitte der Halbinsel, besonders geeignet für Familien mit Kindern. Bei den Shows zeigen die dressierten Delfine allerlei Kunststücke, und wer Lust hat, kann mit den maritimen Showstars schwimmen, Wellen reiten und schmusen.

Am östlichen Ende der Peninsula geht es in der **Cueva de Ambrosio** in die Tiefe: 1961 entdeckten kubanische Forscher etwa 50 prähistorische Felsmalereien in der Kalksteingrotte. Einige schwarze und rote Zeichnungen sind sehr gut erhalten, darunter geometrische und menschliche Figuren sowie konzentrische Kreise. Außerdem fand man in den verschiedenen Räumen afrokubanische Gegenstände – ein Hinweis auf religiöse Zeremonien schwarzer Sklaven.

Seit kurzem kann man hier auch die **Reserva Ecológica Varahicacos** besuchen, ein Naturreservat mit drei kleinen Spazierpfaden entlang von Kakteen (oder zur Höhle) am Ostende von Varadero. Wer die Gegend länger kennt, könnte das Naturreservat für ein kleines Ablenkungsmanöver oder gar Hohn halten, denn der gesamte östliche Teil der Halbinsel war bereits ein wesentlich größeres Naturschutzgebiet – die Laguna Mangón wurde größtenteils zugeschüttet und wurde in den vergangenen Jahren nach und nach mit riesigen Strandresorts zugebaut – bis ans östliche Ende der Halbinsel ...

Die meisten Schnorchel- und Tauchtouren führen in die Unterwasserwelt des nahen **Archipiélago de Sabana**. Mit dem japanischen Glasbodenboot »Varasub« oder dem echten Unterwasserboot »Submarino« kann man über dem Korallenriff schweben, Fischschwärme beobachten und Seesterne zählen. Auch das eine oder andere Schiffswrack kann so erkundet werden – ohne nass zu werden! Bei einem Törn auf die kleine Ausflugsinsel **Cayo Blanco** und die benachbarten Eilande mit den Katamaranen »Seafari« und »Jolly Roger« kann man am Korallenriff schnorcheln und sonnenbaden auf Deck (zu buchen in allen Hotels).

Abzuraten ist von den gefährlichen Jetskis, mit denen die Touristen durch die Mangroven bestandenen Kanäle im »Tierpark« brausen – immer auf der Suche nach den angekündigten Krokodilen, Flamingos und Papageien – natürlich ohne Erfolg.

> **REGION 2**
> *Varadero und Umgebung*

Wissenschaftler haben übrigens herausgefunden, dass Varadero den feinsten Sand von ganz Kuba besitzt!

Service & Tipps:

ⓘ **Cubatur**
Av. Primera, Ecke Calle 33 Varadero, ✆ 045-66 72 17
Außerdem gibt es in allen großen Hotels Infoschalter der kubanischen Reiseagenturen für Touren und Tickets und Beratungstage der deutschen Veranstalter.

✈ **Aeropuerto Internacional Juan Gualberto Gómez**
20 km südwestl. von Varadero ✆ 045-24 70 15

🚌 **Viazul-Busbahnhof**
Calle 36, Ecke Autopista ✆ 045-61 48 86

🚌 **Varadero Beach Tour**
Der knallrote Cabrio-Bus fährt 42 Haltestellen zwischen den weit verstreuten Hotels und der kleinen Stadt an, man kann die insgesamt zweistündige Fahrt beliebig oft unterbrechen (tägl. 9–20 Uhr, Fahrpreis CUC 5). Auch eine Art offene Bimmelbahn durchquert das Zentrum von Varadero.

👁 **Villa Du Pont (Mansion Xanadú)**
✗ Ctra. de las Américas (neben dem Hotel Meliá Las Américas)
☎ Varadero
✆ 045-66 73 88, Fax 045-66 84 81
Einstige Sommerresidenz des Chemie-Magnaten du Pont, heute ein elegantes kleines Hotel mit sechs Zimmern, exklusivem Restaurant **Las Américas** (s. u.) und maurisch angehauchter Sunset-Panoramabar **Mirador** mit Cocktails und Live-Musik (17–19 Uhr). Live-Musik gibt es auch beim Dinner im À-la-carte-Restaurant.

Dekorative Flamingozungen, eine Meeresschneckenart

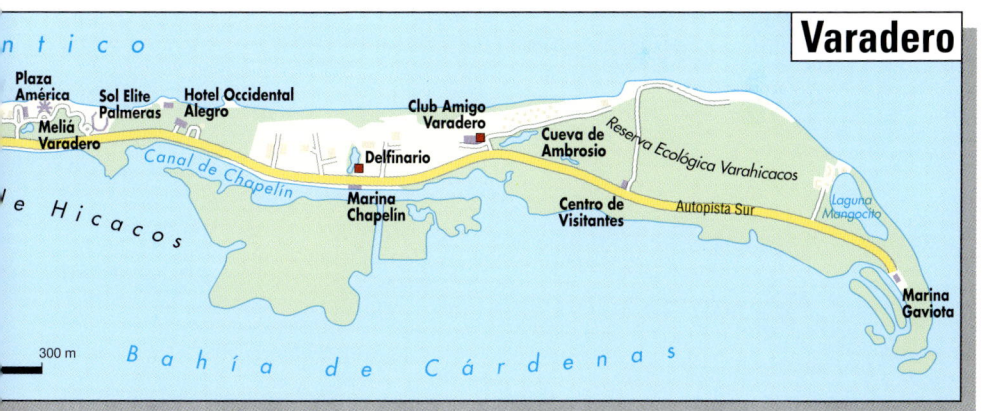

REGION 2
Varadero und Umgebung

Vielfarbige Korallenbänke sind Varadero wie üppige Gärten vorgelagert

Delfinario
Autopista Sur (östlicher Inselteil), Varadero
Tägl. drei Shows (um 11, 14.30, 16.30 Uhr, abhängig von der Saison)
Eintritt CUC 15, mit Schwimmen CUC 89
Eine der Hauptattraktionen, vor allem für Familien mit Kindern, das Schwimmen mit den Delfinen kostet allerdings CUC 60, Fotos und Video extra (zu buchen über die Hotels)!

Cueva de Ambrosio (Reserva Ecológica Varahicacos)
Autopista Sur (östliches Inselende) Varadero
Tägl. 9–16.30 Uhr
Eintritt CUC 3
Kurze Naturpfade in einem letzten Rest geschützten Gebietes auf der Halbinsel Hicacos mit vielen Kakteen und einer Höhle mit prähistorischen Felsmalereien.

Restaurant Las Américas (Villa Du Pont/Mansion Xanadú)
Ctra. de las Américas (neben dem Hotel Meliá las Américas) Varadero
℅ 045-66 73 88
Tägl. 12–16 und 19–22.30 Uhr
Stilvolles Restaurant in der Villa Du Pont, wo die Gäste zwischen alten Büchern und Ölgemälden speisen, vornehmlich Seafood (teurer Hummer) und französische Gerichte. Gute Weinauswahl. €€–€€€

Parque Retiro Josone
Av. Primera, Eingang Ecke Calle 58 (Richtung östlicher Ortsausgang)
Varadero
Tägl. 9 Uhr bis Mitternacht
Im Parque Retiro Josone im östlichen Ortsteil gibt es drei weitere sehr gute Restaurants, die kreolische, italienische oder internationale Speisen servieren. Ruder- und Tretboote, öffentlicher Swimmingpool, Souvenirs.

Esquina de Cuba
Av. Primera, Ecke Calle 36
Varadero
℅ 045-61 40 19-21
Tägl. 10–24 Uhr
Freiluftlokal mit typisch kubanischer Hausmannskost zu etwas gehobenen Preisen. Donnerstags Old Fashion Night mit Live-Musik. €–€€

El Mesón de Quijote
Ctra. de las Américas (Bezirk La Torre, etwas außerhalb des Ortskerns) Varadero
℅ 045-66 77 96
Tägl. 12–23 Uhr
Das Lokal liegt weithin sichtbar auf einem Hügel neben einem mittelalterlich anmutenden Wasserturm: spanische Küche mit kubanisch-rustikalem Flair. €

La Casa del Miel
Av. Primera zw. Calles 25 & 26 (nahe ETECSA-Telefonbüro), Varadero
℅ 045-66 77 36
Für den großen Hunger (oder große Familien): Klimatisiertes einfaches Lokal, in dem auch die Kubaner gerne essen, vorwiegend Pizza, Spaghetti, Hühnchen und Kuchen zum Nachtisch – alles zu Spottpreisen (nur der Hummer sprengt die Preise mit ca. CUC 18). Natürlich gibt's hier auch Honig zu kaufen. €

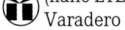

Antigüedades
Av. Primera, Ecke Calle 59
Varadero
℅ 045-66 73 29, tägl. 11–23 Uhr
Menüs mit überschaubaren Portionen aus Fleisch und Meeresfrüchten in einem kleinen, chaotisch-kitschig, aber hübsch dekorierten Lokal voller Antiquitäten, Nippes und Pflanzen. €

REGION 2
Varadero und Umgebung

El Bodegón Criollo
Av. Playa (Strandstraße), Ecke Calle 40
Varadero
℃ 045-66 77 84
Tägl. 12–23 Uhr
Restaurant-Bar mit kubanischen Gerichten, unbedingt die hausgemachte Süßigkeit *Boniatillo* aus Süßkartoffeln probieren! Kleine Terrasse, abends Live-Bands. €

La Cabañita
Calle 9 & Playa, Ortszentrum Varadero
℃ 045-61 27 64
Tägl. 9–21 Uhr
Einfache Strandbar mit Sandwiches, Pizzen, Paella oder Hummer, zu genießen auf der Terrasse am Strand oder im kleinen Speisesaal. €

Tropicana Matanzas
Autopista Matanzas–Varadero, Provinz Matanzas
Mi–So 22 Uhr
Eintritt ab CUC 49
Ein Ableger des berühmten Cabarets in Havanna liegt am Canímar-Fluss (eine halbe Stunde Busfahrt von Varadero). Ähnliche Shows finden regelmäßig statt in der Disco Cueva del Pirata (nahe dem Hotel Sol Elite Palmeras), im Hotel Internacional und im Hotel Kawama (Westende der Halbinsel).

Comparsita
Calle 60, Varadero-Zentrum
Tägl. ab 23 Uhr, Eintritt CUC 3
Salsa, Merengue und Bachata unter freiem Himmel.

Club Mambo
Av. de las Américas (nahe dem Hotel Sandals Royal Hicacos) Varadero
Tägl. ab 23 Uhr, Eintritt CUC 10
Disco mit Live-Musik und Nightclub (bei einem kubanischen Monatsgehalt als Eintritt bleiben die Touristen hier größtenteils unter sich; weitere beliebte Disco im Palacio de la Rumba beim Hotel Bella Costa).

Ein großer Markt mit Kunsthandwerk, Souvenirs, Gemälden usw. liegt an der Av. Primera zwischen den Calles 44 & 46.

Plaza América
Autopista del Sur, km 11 (zwischen den Hotels Melía Las Américas und Melía Varadero)
Tägl. 10–20.30 Uhr
Einkaufscenter mit Boutiquen, Supermarkt, Bars, Lokalen, besonders gut sind die Pizzen und Pasta im Pizza Nova – mit Meerblick (€€).

Casa del Ron
Av. Primera, zwischen Calles 62 & 63, Varadero
Tägl. 9–23 Uhr
Havana-Club-Rum und andere Spirituosen; Laden und kleine angeschlossene Bar, mit Modell einer alten Destillerie. Die Casa del Habano nebenan wartet auf die Zigarren-Aficionados (tägl. 9–19 Uhr).

Golfclub Varadero (Villa Du Pont)
Ctra. de las Américas, Varadero
℃ 045-66 84 82 und 66 73 88
Tägl. 7–19 Uhr
www.varaderogolfclub.com
Der Golfplatz vor der Villa Du Pont bietet 9 bzw. 18 Löcher für Golfer aus aller Welt und Gäste des kleinen Hotels (Greenfee ab CUC 60–95).

Centro Internacional de Paracaidismo
℃ 045-66 72 56
Vía Blanca (km 1,5 im Westen gegenüber der Marina Acua, dem alten Airport im Westen Varaderos)
Fallschirmspringen (10-Minuten-Sprung CUC 150) und Gleitschirmflüge.

Barracuda Dive Center
Av. Primera, Ecke Calle 58
℃ 045-81 34 81
℃/Fax 045-61 70 72
Skydiving (Gleitschirmflüge) über aquamarin schimmerndem Ozean und weiß leuchtendem Strand, organisiert von einer der führenden Tauchschulen auf Varadero.

Centro Hípico
Vía Blanca, km 31, Provinz Matanzas
Reitausflüge über den Strand von Varadero oder Erkundungen im Valle de Yumurí (s. S. 56 f.) hoch zu Ross (in den Hotels zu buchen).

Einsiedlerkrebs am Strand von Varadero

Nicht aufdringlich: fliegender Händler am Strand von Varadero

REGION 3
Der Westen

Der Westen
Zigarren, Pferdekutschen und Robinsonaden

Im Westen von Havanna gehen die Uhren unverkennbar langsamer: Ochsenkarren und Pferdekutschen rumpeln über die Landstraße, kubanische Cowboys *(Vaqueros)* grüßen mit Machete und Strohhut, die Schaukelstühle auf den Veranden

80 Prozent des kubanischen Tabaks werden im berühmten Viñales-Tal angebaut

sind immer in Bewegung. Der Westen Kubas um die Provinzhauptstadt Pinar del Río bezaubert durch sein bäuerliches Antlitz. Die Kostbarkeiten, die hier wachsen, brauchen Zeit und Muße: Der weltbeste Tabak stammt aus dem Vuelta Abajo und gibt dem Land seinen leuchtend grünen Anstrich.

Eine märchenhafte Landschaft bezaubert im Valle de Viñales: bizarre Kalksteinhügel *(mogote)* ragen steil und grün überwuchert aus dem rostroten Erdreich und sind von tiefen Tropfsteinhöhlen durchzogen, dazwischen Bambus- und Palmenhaine, Bananenstauden und *Secadero*-Hütten zum Trocknen der Tabakblätter.

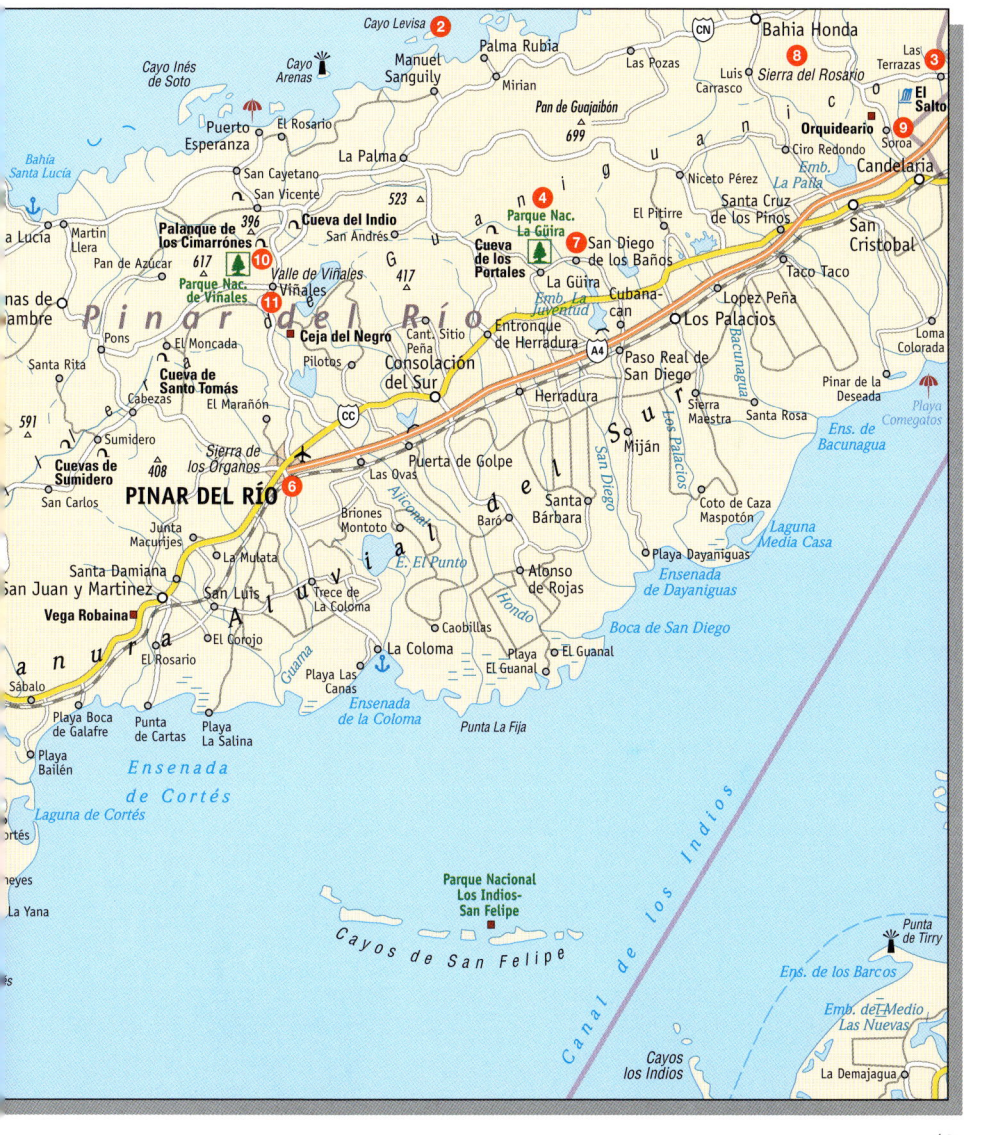

REGION 3
Der Westen

REGION 3
Der Westen

Wer mindestens drei Tage oder mehr Zeit hat, sollte einen oder zwei Abstecher abseits der üblichen Touristenroute einplanen, etwa nach Soroa oder Las Terrazas – immerhin gehört die herrliche Bergkette Sierra del Rosario zu den Welt-Biosphärenreservaten der UNESCO. Hier kann man in Bächen und unter Wasserfällen baden, Orchideen und Vögel bewundern und die bergige Gegend auf dem Pferde- oder Eselsrücken oder mit dem Fahrrad erkunden.

Als Kontrastprogramm bietet sich ein Sturz in die Fluten des Golfs von Mexiko an: Auf der Nationalpark-Halbinsel Guanahacabibes und auf der winzigen Cayo Levisa warten einsame Feriendomizile mit Tauchbasen auf die Einsamkeit suchenden Robinsons.

Zwei Ochsenstärken im Valle de Viñales

❶ Cayo Jutías/Puerto Esperanza

Eine Tagestour von Viñales entfernt (etwa 55 km; 90 km nordwestlich von Pinar del Río) – zum Beispiel mit dem Rad – gelangt man an die Küste im Norden und auf eine Insel mit wunderschönem weißen Sandstrand: Die kleine **Cayo Jutías** im Golf von Mexiko ist mit dem kubanischen Festland durch einen rund fünf Kilometer langen Damm verbunden. Ein Leuchtturm steht auf der unbewohnten Insel, die zum **Archipiélago de los Colorados** gehört. Am rund sechs Kilometer langen Strand an der Nordseite kann man herrlich mit den Krebsen um die Wette laufen und findet immer ein einsames Fleckchen. Auch organisierte Tagesausflüge von Viñales führen hierher zum Sonnenbaden, Tretbootfahren und Schnorcheln (allerdings sind die Korallen durch den nahen Hafenort und die Industrieanlagen in Santa Lucía und den Dammbau nicht in allerbestem Zustand).

Auf dem Weg liegt die kleine verschlafene Hafenstadt **Puerto Esperanza** (rund 25 Kilometer östlich von Cayo Jutías bzw. 25 km nördlich von Viñales, bis dahin gute Straße für Fahrradausflügler), die nicht viele Attraktionen bietet außer der kleinen Marina am Hafen, wo sich gelegentlich ein Karibiksegler hineinverirrt.

Cayo Jutías
Damm ca. 5 km westl. von Santa Lucía
Eintritt CUC 5 inkl. Getränk im Insellokal (tägl. 8–18 Uhr)
Sonnenliegen, Tretboote, Schnorchelausrüstung – oder Strandlauf auf der kleinen Ausflugsinsel.

Teresa Hernández Martinez
Calle 4ta.
Puerto Esperanza
℡ 048-79 39 23
Kleines Familienrestaurant, wo kubanische Gerichte serviert werden. Die Bedienung ist freundlich und schnell.
€

**REGION 3
Der Westen**

❷ Cayo Levisa

Nach 20 Minuten Bootsfahrt ab dem Küstenörtchen Palma Rubia erreicht man Cayo Levisa. Von der Anlegestelle der Boote geht es auf einem Pfad durch die (manchmal etwas müffelnden Mangroven) auf die andere Seite des Mini-Eilandes. Hier wartet eine idyllische Überraschung: eine Insel wie für Freizeit-Robinsons gemacht. In Sichtweite im Osten liegen das **Inselchen Mégano** und **Cayo Paraíso**, vor denen Hemingway einst ankerte. Die Eilande gehören zur Inselkette des **Archipiélago de los Colorados**. Die Gäste auf Cayo Levisa frönen meist zwei bis drei Tage dem Nichtstun und Faulenzen am insgesamt etwa drei Kilometer langen Strand, der begrenzt ist von den dichten Mangroven und dem blau schimmernden Meer.

Von der Punta Bailerina, einem weiten Sandstück am östlichen Inselende kann man die Küste und die dunkle Silhouette der Sierra del Rosario bei Soroa sehen. Am Horizont das Korallenriff mit der weißen Schaumkrone, wo sich die Wellen brechen. Viele Tagesausflügler aus Havanna und Viñales kommen zum Schnorcheln nach Cayo Levisa oder schwärmen von hier zu den 23 Tauchstellen vor der Küste aus. Sehenswürdigkeiten gibt es auf der Mini-Insel keine, außer den Baumratten *Jutías*: die katzengroßen Nager lassen sich meist nur nachts auf den Wegen zwischen den Bungalows blicken.

Das Inselchen ist allerdings nichts für pingelige Seelen: Die kleine überteuerte Bungalowanlage hatte heftig mit Hurrikans in den vergangenen Jahren zu kämpfen, die Insel verliert dabei immer mehr Strand (einige unbewohnte Bungalows stehen bereits fast im Wasser) – d.h. man muss nach Hurrikans mit kleineren Schäden bzw. Einschränkungen rechnen (z.B. kein Warmwasser oder nur braunes; die Solaranlage kann beschädigt und noch nicht wieder repariert worden sein).

Anreise: Fähre ab Puerto Palma Rubia (CUC 10 p. P.), hin tägl. 10 und 17 Uhr, zurück 9 und 16 Uhr (20 Min.), zu buchen mit Transport ab Havanna und Übernachtung; vor Ort auch als Tagesauflug von Viñales (CUC 26) zu buchen.

Karibische Weichkorallen vor Cayo Levisa

❸ Las Terrazas

Das erste Öko-Projekt in Kuba liegt nur etwa anderthalb Fahrtstunden westlich von Havanna (ca. 80 km): Vor rund 30 Jahren ist die landwirtschaftliche Kooperative **Las Terrazas** gegründet worden. Mit dem Pilotprojekt wurden die verarmten Bauern aus der UNESCO-geschützten Bergkette Sierra del Rosario in einem Modelldorf angesiedelt. Die Landwirte bekamen Strom und fließendes Wasser, ein festes

Pittoresk: der Lago San Juan in Las Terrazas

REGION 3
Der Westen

Kaffeepflanze mit unreifen Früchten

Die Ostfriesen Kubas
Die Bewohner im Westen Kubas sind größtenteils Bauern (»guajiros«) und gelten als die Ostfriesen Kubas. Kein Wunder, dass die Habaneros über die Landbevölkerung aus der Provinz Pinar del Río, »pinareños«, ihre Witze reißen, z.B. folgenden:
Ein Mann aus der Provinz Pinar del Río kommt in einen Laden und will einen Fernseher kaufen, der im Schaufenster steht. Der Verkäufer sagt, hier verkauft man nicht an Pinareños. Der Mann versucht es noch einmal und kehrt zurück, verkleidet als italienischer Tourist. Er will den Fernseher aus dem Schaufenster, erklärt er mit italienischem Akzent. Por favor, señor, wir verkaufen nicht an Leute aus Pinar, erwidert der

Dach über dem Kopf und eine Infrastruktur für den Verkauf ihrer Produkte. Heute dient Las Terrazas rein touristischen Zwecken und kostet Eintritt für Tagesbesucher (CUC 4). Aus den Bauern und ihren Kindern sind Hotelangestellte, Naturführer und Kunsthandwerker geworden, insgesamt rund 1000 Angestellte, die im Dorf am pittoresken **Lago San Juan** leben. Rund um den See gibt es ein Kino und eine Disco, eine Poliklinik und ein Mini-Museum, ein Hotel mit Tennisplatz, einen Kindergarten und einen Rodeoplatz.

Die Künstler von Las Terrazas warten mit Kunsthandwerk und Workshops (Keramiken, Holzschnitzereien, Gemälde). Man kann bei Dorfbewohnern in hübschen Villen übernachten (z.B. bei Señor Magarito, der einst erster Bürgermeister in Las Terrazas war: große Zimmer mit Weitblick und Open-Air-Bad, zu buchen über Hotel La Moka), am besten wenn man des Spanischen wenigstens ein bisschen mächtig ist.

Das 250 Quadratkilometer große **Biosphärenreservat** ist idyllisch und bietet zahlreiche Wanderwege, wie La Serafina und Las Delicias. Im Centro de Investigaciones Ecológicas stehen kundige Führer und Karten zur Verfügung, aber auch über das Hotel Las Mokas können die Touren organisiert werden. Dabei bietet sich für Ornithologen die Gelegenheit zur Vogelbeobachtung – rund 80 verschiedene Vogelarten sollen hier gezählt worden sein, u.a. der Tocororo und Kolibris. In den glasklaren Bächen kann man angeln, in Schwefel- und Thermalpools baden, unter kleinen Kaskaden planschen und sich auf den Felsen anschließend sonnen (bei **Cañada del Infierno** und den **Baños de San Juan**, geringfügiger Eintritt, kleine Lokale, einige preiswerte Hütten zum Übernachten und Zeltplatz, CUC 12).

Einen Abstecher in die Geschichte der Region unternimmt der Besucher vom Infocenter beispielsweise zum fünf Kilometer entfernten **Cafetal Buenavista**. Die frühere Kaffeeplantage, die Anfang des 19. Jahrhunderts einem französischen Siedler aus Santo Domingo (Haiti) gehört hatte, besteht aus einem schön restaurierten und rustikalen Landsitz und den angrenzenden Ruinen der Sklavenbaracken. Das Haus dient heute als Touristenrestaurant mit kreolischen Speisen und Folkloremusik. Dahinter liegen die Mauerreste, zwischen denen einst 126 schwarze Sklaven hausen mussten.

Auf den terrassenartigen Absätzen trockneten die Kaffeebohnen, ehe sie in der Kaffeemühle zermahlen wurden – ein Ochse oder Sklaven schoben die Mühle an. Die Glocke vor dem Restaurant rief die Zwangsarbeiter zusammen, bis der Kaffeeanbau Mitte des 19. Jahrhunderts nicht mehr mit dem Rekord-Export aus Brasilien konkurrieren konnte und schließlich der Tabakwirtschaft weichen musste.

Service & Tipps:

ⓘ **Centro de Investigaciones Ecológica/Visitor Center**
Las Terrazas, bei Rancho Curujey
Derzeit noch vom Hurrikan zerstört, wird wieder aufgebaut.
Touren: z.B. 3-Stunden-Wanderung (CUC 14 p.P.), Naturreservats-Eintritt CUC 4
Bei der beliebten Canopy-Seilbahn schwebt man über den See von Baumwipfel zu Baumwipfel (CUC 26).

Fonda de Mercedes
Gehört zum Hotelkomplex, liegt aber im Dorf

☏ 048-57 86 47
Tägl. 12–21 Uhr
Auf einer Terrasse serviert die beste Köchin im Ort ihre Köstlichkeiten, etwa aporreado del ternera, leckeres Rindergulasch, und Guayaba-Eis. Im Restaurant Romero einige Schritte weiter gibt es vegetarische Öko-Küche – alles selbst angebaut und wie bei Großmuttern zubereitet.

Cafetal Buenavista
Las Terrazas
Tägl. 11.30–15 Uhr
Touristenlokal in einer alten Kaffee-Hacienda mit den üblichen kreolischen Speisen rund ums Huhn, mit Reis und Bohnen. €

❹ Parque Nacional La Güira (Cueva de los Portales)

Fünf Kilometer westlich von San Diego de los Baños (s. S. 70) erstreckt sich der **Nationalpark La Güira** mit zahlreichen Seen und Höhlen auf rund 20 000 Quadratkilometern am Ostrand der **Sierra de los Órganos**. Das Parkgelände gehörte in den 1920er Jahren zur Hacienda Cortina, dem Landsitz eines reichen Anwalts – nach der Revolution wurde es verstaatlicht und zieht viele Vogelliebhaber an.

Eine der Höhlen, die **Cueva de los Portales** (ca. 10 km westlich des Parkeingangs), spielte im Kalten Krieg während der Kuba-Krise eine Rolle: Im Oktober 1962 zog sich Che Guevara mitsamt seinem Hauptquartier aus Havanna in diese abgelegene Höhle zurück – aus Angst vor Luftangriffen.

Der Río San Diego fließt durch die Höhle, die mit Führer zu besichtigen ist, in der Nähe stehen einfache Cabañas auf einem Campismo-Platz mit Betongrill und Spielplatz (dieser Campismo ist nur den Kubanern vorbehalten).

Parque Nacional de La Güira
5 km westl. von San Diego de los Baños, tägl. geöffnet, Führer und Touren zu buchen im Hotel Mirador.

Cueva de los Portales
16 km westl. von San Diego de los Baños
Tägl. 10–16 Uhr, mit Führer, CUC 2

---

❺ Península de Guanahacabibes

Die Halbinsel in Kubas westlichster Ecke steht unter Naturschutz und seit 1987 auch unter dem Schutz der UNESCO als Biosphärenreservat. Vor rund 4000 Jahren siedelten die Guanahatabey-Indianer in dieser Gegend, erst ab dem 18. Jahrhundert zog es die Spanier zum Tabakanbau soweit nach Westen. In dem mit 50 000 Hektar größten **Nationalpark** Kubas haben viele Vögel ein Refugium gefunden, vor allem zwischen November und März nehmen hier viele Tausend Zugvögel aus kühleren nördlicheren Gefilden Zuflucht. Insgesamt wurden auf der Halbinsel 172 Vogelarten gezählt.

Zweibeiner trifft man lediglich an der **Bahía de Corrientes**: In der weiten, von Mangroven bewachsenen Bucht hat sich das kleine abgeschiedene Hotel María La Gorda einen Namen als internationales Tauchzentrum gemacht. Mehr als 50 Tauchgebiete locken Wassersportfreunde aus aller Welt mit imposanten Wänden aus Korallen, mit Tunneln und Schächten, Wracks spanischer Galeeren und einer Fauna, die in der Karibik ihresgleichen sucht – Delfine sind nur die größten lebenden Vertreter der hiesigen Unterwasserwelt. Auch Angler zieht es in die ruhige, abgelegene Gegend, z.B. an die Laguna Grande, wo es vor Forellen nur so wimmelt. Jedes Jahr im Frühjahr zwischen März und Mai belagern Krebse zu Tausenden die Zufahrtstraße.

Am äußersten und westlichsten Punkt Kubas steht seit 1849 der Leuchtturm **Faro Roncalli**, der mit seinem Licht die Schiffe vom **Cabo de San Antonio** fernhält. Ein Schotterweg führt von der Nationalparkschranke bei Bajada rund 50 Kilometer entlang der Corrientes-Bucht auf dieses letzte karge Stück der Insel, vorbei an mannshohen Kakteen, Heidekraut und einigen verlassenen Stränden sowie einem einem Hotel mit rustikalen, komfortabel eingerichteten Blockhütten bei **Las Tumbas**. Mexiko liegt von diesem Ende der kubanischen Welt rund 250 Kilometer entfernt.

REGION 3
Der Westen

Verkäufer. Der Mann gibt nicht auf, kehrt am nächsten Tag als kanadischer Tourist mit französisch klingendem Spanisch zurück.

Der Verkäufer bleibt hart, man verkaufe nicht an Leute aus der Pinar-Provinz. Da platzt dem verhinderten Käufer der Kragen: Caramba, woher weißt du, dass ich aus der Provinz Pinar komme? Der Verkäufer schaut mitleidig: Na weil das Gerät im Schaufenster kein Fernseher ist, sondern eine Mikrowelle …

Im Frühjahr nimmt die Population der Landkrabben in Kubas westlichster Ecke überhand

REGION 3
Der Westen

Die Tabakproduktion zählt noch immer zu den Devisenbringern Nummer eins in Kuba (rund 200 Mio. US$). Die Kubaner selbst bekommen sogar auf Lebensmittelkarten ihren Tabak. Fidel Castro hat das Rauchen schon 1989 auf ärztlichen Rat hin aufgegeben. Jetzt sollen die Kubaner ihm folgen: Seit Beginn 2005 ist das Rauchen in öffentlichen Gebäuden, Kinos, Theatern usw. auch in Kuba verboten.

**Parque Nacional de Guanahacabibes
(Estación Ecológica de la Bajada)**
130 km südwestl. von Pinar del Río Bajada
Um auf die Halbinsel und zum Hotel zu gelangen, muss man entweder eine Hotelbuchung vorweisen können oder man braucht einen offiziellen Führer. Nur so kann die Schranke in den Nationalpark und auf die Halbinsel im Dorf Bajada passiert werden (von hier sind es noch ca. 15 km zum Hotel).
Führer stehen an der Estación Ecológica de la Bajada zur Verfügung (fünfstündige Exkursion CUC 8–10 pro Person). Kleines Lokal nebenan.

---

❻ Pinar del Río (Stadt)

Die etwas chaotische Hauptstadt des Tabaks im Vuelta Abajo, dem besten Anbaugebiet, liegt 160 Kilometer südwestlich von Havanna. Das Städtchen »leidet« etwas unter teils sehr aufdringlichen Schleppern und *Jineteros* (einfach ignorieren), beeindruckt mit (renovierten) Kolonialfassaden in allen Pastelltönen. Touristen streifen die Provinzhauptstadt jedoch meist nur auf ihrem Weg ins Valle de Viñales und besichtigen die berühmte **Fábrica de Tabacos Francisco Donatien**. Hinter der hellblauen Fassade des 1868 erbauten, mit Arkaden geschmückten Hauses drehen und rollen 200 Angestellte die weltweit begehrten Zigarren – bis zu 11000 Stück am Tag. Die Arbeitszeit vertreibt gelegentlich ein Vorleser mit Wissenswertem aus der offiziellen Parteizeitung »Granma« oder auch Spannenderem aus Agatha-Christie-Krimis, Science-Fiction oder Liebesromanen.

Nicht umsonst wird Pinar del Río auch »Stadt der Säulen« genannt – eindrucksvolle Kolonialfassaden reihen sich an der Hauptstraße Calle Martí aneinander mit Ziergiebeln, Türmchen und Arkaden. Der weiße, hübsch verzierte **Palacio Guasch** aus dem Jahr 1914 beispielsweise beherbergt heute das Naturkundemuseum **Museo de Ciencias Naturales Sandalio de Noda** mit ausgestopften Tieren und Dinosauriern aus Beton. Ebenfalls einen Besuch wert ist die **Likörfabrik Casa Garay**: Seit 1892 wird nur hier der Guayabita-Likör und -Brandy aus der bitteren Frucht der Guayaba (Guave) gewonnen.

Für Zigarrenliebhaber bietet sich ein Abstecher in die Umgebung der Provinzhauptstadt an: auf die **Vega Robaina** mitten ins pittoreske, grüne Zentrum des Vuelta-Abajo-Anbaugebietes. Die Farm gehörte lange einem schon zu Lebzeiten legendären *Veguero* – dem 2010 verstorbenen Don Alejandro Robaina *(el Viejo)*, nach dem sogar eine Zigarre benannt worden ist. Die durch Film und Fernsehen wohl berühmteste private Tabakplantage der Region ist ein Wallfahrtsort für *Aficionados*, Kenner: Man kann einen Einblick in die Tabakwirtschaft gewinnen, einen Blick in die *Secadero*-Trockenhütten werfen und einwandfreie Ware einkaufen.

Auf der Straße nach Pinar del Río

REGION 3
Der Westen

Ein wirkliches Erlebnis ist der Besuch einer Tabakfabrik zum Beispiel im Tabak-Mekka Pinar del Río, wo unzählige »Torcedores« die Zigarren formen

Service & Tipps:

ⓘ Cubatur
Calle Martí 51, Ecke Calle Rosario
Pinar del Río

Verkehrsmittel
In der Stadt verkehren Pferdekutschen oder Bici-Taxis.
Bahnhof: am südlichen Ende der Calle Comandante Pinares
Viazul-Busbahnhof: Calle Adela Azcuy zwischen Calle Colón & Comandante Pinares

Fábrica de Tabacos Francisco Donatien
Calle Antonio Maceo 157, Ecke Calle Ajete, Pinar del Río
Mo-Fr 9-12 und 13-16 Uhr
Eintritt 5 CUC
Kleine Tabakfabrik mit angeschlossenem Tabakmuseum und Laden (auch Sa/So vormittags geöffnet).

Palacio Guasch (Museo de Ciencias Naturales Sandalio de Noda)
Calle Martí Este 202, Ecke Comandante Pinares
Pinar del Río
Di-Sa 9-16.30, So 9-12.30 Uhr
Eintritt CUC 1
Naturkundemuseum in einem sehenswerten alten Palast.

Casa Garay
Calle Isabel Rubio 189, zwischen Ceferino Fernández & Frank País, Pinar del Río
Mo-Fr 9-16 Uhr, Eintritt CUC 1
Eine englischsprachige Führung durch die Likörfabrik ist möglich, ein Laden angeschlossen: Wem der süße Likör bzw. der trockene Brandy schmeckt, sollte die Gelegenheit nutzen, denn das Guaven-Gebräu wird nur in Pinar del Río produziert.

Vega Robaina
Vuelta Abajo (ca. 15 km südwestl. von Pinar del Río über das Dorf San Juan y Martinez)
Nur an Wochenenden geöffnet, Eintritt CUC 3
Die bekannte Tabakfarm kann man besichtigen und auch Zigarren kaufen.

Rumayor
Ctra. Viñales (ca. 1 km nördl. des Zentrums), Pinar del Río
℡ 048-76 30 50/-51
Di-So 12-1 Uhr
Immer noch der beste Ort, um in Pinar zu essen: Touristenlokal am nördlichen Stadtrand mit Terrasse und Bar, Do-So ab 23 Uhr Cabaret-Show und afrokubanische Musik, CUC 4, mit Essen CUC 10. €

Paladar Casa Nuestra
Calle Colón zwischen Calles Ceferino & Primero de Enero, Pinar del Río Man speist auf einer kleinen luftigen Terrasse unter Palmen: Die Fischgerichte sind etwas teurer als die üblichen Schweine- und Hühnchenspeisen, dazu gibt's Reis und Bohnen, frischen Salat, chicharitas (dünne frittierte Bananen-Chips) und Brot. €€

El Mesón
Calle Martí 205, Ecke Calle Comandante Pinares & Pacheco
Pinar del Río
℡ 048-75 28 67, Mo-Sa 12-22 Uhr
Viel besuchter Paladar in kolonialem Ambiente: Man serviert Gegrilltes vom Huhn, Schwein und Fisch. €

»Libreta«-Lebensmittelkarten
Seit dem Jahreswechsel 2010/11 werden die ersten Subventionen und Gratisleistungen auf die Bezugsscheine »Libreta« gestrichen, z.B. Seife, Zahnpasta und Waschmittel und einige Lebensmittel wie Kartoffeln und Salz, die bisher notwendig waren um mit einem durchschnittlichen Monatsverdienst von rund 15 Euro über die Runden zu kommen. Weitere auf dem Parteitag im April angekündigte Reformen betreffen mehr Reisefreiheit und erweiterten Privatbesitz.

Kubanische Zigarren gelten als die besten der Welt

**REGION 3
Der Westen**

❼ San Diego de los Baños

Der kleine ruhige Ort ca. 130 Kilometer westlich von Havanna ist berühmt für seine Heilbäder, der Name sagt es bereits. Schon die spanischen Kolonialherren nutzten die Heilkraft des Río San Diego ab 1891 für Kureinrichtungen. Ein entlaufener Sklave hatte laut der Legende die Quellen und ihre Heilwirkung entdeckt. Angeblich hat auch schon Alexander von Humboldt die Eigenschaften des hiesigen Wassers angepriesen.

Mit heißen, schwefelhaltigen Bädern, Schlammpackungen aus dem Grund des San-Diego-Flusses und Massagen werden die Kurgäste oder Besucher im Kurmittelhaus **Balneario San Diego** verwöhnt bzw. Hautkrankheiten und Rheuma behandelt.

Die Kleinstadt liegt zwischen den beiden großen Bergketten (Sierra del Rosario im Westen und Sierra de los Órganos im Osten) und schmiegt sich zu Füßen der kleineren Sierra de Güira mit ihren Kiefern- und Mahagoni-Wäldern – hier kann man auch den Parque Nacional La Güira (s. S. 66 f.) besuchen.

Ein ökotouristisches Vorzeigeprojekt: das Biosphärenreservat Sierra del Rosario

Service & Tipps:

Balneario
San Diego de los Baños
Mo–Sa 8–16 Uhr, 30-Min.-Massagen CUC 10, Fangotherapie CUC 12
Katakomben-ähnliches Kurhaus und Thermalbad mit verschiedenen Heilwasser- und Schlammanwendungen sowie Massagen, auch für Nicht-Kurgäste.

Parrillada
Im Hotel Mirador (nahe dem Balneario)
Calle 23 Final, San Diego de los Baños
Gegrilltes und kubanische Speisen im einzigen Ausländerhotel am Ort. €

---

❽ Sierra del Rosario

Die Früchte der Königspalme, des Wahrzeichens von Kuba

Das erste kubanische Biosphärenreservat entstand 1984 rund um das Bauern-Modelldorf Las Terrazas (s. S. 65 f.) und Soroa (s. S. 71) in der **Sierra del Rosario**. Die höchste Erhebung in den Wäldern um Soroa ist der **Loma del Salón** mit 564 Metern. Die teils abgeholzten Hügel und der durch Brände zerstörte Wald werden seit Jahren mit Teak und Mahagoni wiederaufgeforstet: Die UNESCO wacht über das ehrgeizige Programm, bei dem insgesamt sechs Millionen Bäume in der Sierra del Rosario angepflanzt werden sollen.

Der Río Bayate schlängelt sich ebenso wie die schmalen holprigen Landstraßen durch die herrliche Landschaft, immer vorbei an Hügeln, *Bohío*-Hütten und Palmenhainen. Wanderpfade wie der Cañada del Infierno, der Höllenpfad (vgl. Las Terrazas), führen durch das Naturreservat, etwa zu den Ruinen von alten Kaffeeplantagen aus dem frühen 19. Jahrhundert, zu Bächen und kleinen Wasserfällen, in denen man baden kann.

Rund um den Lago San Juan sind 1990 ein ökologisches Modellprojekt und die Künstlerkolonie Las Terrazas entstanden – offenbar nur für Touristen. (So ist es kein Wunder, dass die Zugangsstraßen ab Soroa und Havanna nur über Tore und Kontrollhäuschen zu passieren sind.)

REGION 3
Der Westen

❾ Soroa

Mitten zwischen den teils wieder aufgeforsteten Hügeln und Tälern der bis zu 700 Meter hohen Sierra del Rosario lohnt sich ein Aufenthalt in dem Dorf Soroa, keine zwei Autostunden von Havanna entfernt (rund 90 km westlich). Hier erreicht man den östlichsten und höchsten Punkt der **Cordillera Guaniguanico**. Die reizvolle Gegend ist heute Biosphärenreservat der UNESCO und gilt als eines der ersten Öko-Ziele in Kuba – ideal für Naturliebhaber und Wanderer.

Wer will, kann die schöne bergige Gegend rund um das Dorf auf dem Pferderücken oder mit dem Fahrrad erkunden (ein Pfad führt beispielsweise von der Künstlerkolonie Las Terrazas, s. S. 65 f., über den Cañada del Infierno nach Soroa, nur mit Führer). Etwa 80 Vogelarten sind in den Wäldern rund um Soroa zu Hause, darunter der einheimische Nationalvogel Tocororo (Kuba-Trogon), der kubanische Gelbspecht (Green Woodpecker), der Cartacuba (Vielfarbentodi) und Kolibris.

Nicht immer war die Gegend so friedlich: Antonio Maceo hatte im ersten Unabhängigkeitskrieg im nahen Candelaria gegen die spanischen Truppen gekämpft, und Che Guevara schlug seine *Comandancia* im von Höhlen durchzogenen, etwas weiter westlich gelegenen Nationalpark La Güira (s. S. 66 f.) während der Kuba-Krise 1962 auf.

Der Río Manantiades bildet den 22 Meter hohen Wasserfall **El Salto**. Im Poza del Amor (Brunnen der Liebe) lässt es sich hervorragend unter seiner Kaskade baden, morgens im Sonnenschein schimmert ein Regenbogen über diesen natürlichen Pool. *Arco Iris de Cuba* nannten die Kubaner fortan die Landschaft um Soroa. Der schönste Panoramablick ergibt sich vom **Mirador de Venus**, den man mit dem Pferd oder zu Fuß erobern kann (ca. 400 m). Oberhalb des Horizonte-Hotels befindet sich ein leider seit Jahren geschlossenes, weil halbzerfallenes Ausflugslokal im originellen **Castillo de las Nubes** (»Wolkenschloss«).

Im bereits 1943 angelegten **Orchideengarten** (Orquídeario) blühen auf 35 000 Quadratmetern mehr als 700 verschiedene Arten aus aller Welt, ein Drittel ist endemisch. Die Blütezeit reicht von November/Dezember bis März/April. Auch in der übrigen Zeit kann der Besucher in dem Garten zwischen riesigen Brotfruchtbäumen und Benjamin Ficus, Begonien und Magnolien spazieren gehen. Im Frühling entfaltet sich hier eine wahre Farborgie mit rot blühenden Flamboyant- und Hibiskus-Blüten.

Blütenpracht im Orchideengarten bei Soroa

Service & Tipps:

🍴 **El Salto de Soroa**
Ctra. Soroa, km 7
🚶 Soroa
Tägl. 8–17 Uhr, Eintritt CUC 3
Kurzer holpriger Wanderweg zum Wasserfall mit Badepool, mit angeschlossenem Open-Air-Ausflugslokal nahe dem Eingang und einem Häuschen mit römischer Bäderabteilung (Baños romanos, tägl. 9–16 Uhr, Behandlungen CUC 5–20: mit Schwefelbädern, Fangopackung und Massagen. Pferdeverleih. €

🌸 **Jardín Botanico (Orchideen- und Botanischer Garten)**
Ctra. Soroa, km 7
Soroa
Tägl. 8.30–16.30 Uhr, Eintritt CUC 3
Orchideen kann man in dem Botanischen Garten vor allem zwischen November und April bewundern.

**REGION 3
Der Westen**

❿ Valle de Viñales

Rund um das 5000-Seelen-Dorf Viñales (ca. 28 km nördlich von Pinar del Río) präsentiert sich die Sierra de los Órganos im Valle de Viñales wie ein Gemälde – eine traumhafte, fast urzeitlich wirkende Landschaft. Ein wunderschönes Tal voller buckliger, Jahrmillionen alter Kalksteinhügel *(mogotes)*, die sich grün überwuchert über der rostbraunen Tabakerde erheben, dazwischen die endlos langen, majestätischen Königspalmen. Die Tabakblätter trocknen in den mit Palmblättern gedeckten Schuppen *(secaderos)* auf den Feldern. Tabakbauern, die *Vegueros*, sind entlang den Landstraßen mit Machete und Strohhüten unterwegs.

Das pittoreske Tal steht unter dem Schutz der UNESCO. Etwa 10 000 Höhlen sollen sich im Inneren der 160 Millionen Jahre alten Kalksteinberge befinden. Viele dienten erst den Indianern als Wohnstätte, später im 19. Jahrhundert den *Cimarrónes*, den entflohenen Sklaven, als Versteck. Heute wird hier Naturtourismus propagiert. Das touristische Treiben in den bekanntesten Höhlen wie der Palenque de los Cimarrónes und der Cueva del Indio hat allerdings nicht viel mit Ökotourismus zu tun. Die Tropfsteinhöhle **Cueva del Indio** kann mit dem Motorboot auf dem San-Vincente-Fluss durchfahren werden, die Touristen gleiten durch hohe Gewölbe und scheuchen die Fledermäuse auf. In der **Palenque de los Cimarrónes** (auch: Cueva de San Miguel) findet abends eine Höhlen-Disco statt und tagsüber werden Reisegruppen von Kubanern in Sklaven-Kostümen verköstigt …

Ganz anders sind die Exkursionen in das 46 Kilometer umfassende Höhlensystem der **Gran Caverna de Santo Tomás**, der größten Höhle Kubas und zweitgrößten in Mittelamerika mit zahlreichen beeindruckenden Stalagmiten und Stalaktiten, die man bei professionell geführten Touren erkunden kann. Man geht jedoch in Viñales nicht nur in den Untergrund – auch steil in die Höhe zieht es hier manch einen – mit Traumpanorama: Felskletterer sollten aber die eigene Ausrüstung mitbringen (Infos: www.cubaclimbing.com).

Im Valle de Viñales: Paarweise aufgefädelt reifen Tabakblätter in den traditionellen, »Secaderos« genannten Trockenschuppen

Ein »Veguero« prüft seine Pflanzungen (Valle de Viñales)

Service & Tipps:

ⓘ Parque Nacional de Viñales (Centro de Visitante)
2 km südl. von Viñales an der Straße nach Pinar del Río (nahe dem Jazmines-Hotel)
Tägl. 8–18 Uhr
Kleine Ausstellung mit Landschaftsmodell, Infos über Wanderwege und teils mehrtägige Touren, Führer sind Pflicht und stehen hier zur Verfügung. Infos und Buchung auch über: Ecotur, www.ecoturcuba.co.cu.

👁 Gran Caverna de Santo Tomás
Valle de Viñales, ca. 16 km südwestl. von Viñales, tägl. 9–16 Uhr
1,5 Stunden-Wanderung mit Führung ca. CUC 10

✖ Mural de la Prehistoria
Valle de Viñales (ca. 4 km westl. vom Ort Viñales)
☏ 048-79 33 94
Tägl. 8–18, Restaurant 12–16 Uhr, Eintritt CUC 3 inkl. ein Getränk
Pferdeausritt CUC 5/Std.
Ausflugslokal mit leckerem Schweinefleisch vom Holzkohlegrill als Spezialität – inklusive Ausblick auf ein selten hässliches und gigantisches Wandgemälde mit (r)evolutionärem Hintergrund: bunten Dinosauriern, Schlangen und den ersten Menschen an einer Felswand (tägl. 8–19 Uhr, Eintritt CUC 2 mit Museumsbesuch nebenan). Pferdeausritte sind möglich. €-€€

👁 El Palenque de los Cimarrónes
Ctra. de Puerto Esperanza, km 36
Valle de Viñales
☏ 048-79 62 90
Tägl. 12–16 Uhr, abends nur für Gruppen

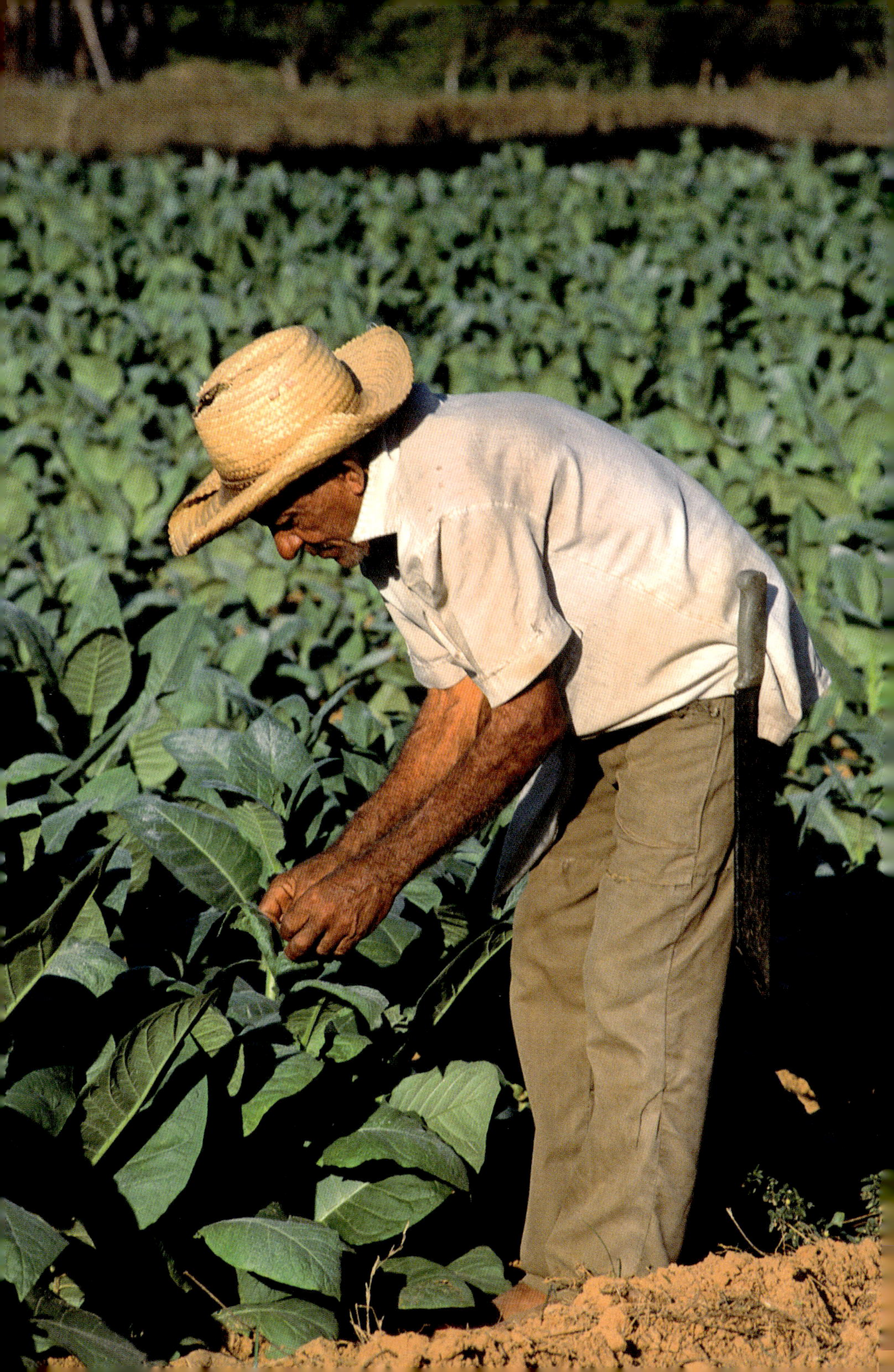

Geschmackssache: die Mural de La Prehistoria, eine 180 Meter hohe Felswand, wurde 1971 vom Maler Leovigildo González Morillo bemalt

Klettersport
Ein neuer, nicht ganz offizieller Trend: Wer Klettersport in der atemberaubenden Szenerie betreiben will, kann sich hier informieren (es ist nicht ganz legal, aber die Climber-Szene ist gut organisiert, wenn auch unter ständigen Restriktionen): www.escaladaencuba.com, www.cubaclimbing.com.

Tabakblüte und …

Höhlen-Eintritt CUC 5
Hinter der Höhle (auch: San-Miguel-Höhle) liegt ein verstecktes Open-Air-Ausflugslokal am Fuße eines der Mogote-Riesen: Besonders Busreisegruppen genießen hier Kreolisches und den »Sklaven-Schnaps« Chinguerito – bei »Sklaven«-Bedienung und Folkloreshow.
Die **Disco** am Höhleneingang ist Do–So, in der Nebensaison nur Sa/So nachmittags geöffnet. Ein etwa 150 m langer beleuchteter Rundweg führt in die Höhle.

🍴 **Cueva del Indio**
Ctra. de Puerto Esperanza
ℹ️ Valle de Viñales (ca. 5 km nördl. vom Ort Viñales)
Tägl. 9–17.30 Uhr, Eintritt CUC 5
Von vielen Bustouristen in Truppenstärke besuchte Tropfstein-Kaverne – mit Speiselokal, Bar, Musikanten und Souvenirständen.

⑪ Viñales-Stadt

Das vor wenigen Jahren noch verschlafen-verwunschene Dorf ist heute durch den nicht enden wollenden Touristenstrom zu einem kleinen, trubeligen Ort geworden – an manchen Tagen regelrecht überschwemmt von Reisenden und Tagesausflüglern aus Havanna und Varadero (mit all den negativen Begleiterscheinungen wie rasenden Reisebussen auf der schmalen Hauptstraße, Schleppern und Prostitution).

Den unter Denkmalsschutz stehenden Ortskern kann der Besucher entlang der **Calle Salvador Cisneros** fast gänzlich unter Kolonnaden erkunden, sozusagen Kuba *en miniature*. Die Häuschen strahlen in frischen Pastellfarben – der Tourismus scheint dem Städtchen mit seinen rund 5000 Bewohnern (im gesamten Tal leben 25 000 Menschen) gut zu tun, kaum ein Ort in Kuba hat mehr Privatpensionen zu bieten. Die Bewohner schaukeln sich genüsslich auf ihrer Veranda in der Hängematte oder im Schaukelstuhl. Wer etwas vom kubanischen Landalltag der Zigarrenfarmer und *Guajiros* erleben will, leiht sich am besten ein Fahrrad und erkundet das Umland im Valle de Viñales (s. S. 72 ff.).

REGION 3
Der Westen

Service & Tipps:

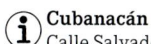

ⓘ Cubanacán
Calle Salvador Cisneros 63
(gegenüber der Kirche)
Viñales
✆ 048-79 63 93
Tägl. 8–20.30 Uhr
Nebenher auch relativ teurer Fahrrad-/Moped-Verleih, Internet-Zugang.

🚌 Viñales Bus Tour
Ein Shuttlebus verkehrt 9–17 Uhr zwischen den Sehenswürdigkeiten und hält auch an den Hotels Los Jazmines und La Ermita, man kann nach Belieben ein- und aussteigen (CUC 5).

🍴 Casa Don Tomás
Calle Salvador Cisneros 140
Viñales
✆ 048-79 63 00
Tägl. 10–22 Uhr
Kreolisches (Fisch, Huhn, Hummer) in einer schönen Villa von 1889, man speist hinten im Patio oder vorn auf der Terrasse. €

🍴 Centro Cultural Polo Montañez
Calle Salvador Cisneros (Hauptstraße am Kirchplatz), Viñales
Tägl. 10–24 Uhr
Zentrale gelegenes Speiselokal und Bar, allabendlich ab 21.30 Uhr Live-Musik und Tanz. € 💃

... Blätter

Zigarren: Vom Tabakblatt zu den Puros

Die besten und handgerollten Zigarren der Welt kommen aus Kuba: die Montecristos, Cohíbas, Romeo y Julietas, Hoyos de Monterrey, Bolivars usw. Fidel Castro und John F. Kennedy teilten jahrzehntelang eine gemeinsame Leidenschaft: Beide gehörten zur weltweiten Gemeinde der *Cigar Aficionados*, der Kenner und Liebhaber der aromatischen Glimmstengel, zu denen auch schon die Ureinwohner Kubas zählten. Den Indianern diente der Tabak als Beruhigungsmittel, gepafft mit Kräutern und allerlei berauschenden Ingredienzen. Mit den europäischen Eroberern trat der Tabak dann seinen Siegeszug um den Erdball an.

1719 begann die Tabakwirtschaft auf den Tabakpflanzungen *(vegas)* in der Provinz Pinar del Río – und sie existiert bis heute unverändert. Das Vuelta Abajo bietet das optimale Klima für das Gedeihen der empfindlichen Tabakpflanze: die richtige Balance aus Sonnenschein und kühlen Nächten. Die einzelnen Schritte von der Aussaat bis zur Lagerung im Souvenirladen erfolgen nach einer komplizierten, aufwendigen und auch liebevollen Prozedur, die bei manchen Blattsorten bis zu drei Jahren dauern kann. Spätestens im November nach der Regenzeit beginnen die Bauern, die Tabaktriebe in die fruchtbare rotbraune Erde einzusetzen. Ab Januar bis März ist Erntezeit, die Blätter werden anschließend in den *casas de tabaco* oder *secaderos* rund sieben Wochen lang zum Trocknen aufgehängt. Wichtig sind ausreichende Belüftung, exakte Temperatur und Befeuchtung! Als nächstes folgt der Fermentierungs-Prozess: Die jetzt hellbraunen Blätter werden in großen Bündeln aufeinander gelegt, die Gärung dauert insgesamt drei Monate.

1760 eröffnete die erste Manufaktur für Zigarren in Kuba. In der Fabrik halbiert man die Blätter und sortiert sie nach Größe, Farbe und Beschaffenheit. Dann sind die *Torcedores* an der Reihe – die Zigarrendreher, die sich erst nach einer neunmonatigen Ausbildung so nennen dürfen. Wie in einer Schulklasse sitzen die Angestellten in Reihen hintereinander, rund zwei Drittel sind Frauen. Jeder rollt etwa 100 bis 120 Zigarren am Tag und erhält etwa 230 Pesos Basislohn – wer mehr schafft, verdient ein paar Pesos mehr.

Kenner schwören auf die sechs bis acht Jahre gereiften *puros*. Die besten Zigarren erkennt der Experte an ihrem seidigen Glanz und dem etwas speckigen Deckblatt. Und Kenner ist nur, wer sich wirklich Zeit nimmt, die Zigarre gleichmäßig abbrennen zu lassen. »Hecho en Cuba, totalmente a mano«, heißt eines der Gütezeichen auf den Holzkisten (neuerdings mit fälschungssicherem Hologramm), die in den großen Hotels, den staatlichen Souvenirläden und in den Fabriken verkauft werden (25 edle Cohíbas für rund 400 €, auch in Deutschland kostet das Einzelexemplar von Castros früherer Lieblingsmarke ca. 15 €, die preiswertesten beginnen bei ca. 8 €). Maximal zwei Kisten à 25 Stück können pro Person aus Kuba ausgeführt werden, die lose gekauften Zigarren werden tatsächlich von den Zollbeamten eigenhändig nachgezählt und der überschüssige Rest gnadenlos beschlagnahmt. Ein Kenner lagert die Zigarren natürlich zu Hause im Humidor bei einer den empfindlichen Kostbarkeiten zuträglichen Temperatur. Übrigens: Dass die Zigarren ihren letzten Schliff beim Rollen auf den Schenkeln der Fabrikarbeiterinnen erhalten, gehört zu den von Männerphantasien genährten Gerüchten rund um die Zigarre ...

Zigarrenfabrikation um 1900

REGION 4
Die Südküste mit ihren Inseln

Die Südküste mit ihren Inseln

Von Krokodilen, Meeresschildkröten und Leguanen

Wen es von Havanna nach Südosten an die Südküste Kubas zieht, der gelangt unweigerlich auf die Zapata-Halbinsel: Hier erstrecken sich die größten Sümpfe der Karibik, von Krokodilen, Flamingos und Zugvögeln bewohnt. In die Schlagzeilen der Weltpresse geriet die abgelegene Region 1961 als die berühmt-berüchtigte Invasion der Exilkubaner in der »Schweinebucht«, der Bahía de Cochinos, fehlschlug. Fidel Castro war vorgewarnt und hatte seine Armee in Alarmbereitschaft versetzt.

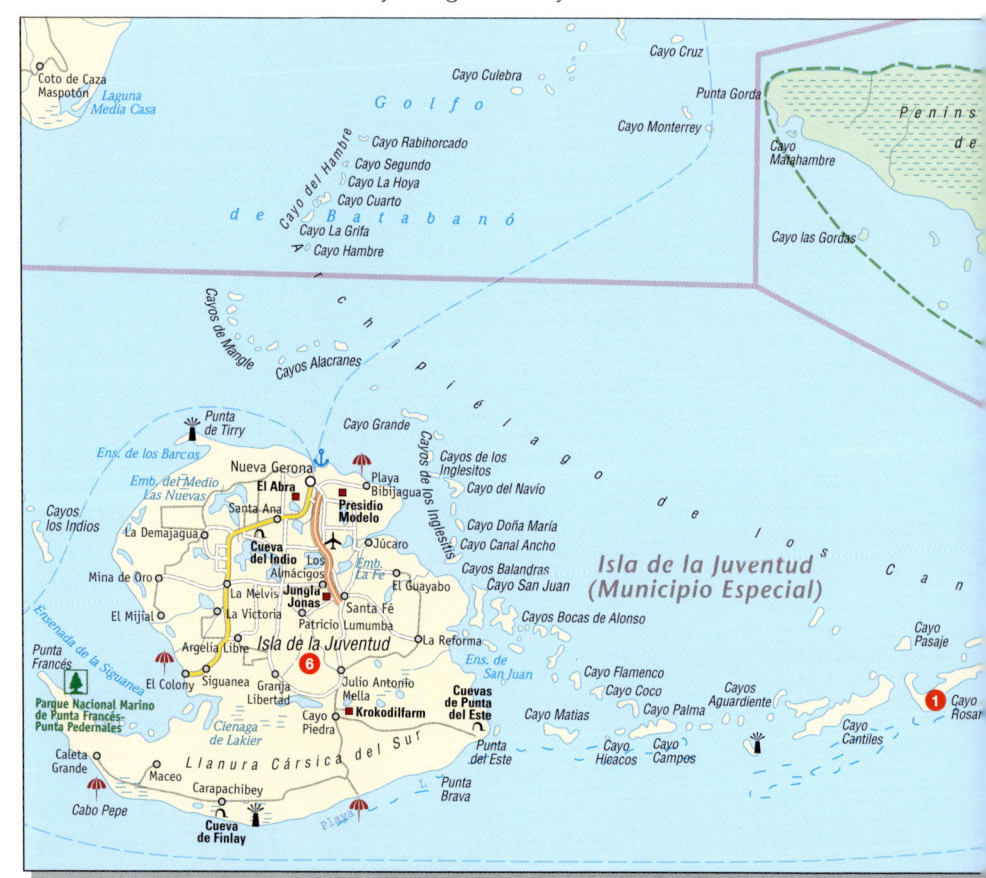

In Unterwasserhöhlen oder zu Korallenriffen abtauchen kann man auf der sumpfigen Peninsula an den schönen Stränden von Playa Larga und Playa Girón und auf den beiden Inseln im vorgelagerten Archipiélago de los Canarreos: Die Isla de la Juventud und Cayo Largo könnten unterschiedlicher kaum sein. Auf dem größten Eiland Kubas, der untouristischen Isla de la Juventud, saß der junge Fidel Castro 1953 in Haft.

REGION 4
Die Südküste mit ihren Inseln

Cayo Largo, das die Inselkette im Osten abschließt, ist im Gegensatz zur »Jugendinsel« eine reine Urlauber-Enklave mit *Todo-incluído*-Hotels. Dazwischen schwimmen lauter kleine Robinson-Inselchen: unbewohnt und einsam, wo kristallklares Wasser an schneeweiße Strände schwappt und nur gelegentlich Segelyachten ankern.

Auf der Weiterreise gen Osten erreicht man schließlich an der Südküste Cienfuegos, ein wunderschönes Kolonialstädtchen mit Palmen bestandenen Plazas, modernem Yachthafen und Strandhotels wie dem Märchenschloss des Palacio del Valle.

**REGION 4
Die Südküste
mit ihren Inseln**

❶ Cayo del Rosario

Das Eiland gehört zum Archipiélago de los Canarreos und liegt westlich der Urlauberinsel Cayo Largo (s. S. 78 ff.). Eine kleine unbewohnte Trauminsel (fast 2000 ha) mit einsamem Strand und ein paar zerzausten Zwergpalmen, umspült von glasklarem Wasser hinter einer Sandbank, die im türkisfarbenen Wasser schimmert. Hier ankern gelegentlich Segelyachten auf ihrem Törn an der Südküste Kubas. In den Gewässern der Inselkette reifen die Hummer zu erstaunlichen Exemplaren heran – auch in kleinen Farmen auf Plattformen mitten im Meer *(centros de recolección de langosta)* werden die Meerestiere gesammelt und gezüchtet.

Tausende von Meeresschildkröten zieht es zwischen Mai und September hier an die Strände zum Eierlegen. Zu sehen gibt es außer Pelikanen im Landeanflug über dem blauen Meer, einigen Reihern und Leguanen sowie spektakulären Sonnenuntergängen nichts – nicht einmal eine kleine, sonst obligatorische Cuba-Libre-Bar versorgt die Strandläufer ... Auf dem Weg nach **Isla de la Juventud** (s. S. 87 ff.) im Westen passiert man beispielsweise noch die ebenfalls idyllischen Robinson-Inseln Cayo Cantiles (von Affen bewohnt), Cayo Matias und Cayo de Dios.

Kubaner dürfen keine Langusten fangen, die sind für Touristen oder den Export bestimmt

❷ Cayo Iguana

Eine winzige der zahllosen Inseln im Canarreos-Archipel, eine kurze Bootsfahrt nordwestlich von der Urlauber-Enklave Cayo Largo (s. S. 78 ff.). Das schroffe Eiland beherbergt eine Kolonie der auf Kuba endemischen Leguane *(iguanas)*: Rund 300 Echsen sonnen sich den ganzen Tag auf den zerklüfteten Felsen und werden dabei bis zu 30 Jahre alt – wenn sie nicht bereits als Babies von den Falken gefressen werden. Die Nahrung der Echsen besteht aus Kakteenfrüchten, Insekten und den Happen, die ihnen die Ausflügler aus Cayo Largo oder Havanna und Varadero hinwerfen. Man kann die Leguane allerdings auch bei einem Spaziergang am langen Felsstrand von Cayo Largo östlich der Hotels sehen.

Die Boote nach Cayo Iguana fahren mehrmals täglich von der Marina Gran Caribe bzw. vom Playa Sirena auf Cayo Largo.

Bewohner der Leguaninsel Cayo Iguana

❸ Cayo Largo

Wer das erste Mal auf der Insel landet, traut zunächst seinen Augen nicht: Man schwebt mit den kubanischen Propellerflugzeugen oder den großen Übersee-Jets direkt über der kleinen Siedlung **Isla del Sol** ein: links Häuser und eine Miniklinik unter Palmen, rechts

> **REGION 4**
> **Die Südküste mit ihren Inseln**

die kleine Schildkrötenfarm, deren Bewohner man fast zählen kann, und der Yachthafen mit den strahlend weißen Katamaranen – dahinter das karibische Farbspiel aus Blau und Türkis soweit das Auge schauen kann.

Auf dem schmalen Inselchen im **Archipiélago de los Canarreos** stehen Faulenzen, Schnorcheln und Cocktailschlürfen im Vordergrund des touristischen All-inclusive-Daseins: Nicht umsonst ist das inoffizielle Wahrzeichen von Cayo Largo die allgegenwärtige Hängematte! Vom kubanischen Alltag ist man auf diesen 38 Quadratkilometern allerdings weiter entfernt als der Durchschnittskubaner vom Kauf eines Porsches ...

Die Todo-incluído-Hotels liegen nur wenige Kilometer auseinander und sind durch Spazierwege miteinander verbunden. Die feinsandigen Strände hinter dem Korallenriff verlocken zum kilometerlangen Strandlauf zwischen Playa Sirena im Westen bis Playa Tortuga im Nordosten (ca. 20 km), meist ohne viel Schatten. Je nach Jahreszeit oder Gezeiten können einzelne Strandabschnitte im menschenleeren Nordosten allerdings vorübergehend weggespült sein, vor allem nach Hurrikanen, die die Insel im September und Oktober oft treffen. Dann ist die Küste bloßgelegt mit schroffen Felsen, auf denen sich die Leguane sonnen – statt der (kanadischen) FKK-Anhänger, die die nordöstlichen Strände des Eilandes für sich entdeckt haben. Der größte Teil der Insel ist mit Mangroven bewachsen, an der unwegsamen Nordseite soll es sogar noch vereinzelt Krokodile in den Lagunen geben.

In der Siedlung Isla del Sol an der Westspitze der Insel schwanken in der **Marina Marlín** ab und zu private Segelyachten aus aller Welt auf ihrem Karibiktörn neben Charterbooten und Ausflugskatamaranen. Von hier starten auch die Motorboote zum Hochseefischen und die Fähren zum **Playa Sirena**, einem der schönsten Strände Kubas: Dieser populäre Flecken Paradies macht sich auf einer Landzunge gegenüber der Marina breit, wo nur zwei Farben vorherrschen: das blendende Weiß des Pulversandes, so fein wie Goldstaub, und das tiefe Blau des Meeres. Ein paar Mini-Palmen vervollständigen die Traumkulisse, die viele Ausflügler sogar aus Havanna und Varadero nur für einen Tag hierher zieht. (Dreimal täglich verkehrt der Shuttlebus El Treno an die Strände, auch hierher, CUC 2 pro Strecke.)

Sehenswürdigkeiten hat Cayo Largo nicht viele. In der kleinen **Granja de las Tortugas** neben der Marina werden die weltweit bedrohten Meeresschildkröten bzw. ihre Eier in Sandkästen ausgebrütet. Nach dem Schlüpfen tummeln sich die Babies in mehreren Pools, bis sie freigelassen werden. Auf Wunsch kann man bei Nachtexkursionen am Strand zwischen Mai und September dem Eierlegen einer Meeresschildkröte beiwohnen. An keiner anderen Küste Kubas trifft man auf mehr Green Turtles (mit dem unpassenden deutschen Namen »Suppenschildkröte«) beim nächtlichen Eierlegen als auf Cayo Largo, einem der drei Hauptnistorte in der Karibik (vgl. S. 80 f.)! Ebenfalls nahe der Marina im Ort Isla del Sol wartet das **Casa Museo** auf Besucher: ein winziges Heimatkundemuseum mit historischen Informationen aus der Zeit der Seefahrer und den 1960ern, als der Insel noch Fischereikombinat war.

Außerdem tummeln sich auf Cayo Largo und der Cayo Los Pájaros Tausende von Wasservögeln, besonders im Frühjahr: Pelikane, Kormorane und Möwen lassen sich durch die Urlauber nicht stören. Auf Delfine, Adlerrochen und manchmal sogar Walhaie treffen die Taucher am ehesten zwischen November und März, und der eine oder andere (ungefährliche) Hai verzieht sich augenblicklich beim Anblick von schnorchelnden Zweibeinern. Taucher finden ein geeignetes Revier in die Nähe der Cayo Blanco nördlich von Cayo Largo mit einer beeindruckend steilen Unterwasser-Abbruchkante und Korallenvielfalt.

Freilassung der Meeresschildkröten-Babies auf Cayo Largo

Ein Tipp, damit Sie diesen Igelfisch unter Wasser auch wirklich klar erkennen können: Wirksam ist das einfache Hineinspucken in die Innenseite der Tauchermaske, verreiben und anschließend im Meerwasser ausspülen

REGION 4
Die Südküste mit ihren Inseln

»Starparade« der Kissenseesterne

An der Playa Sirena kann man dressierten Delfinen zusehen und mit den Meeressäugern baden (ca. CUC 90).

Service & Tipps:

Die Insel wird im Herbst immer wieder heftig von Hurrikans heimgesucht, daher sind im September und Oktober die meisten Hotels geschlossen.

ⓘ Infos im Internet
www.cayolargodelsur.cu
www.cayolargo.net (kanadische Fan-Seite)

ⓘ In den Hotels
Cubatur-Büro im Hotel Meliá Sol Pelícano, ✆ 045-24 82 46 und Cubanacán-Büro, im Hotel Meliá Sol Pelícano, ✆/Fax 045-24 82 80, tägl. 8.30–18 Uhr

✈ Vilo Acuña International Airport
✆ 045-24 81 41 (Cubana Airlines) und ✆ 045-24 83 64 (Aerogaviota)
Internationaler Flughafen mit Direktflügen aus Europa und Kanada.

🐢 Granja de las Tortugas
Marina Marlín, Cayo Largo
www.tortugas-cayolargo.com (bald auch auf Deutsch)
Tägl. etwa 8–12 und 13–18 Uhr
CUC 2
Kleine Aufzuchtsfarm für Meeresschildkröten mit mehreren kleinen Pools und Brutstätten.

🏛 Casa Museo
Isla del Sol (nahe der Marina Marlín), Cayo Largo
Tägl. etwa 9–16 Uhr, CUC 1
Heimatkundemuseum mit Informationen aus der Zeit der Seefahrer und den 1960ern.

⚓ Marina Marlín
Cayo Largo, ✆ 045-24 82 13
Ausflüge zum Hochseeangeln und Tauchen, Ausflugskatamarane zu den benachbarten Inseln, z.B. Cayo Iguana, Cayo del Rosario und Cayo Rico; die Shuttleboote zur Playa Sirena starten ebenfalls hier (einige komfortable Häuser werden in der Villa Marinera neben der Marina vermietet, ohne Strand, aber kleiner Pool, €€).

🍴 Taberna del Pirata
Marina Marlín, Cayo Largo
Tägl. 9–23 Uhr
In der rustikalen Open-Air-Bar an der Marina bekommt man Sandwiches, manchmal auch Pizza und Brathähnchen, aber immer Bier und Cocktails. €

🍴 El Torréon
Marina Marlín, Cayo Largo
✆ 045-24 81 37
Tägl. 7.30–10, 12–15 und 19–22 Uhr
Restaurant nahe der Marina, das Meeresfrüchte, Fisch- und Fleischgerichte, Spaghetti und Salat serviert. €

🍴 Rachón El Espigón
Hotel Lindamar, Playa Lindamar, Cayo Largo, ✆ 045-24 81 11-6
Freiluftrestaurant am Hotelstrand mit Meeresblick und internationalen Speisen. €–€€

♪ La Movida
Nahe der Marina Marlín
In der Open-Air-Disco treffen sich nachts Kubaner und Touristen zum Schwofen bei Salsa, Merengue und Bachata.

Cayo Largo: Insel der Schildkröten

An keiner Küste Kubas trifft man nachts zwischen Mai und September auf mehr Green Turtles beim nächtlichen Eierlegen als auf Cayo Largo: die Insel steht nach Mexiko und Costa Rica an dritter Stelle in der Karibik.

Es ist stockfinstere Nacht, die Wellen rollen gemächlich an den Strand. Ein Schatten löst sich aus dem Wasser und schleppt sich an Land. Die Meeresschildkröte schaufelt mit den hinteren Flossen ein tiefes Loch, kurz darauf plumpsen die Eier wie Pingpongbälle ins weiche Nest. Ruben, Umweltbeauftragter der Insel, hat vorsichtig von hinten einen kleinen Schacht gegraben, damit die Urlauber das Schauspiel besser beobachten können. Schnaufend gebärt das Muttertier in aller Stille, nur der Halbmond und die Sterne beleuchten die Szenerie. Nach einer halben Stunde schüttet das Urvieh das Loch ordentlich zu und robbt mit letzter Kraft zurück ins Meer. Die Zweibeiner sind

**REGION 4
Die Südküste
mit ihren Inseln**

»Granja de las tortugas«: Aufzuchtfarm für Meeresschildkröten auf Cayo Largo

selig. Gegen drei Uhr morgens stapfen sie erschöpft, von Mücken zerstochen, aber glücklich über das einzigartige Naturerlebnis zurück in ihre Cabañas. An den rund 20 Kilometer langen Stränden Cayo Largos werden die verbuddelten Eier von drei Schildkrötenarten gesammelt. In einem Sandgehege in der Granja de las Tortugas, der kleinen Schildkrötenfarm an der Marina, brütet die Sonne die Eier dann aus. Wenn die Babys nach zwei Monaten schlüpfen, kommen sie für einige Zeit in kleine, saubere Meerwasserbassins, bis die Mitarbeiter sie am Strand entlassen, wo ihr Wettlauf ums Überleben ins rettende Meer beginnt. Von jährlich mehr als 10 000 eingesammelten Eiern wird rund die Hälfte als lebende Babys freigelassen.

»So haben sie mehr Chancen als in der freien Natur, wo kaum ein bis drei Prozent der kleinen Kreaturen überleben«, erklärt Ruben den Besuchern in der Zuchtfarm. »Es gibt viele Gefahren da draußen, schon vor dem Schlüpfen: Nesträuber wie Krebse, Leguane, Katzen und Vögel, die sie aber auch nach dem Schlüpfen auf ihrem Weg ins Meer noch abfangen.«

Auch die Naturgewalten bedrohen das Habitat dieser urzeitlichen Meeresbewohner. Cayo Largo wird zwischen Ende August und November oft von Hurrikans heimgesucht, Teile der Küste sind seit dem Wirbelsturm »Michelle« im November 2001 regelrecht zerschmettert. Verheerend auch für die Meeresschildkröten, denn sie kehren zum Eierlegen stets an den Ort ihrer eigenen Geburt zurück. Sind die Babys erst im Ozean, ist die Gefahr mitnichten gebannt: Angelschnüre wickeln sich wie Fesseln um die Flossen, die ausgewachsenen Schildkröten verfangen sich in Fischernetzen, wo sie ersticken oder leichte Beute für Haie werden, Bootspropeller schlitzen ihre Panzer auf.

Seit rund 200 Millionen Jahren tummeln sich sieben Arten von Meeresschildkröten in den Weltmeeren. Heute ist der Mensch die größte Bedrohung der archaischen Meerestiere, auch durch die zunehmende Bebauung der Küsten. Weiterhin machte den Tieren auf Kuba nicht so sehr der in Asien weit verbreitete Aberglaube an die Potenzsteigerung durch Schildkröteneier zu schaffen. Eher war es der Mangel an Nahrungsmitteln auf der sozialistischen Insel, besonders Anfang der 1990er. Die Kubaner aßen auch Schildkrötenfleisch in der größten Krisenzeit nach dem Zusammenbruch der Sowjetunion. Das passiert heute kaum noch, beteuert Ruben.

Auf Cayo Largo werden die Lichter der Wege in Strandnähe nur noch in Kniehöhe und in Büschen versteckt angebracht. Die geschlüpften Babys folgen sonst dem künstlichen Licht statt ihrem Instinkt – ins Landesinnere statt ins Meer. Die Nester werden mit mehrsprachigen Pfählen markiert, damit sie nicht von unwissenden Sonnenanbetern mit dem Liegestuhl oder beim Bau von Sandburgen zerstört werden.

REGION 4
Die Südküste mit ihren Inseln

Logistische Alternativen vor Cienfuegos: Pferdefuhrwerk oder russischer LKW?

1494 segelte die Flotte von Christoph Kolumbus auf seiner zweiten Erkundungsfahrt entlang der Südküste Kubas, und er entdeckte die Bucht von Jagua: Hinter einer nur 200 Meter breiten Einfahrt verbirgt sich eine 20 Kilometer tiefe Meerenge (88 km^2).
Bald warfen gefürchtete Piraten wie Francis Drake und Henry Morgan in dem versteckten Naturhafen ebenfalls ihre Anker. Zum Schutz der hier siedelnden Kolonisten wurde die landesweit dritte Festung am Eingang zur Bahía de Cienfuegos 1745 erbaut (vgl. Playa Rancho Luna, S. 93).

Traditionshaus im alten Villenviertel auf der Halbinsel Punta Gorda an der Südseite von Cienfuegos

❹ Cienfuegos

Die Hafen- und Industriestadt an der Südküste Kubas überrascht den Besucher durch einem malerischen Altstadtkern mit neoklassizistischen und Art-nouveau-Fassaden – daher auch die »Perle des Südens« genannt. Die hübsche Kolonialstadt an der Bahía de Cienfuegos gehört seit 2005 zum Weltkulturerbe der UNESCO. Die Stadt wurde bereits 1819 am zentralen **Parque Martí** gegründet – noch immer einer der reizvollsten kubanischen Plätze, der zum Verweilen unter Königspalmen oder in einem zierlichen Glorieta-Pavillon mit Kuppeldach einlädt.

Ihren Reichtum erlangten die Bewohner im 19. Jahrhundert mit dem Zuckerhandel – unschwer an den vielen hochherrschaftlichen Fassaden und Palästen zu erkennen. Rund um den Parque Martí mit der Statue des berühmten Dichters José Martí ist ein Bauwerk schöner als das andere, am elegantesten zeigt sich das **Teatro Tomás Terry** (1887–89). Hinter der neoklassizistischen, mit Stucksäulen und Gemälden verzierten Front verbirgt sich ein wunderschöner alter Theatersaal aus dunklem Mahagoni, in dem schon Stars wie Enrico Caruso und Sarah Bernhardt in den 1920ern auftraten. Der halbrunde Saal wird von zwei Balkon-Etagen umgeben – man beachte die mehr als hundert Jahre alten zierlichen Klappstühle aus Holz mit schmiedeeisernem Gestell –, über ihnen tanzen in einen Deckengemälde von Camilo Salaya die neun Musen der Kunst.

Ein weiteres palastartiges Haus ist der ehemalige **Palacio Ferrer**, 1917/18 im Neorokoko-Stil errichtet mit auffallendem Mirador-Turm und Aussichtsterrasse: Von Säulen getragene Erker und Balkone, Dachbalustraden und Arkade machen das Wohnhaus des Zuckerbarons Ferrer zu einem architektonischen Schmuckstück. Enrico Caruso nächtigte hier 1920 nach seinem Auftritt im Teatro Tomás Terry. Heute wird der Palast, das einstige Kulturzentrum, zum Hotel umgebaut und soll mit nur 20 Zimmern seine Gäste direkt am zentralsten Platz von Cienfuegos beherbergen. Am Platz gegenüber steht die **Catedral de la Purísima Concepción**, die Kathedrale der Unbefleckten Empfängnis, aus dem Jahr 1869 in schlichter neoklassizistischer Bauweise mit zwei merkwürdig ungleichen Türmen und französischen Buntglasfenstern, die die zwölf Apostel zeigen.

Über den mit Kolonnaden reich ausgestatteten und »beschatteten« **Paseo del Prado** (auch: Calle 37 und ab der Mitte südwärts Malecón genannt) gelangt der Besucher bei einem Spaziergang oder einer Droschkenfahrt auf die Landzunge namens **Punta Gorda**: einst noble Wohngegend voller Art-decó-Villen und burgähnlicher Anwesen, die heute teils wieder in frischer Pracht erstrahlen (viele Besitzer vermieten ihre Zimmer an Reisende), wo Hängematten auf den Terrassen baumeln und Angler auf den kleinen Piers am Wasser sitzen.

Am Ende der Punta Gorda steht mit dem **Palacio del Valle** ein weiteres Prachtstück aus dem Jahr 1890 – eine originelle Mischung aus Märchenschloss und Burg, aus Orient und Okzident, aus Gotik, Barock und Mudéjar-Stil. Allein die drei verschiedenartigen Türmchen auf dem Dach zeugen von der Phantasie des Architekten Alfredo Colli. Der festungsartige Turm symbolisiert die Macht, der quadratische Turm in der Mitte steht für die Religion und der kuppelgekrönte Turm für die Liebe … Der Palast diente zuletzt der Familie Asisclo del Valle Blanco als Sommerhaus, die dem Bauwerk die vielen unverkennbar maurischen Elemente im Innern hinzugefügt hat: rundbögige Fenster mit Buntglas, elegante Arabesken, gedrechselte Säulen, Mosaiken, farbige Kacheln und Zwiebelstürmchen.

Der ebenfalls hübsch restaurierte Palast am Paseo del Prado (einige hundert Meter vor dem Palacio del Valle) ist der **Club Cienfuegos**, in den 1920ern ein Yachtclub, heute eine Art öffentliches Vergnügungszentrum mit Gokart-Bahn, Pool, zwei Lokalen und Bar nahe der Marina.

> **REGION 4**
> *Die Südküste mit ihren Inseln*

Sarah Bernhardt trat einst im Teatro Tomás Terry in Cienfuegos auf (Gemälde von Jules Bastien-Lepage, 1879)

Service & Tipps:

ⓘ **Cubatur**
Im Hotel Jagua und in der Calle 37 (auch: Paseo del Prado, ab der Mitte südl. heißt die Straße Malecón) zwischen Av. 54 & 56
✆ 043-55 12 42
Mo–Fr 9–12 und 14–18 Uhr
Veranstaltet diverse Ausflüge und Touren, z.B. »A todo vapor« – zu einer ehemaligen Zuckerfabrik mit alten Dampfloks).

✈ **Jaime González International Airport**
5 km von Cienfuegos
✆ 043-55 13 28

🚌 **Viazul-Busbahnhof**
Calle 49, zwischen Av. 56 & 58
Cienfuegos
✆ 043-51 57 20

🚆 **Bahnhof**
Calle 49, zwischen Calles 58 & 60
Cienfuegos

»Perle des Südens« – Cienfuegos

83

REGION 4
Die Südküste mit ihren Inseln

Che Guevaras Konterfrei am Parque Martí in Cienfuegos: »Tu ejemplo vive tus ideas perduran« (Dein Beispiel und deine Ideen werden überdauern)

Der Palacio del Valle in Cienfuegos ist ein gutes Anschauungsobjekt für den Mudéjar-Stil, der den maurischen Einfluss widerspiegelt: in Mosaikkacheln als Wandschmuck oder Fußboden, in orientalischen Ornamenten, islamisch inspirierten Kuppeln, vergitterten Erkern und zwiebelförmigen Torbögen.

Jardín Botánico Soledad östlich von Cienfuegos: ein Lehrpfad zu Orchideen und …

Teatro Tomás Terry
Parque Martí, Av. 56
Cienfuegos
℅ 043-51 33 61
Mo-Sa 9-18, So 9-12 Uhr
Eintritt CUC 2, Aufführung CUC 5
Heute finden in dem prachtvollen Haus Opern- und Folkloreaufführungen, Konzerte, aber auch Singwettbewerbe und Parteikongresse statt (Führungen, wenn nicht gerade Theaterstücke oder Proben im Gange sind).

Catedral de la Purísima Concepción
Parque Martí, Ecke Av. 56
Cienfuegos
Vormittags geöffnet
Gotteshaus mit säulengeschmücktem Altar und einer mächtigen Orgel über dem Eingang.

Restaurant und Bar Palacio del Valle
Calle 37, Ecke Av. 0 & 2, Punta Gorda, Cienfuegos
℅ 043-55 12 26, tägl. 10-23 Uhr
Elegantes Restaurant: Speisen bei Pianomusik, auf dem Dach empfängt außerdem eine Bar mit Weitblick über die Bucht bis zu den Escambray-Bergen (Führungen tägl. 10-17 Uhr, Eintritt CUC 2 inkl. Cocktail. €€

La Lobera/El Marinero (Club Cienfuegos)
Paseo del Prado (= Calle 37) zwischen Av. 10 & 12 (neben der Marina), Punta Gorda
Cienfuegos
℅ 043-51 28 91
Tägl. 9-1 Uhr
Eintritt ab CUC 3
Billard, Tennis, Gokart, öffentlicher Pool, Souvenirläden, ein vornehmes À-la-carte-Restaurant und ein Terrassenlokal über der Bucht. Nachts Live-Bands oder DJ. €-€€

Bodegón El Palatino
Av. 54, am Parque Martí
Cienfuegos
Tägl. 10-22 Uhr
Kleines Barlokal in dem ältesten Haus der Stadt: Hier treffen pausenlos Touristen, Fliegende Händler, Musiker und »Künstler« aufeinander. €

La Verja
Av. 54 (auch: Bulevar), zwischen Calles 33 & 35, Altstadt
Cienfuegos
℅ 043-51 63 11
Tägl. 12-23 Uhr
Hier sitzen die Gäste im Speisesaal unter Kronleuchter und Stuckdecke oder im Patio unter Palmen und Apfelsinenbaum. Einfache kreolische Küche und Snacks. €€

Artex Topacio
Av. 54 (Bulevar), zwischen Calles 35 & 37, Altstadt
Cienfuegos
Zigarren, Rum, Literatur, Musikalisches und was das Touristenherz sonst begehrt … (Außerdem Artex-Laden im Teatro Tomás Terry.)

El Embajador
Av. 54 (Bulevar), Ecke Calle 33, Altstadt
Cienfuegos
Zigarren, Rum, kubanischer Kaffee und gemütliches Café.

Centro Recreativo de Mella (Casa de la Música)
Calle 37 (Prado), zwischen Av. 4 & 6, Cienfuegos
Fr-Sa ab 22, So Matineen ab 17 Uhr
Die bekanntesten Salsa- und Rock-Bands Kubas spielen hier.

Palacio de la Música (auch: Patio de Artex)

Calle 37 (Prado) nahe Av. 16, Punta Gorda
Cienfuegos
Ab 22 Uhr, So Matineen ab 14 Uhr
Open-Air-Live-Konzerte von Trova bis Disco.

Benny Moré International Festival of Popular Music
Zu Ehren der Musikerlegende und des Begründers des Son, der in der Provinz Cienfuegos ganz in der Nähe geboren wurde, feiert Cienfuegos alle zwei Jahre im September (2013, 2015 ...) ein musikalisches Fest mit Son-Veranstaltungen.

Ausflugsziele:

Eine Fahrt über die hügeligen Weideflächen rund um die Stadt Cienfuegos führt nach etwa 17 km zum sehenswerten **Jardín Botánico Soledad**. Aus dem ehemaligen Gelände für Zuckerrohrforschung, gegründet vor rund 100 Jahren, ist heute eine der zehn vollständigsten Palmensammlungen der Welt geworden, wie der Führer betont.

Beeindruckend ist allein schon die Allee aus Königspalmen am Eingang, ehe man das Tal mit insgesamt 280 Palmenarten aus fünf Kontinenten betritt.

Mehr als 2000 verschiedenartige Pflanzen sind auf 94 ha versammelt, die Hälfte davon ist endemisch. Ein Gewächshaus bietet einen Überblick über Kakteen, Orchideen und andere Gewächse, v. a. aus Südamerika und Afrika.

Jardín Botánico Soledad
17 km östl. von Cienfuegos
Richtung Cumayanagua
Tägl. 8–16.30 Uhr
Eintritt CUC 3
Botanischer Garten mit imposantem Palmental und 2000 verschiedenartigen Pflanzen aus aller Welt.

El Nicho
40 km südöstl. von Cienfuegos, vgl. Region 5, S. 98.

REGION 4
Die Südküste mit ihren Inseln

... und Kakteen

❺ Guamá (Boca de Guamá)

An der Südküste auf dem Weg zur Schweinebucht ist ein großer Touristenkomplex entstanden mit Krokodilzoo, einem originellen Hoteldorf auf einem See, Restaurants und Souvenirläden: der **Complejo Turístico La Boca** (rund 180 km südöstlich von Havanna). Hauptattraktion ist die **Krokodilfarm La Boca**, in der sich 8000 Exemplare tummeln sollen: das endemische, gelbschwarz gesprenkelte und gefährlichere Rautenkrokodil (Crocodylus rhombifer) und das Spitzkrokodil (Crocodylus acutus) mit dem längeren Maul, das zwischen Südflorida und Kolumbien verbreitet ist. Nach vier Jahren Zucht mit wöchentlichen Fütterungen wartet auf die meisten Exemplare der Schlachter – als Krokodil-Steak, Portemonnaie oder ausgestopft bekommen die Touristen sie wieder in den angeschlossenen Läden zu Gesicht.

Über einen fünf Kilometer langen Kanal gelangt man in 20 Minuten Bootsfahrt zur **Laguna del Tesoro**, dem Schatzsee: Die Indianer sollen hier der Legende nach ihr Gold ver-

In der Laguna del Tesoro haben Flamingokolonien ihren Lebensraum gefunden

REGION 4
Die Südküste mit ihren Inseln

senkt haben, um es vor den spanischen Eroberern zu verstecken. Einige religiöse Gegenstände der Ureinwohner sind tatsächlich in dem zehn Meter tiefen See gefunden worden. Schatten gleiten übers Wasser, ein Reiher steht unbeweglich auf dem Palmwedeldach einer der Hotel-Cabañas und scheint sich zu sonnen. Die Gäste des bezaubernden **Hoteldorfes Villa Guamá** laufen über knarzende Holzbrücken durch ein karibisches Venedig mit Palmenhainen. Ein Bootsmann bringt die Koffer im Ruderboot hinterher zu den Holzhäusern, die auf Stelzen zwischen den künstlich geschaffenen Inseln stehen. Auch Fidel Castro erholte sich einst in der idyllischen Anlage von der Weltpolitik, nur damals gab es wahrscheinlich die allabendliche Discobeschallung noch nicht ...

Im Norden haben sich die Indianer behauptet: Eine der Inseln dient als **Freilichtmuseum** mit einem nachgebauten Dorf des Taíno-Stammes und lebensgroßen Indiofiguren aus Bronze, die die bekannte kubanische Bildhauerin Rita Longa schuf. Vom Hoteldorf kann man zu Ruderbootausflügen und zum Angeln »in See stechen« (am besten mit gutem Mückenschutzmittel!). Ein Aussichtsturm über dem Restaurant bietet einen wundervollen Rundblick über das Gelände und den See.

Etwa zwölf Kilometer nördlich empfängt die **Finca Fiesta Campesina** (Casa del Campesino) viele Reisegruppen, die in der hübschen Ausflugsfarm Mittagspause machen – und wer's wagt, kann nach dem Lunch den *monta de toro* besteigen, einen weißen Zebu-Stier.

Guamá: Mehr als 8000 Krokodile dösen in den schlammigen Lagunen von Kubas bedeutendster Krokodilfarm La Boca

Service & Tipps:

Krokodilfarm La Boca
Complejo Turístico La Boca
Guamá
Tägl. 9–17, im Sommer bis 18 Uhr, Eintritt CUC 5
Touristische Krokodilfarm mit kleiner Show und Souvenirs aus Krokodilleder (Gürtel, Geldbörsen ...).
(Eine zweite Krokodil-Zuchtanlage, Eintritt CUC 2, ist ein paar Meter zuvor, sehr auffällig zur Rechten der Landstraße ausgeschildert, lohnt sich aber nicht.)

Bootspier, Hotel Guamá, Museo Guamá
Unregelmäßige Fährfahrten mit Schnellbooten zum Hotel Villa Guamá und dem Museo Guamá, einem nachgebauten Taíno-Indianer-Dorf in der Laguna del Tesoro; zwischen 10 und 14 Uhr, später wenn Reisegruppen zum Hotel übersetzen oder als Charterboot (CUC 6 pro Person und Weg, auch mit Hotelbuchung, ca. 20 Min.).

La Boca
Complejo Turístico La Boca
Laguna del Tesoro (neben der Krokodilfarm)
Ctra. a Ciénaga de Zapata, km 14
Guamá
Restaurant mit Krokodilspezialitäten aus der Zuchtfarm nebenan, viele Reisegruppen speisen hier mittags. Nebenan befinden sich noch zwei weitere Lokale. €–€€

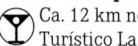

Finca Fiesta Campesina (Casa del Campesino)
Ca. 12 km nördl. des Complejo Turístico La Boca
Ctra. de Playa Larga (etwas südl. des Abzweigs von der Autopista aus Havanna bei Jagüey Grande)
Tägl. 9–18 Uhr
Restaurant und Café, kleine Open-Air-Bars für Cocktails, Kaffee und den Zuckerrohrsaft *Guarapo*, Souvenirstände sowie ein Minizoo.
Als Unterhaltung werden Hahnenkämpfe, Rodeo und ein »Bauern-Roulette« mit Meerschweinchen vorgeführt (daneben liegen die **Bohíos de Batey de Don Pedro**: acht einfache, aber angenehme und preiswerte Cabañas ℡ 045-91 28 25, auch Tourinformation, €).

**REGION 4
Die Südküste
mit ihren Inseln**

6 Isla de la Juventud

In den vergangenen 200 Jahren erlangte die Insel einen unrühmlichen Ruf als Gefängnisinsel für unliebsame Rebellen: José Martí, Kubas berühmtester Dichter und für die Unabhängigkeit kämpfender Nationalheld, verbrachte im 19. Jahrhundert drei Monate Gefangenschaft auf der Insel im Süden Kubas, bevor er nach Spanien deportiert wurde; auch Fidel Castro saß im berüchtigten Modelo-Gefängnis. Die mit 2200 Quadratkilometern größte Insel Kubas ist leicht bergig im Norden und sumpfig im Süden.

In den 1950ern war das Eiland ein mondänes Urlaubermekka für US-Bürger, die mit täglich zehn Flugzeugen aus Miami landeten und sich in Nachtclubs, Yachthäfen, Bordellen und Spielhöllen vergnügten. Nach der Revolution 1959 ließ Castro mit tatkräftigem Einsatz Tausender Jugendlicher, Schüler und Studenten aus aller (sozialistischen) Welt riesige Plantagen mit Zitrusfrüchten anlegen. Wer im Januar oder Februar über das Eiland streift, wird den Duft der Pampelmusen und Zitronen wahrnehmen, und an heißen Tagen genießt man hier den *Piñerito*: einen Cocktail aus Pampelmusensaft, Rum und Eis.

Vor allem die Unterwasserschätze locken die bisher wenigen internationalen Urlauber auf die Isla de la Juventud: 56 **Tauchgebiete** mit Wracks, Unterwasserhöhlen und imposanten Schluchten, farbenprächtigen Korallen und bis zu 500 tropischen Fischarten. Kein Wunder, dass hier alljährlich die »Photosub« stattfindet, eine internationale Veranstaltung zur Unterwasserfotografie.

In dem Hafenstädtchen und der Inselhauptstadt **Nueva Gerona** beherrschen Pferdedroschken, Bici-Taxis und Oldtimer das Straßenbild, alte Fischerboote dümpeln im trägen Río Las Casas vor sich hin. Wer auf den Spuren Fidel und Compañeros unterwegs ist, sollte außer dem Presidio-Modelo-Gefängnis (s.u.) auch dem verrosteten Kahn am Ende der Calle 28 einen Besuch abstatten: Mit »**El Pinero**« kehrten Fidel Castro und seine Genossen nach ihrer Haftentlassung 1955 ans Festland zurück. Die Hauptstraße **Calle 39** (auch: Calle Martí) ist eine lebhafte Fußgängerzone mit vielen kleinen (Peso-) Läden, Friseur und Kosmetikerin, Galerien, Restaurants, einfacheren Cafeterias und Bars. Wer durch die Parallelstraßen bummelt, kann in Marmor- und Keramikwerkstätten den Künstlern bei ihrem traditionellen Handwerk über die Schulter schauen.

Gleich um die Ecke der Calle 39 liegt die mexikanisch inspirierte Pfarrkirche **Nuestra Señora de los Dolores** am Parque Central. Auf der Calle 41 empfängt das **Historische Naturkundemuseum** und **Planetarium** seine Besucher. Hier kann man leicht erschrecken beim Anblick der drei Meter langen Schlange, die auf einem künstlichen Ast hängt; die Maja de Santa Maria ist jedoch auch als lebendes Exemplar vollkommen ungefährlich.

Etwa fünf Kilometer östlich der Inselhauptstadt steht das geschichtsträchtigste Bauwerk der Insel, das gewaltige Gefängnis **Presidio Modelo**. Der Diktator Machado ließ die ausbruchsichere Anlage nach amerikanischem Vorbild 1926–31 erbauen, die fünf runden Kerkertürme waren durch unterirdische Gänge miteinander verbunden. Bis zu 6000 Gefangene konnten hinter den Festungsmauern untergebracht

Heimisch im Karibischen Meer: der Weißkehl-Doktorfisch

Insidertipp für versierte Taucher: Wracktauchen vor der Isla de la Juventud

REGION 4
Die Südküste mit ihren Inseln

werden, darunter waren im Zweiten Weltkrieg auch einige Deutsche, die von den Amerikanern vor Kubas Küste gefangen genommen worden waren.

Fidel Castro und seine 25 mitinhaftierten Gefährten waren nach dem gescheiterten Angriff auf die Moncada-Kaserne in Santiago 1953 fast zwei Jahre lang im Presidio Modelo inhaftiert. Die meiste Zeit saß Castro als politischer Gefangener in einer überraschend »luxuriösen« Zelle im Krankentrakt mit eigenem Kachelbad, Kochstelle und Bücherregal. Die Revolutionäre haben die Zeit genutzt, um das »Kapital« von Karl Marx zu studieren, das sie unter einem Vorwand in die Zellen schleusen konnten. Der spätere Präsident unterrichtete seine Mitstreiter sogar in Guerillastrategie. Auf Druck des Volkes wurden die Rebellen am 15. Mai 1955 amnestiert und gingen ins Exil nach Mexiko.

Einige Kilometer weiter östlich liegt das idyllische Fleckchen **Playa Bibijagua** an der Nordostküste. Der Strand beeindruckt durch seinen feinen dunklen Sand, der durch den schwarzen Marmor aus der Sierra de Caballo seine Farbe erhält – die tieferen Marmorschichten ziehen sich bis ins Meer. Ein Ausflugsboot unternimmt von dem kleinen Hafen Exkursionen zum Langusten-Angeln auf den vorgelagerten Korallenriffen.

Die 1922 entdeckten Höhlen von **Punta del Este** im (teils gesperrten) Südosten der Insel sind von den Meeresgewalten im Laufe der Jahrtausende ausgewaschen worden. Die präkolumbische Indianerbevölkerung fand hier vor rund 2800 Jahren Unterschlupf. Sie hinterließen mehr als 200 eindrucksvolle Felsmalereien, die mit den Fingerspitzen an die Wände gezeichnet worden sind, darunter 28 konzentrische Kreise in roter und schwarzer Farbe, die einige Wissenschaftler als die Tage eines Mondjahres interpretieren. Als gesichert gilt, dass die zur See fahrenden Indianer sich damals schon mit der Navigation beschäftigt haben, wenn auch auf »primitive« Weise.

Auf dem Rückweg von der Punta del Este durchqueren die Inselgäste einen Teil des riesigen Sumpfgebietes im Süden des Eilandes, die **Ciénaga de Lanier**. Hier wurden der botanische Garten **Jungla de Jones**, eine kleine

Playa Paraiso auf der Isla de la Juventud, der Insel der Jugend

Die Isla de la Juventud hatte im Laufe ihrer wechselhaften Geschichte viele Namen: Die Ciboney-Indianer nannten sie »Siguanea«, Kolumbus taufte sie 1494 »La Evangelista«. Für die Seeräuber war der Flecken die »Papageien-Insel«, und später hieß das Eiland Isla de los Pinos wegen der weiten Kiefernwälder.

Im 18. Jahrhundert diente sie als ideales Versteck für Schmuggler und andere zwielichtige Seefahrer,

Schildkröten- und eine Krokodilfarm (derzeit geschlossen) eingerichtet, letztere zieht etwa 500 Exemplare groß, Besucher können der Fütterung beiwohnen (zu buchen über die Hotels).

REGION 4
Die Südküste mit ihren Inseln

Service & Tipps:

ⓘ Infobüro
Auf der Calle 39 (auch: Calle Martí oder Bulevar), Ecke Calle 24, und im Hotel Colony
Nueva Gerona
Ecotur hat ein Büro nahe dem Fährhafen (für Ausflüge in den Süden, s.S. 90), ℘ 046-32 71 01
www.ecotur cuba.co.cu.

✈ Aeropuerto Rafael Cabrera Mustelier
℘ 046-32 26 90, 046-32 23 00
Der Flug ist billiger als die längere Fährfahrt, aber man muss sehr frühzeitig buchen.

Terminal Kometa
Tragflächenboote und große (kanadische) Passagier-Katamarane verkehren täglich ab dem Festland (Surgidero de Batabanó, s. S. 42), abhängig von Wetter, technischem Zustand und Bedarf (Gerona ℘ 046-32 44 06, 046-32 44 25, Terminal ℘ 046-32 49 77).
  In Havanna gibt es Tickets beim Astro-Busbahnhof (inkl. Busfahrt nach Batabanó).

Nueva Gerona ist bequem zu Fuß, mit dem Fahrrad oder per Kutsche zu erkunden; private Taxis (und Kutschen) bieten sich rund um den Parque Central für Ausflüge auf der Insel an (handeln!). Mietwagen z.B. im Hotel Colony). Allerdings ist der Süden der Insel militärische Sperrzone und nur über in den Hotels gebuchte Touren zu erkunden, z.B. mit Krokodilfarm, Höhlen und einen Botanischen Garten.

Museo de Historia Natural y Planetario
Calle 41, Ecke Calle 52
Nueva Gerona
Di–Sa 9–17, So 9–12 Uhr
Eintritt CUC 2
Das Historische Museum informiert über die naturgeschichtlichen Besonderheiten der Insel sowie ihre Flora und Fauna, kleines angeschlossenes Planetarium.

Nuestra Señora de los Dolores
Parque Central, Nueva Gerona
Kolonial wirkende Kirche aus dem Jahr 1929 mit schlichtem Inneren und einem Turm.

Presidio Modelo
5 km östl. von Nueva Gerona
Mo–Sa 8–16, So 8–14 Uhr
Eintritt CUC 2, Foto und Video extra
In dem heutigen Museumsbau können die Zelle von Fidel Castro und diverse Dokumente, Schwarz-Weiß-Fotos und Utensilien besichtigt werden. 1967 entließ man den letzten Gefangenen aus dem Zuchthaus.

Museo Finca El Abra
Ctra. Siguanea km 2,5 (verlängerte Calle 41, ca. 3 km südwestl. von Nueva Gerona)
Di–Sa 9–16, So 9–13 Uhr
Eintritt CUC 1
Eine alte Hacienda, wo José Martí 1870 als 16-Jähriger unter Hausarrest stand, heute ein Museum.

etwa die englischen Freibeuter Henry Morgan und Sir Francis Drake – bald geriet das Eiland als geheimnisvolle »Schatzinsel« ins Gerede.
  Nach der Revolution war sie die »Jugendinsel«: Jugendliche aus den (sozialistischen) Bruderstaaten halfen als Erntearbeiter auf den Zitrusplantagen – dafür erhielten sie auf der Insel kostenlose Schulbildung. Heute nennen die Kubaner sie ganz schlicht: La Isla.

Kuba ist das größte Automuseum der Welt: Die »Cachorros«, so die liebevolle Bezeichnung dieser alten Stücke, werden mit allen Tricks am Laufen gehalten

REGION 4
*Die Südküste
mit ihren Inseln*

Im berühmten Presidio Modelo, dem »Modellgefängnis« östlich von Nueva Gerona, saß Fidel Castro ein

Playa Bibijagua
Ca. 10 km östl. von Nueva Gerona
Ein kleiner Hafen, ein Campingplatz, ein einfaches Hotel und eine Bungalowanlage von Gaviota laden zum Verweilen ein.

Ciénaga de Lanier/Cuevas de Punta del Este
Das Sumpfgebiet im Südteil der Insel ist militärisches Sperrgebiet: Besuchen kann man die **Cuevas de Punta del Este**, eine Höhle mit indianischen Malereien und kleinem, von Palmen gesäumtem Strand (ca. 50 km südöstlich von Nueva Gerona), einem dschungelartigen Botanischen Garten mit rund 60 Baumarten (Jungla de Jones) sowie eine Krokodil- und eine Schildkrötenfarm (nur organisierte Touren mit Guide z.B. über das Hotel Colony).

Casa de los Vinos
Calle 41, Ecke Calle 20
Nueva Gerona
Tägl. 15–23 Uhr
Ein kleine Oase mit Vorgarten, es gibt nur einige Snacks (Brot und Fisch) zum süßen erfrischenden Pampelmusen-Wein, den die Kubaner mit Eis trinken. Innen etwas düster, abends wird manchmal getanzt. €

La Insula
Calle 39, Ecke Calle 22
Nueva Gerona
℡ 046-32 18 25, tägl. 12–24 Uhr
Preiswertes Hühnchen oder Schweinesteak, Hummer oder Fischfilet in gediegener Umgebung mit Bar (Snacks und Cocktails). €

El Cochinito
Calle 39, Ecke Calle 24
Nueva Gerona
℡ 046-32 28 09
Tägl. ab 12 Uhr
In dem kleinen feinen Lokal gibt es Spezialitäten vom Schwein. Entlang der Straße finden sich weitere Restaurants mit einfacher kreolischer (und preiswerterer) Küche. €–€€

Tropi Isla
Calle 18 (am Río Las Casas)
Nueva Gerona
Tägl. ab 23 Uhr
Beliebte Open-Air-Disco am Fluss.

---

❼ Península de Zapata (Nationalpark Gran Parque Natural Montemar)

Der Nationalpark umfasst das größte Sumpfgebiet Kubas – die Ciénaga de Zapata mit fast 500 000 Hektar – und steht seit 2001 unter dem Schutz der UNESCO. Hier tummeln sich Krokodile, Leguane und andere Reptilien. Aber vor allem ist die Zapata-Halbinsel ein Vogelparadies, besonders in der Zeit zwischen November und April, wenn die Zugvögel aus den USA hier zu Tausenden überwintern. Ornithologen haben in dem weiten Marschland fast 200 Vogelarten gezählt, darunter Falken, Papageien und gewaltige Flamingokolonien mit bis zu 10 000 Exemplaren, die sich oft an der **Laguna de las Salinas** versammeln.

Weitere gefiederte Bewohner und Wasservögel sind Ibisse, Kormorane, Kraniche und farbenprächtige Reiher. Von den 22 endemischen Vögeln aus Kuba sind 18 in diesen Sümpfen anzutreffen, wie der Zapata-Sperling und ein nur sechs Zentimeter großer Kolibri – der *Zunzuncito* (Schimmerkolibri), der kleinste Vogel der Welt! Nicht zu vergessen der Tocororo, der kubanische Trogon und zugleich Nationalvogel Kubas. Ein eigenes Fernglas und Mückenschutzmittel sollten mitgebracht werden.

Zu den weiteren Exoten der Region gehören der *Manjuari* (Kaimanfisch, Alligatorhecht, s. S. 92 f.) und die *Manati* – die vom Aussterben bedrohte Seekuh.

> **REGION 4**
> *Die Südküste mit ihren Inseln*

E.M.A. (Nationalparkbüro)
Ctra. de Playa Larga, 300 m nördl. von Playa Larga, westl. Straßenseite
℡ 045-98 72 49, 98 71 28, tägl. 8–16 Uhr, Touren ca. CUC 12–17 p. P. Touren und Infos kann man hier im Nationalparkbüro und International Bird Watching Center E.M.A. buchen oder in der Finca Fiesta Campesina nördlich von Guamá (s. S. 86) oder auch in den Hotels. Hier stehen auch Führer zur Verfügung. Mückenschutz und Fernglas nicht vergessen!

❽ Playa Girón/Bahía de Cochinos (Schweinebucht)

17. April 1961: Als die rund 1500 schwer bewaffneten Exilkubaner von den Booten in der Bahía de Cochinos vor der Südküste Kubas an Land gingen, sollte es ein Überraschungsangriff werden. Die Männer waren mit Hilfe der CIA in Miami, Guatemala und Puerto Rico ausgebildet worden, um Fidel Castro zu stürzen. Doch durch die Luftangriffe auf kubanische Militärflughäfen wenige Tage vor der Invasion waren das Castro-Regime gewarnt und die kubanischen Truppen in Alarmbereitschaft. Ausgerechnet dieses Stück Küste erwies sich zudem als schwer zugänglich für die Boote, weil es von Korallenriffen geschützt war.

Es blieb nicht der einzige folgenschwere Irrtum der CIA! Statt sich der Söldnertruppe spontan anzuschließen, wie die CIA ebenfalls vorausgesagt hatte, richteten die vermeintlich gegen Castro eingestellten Bewohner der Zapata-Halbinsel ihre Waffen gegen die Eindringlinge. Die Kubaner in diesem bitterarmen, abgelegenen Teil des Landes hatten offensichtlich schon von den Maßnahmen der Revolution wie Häuserneubau und kostenloser medizinischer Versorgung profitiert. Drei Tage dauerten die Kämpfe, die rund 300 Tote forderten. Fast 1200 Gefangene sind schließlich in die USA zurückgeschickt worden – im Austausch gegen Medikamente und Nahrung im Wert von rund 60 Millionen US-Dollar.

Die Schweinebucht ist ein etwa 20 Kilometer langer, enger Meeresarm, der tief in die Sümpfe von Zapata hineinragt. In dem Dorf Playa Girón und am **Playa Larga** (s. S. 92 f.) hatte sich im April 1961 die Schlacht abgespielt, die zur »ersten großen Niederlage des Imperialismus in Lateinamerika« führte. So verkündet das große Plakat am Ortseingang von **Playa Girón**, auch heute noch ein verschlafenes 700-Seelen-Dorf mit schönem Playa Los Cocos, einem Bungalow-Hotel und dem **Museo de la Intervención**, vor dem ein abgeschossenes Militärflugzeug steht. Gedenksteine entlang der Straße an der Schweinebucht zwischen Playa Larga und Playa Girón erinnern an die Bewohner und Soldaten, die bei den Kämpfen getötet wurden.

Eine »Cenote«, eine Unterwasserhöhle, nahe der Bahía de Cochinos (Schweinebucht)

**REGION 4
Die Südküste
mit ihren Inseln**

Service & Tipps:

Museo de la Intervención
Ctra. Playa Girón (Hauptstraße in Playa Girón)
Tägl. 8–17 Uhr, CUC 3
SW-Fotos von Soldaten und Exilkubanern, persönliche Gegenstände und Waffen, Landkarten, ein Panzer sowie ein 15-Minuten-Film dokumentieren das dramatischen Geschehen in jenen Tagen.

Caleta Buena
Ctra. Ciénaga de Zapata km 70 (8 km östl. von Playa Girón)
Kein Telefon
Tägl. 9–17 Uhr, Eintritt CUC 15 inkl. Mittagsbuffet und Getränken
Auf Seafood spezialisierte Gaststätte und Open-Air-Snackbar, Terrasse mit Blick auf die tropische Bilderbuch-Bucht Caleta Buena. Schnorcheln, Sonnenbaden und Tauchen sind hier möglich. €

❾ Playa Larga

Auf der Fahrt von Guamá zur Bahía de Cochinos (Schweinebucht, s. S. 91 f.) passiert man den verlockenden, aber schmalen Playa Larga an Kubas Südküste: Am flachen, von Palmen gesäumten Strand liegt ein Hotel mit schlichten Cabañas. Auf der anderen Seite der Bucht leuchtet das Grün der Mangroven im **Gran Parque Natural Montemar** (ehemals Parque Nacional Ciénaga de Zapata, Zapata-Nationalpark, s. S. 90 f.), in den Besucher sich nur mit einem Führer wagen dürfen, denn in dem sumpfigen, 500 000 Hektar großen Naturschutzgelände leben Krokodile.

Die Feuchtgebiete sind die Heimat vieler Vögel, Schlangen, Leguane und sogar von einer Art prähistorischem Tier, dem *Manjuari*, einem Fisch mit einer krokodilähnlichen Schnauze (auf deutsch: Kaimanfisch bzw. Alligator-

Das Castillo de Jagua über dem kleinen Fischerdorf El Perché schützte einst die engste Stelle der Cienfuegos-Bucht vor Piraten aus Jamaica

hecht), der bis zu drei Meter lang werden kann und auch in der Krokodilfarm von Guamá s. S. 85 f. zu sehen ist.

Die Gegend östlich der wie mit dem Lineal gezogenen Landstraße entlang der Schweinebucht ist von tiefen **Unterwasserhöhlen** *(casimbas, cenotes)* durchzogen, die über kleine Teiche und unterirdische Kanäle mit dem Meer verbunden sind, in denen sich bunte Fische tummeln. Diese Teiche können mit entsprechender Taucherausrüstung und einem Tauch-Guide erkundet werden – allerdings ist dieser Abstecher in die dunkle Unterwelt eher für erfahrene Taucher geeignet.

REGION 4
Die Südküste
mit ihren Inseln

Service & Tipps:

La Cueva de los Peces
Ctra. de Guamá a Playa Larga,
ca. 15 km südl. von Playa Larga
℃ 045-98 55 67, tägl. 9–17 Uhr
Zwei vor allem mittags sehr trubelige Ausflugslokale mit Bar an einem Teich mit bis zu 70 m tiefen *Cenotes*, die man mit Schnorchelausrüstung erkunden kann. €

Punta Perdiz
Ctra. de Guamá a Playa Larga
(ca. 20 km südl. von Playa Larga,
ebenfalls an der Landstraße nach Playa Girón)
Península de Zapata
Tägl. 11–22 Uhr
Schön am Meer gelegenes Grilllokal: Hummer, Fisch und Huhn werden serviert. Man kann auch hier schnorcheln und tauchen. €

❿ Playa Rancho Luna

Der Hausstrand von Cienfuegos (ca. 18 km südlich der Provinzhauptstadt) lädt unter Meerestrauben zum Sonnenbaden und Faulenzen. Man kann am vorgelagerten Riff tauchen und schnorcheln, wo lilafarbene Korallenfächer und spindeldürre »Finger« in der Strömung winken, man gleitet über überdimensionale Korallen, die wie »Blumenkohl« aussehen. Das kleine **Delfinarium** an der Küste ist ein Spaß für Familien mit Kindern – allerdings kein billiger: Wer mit den Tieren schwimmen möchte, zahlt mindestens CUC 50.

Einige Kilometer nördlich am Eingang zur Bahía de Cienfuegos wurde 1745 die landesweit dritte Festung, das **Castillo de Jagua**, zum Schutz der Kolonie vor Freibeutern und gegen den zunehmenden Schmuggel erbaut. Zu Füßen der Burg liegt das kleine Fischerdorf **El Perché** mit seinen verwitterten Holzhäusern. Eine hölzerne Brücke über einem Graben bildet den Eingang zur Festung mit Museum.

Service & Tipps:

Delfinario
Finca Las Auras, Playa Rancho Luna, Cienfuegos
℃ 043-54 81 20
Häufig wechselnde Öffnungszeiten, zzt. tägl. außer Mi 9–16 Uhr, Show 10 und 14 Uhr
Eintritt und Show CUC 10, mit Schwimmen CUC 50 (Fotos und Video extra)
Delfine und Seelöwen zeigen Kunststücke und tierische Artistik – wer will, kann mitplanschen.

Castillo de Jagua
20 km außerhalb von Cienfuegos an der westl. Seite der Bucht, Cienfuegos
Di–So 9–18 Uhr, Eintritt CUC 1
Die Burg thront über einem Fischerdorf. Das kleine Burgmuseum präsentiert Stadtgeschichte; eine Waffensammlung und eine Zelle sind zu besichtigen; angeschlossen sind eine Bar und ein Restaurant; zu erreichen mit dem regelmäßigen Booten von der Ablegestelle vor dem Hotel Pasacaballos an der Bucht gegenüber (ca. 8–19 Uhr, CUC 1).

Bedrohte Exoten
Zu den vom Aussterben bedrohten Tierarten auf Kuba gehören einige echte Exoten: etwa der endemische **Almiquí***, der Schlitzrüssler, katzengroß mit langer Schnauze, der noch im Alexander vom Humboldt-Nationalpark bei Baracoa lebt. Oder die* **Manatí***, die Seekuh, die sich ab und zu in den Gewässern bei Baracoa (Taco-Bucht) blicken lässt. Der* **Manjuarí***, ein fast schon prähistorischer Fisch mit krokodilähnlicher Schnauze (in deutsch: Kaimanfisch bzw. Alligatorhecht), der sich in den sumpfigen Gewässern auf der Península de Zapata tummelt. Laut WWF besitzt Kuba übrigens einen der größten Mangrovenwälder der Welt.*

REGION 5
Trinidad und Umgebung

Trinidad und Umgebung

Eine Zeitreise durch Kolonialstädte und Schauplätze der Revolution

Bei der Fahrt in die Gegend um Trinidad begibt man sich auf eine Zeitreise – eine Reise durch ein lebendiges Freiluftmuseum aus der Kolonialepoche und Sklaven-Ära. Die Kolonialstädte Trinidad und Sancti Spíritus liegen inmitten der wogenden Zuckerrohrfelder, die Kuba im 18. und 19. Jahrhundert seinen unermesslichen Reichtum bescherten – und den Sklaven ihr unermessliches Leid. Kuba war seit 1840 zum größten Zuckerproduzenten der Welt aufgestiegen, die reichste Kolonie weltweit. Rund 14 000 Sklaven schufteten allein auf den

Plantagen um Trinidad – in Hand- und Fußschellen bis zu 20 Stunden am Tag. Die Ruinen der Zuckermühlen und Sklavenbaracken im herrlichen Valle de los Ingenios östlich von Trinidad stehen heute ebenso als Weltkulturerbe unter dem Schutz der UNESCO wie Trinidad selbst. Die Herrenhäuser und Paläste in dem bildschönen Kolonialstädtchen gehören zu den prachtvollsten in ganz Kuba.

Nicht weniger geschichtsträchtig, aber wesentlich jünger und moderner ist die Universitätsstadt Santa Clara weiter im Norden, wo Che Guevara mit einer entscheidenden Schlacht der Revolution zum Sieg verhalf und eine Gedenkstätte den Revolutionär heute ehrt – ein Pilgerziel von Touristen aus aller Welt. Sein Angriff erfolgte aus der nahen Gebirgskette Sierra del Escambray. Stauseen schlängeln sich zwischen die Berge und ihre Ausläufer, Wasserfälle und natürliche Pools verlocken zum Baden – ein Paradies für Angler und Wanderer.

Ein Kurzentrum im gleichnamigen Nationalpark Topes de Collantes verwöhnt seine internationalen Gäste mit medizinischen Anwendungen unweit des zweithöchsten kubanischen Berges, des Pico San Juan (1156 m). Wer es eher flach und feucht als bergig mag, den zieht es auf die vorgelagerte Inselkette an der Nordküste: Hier herrscht Luxus am weiten weißen Strand der erst kürzlich für den internationalen Tourismus erschlossenen Cayo Santa María.

REGION 5
Trinidad und Umgebung

Mädchen aus Trinidad

Kubanische Namen
Bei der Namensgebung ihrer Kinder halten sich die Kubaner oft an die Weltgeschichte und (literarische) Vorbilder von hohem Rang: Man kann auf einen leibhaftigen Jesús oder Lenin, Aristoteles und Ulises (Odysseus) treffen. Ein Julius César könnte manchen Frauen auf der Tanzfläche begegnen – oder lässt man dabei lieber einem Adonis den Vorrang?

Schildkrötenschützer beim Nest ausbuddeln

❶ Cayo Santa María

Die noch ursprüngliche Insel gehört zum **Archipiélago Sabana-Camagüey** und liegt vor den Toren des Fischerhafens Caibarién und des Kolonialstädtchens Remedios (s. S. 98 ff.) an der Nordküste. Erst vor kurzem wurde ein Teil der Inselkette als neues Ultra-inclusive-Ziel mit Luxusherbergen an weißen einsamen Stränden erschlossen. Eine *Pedraplén*, eine Dammstraße, führt 48 Kilometer weit über das Meer hinaus in den Atlantischen Ozean, aber nur wenn man eine Benutzungsgebühr bezahlen kann – in Devisen versteht sich. Also sind auch in diesem Urlaubsparadies die Kubaner nur als Service- und Arbeitskräfte erwünscht. Der Damm wird von rund 46 Brücken unterbrochen – für den ungehinderten Strom und Austausch von Meereswasser und Fischschwärmen – damit die Flora und Fauna weniger Schäden davonträgt als beispielsweise beim Dammbau zur Cayo Coco weiter im Osten (hier kam es zu faulenden Mangrovensümpfen und Fischsterben).

Bevor man Cayo Santa María erreicht, passiert man die kleine **Cayo Las Brujas** mit neuem (internationalen) Flughafen, und dahinter liegt die **Cayo Ensenachos** - beide ebenfalls noch einsame Inseln mit naturbelassenen Stränden, an die zwischen Mai und September die Meeresschildkröten zum Eierlegen an den Strand kommen. Insgesamt sind jedoch 10 000 Gästezimmer mit allem Komfort auf den Inseln geplant! Mit jedem neuen Hotelbau werden die Urviecher der Ozeane weiter verdrängt (wie schon auf Cayo Largo im Süden Kubas, einem der Hauptnistplätze in der Karibik, s. S. 80 f.), auch wenn an der Punta Cerquita noch einige Wissenschaftler der Organisation »Flora y Fauna« über das Geschehen wachen.

Nur 25 Kilometer trennen diese Inselkette von der nächsten im Osten - mit Cayo Guillermo und Cayo Coco (s. S. 123 ff.) schon zur Provinz Camagüey gehörend und bereits seit Jahren voller Hotels und immer neuer Baustellen.

REGION 5
Trinidad und Umgebung

Cayo Las Brujas
In der Marina Gaviota finden in der Hauptsaison Delfinshows statt (nur die Show, kein Mitschwimmen möglich, CUC 72, Kinder CUC 36).

Man munkelt selbst von Plänen, die beiden Inselketten miteinander über einen Damm parallel zur Küste zu verbinden.

Service & Tipps:

🚗 Anreise ab Caibarién über den 48 km langen Damm: die meist schnurgerade, breite Strecke verführt zum Rasen, ist aber mit teils riesigen Schlaglöchern und Brückenwellen (v.a. beim Übergang zu den 46 Brücken) versehen – und beidseits nur das Meer! (Pass mitnehmen, CUC 4)

✈ **Las Brujas Airport**
Auf Cayo Las Brujas, vor Cayo Santa María, ✆ 042-35 00 09
Bisher nur Flüge nach/von Havanna. Mit rund um die Uhr geöffneter Cafeteria.

🍴 **Villa Las Brujas**
Farallón de las Brujas, Playa La Salina
Cayo Las Brujas (westl. von Cayo Santa María)
Das Restaurant befindet sich im Mittelklassehotel Villa Las Brujas und bietet kubanisch-internationale Speisen. €-€€
Die beiden Luxusresorts weiter östlich haben jeweils mehrere First-Class-Restaurants.

Zeitentrückt: die spanische Missionskirche bei Playa Ancón mit ihrem »Campanario«, einer für die Glockenaufhängung durchbrochenen Mauer

❷ Playa Ancón

Einer der schönsten und breitesten Strände an der Südküste, der Playa Ancón, liegt etwa zwölf Kilometer südlich der Kolonialstadt Trinidad. Der Traumstrand erstreckt sich über fünf Kilometer unter Meerestrauben und Palmen auf der Südseite der gleichnamigen Halbinsel zwischen der Karibischen See und der Ensenada de Casilda – einer kleinen, fast runden Bucht, in der sich auch der Hafenort **Casilda** (6 km südlich von Trinidad) und die Marina von Trinidad befinden. Dazwischen wachsen dichte Mangroven, von denen es gelegentlich je nach Windrichtung »müffelt«. An dem vorgelagerten Korallenriff kann man hervorragend schnorcheln, Ausflüge auf Katamaranen führen beispielsweise von der Marina nach **Cayo Blanco**, einem Inselchen mit Korallenring, Zwergpalmen und einem Open-Air-Lokal, das eine Bootsstunde bzw. 25 Kilometer südöstlich auf Taucher und Sonnenbadende wartet.

Die südlich vorgelagerte große Inselkette **Jardines de la Reina** ist bisher kaum touristisch erschlossen – bis auf ein Hotelboot für Tauchurlauber. Die wenigen Hotels am Playa Ancón verteilen sich am langen Strand. Ganz im Westen an der Küste liegt die Fischersiedlung **La Boca** mit einigen Privatunterkünften an einer weiteren schön geschwungenen Bucht, in der Langusten für den Export nach Kanada gezüchtet werden.

REGION 5
Trinidad und Umgebung

Rund 200 Orchideenarten blühen rund um den Stausee Hanabanilla

Service & Tipps:

🚐 Ab dem Cubatur-Büro auf der Hauptstraße Calle Antonio Maceo (Ecke Calle Zerquera, ehem. Calle Rosario) in Trinidad verkehrt 10 und 14 Uhr ein Shuttlebus (»Trinibus«) auf einer etwa einstündigen Rundtour und stoppt auch bei den Hotels am Strand Playa Ancon und in Playa La Boca (CUC 2).

✗ **Grill Caribe**
Playa Maria Aguilar (2 km nördl. des Hotels Costasur), Playa Ancón, Trinidad
✆ 041-9962 41, tägl. 9–2 Uhr
Strandlokal in toller Lage, aber Service und Essen lassen zu wünschen übrig, man zahlt halt fürs Panorama (das Parken kostet hier CUC 1, selbst für Restaurantgäste) – am schönsten zum Sonnenuntergang! €-€€

❸ Presa Hanabanilla

Eine liebliche Wald- und Hügellandschaft umgibt den 1972 angelegten Stausee Hanabanilla (32 km²), der sich zwischen den grünen Berghängen des Escambray-Gebirges schlängelt, gespeist u.a. vom Río Negro. Mit dem Wasser des Stausees wird heute das größte kubanische Wasserkraftwerk betrieben. Der See liegt zentral zwischen den vier Städten Cienfuegos (ca. 50 km westlich vom See), Trinidad (ca. 60 km südlich), Santa Clara (ca. 50 km nördlich) und Sancti Spíritus (ca. 80 km östlich). Königspalmen, Kiefern und ein paar Ziegelsteinhäuschen klettern die steilen Hänge hinauf. Die Mahagoni- und Zedernholzbäume auf den Bergrücken wurden größtenteils abgeholzt und Kaffeesträucher angepflanzt. Rund 200 Orchideenarten blühen rund um den See.

Im Hotel Hanabanilla am Seeufer wird es meist voll an den Wochenenden, denn viele Hobbyangler zieht es hierher: Das Angeln und Fischen lohnt sich, hier gehen richtige Prachtexemplare, beispielsweise neun Pfund schwere Bachforellen, an die Angel oder ins Netz. Ausflüge können von hier aus auch Richtung Cienfuegos an den nahe gelegenen Wasserfall **El Nicho** unternommen werden: An der schönen Kaskade warten ein paar natürliche Badepools zu Füßen des Pico San Juan, dem mit 1156 Metern höchsten Gipfel der Sierra del Escambray und zweithöchster Berg Kubas, und Pferde zum Ausreiten.

Die meisten Bewohner des überfluteten Tals leben heute in der **Sierra del Escambray** (s. S. 105 f.) in *comunidades*, den Neubausiedlungen zwischen den Städten Cumanayagua und Manicaragua: Sie wohnen oftmals mietfrei (bzw. zu rund 16 Pesos Monatsmiete) und arbeiten auf den umliegenden Reisfeldern und anderen landwirtschaftlichen Kooperativen. Etwa 30 Kleinbauern siedeln noch direkt am Hanabanilla-Stausee. Nach einer kurzen Bootsfahrt vom reizvoll gelegenen Hotel Hanabanilla erreicht man die einsamen Fincas.

Die *Campesinos* versorgen sich vorwiegend autark, jeder züchtet ein paar Schweine, Kühe, Hühner und Ziegen. Auf den maximal erlaubten 67 Hektar Privatbesitz wachsen Zitronen- und Mangobäume, Kaffee, Reis, Bohnen und Malanga (vgl. S. 45), einige Bauern verkaufen Honig. Die Kinder werden morgens mit dem Boot abgeholt und nach der Schule wieder nach Hause gebracht.

REGION 5
Trinidad und Umgebung

Erst seit wenigen Jahren gibt es Elektrizität für die Bauernhöfe. Bauern gehören in Kuba mittlerweile zu einer relativ wohlhabenden Gesellschaftsschicht, weil sie ihre Produkte seit 1994 auf den *agromercados*, den freien Bauernmärkten, verkaufen können – und für diese Einnahmequelle sogar von einigen Städtern beneidet werden.

Río Negro
Presa Hanabanilla
Das Open-Air-Restaurant am gleichnamigen Fluss empfängt die Ausflügler unter mit Palmwedeln gedeckten Pavillons inmitten einer Regenwaldkulisse bei typisch kubanischer Bauernkost und natürlich rumhaltigen Getränken; für Gruppen gibt es ein *cerdo asado*, ein knuspriges Spanferkel (als Ausflug im Hotel zu buchen). €

El Nicho
5 km westl. vom Hanabanilla-See
Tägl. 8.30–18.30 Uhr, Eintritt 5 CUC
Wasserfall mit natürlichen Badepools, Camping, Imbiss, Pferdeausleih (Ausflug im Hotel zu buchen, am besten mit Jeep zu erreichen).

Reis für den kubanischen Markt: der Stausee Zaza ermöglicht die Be- und Entwässerung der Reisfelder im Süden der Provinz Sancti Spíritus

❹ Presa Zaza

Über eine Landstraße, über die sich Bambushaine beugen, erreicht man zehn Kilometer südöstlich von Sancti Spíritus den Stausee Zaza. Mit 125 Quadratkilometern gilt der künstliche See als der größte Stausee in Kuba und der zweitgrößte in Lateinamerika. Der hier gestaute Río Zaza fließt schließlich vom See an der Südküste in die Karibik. Auf dem von Sümpfen umgebenen Gewässer finden sich unzählige Wasservögel ein, vor allem zur Winterzeit sind es Abertausende »Transit-Besuchern« aus Nordamerika. Die meisten zweibeinigen Gäste wohnen im ruhigen, nahe gelegenen Hotel Zaza, sie werden von den reichen Fischvorkommen angelockt: Barsche und Forellen mit bis zu acht Kilogramm Gewicht zappeln an manch einer Angel der Hobby-Fischer, die aus allen Teilen Kubas hierher kommen. Regelmäßig im September finden Angelwettbewerbe statt, den Mückenschutz sollte man dabei auf keinen Fall vergessen.

Zuckerrohr – vom Aussehen her ähnelt es dem Bambus

❺ Remedios

Eine gut asphaltierte Landstraße führt entlang von Bananenplantagen, Palmen und Zuckerrohrfeldern schnurgerade von Santa Clara 50 Kilometer nach Osten an die Küste ins Städtchen Remedios. Hier dominieren noch Ochsenkarren und Fahrräder das Verkehrsgeschehen. Die Regierung ernannte Remedios 1979 zum Nationaldenkmal: Remedios ist eine der ältesten Städte Kubas, die ihren historischen Charme bewahrt hat. 1514 gründeten die ersten Kolonialsiedler das Dorf, das aus Furcht vor Piratenüberfällen immer weiter ins Inland verlagert wurde, bis man sich um 1530 im neu gegründeten

San Juan de los Remedios del Cayo an dieser Stelle niederließ. Etwas verschlafen wirkt der 20 000-Seelen-Ort noch heute, doch der nahe gelegene neue (Internationale) Flughafen und die Luxusresorts auf den vorgelagerten, erst kürzlich touristisch erschlossenen Inseln, zum Beispiel auf der 70 Kilometer entfernten **Cayo Santa María** (s. S. 95 f.), bringen seit einigen Jahren zweimal wöchentlich bei Ausflügen touristischen Trubel und Leben in die Gassen rund um die Bilderbuch-Plaza Parque Martí und reißen den Ort aus seinem Dornröschenschlaf. Immer noch angenehm auffallend: Neben einer Reihe sehr hübscher Privatherbergen in historischen Adelspalästen trifft man lauter nette Einwohner – und kaum Schlepper.

Der Ausflug in das koloniale Städtchen lässt die Herzen von Kirchenliebhabern höher schlagen: Gleich zwei alte katholische Gotteshäuser stehen sich in dem Ort am Hauptplatz Parque Martí gegenüber, wo noch immer Bici-Taxis und *mulos* (Taxis mit Eselantrieb) verkehren. Die beigefarbene **Parroquial San Juan de Bautista** soll 1550 im Barockstil entstanden sein und wurde im Laufe der Jahrhunderte mehrfach ergänzt, abgetragen, umgebaut und schließlich in den 1940ern restauriert (ein kubanischer Millionär hatte das Geld dafür gespendet). Das äußerlich schlichte Bauwerk mit seinem dreistufigen Glockenturm beeindruckt im Innern mit einem vergoldeten Altar aus Zedernholz. Besonders schön ist die aus Mahagoni getäfelte Kirchendecke im Mudéjar-Stil aus dem Jahr 1756. Schräg gegenüber an der Südseite des Platzes steht die **Iglesia de Nuestra Señora del Buen Viaje** aus dem 18. Jahrhundert.

Die Stadt erwacht jedes Jahr erst richtig Ende Dezember, wenn die **Parranda** gefeiert wird: Bei dem Festival ziehen zwei konkurrierende Stadtteile mit geschmückten Wagen, viel Musik und knallenden Feuerwerkskörpern durch die Stadt. Im kleinen **Museo de las Parrandas Remedianas** erhält der Fremde einen Eindruck von dem karnevalesken Treiben, dessen Tradition bis ins 17. Jahrhundert zurückreicht: Angeblich soll ein Pfarrer damals seine Schäfchen am Heiligen Abend mit Töpfen regelrecht »zusammengetrommelt« haben, damit sie auch wirklich zur Messe erscheinen ...

Auch wenn man nicht dem Charme des Ortes erliegt und über Nacht bleiben möchte, sollte man dem restaurierten **Hotel Mascotte** mit seinem antikknarrenden Mobiliar einen Besuch abstatten: In dem ehrwürdigen Gemäuer am Platz Parque Martí tagten im Februar 1899 die kubanischen Befreiungskämpfer mit den Amerikanern. Der kubanische Anführer und heutige Nationalheld General Máximo Gómez hat in einem der Zimmer genächtigt.

> **REGION 5**
> **Trinidad und Umgebung**

Zuckerrohrernte in der Provinz Villa Clara: Trotz moderner Erntemaschinen ist die Handarbeit der »Macheteros«, der Zuckerrohrschnitter, unentbehrlich bei der Ernte

REGION 5
Trinidad und Umgebung

Service & Tipps:

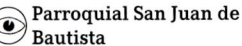

Parroquial San Juan de Bautista
Parque Martí, Remedios
Vormittags geöffnet
Eine der ältesten kubanischen Kirchen mit herrlicher Mahagoni-Täfelung an der Decke.

Museo de las Parrandas Remedianas
Calle Máximo Gómez 71, Remedios
Di–Sa 8–12 und 13–17, So 8–12 Uhr
Eintritt CUC 1
Kostüme, Musikinstrumente, Fahnen und Umzugsgebilde gehören zu den Ausstellungsstücken.

Las Arcadas/Hotel Mascotte
Parque Martí, Remedios
042-39 51 44/45
Das Lokal in dem hübschen Kolonialhotel bietet typisch kubanische Kost mit Fleisch- und Fischgerichten. €

El Louvre
Parque Martí
Remedios
12–22 Uhr
Kreolisches à la carte in einem einfachen Lokal am zentralen Platz. €

Feste
Alljährlich im Dezember finden die **Parrandas** (vgl. oben) statt: Feuerwerk, bunte Prozessionen, Tanz, Musik und Essensstände. Der 24.12. ist der Höhepunkt mit Prozession, am 25. oder 26. übergibt der Gewinner dem Verlierer einen »Sarg«, und die besten Kostüme werden prämiert.

Strände und Inseln
Auf den vorgelagerten, etwa 70 km entfernten Trauminseln Cayo Santa María (s. S. 95 f.) und Cayo Ensenachos locken die neuesten und edelsten Resorts in Kuba, zu erreichen ab dem Küstenort Caibarién über den 48 km langen Damm mit 46 Brücken (Pass mitnehmen, geringe Gebühr).

Las Brujas Airport (auf Cayo Las Brujas, kurz vor Cayo Santa María, 042-35 00 09).

Kolonialarchitektur in Sancti Spíritus: pastellfarbene Häuser mit schweren Holztüren und …

❻ Sancti Spíritus

Die Provinzhauptstadt am Ufer des Río Yayabo zählt zu den ersten sieben Siedlungen *(villas)* auf kubanischem Boden und wurde 1514 von Diego Velázquez gegründet. Im schönen Altstadtkern herrscht eine angenehme Atmosphäre mit kolonialem Stadtbild aus kopfsteingepflasterten Gassen, Plazas mit hochherrschaftlichen Kolonialpalästen, Pferdekutschen und Oldtimern und modernem geschäftigen Treiben auf den Bürgersteigen. Herrlich Schlendern kann man vor allem auf dem wunderschön mit Figuren und Palmen gestalteten »Bulevar«, einer Fußgängerzone mit vielen Shops und einfachen, Kuba-typischen Lokalen. Schon Winston Churchill durchstreifte als junger Mann 1895 Sancti Spíritus – er war Bürgerkriegskorrespondent auf Seiten der Spanier – und hat das Städtchen in seinen Memoiren kurz als »zweitklassigen, äußerst ungesunden« Ort erwähnt.

Eines der ältesten Bauwerke ist die mittelalterlich anmutende **Puente Yayabo**, eine Ziegelsteinbrücke, die im Jahr 1815 mit vier Bögen über dem Yayabo-Fluss erbaut wurde und heute unter Denkmalschutz steht. Bestes Beispiel für die Kolonialarchitektur ist die kopfsteingepflasterte **Callejón del Llano** nahe der Yayabo-Brücke auf der östlichen Seite. In dieser ältesten Gasse der Stadt flaniert der Besucher entlang den flachen Häuschen in Rosé und Bleu, mit schweren Holztüren, Schindeldächern, Balustraden, gusseisernen Laternen und verschnörkelten Balkongittern.

Viele der einstöckigen Häuser haben noch heute die typisch kubanischen Klappen und Minitüren in den hölzernen Eingangstoren *(pos-*

tigos) – so können die Bewohner die Post entgegennehmen oder ein Schwätzchen mit den Nachbarn halten, ohne das gesamte Portal öffnen zu müssen.

Eine der schönsten Kolonialvillen aus dem Jahr 1744 beherbergt heute das **Museo de Arte Colonial**. Mit seinen zahlreichen Kolonialmöbeln wirkt es so, als hätten die früheren aristokratischen Besitzer, die Familie Iznaga, das Haus gerade erst zum Wochenendausflug an die Küste verlassen. Das Gebäude hat rund 100 wunderschön mit Glasmosaiken *(vitrales)* verzierte Türen, die im Sonnenlicht am Morgen ein faszinierendes Lichtspiel im Gebäude bewirken. Kleine Oasen im Verkehrsgetümmel sind die friedlichen Plätze und Kirchen weiter nördlich im Verlauf der Avenida Jesús Menéndez, z.B. die **Iglesia Parroquial Mayor Espíritu Santo** an der Plaza Honorato aus dem Jahr 1522. Von dem ersten Holzbau, der 1680 durch einen Steinbau ersetzt wurde, ist die schöne Holzdecke erhalten geblieben.

Rund um den wichtigsten Platz, den **Parque Serafin Sánchez** (auch: Plaza Central) reihen sich neoklassizistische Paläste und Herrenhäuser aneinander: ein koloniales Bilderbuch mit Arkadengängen, steinernen Löwen und Säulen, Kapitellen, mächtigen Holzportalen und schmiedeeisernen *Reja*-Gittern vor den Fenstern. Hier wird beispielsweise das herrliche alte Hotel Perla de Cuba restauriert und soll als kleines Boutiquehotel wiedereröffnet werden.

REGION 5
Trinidad und Umgebung

Vitrales
Die Bogenfenster mit bunten Glasmalereien bzw. halbrunde Türbögen mit strahlenförmigen Mosaiken tauchen das Innere von vielen Kolonialhäusern in ein weiches und farblich wechselndes Lichtspiel.

Service & Tipps:

Cubatur
Calle Máximo Gómez 7
Sancti Spíritus
℃ 041-32 85 18

Busbahnhof: Ctra. Central,
2 km östl. der Stadt
Bahnhof: Av. Jesús Menéndez,
im Süden der Stadt

Iglesia Parroquial Mayor Espíritu Santo
Plaza Honorato, Sancti Spíritus
Messen tägl. um 17, So 9 Uhr
Wahrscheinlich die älteste Kirche Kubas.

Museo de Arte Colonial
Calle Plácido, Ecke Jesús Menéndez
Sancti Spíritus

... »Rejas« vor den Fenstern. Die Eisengitter haben nicht die Funktion, das Leben im Inneren des Hauses von dem auf der Straße abzuschirmen, als vielmehr das Leben auf der Straße mit dem im Haus zu verbinden.

REGION 5
Trinidad und Umgebung

Mit der Ziegenkutsche durch Sancti Spíritus

Di–Sa 9–17, So 9–12 Uhr
Eintritt CUC 2
In dem Museum der Kolonialkunst sind antike Möbel ausgestellt: Harfen und Standuhren, Porzellan, Kommoden und Kristallleuchter aus verschiedenen Epochen.

✕ Mesón de la Plaza
Calle Máximo Gómez 34, Plaza Honorato
Sancti Spíritus
✆ 041-32 85 46, tägl. 10–22 Uhr
Kleines Lokal in einem Kolonialgebäude mit interessanten kubanisch-spanischen Gerichten: Huhn, Schwein und Rind in Variationen. Probieren Sie zum Beispiel »Ropa Vieja con pasas« ... €

✕ Quinta de Santa Elena
Calle Padre Quintero 60, zwischen Llano & Manolito Díaz
Sancti Spíritus
✆ 041-32 91 67
Tägl. 10–23 Uhr
Kleines Patio-Lokal mit kolonialem Touch und Garten am Fluss mit Live-Musik zu Hühner-, Garnelen- und Schweinegerichten. €

🍸 Casa de la Trova Miguel Companioni Gómez
Calle Máximo Gómez 26 (nahe Plaza Honorato)
Sancti Spíritus
Di–So 10–2, ab 22 Uhr Live-Musik
Eintritt CUC 1
Musikalische Lokalmatadoren (z.B. »Coro de Clave«, »La Parranda«) spielen oft am Wochenende, manchmal auch Nachmittagskonzerte. Ausstellung zur Geschichte der Trova in der Stadt.

»Haydee« Tamara Bunke wurde 1937 in Argentinien geboren und ist dort aufgewachsen, bis ihre Eltern, die deutsche Emigranten waren, 1952 in die DDR umsiedelten. 1960 dolmetschte sie für Che, als er die DDR besuchte, 1961 ging sie nach Kuba. »Tania la Guerillera« schloss sich bald als einzige Frau

❼ Santa Clara

Die moderne Provinzhauptstadt erstreckt sich zu Füßen der hügligen Ausläufer der Escambray-Berge, der idyllischen **Alturas de Santa Clara** – mit bunten *Bohío*s (palmwedelgedeckte Hütten) zwischen Königspalmen und weiten Zuckerrohrfeldern. Aber nicht nur wegen ihrer Lage im Zentrum Kubas wird die Universitätsstadt von Touristen oft besucht. Santa Clara ist Pilgerziel der Che-Guevara-Fans. Eine entscheidende Rolle spielte der Ort in den letzten Tagen des Rebellenkampfes im Dezember 1958, als die rund 300 Guerilleros des »Movimiento 26 de Julio« unter Führung von Che Guevara die Stadt stürmten und eroberten.

Hauptziel ihres Angriffs war der gepanzerte *tren blindado*, der mit 22 Waggons voller Waffen auf dem Weg von Havanna nach Osten war, um dort die

Regierungssoldaten im Kampf gegen die Revolutionäre mit Nachschub zu versorgen. Ein kubanischer Fotograf hielt mit seiner Kamera die Kampfszenen fest, seine Bilder sind in dem kleinen **Zug-Museum** am Originalschauplatz zu sehen. Nach nur anderthalb Stunden war die Schlacht um den Zug entschieden und die »letzte Bastion des Tyrannen Batista« gefallen. Nur zwei Tage später verließ der Diktator fluchtartig das Land.

Die Guevara-Pilger zieht es nun zur Plaza de la Revolución und dem 1997 hier zu Ehren Che Guevaras errichteten **Memorial de Ernesto Che Guevara:** Der berühmte Guerillero schaut als sechs Meter hohe Bronzestatue von einem Sockel auf die Stadt, auf der Mauer daneben sind Szenen aus seinem Leben dargestellt. Jedes Jahr am 8. Oktober wird der Todestag des Volkshelden hier feierlicher als sonst wo im Lande begangen. Der Besuch in dem darunter liegenden Mausoleum ist streng reglementiert: Man darf keine Fotos machen und nicht laut sprechen, wenn man sich in den gewölbeartigen, vom »ewigen« Licht beleuchteten Raum begibt, in dem die Überreste Che Guevaras, seiner deutschen Gefährtin »Haydee« Tamara Bunke und anderer Rebellen aufbewahrt werden. Alle im Jahr 2002 hier hinter Grabplatten in der Wand Bestatteten sind im bolivianischen Untergrundkampf im Jahr 1967 getötet worden, aber erst 30 Jahre später hatte man die Überreste Che Guevaras in Bolivien entdeckt und 1997 nach Santa Clara überführt.

Im Museum nebenan sind zwei Fotos bemerkenswert: Der Kubaner Alberto Diaz Korda schoss 1960 das berühmte Bild des Rebellen, das bis heute millionenfach und weltweit auf Postern und T-Shirts zu sehen ist. Ein weiteres Foto zeigt einen anderen, kaum wiederzuerkennenden Che: mit Glatze, Brille, Schlips und Kragen in seinem gefälschten bolivianischen Pass ...

Im Zentrum Santa Claras gibt es ansonsten nicht viel Sehenswertes: Der wichtigste Platz, der **Parque Vidal**, ist umgeben von kolonialen Bauwerken wie dem **Teatro Caridad** aus dem Jahr 1885, wo auch Enrico Caruso auftrat und heute ein Lokal die Gäste versorgt. Ein hübscher Fußgängerboulevard (auch: Bulevar) in der **Calle Independencia** lädt zum Bummeln zwischen kolonialen Fassaden und diversen Cafeterien und Läden mit Souvenirs und Kunsthandwerk.

> **REGION 5**
> **Trinidad und Umgebung**
>
> den Befreiungskämpfern in Bolivien an. Ein Foto von ihr ist im Museo Che Guevara in Santa Clara zu sehen.
>
> Ihr wird ein nie offiziell geklärtes Liebesverhältnis zu Che Guevara nachgesagt. Die Deutsch-Argentinierin starb 1967 am Rio Grande. Nach ihrem Tod wurde in der DDR versucht, ihr ungewöhnliches Leben zu einem sozialistischen Heldenmythos zu verklären. In der Bundesrepublik kam währenddessen der Verdacht auf, Tamara Bunke habe Che Guevara an den sowjetischen Geheimdienst verraten und so für das Scheitern der Guerilla gesorgt.
>
> *Santa Clara: der grandiose Palacio Municipal (links)*

103

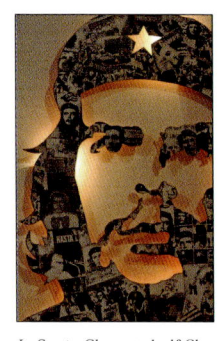

REGION 5
Trinidad und Umgebung

In Santa Clara verhalf Che Guevara der Revolution mit einer entscheidenden Schlacht zum Sieg

Plausch im Parque Vidal in Santa Clara

Service & Tipps:

ⓘ **Cubatur**
Calle Marta Abreu 10, zwischen Calle Gómez & Villuendas
Santa Clara
✆ 042-20 89 80-81

🚌 **Viazul-Busbahnhof:** Ctra. Central, Ecke Calle Independencia (im Westen der Stadt)
🚆 **Bahnhof:** Calle Luis Estévez 323

🏛 **Museo Monumento Tren Blindado**
Calle Independencia (östl. in Richtung Ctra. de Camajuani)
Santa Clara
Mo–Sa 8–18, So 8–12 Uhr, CUC 2
Ausstellung in zwei gepanzerten Waggons mit Waffen, persönlichen Gegenständen der Rebellen und Fotos aus den letzten Tagen des Guerillakampfes gegen Batista.

🏛 **Museo/Memorial Ernesto Che Guevara**
Plaza de la Revolución, Av. de los Desfiles, Santa Clara
Di–So 9.30–17 Uhr, Eintritt frei
Fotografieren und Filmen verboten
Gedenkstätte und Mausoleum zu Ehren des legendären Revolutionärs. Im angeschlossenen Museum sind viele Briefe, Dokumente, (Kindheits-)Fotos und persönliche Gegenstände ausgestellt.

✕ **La Concha**
Ctra. Central, Ecke Calle Danielito Benitez, zwischen Calle Danielito & Marta Abreu, Santa Clara
✆ 042-21 81 24, tägl. 11–2 Uhr
Beliebtes Lokal der Palmares-Kette an der Hauptstraße mit Speisen von Pizza bis Hummer, etwas schleppender Service, dafür mit Musikbegleitung (falls eine Reisegruppe mittags hier speist). €

✕ **El Sabor Latino**
Calle Esquerra 157, zwischen Calle Julio Jover & Berenguer
Santa Clara
Tägl. 12–23 Uhr
Das kleine private Lokal serviert kubanische Speisen von Schwein, Huhn und Fisch. €

✕ **La Casa del Gobernador**
Calle Independencia, Ecke Calle J.B. Zayas
Santa Clara
Tägl. 12–23 Uhr
Einfache Gerichte vom Huhn und Schwein in einem Kolonialhaus mit Patio und Balkon im ersten Stock mit Blick auf den Trubel in der Fußgängerzone. €

Club Mejunje
Calle Marta Abreu, zwischen
Calles J. B. Zayas & Lubián

Santa Clara
Di–So 16–1 Uhr

Eintritt CUC 2
Beliebter Treffpunkt mit Disco und Live-Musik, Transvestiten- und Tanzshows und viele andere kulturelle Veranstaltungen für alle Altersstufen (Alkohol nur abends).

REGION 5
Trinidad und Umgebung

❽ Sierra del Escambray
(Gran Parque Natural Topes de Collantes)

Eine Fahrt von Cienfuegos in die Sierra, die zweithöchste Bergkette im Land nach der Sierra Maestra, auf der mit Schlaglöchern übersäten Straße ist nur etwas für hartgesottene Abenteurer. Auch die Straße von der südlichen Seite aus Richtung Trinidad über die Topes de Collantes nach Santa Clara ist wegen der Hurrikans seit Ende 2008 schlaglochübersät. Gut ist der steile Fahrweg in die Berge von Trinidad hoch und höher bis zum Hotel Escambray (d.h. bis Topes de Collantes), danach folgt auf etwa zehn Kilometern die schlimmste Schlaglochpiste (die derzeit repariert wird).

Doch der Reihe nach: Das Fahrzeug ächzt erst röhrend im ersten Gang die Serpentinenstraße nordwestlich von Trinidad hoch (Steigung bis zu 30 Prozent) und lässt die wellige, grüne Landschaft hinter sich: Täler voller tropischer Kiefern und Eukalyptuswälder, riesige Farne, Bambus und Sonnenblumen wachsen am Straßenrand. Alte, knorrige Johannisbrotbäume beugen sich über den Weg. Truthahngeier schweben über der Ebene, ein Bauer schleppt eine Bananenstaude, Pferde grasen vor dem Gartentor.

Der **Pico de San Juan** ist mit 1156 Metern die höchste Erhebung der Escambray-Berge und der zweithöchste kubanische Gipfel. Die Rebellen unter der Führung Che Guevaras fanden Unterschlupf in dem dschungelig-feuchten Gebiet, bevor sie Ende 1958 ihren Triumph im nördlich gelegenen Santa Clara feierten. Später, in den 1960er Jahren hatten Tausende »Konterrevolutionäre« hier ihre Kommandozentrale aufgebaut und Fidel Castro den Kampf angesagt. Erst 1965 verkündete das Castro-Regime das »Säuberung« des Gebirges und den Sieg über die »Bandidos«.

Die umliegenden Berge wurden bald zum **Naturschutzgebiet Gran Parque Natural Topes de Collantes** erklärt (ca. 20 km westlich von Trinidad). Schon immer lebten hier Bauern, die heute in Kooperativen arbeiten und z.B. Zitrusfrüchte, Malanga und Milchprodukte erwirtschaften. Einige halten sich als Kleinbauern über Wasser: Maximal 67 Hektar darf ein kubanischer Bauer privat besitzen. Der beste Kaffee Kubas wird in dieser Gegend angebaut, er reift bis zu seiner Ernte im August.

Touristen kommen hierher vor allem als Kurgäste in das stalinistisch anmutende **Kurhotel**, das auf etwa 770 Metern am Ende einer monumentalen Freitreppe thront und 1954 als Tuberkulose-Sanatorium eröffnet wurde. Die Gegend lockt zum Wandern und Vogelbeobachten. Wanderwege führen zu Wasserfällen und Höhlen, Fincas und fabelhaften Aussichtspunkten. Einer der populären Wanderpfade endet beim 65 Meter hohen **Salto de Caburní:** Der rund drei Kilometer kurze, aber teilweise anstrengende – besonders nach Regen, wenn die steilen Pfade glitschig sind – Wanderweg (ca. drei Stunden hin und zurück), auf dem immerhin 400 Meter Höhenunterschied überwunden werden müssen!

Oder man besucht den **Salto Javira:** Zwar fällt die Kaskade im Nationalpark El Cubano nur läppische zehn Meter abwärts, aber dafür versteckt sich hinter dem natürlichen Badepool eine wunderschöne Tropfsteinhöhle, in die man von den smaragdgrünen Pools hineinschwimmen kann. Viele kommen auch nur als Tagesausflügler aus Trinidad – auf dem Militärlaster bei der beliebten »Rambo-Tour«.

Sierra del Escambray – Heimat des Truthahngeiers, der tatsächlich so aussieht, als sei sein Vater ein Geier und seine Mutter eine Pute gewesen

Früchte des Johannisbrotbaums

105

REGION 5
Trinidad und Umgebung

Von Trinidad startete Hernán Cortéz 1518 seine Expedition, die zur Eroberung Mexikos führte.

Service & Tipps:

Info
In den Hotels in Trinidad oder im Kurhotel Escambray (einige hundert Meter rechts vom Kurhotel ist ein Info-Zentrum mit Guides).

El Mirador
Auf der Serpentinenstraße von Trinidad nach Topes de Collantes Ein Balkon zum Meer: Kleines Lokal mit Cocktailbar in 600 m Höhe mit Superpanorama nach Trinidad und zum Karibischen Meer. €

Finca Codina
Topes de Collantes, ca. 5 km westl. vom Kurhotel Richtung Cienfuegos
Ehemalige Kaffeeplantage mit Wanderwegen und Ausflugslokal (als Tour zu buchen). €

Salto de Caburní/Salto Javira
Die Wandertouren und holprig-abenteuerlichen »Rambo«-Ausflüge in *camiones* (Lastern) können in Trinidads Reisebüros gebucht werden. Die Ausflüge sind nur mit Führer möglich.

❾ Trinidad

Diego Velázquez gründete die Stadt im Auftrag der spanischen Krone bereits 1514 als dritte Kolonialsiedlung *(villa)* auf kubanischem Boden an der Südküste – damals noch unter dem Namen *Villa de la Santísima Trinidad*. Damit die Grundlage für die prachtvollen Herrschaftshäuser und den sagenhaften Reichtum ihrer Bewohner vor rund 300 Jahren besser nachvollziehbar ist, lohnt ein kurzer Abstecher in die fast 500-jährige Geschichte der kleinen

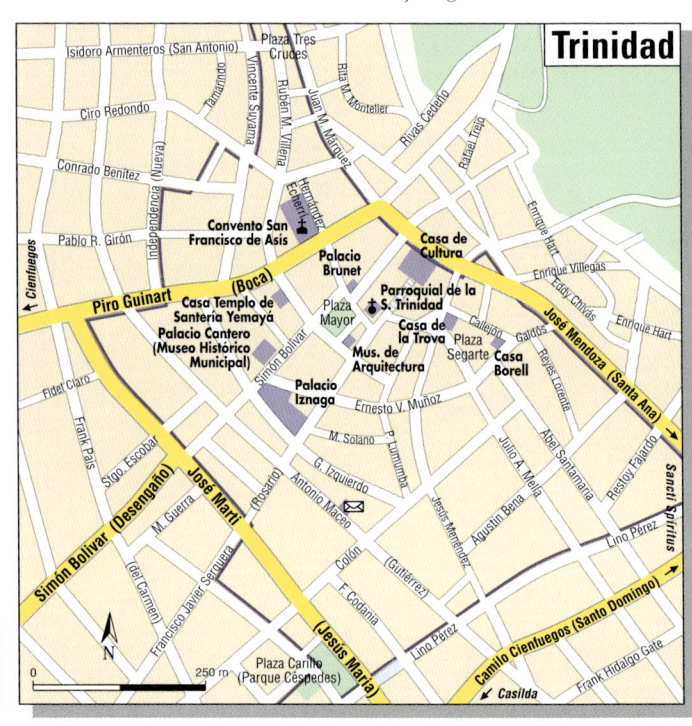

<u>Rejas</u>
Vor allem in Trinidad sind die erkerartigen Vorbauten vor Fenstern, die bis zum Boden reichen, mit ihren hölzern-gedrechselten oder schmiedeeisernen Gittern – manchmal noch gekrönt von einem winzigen Ziegeldach – weit verbreitet.

Das koloniale Zentrum von Trinidad: an der Plaza Mayor scheint die Zeit einfach stehen geblieben zu sein

Typisch für Trinidad: die »Rejas«, die reich verzierten Gitter vor den Fenstern

kubanischen und heute so malerischen Stadt -nicht zu verwechseln mit der gleichnamigen karibischen Inselrepublik.

Ab 1518 brach Hernán Cortéz von Trinidad in Richtung Mexiko und Venezuela auf, und viele Trinitarios begleiteten ihn auf seinem Eroberungsfeldzug und der Goldsuche in Lateinamerika. Der heute noch bestehende Hafenort bei Trinidad, Casilda, entwickelte sich bereits im 17. Jahrhundert zu einer Drehscheibe im karibischen Raum und den Kolonialländern: Leder, Vieh und Tabak wurden an Bord der spanischen Windjammern geschafft, und die Heimatschiffe sorgten für Nachschub an Wein und hochprozentigem *aguardiente* (Branntwein), Gewürzen und später für immer edleres Mobiliar aus Italien und Frankreich. Die Kapitale Havanna war weit weg, der Schmuggel begann zu blühen. Piraten suchten häufig die wohlhabende Handelsmetropole heim, brandschatzten und raubten alles, was nicht niet- und nagelfest war. Beim Zuckerboom ab Ende des 18. Jahrhundert konnten die Kaufleute und Plantagenbesitzer ihren Reichtum wieder vermehren – bis die Sklavenaufstände und der opferreiche erste Unabhängigkeitskrieg gegen Spanien ab 1868 den wirtschaftlichen Niedergang Trinidads einleiteten.

Wegen seiner isolierten Lage hinter der Sierra del Escambray blieb Trinidad Jahrzehnte lang von modernen Einflüssen wie Autobahnen und Industriebauten verschont. Ein Glück! 1988 erkannte die UNESCO die verblichene Schönheit der Stadt mit ihren einzigartigen Bauwerken voller Antiquitäten an und nahm sie und das angrenzende **Valle de los Ingenios** in die Liste des Weltkulturerbes der Menschheit auf. Heute ist Trinidad nach Havannas Altstadt das am besten bewahrte koloniale Schmuckstück in Kuba. Der restaurierte Altstadtkern, ein Labyrinth aus engen Gassen und Treppen mit holprigem Pflaster, liegt an einem Hang (höher als der moderne Stadtteil) - der Autoverkehr muss draußen bleiben.

Der Spaziergänger stößt unweigerlich auf die meist dreiwinkligen, winzigen Plazas, wo scheinbar ununterbrochen Musik aus den Patios schallt. Das

REGION 5
Trinidad und Umgebung

Blüte des Flamboyant-Baums (Flammenbaum)

Persianas
Die bogenförmigen Holzfenster mit zwei Flügeln sind mit strahlenförmigen, teils kippbaren Lamellen ausgestattet – um Schatten zu spenden und zur besseren Luftzirkulation.

Abend auf der Calle Piro Guinart in Trinidad

touristische Leben spielt sich hauptsächlich auf der herrlichen **Plaza Mayor** ab, zwischen den neoklassizistischen Palästen, den historischen Museen und der Kathedrale.

Viele der rund 40 000 Bewohner leben mittlerweile vom Tourismus – als Kunsthandwerker und Maler, als Stadtführer und Musikanten oder mit verzagter Miene nach Seife fragend: »Amiga, tienes jabón?« Andere sind weniger schüchtern und bieten jegliche nur denkbare »Dienstleistung« ...

Vom Turm des **Palacio Cantero (Museo Histórico Municipal)** bietet sich ein erster Panoramablick über die Ziegeldächer der verwinkelten Altstadt, über die grünen Mangoplantagen bis zur Küste mit dem Playa Ancón (s. S. 96 f.), dem Hafenort Casilda und dem Fischerdorf La Boca. Das Stadtmuseum in dem ehemaligen Palast des Arztes Cantero (erbaut 1827–30) eignet sich auch am besten für einen Einstieg in die Stadtgeschichte. Mit den hohen Fenstern, Holzläden und eisernen *rejas*, den verzierten Fassaden, einem herrlichen Patio, Marmorfußböden und Zedernholzdecken ist der Palast ein charakteristisches Beispiel für die Architektur im kolonialen Trinidad. Im Inneren herrscht Luxus wohin das Auge schaut: Fresken an Wänden und Säulen, Wandmalereien italienischer Künstler, Kronleuchter und Mahagoni-Mobiliar im kubanischen Imperio-Stil (z.B. die gebogenen Füße der Tische).

An der Ecke gegenüber befindet sich der **Palacio Iznaga**, 1822–30 vom gleichnamigen Zuckerbaron erbaut: Der Besitzer wollte den Fußboden ganz und gar aus Goldmünzen gestalten, was die spanische Königin Isabella II. per Dekret zu verhindern wusste, schließlich wollte sie sich nicht buchstäblich auf der Nase herumtanzen lassen ... Am nordöstlichen Ende der Calle Simón Bolívar beginnt die pittoreske Plaza Mayor mit majestätischen Königspalmen, schmiedeeisernen Bänken und Bronzefiguren.

An der nördlichen (linken) Ecke steht strahlend schön der gelbe **Palacio Brunet** aus dem Jahr 1741, der das **Romantische Museum** beherbergt. Das Haus des Grafen Brunet trägt ebenfalls die charakteristischen Kennzeichen der Baukunst jener Zeit wie beispielsweise die bogenförmigen Lamellenfenster *(persianas)* zum Innenhof im 1. Stock, die die Sonne aus den Wohnräumen fernhielten und trotzdem für ausreichende Belüftung sorgten. Die

REGION 5
Trinidad und Umgebung

Das Leben findet auf der Straße statt (Trinidad)

Wände reichen meist aus demselben Grund nicht ganz bis an die Decke. Es sind wie so oft in den kubanischen Museen die Details, die auch hier verwundern oder belustigen und viel über die damalige Zeit und den Lebensstil verraten – seien es die Spucknäpfe zwischen den Schaukelstühlen oder der elegante Nachttopf aus rosa Opal. Die marmorne Badewanne hat keinen Abfluss: Die Sklaven mussten die Wanne füllen und wieder leeren. Der Toilettenstuhl ist aus edelstem Mahagoni und – ein Glück – mit einem Abflussrohr ausgestattet ...

Die **Iglesia Parroquial de la Santísima Trinidad** ist eine der größten Gotteshäuser in Kuba und wurde gegen Ende des 19. Jahrhundert errichtet. Innen beeindruckt die äußerlich schlichte Kathedrale mit bemerkenswert aufwendigen Holzarbeiten an den gotischen Altären aus dunklem Mahagoni und hellem Zedernholz. Das wertvollste Kunstwerk in Trinidad ist der »Cristo de la Veracruz«, der ursprünglich nach Mexiko gebracht werden sollte, aber nach drei vergeblichen, von Stürmen verhinderten Auslaufversuchen schließlich in Kuba gelassen wurde. Heilige und Göttinnen aus dem afrokubanischen Santería-Kult versammeln sich neben der Christus-Statue.

Das blaue Herrenhaus schräg gegenüber an der östlichen Flanke der Plaza Mayor ist das Architekturmuseum **Museo de Architectura Colonial Trinitaria**: Wer mehr über den Sinn der typischen *Persiana*-Lamellenfenster oder der *Reja*-Holzgitter vor den Fenstern wissen möchte, sollte sich die Ausstellung über die kubanische Kolonialarchitektur im 18. und 19. Jahrhundert anschauen.

Wahrzeichen Trinidads ist der malerische Kirchturm des **Franziskanerklosters San Francisco de Asís**, das man von der Plaza Mayor westwärts über die Calle Hernández Echerrí erreicht. Im Kloster ist eine Ausstellung zum Kampf gegen die »konterrevolutionären Banditen« zu sehen. Hier beginnt auch eine der schönsten, holprigsten und ältesten Gassen Trinidads: die **Piro Guinart** (ehem. Boca). Auf der anderen östlichen Seite der Plaza Mayor entpuppt sich das beigefarbene Haus an der Straßenecke Hernández Echerrí, Ecke Jesús Menéndez als das älteste Haus Trinidads – es wurde in der ersten Hälfte des 18. Jahrhunderts erbaut. Beachtenswert sind die gedrechselten Rejas vor den Fenstern, die von kleinen Ziegeldächern gekrönt werden. Gleich rechts davon schallt oft Musik aus der **Casa de la Trova**: Besonders abends herrscht hier rund um die **Plaza Segarte** Trubel, die meisten Musik- und Nachtclubs Trinidads liegen nur wenige (Tanz-) Schritte voneinander entfernt.

Bereits im Jahr 1801 besuchte der deutsche Naturwissenschaftler Alexander von Humboldt Trinidad einige Tage lang. Er wohnte an der Plaza Mayor (im heutigen Ärchäologischen Museum an der nordwestlichen Seite) und hat sich bei seinen Gastgebern nach den Lebensbedingungen der Sklaven erkundigt. Er war entrüstet und hat später vehement für die Abschaffung der Sklaverei und gegen die Ausbeutung menschlicher Arbeitskraft aus »Habsucht« plädiert.

Autos dürfen in Trinidad nur in den äußeren Straßen fahren

109

REGION 5
Trinidad und Umgebung

Wem der Sinn nach spiritueller Beratung steht oder einer Reinigungszeremonie entsprechend dem Santería-Kult, der sollte die **Casa Templo de Santería Yemayá** in der Calle Rubén Mártinez Villena (ein paar Schritte nordwestlich der Plaza Mayor) aufsuchen: Der Santero-Priester Israel Bravo Vega erklärt in seinem Privathaus vor dem mit einem riesigen, der Göttin Yemaya gewidmeten Altar die kubanische Afro-Religion und Aberglauben – ganz ohne den bei seinen Kollegen oft üblichen Touristen-Hokuspokus und teures Zubehör – etwa die obligatorische Flasche.

Am Nachmittag, wenn die Busreisegruppen wieder abgefahren sind, erlebt der Besucher das wahre Gesicht der Stadt: Hinter den **Rejas** steht die Hausfrau und hält einen Plausch mit der Nachbarin, übers schiefe Kopfsteinpflaster ruckelt eine Kutsche, und ein Alter mit Strohhut trottet auf seinem Esel durch die Gassen, im Mundwinkel die unvermeidliche Zigarre. An einem kleinen Platz unter Flamboyant-Bäumen spielen einige Altergenossen mit Cowboyhut Domino oder halten Siesta, der Gaul wartet derweil angeleint am Holzgitter der Fenster.

Service & Tipps:

Cubatur
Calle Antonio Maceo, Ecke Calle Zerquera (ehem. Calle Rosario)
Trinidad
✆ 041-99 63 10 und 041-99 61 10
Mo-Fr 9-18 Uhr
Touren in die Umgebung und in die Berge; zweimal tägl., 10 und 14 Uhr, fährt der offene Shuttlebus »Trinibus« im Rundkurs zur Playa Ancón, s. S. 96 f., und zurück, Fahrpreis CUC 2 p. P.).

Aeropuerto Alberto Delgado
1 km südlich der Stadt, Inlandflüge z.B. nach Havanna und Cayo Largo.

Bahnhof im Südwesten von Trinidad nahe der Straße nach Casilda
Außerdem fährt die Dampflok des Trén turístico wieder ins Valle de los Ingenios (s. S.113 f.), Abfahrt ca. 9.30 Uhr (man sollte frühzeitig da sein, Tickets gibt es ab ca. 8.45 Uhr), Rückkehr ca. 14 Uhr, ca. CUC 10.

Busbahnhof an der Calle Piro Guinart 224, Trinidad
✆ 041-99 24 04 und 041-99 44 48

Palacio Cantero (Museo Histórico Municipal)
Calle Simón Bolívar 423 (ehem. Calle Desengaño)
Trinidad
Sa-Do 9-17 Uhr, Eintritt CUC 2

Hervorragendes Stadtmuseum mit Möbeln aus der Epoche der Zuckerbarone (man beachte das praktische Messingbett auf Rollen). Ausstellung zum Sklavenhandel (u.a. Folterinstrumente), der Zuckerproduktion und dem Unabhängigkeitskampf im 19. Jh. Über eine enge Treppe geht es aufs Dach vom Aussichtsturm.

🏛 Palacio Brunet (Museo Romántico)
Plaza Mayor, Ecke Calle Hernández Echerrí, Trinidad
Di–So 9–17 Uhr, Eintritt CUC 2
Möbel und Dekorationen in den 14 einstigen Wohn- Ausstellungsräumen sind Ausdruck der romantischen Epoche: kostbares Porzellan, Zedernholzdecke, Kristalllüster, Marmorbadewanne ... (nebenan Artex-Souvenirladen).

👁 Iglesia Parrochial de la Santísima Trinidad
Plaza Mayor, Trinidad
Tägl. 11–12.30 Uhr, Messen wochentags 20, Sa 16, So 9 und 17 Uhr
Die Kathedrale besitzt einen schönen edelhölzernen Altar und eine wertvolle Christusstatue.

👁 Casa Templo de Santería Yemayá
Calle Rubén Mártinez Villena 56 (nahe Plaza Mayor), Trinidad

REGION 5
Trinidad und Umgebung

Trinidad: hellbunt gestrichene Häuser und traditionelles Kopfsteinpflaster, das zur Straßenmitte hin abgesenkt ist.

111

REGION 5
Trinidad und Umgebung

Originelles Souvenir: Santería-Keramik

Tägl. ca. 8–16 Uhr, kein Eintritt, aber Spende erwünscht
Wissenswertes über die Santería in einem kleinen Privatmuseum.

Galería de Arte Universal (Palacio Ortíz)
Plaza Mayor (gegenüber der Kirche an der Südseite), Calle Rubén Martínez Villena, Ecke Simón Bolívar
Trinidad
Tägl. 9–17 Uhr
Dauerausstellung mit Werken von lokalen Malern, Bildhauern und Kunsthandwerkern.

Convento de San Francisco de Asís
Museo de la Lucha Contra Bandidos
Calle Piro Guinart, Ecke Hernández Echerrí
Di–So 9–17 Uhr
Eintritt CUC 1
In dem Kloster befindet sich eine Ausstellung zum Kampf der Regierungstruppen Fidel Castros gegen die Konterrevolutionäre, mit tollem Aussichtsturm.

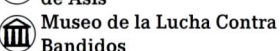

El Jigüe
Calle Rubén Martínez Villena, Ecke Pino Guinart
Trinidad
☏ 041-99 64 76, tägl. 11–22 Uhr
Eines der besten Lokale der Stadt: Spezialität ist Huhn in vielen Variationen, meist mit Reis und Bohnen. €

Trinidad Colonial
Calle Antonio Maceo 51
Trinidad
☏ 041-99 64 73
Tägl. 9–22 Uhr
Vornehmes Speiselokal mit kreolischen Gerichten, mittags am Büfett (viele Busgruppen), abends à la carte – immer mit Live-Música. €€

Plaza Santa Ana
Plaza Santa Ana, Trinidad
☏ 041-99 64 23
Tägl. 9–22 Uhr
Kolonialvilla mit luftigem Patio: kubanisch-kreolische Gerichte, z.B. mit Käse und Schinken gefülltes Schweineschnitzel; Billardtisch, angeschlossener Souvenirladen mit Musikkassetten und CDs. €€

Sol y Son
Calle Simón Bolívar 283
Trinidad
Tägl. 12.30–14 und 18–23 Uhr
Populärer Paladar, kein Wunder bei der Riesenspeisekarte: Spaghetti, Salate, Hühnchen, Schwein und Fisch in vielen interessanten Variationen und Cocktails im hübschen Innenhof. Abends oft voll. €

La Coruña
Calle José Martí 430, zwischen Fidel Claro & Santiago Escobar
Trinidad
Tägl. 11–22.30 Uhr
Durch die Wohnstube der Kolonialvilla geht's in den schönen begrünten Patio, wo man Kreolisches und ganz privat speist, während der Haushahn kräht. €

Taberna La Canchánchara
Calle Rubén Martínez Villena
Trinidad
☏ 041-99 41 36
Tägl. 9 bis etwa 20 Uhr
Die kleine Bar mit Patio hat sich zum beliebten Nachmittagstreffpunkt der Touristen gemausert, die hier *Canchánchara* süffeln: das süße Gebräu aus Aguardiente-Rum, Zitronensaft und Honig, das die *Mambíses*-Befreiungskämpfer noch warm tranken. €

Open-Air-Markt
Calle Jesús Menéndez (nahe der Casa de la Trova an der Plaza Segarte)
Trinidad
Viele Händler mit Spitzenarbeiten, Souvenirs und Kunsthandwerk. Oder die Callejón de Peña, rechts um die Ecke vom Museo Histórico (Calle Simón Bolívar).

Taller Alfarero
Calle Andrés Berro Macías 9
Trinidad
Mo–Fr 8–12 und 14–17 Uhr
Traditionelle Keramik-Produktion (seit 1886!) und Werkstatt mit Laden im Besitz der Familie Santander.

Fondo Cubano de Bienes Culturales
Calle Simón Bolívar 418, Trinidad
Mo–Fr 9–17, Sa/So 9–13 Uhr
Kunstgewerbeladen mit großer Auswahl.

»Höhlendisco Ayala« oberhalb von Trinidad: kubanische Discos kommen in der Regel erst nach Mitternacht richtig in Schwung

REGION 5
Trinidad und Umgebung

🎵 Casa de la Trova
Calle Hernández Echerrí 29 (Plaza Segarte)
Trinidad
Tägl. 10–1 Uhr, Eintritt abends CUC 1
Mit Baujahr 1777 eines der ältesten Häuser Trinidads: Mittlerweile am Abend eine reine Touristenbar mit Live-Bands und wenigen Einheimischen, an den Wänden Fotos der alten Troubadoure der Stadt.

🎵 Ruínas de Segarte
Plaza Segarte (Calle Jesús Menéndez)
Trinidad
Tägl. 10 bis etwa 24 Uhr
Kleine Bar mit Patio und Live-Musik, afrokubanischen Shows, aber auch Salsa. Snacks und Cocktails.

🎵 Casa de la Música
Plaza Mayor (oberhalb der Treppe), Calle Juan Manuel Márquez
Trinidad, Eintritt CUC 2
Musikclub mit traditioneller Live-Musik (und CD-Laden); außerdem abends ab 22 Uhr Salsa-Tanz-Show (kein Eintritt) auf dem großen Platz unterhalb der Treppe (mit manchmal etwas zwielichtigen Kubanern).

🎵 Disco-Höhle Ayala
Hotel Las Cuevas, Santa Ana (Anhöhe bei der Iglesia Santa Ana)
Trinidad
Ab 22.30 Uhr (außer Mo)
Eintritt CUC 10 (inkl. Getränke)
Tanz und Lightshow in der beliebten Höhlendisco.

🎭 Fiestas Sanjuaneras
Drei Tage lang am letzten Juni-Wochenende feiern die Bewohner mit den Touristen ihren bunten Karneval mit Musik und Tanz.

Perkussioninstrument: Das Shekere wird bei fast allen kubanischen Musikrichtungen eingesetzt

Frauensache: Handarbeit im Valle de los Ingenios

⑩ Valle de los Ingenios

Ein Abstecher in die Sklavenzeit führt von Trinidad ostwärts Richtung Sancti Spíritus in eine der schönsten Landschaften Kubas – das Valle de los Ingenios (auch: Valle de San), das zum UNESCO-Weltkulturerbe gehört: Zuckerrohrfelder und Palmenhaine soweit man schauen kann und im Hintergrund die Berge der Sierra del Escambray (s. S. 105 f.). Seit dem 18. Jahrhundert wird hier Zuckerrohr angebaut, weil der Boden sehr fruchtbar ist. In dem etwa 250 Quadratkilometer großen »Tal der Zuckermühlen« waren im 19. Jahrhundert zeitweilig bis zu 50 Zuckermühlen in Betrieb. Heute sind in der wunderschönen Landschaft noch rund 15 ehemalige Landhäuser der Zuckerbaro-

113

**REGION 5
Trinidad und
Umgebung**

ne, die Sklavenbaracken, Lagerräume sowie Zuckerrohrpressen und Maschinen zu sehen – meist jedoch nur als Ruinen, denn die befreiten Sklaven haben die Anlagen im Bürgerkrieg niedergebrannt.

Das beliebteste Ausflugsziel ist der **Torre Iznaga** im Dorf Manaca (13 km östlich von Trinidad), der von weitem bereits den Weg weist. Der siebenstufige Turm galt im 19. Jahrhundert als das höchste Bauwerk in Kuba. Die 136 Stufen können bis zu schwindelerregenden 44 Metern erklommen werden, wo eine phänomenale Aussicht die Anstrengungen belohnt. Die beiden Söhne des Zuckerbarons Iznaga sollen den Turm 1835 aufgrund einer Wette erbaut und später zur Überwachung der Sklaven genutzt haben. Die Glocke läutete Beginn und Ende der alltäglichen Plackerei ein.

Iznaga war einer der reichsten Männer jener Zeit, und er steigerte seinen Reichtum noch durch Schmuggel mit Zucker und Überfälle auf andere Häfen. Andererseits soll er zu seinen Sklaven relativ human gewesen sein: Er ließ sie in Steinhäusern und nicht in Baracken schlafen. Iznaga besaß mehrere Häuser und Paläste in und um Trinidad. Selbst als der Zuckerpreis drastisch sank und alle Zuckerbarone die Stadt verließen, blieb er seiner Heimatstadt treu – bis zu seinem völligen Bankrott.

Auf dem Weg zum Torre Iznaga kommt man am **Loma del Puerto** vorbei, einem *Mirador*-Aussichtslokal auf einem Hügel, wo man bei einem Cuba libre oder *guarapo*, dem frisch gepressten Zuckerrohr-Saft, den allerbesten Rundumblick auf das Zuckerrohr-Tal hat.

Ein Relikt aus der Sklavenzeit und UNESCO-Weltkulturerbe: der Torre Iznaga im Valle de los Ingenios

Service & Tipps:

Anreise: Die Rundfahrt mit der Dampflok des **Trén turístico** bringt die Touristen jetzt wieder ins Valle de los Ingenios, Abfahrt ca. 9.30 Uhr (man sollte frühzeitig da sein, Tickets gibt es ab ca. 8.45 Uhr), Rückkehr ca. 14 Uhr, Ticket CUC 10.

👁 **Aussichtsturm und Restaurant Manaca-Iznaga**
✖ Ctra. a Sancti Spíritus (ca. 13 km östl. von Trinidad im gleichnamigen Dorf)
✆ 041-99 72 41
Tägl. 8–17 Uhr, Turmbesteigung CUC 1
Hübsches kreolisches Restaurant im

114

ehemaligen Landhaus des Zuckerbarons Iznaga.
Garten, Terrassen-Weitblick (auch vom besteigbaren Turm, tägl. 10–17 Uhr) bei Cocktails oder frisch gepresstem Zuckerrohrsaft und musikalischer Begleitung einer Folkloregruppe.
€-€€

⊗ Mirador de la Loma del Puerto
Ctra. a Sancti Spíritus (ca. 4 km östl. von Trinidad)
Tägl. 8–21 Uhr
Speisen mit Bilderbuch-Panorama, aber erstmal muss man die steile Anhöhe hoch: Ausflugslokal mit Menüs aus Fisch, Garnelen, Huhn. €

REGION 5
Trinidad und Umgebung

Sklaven und Zuckerboom

Die Insel Kuba ist weithin von wogenden Zuckerrohrfeldern bedeckt, die etwa im November/Dezember abgeerntet werden, wenn die silbrig-buschigen Blüten den besten Zuckergehalt der Pflanzen anzeigen. Der *azúcar* machte Kuba einst zur weltweit reichsten Kolonie. Trinidad war auf dem Höhepunkt der kubanischen Zuckerproduktion im 19. Jahrhundert der viertgrößte Zuckerexporteur. Fortan erlebte die Insel Ruhm und Fluch als »Zuckerinsel«.

Die Sklaven wurden erstmals seit etwa 1525 aus Schwarzafrika herangeschafft, wobei nur zwei Drittel der in den dunklen Schiffsbäuchen eingepferchten und aneinander geketteten Menschen die Atlantiküberquerung überlebten. Mit Folterinstrumenten und Peitschen machten die Kolonialherren ihr menschliches Eigentum gefügig. Die kubanische Zucker-Aristokratie entwickelte sich auf dem Rücken von mehr als einer Million aus Afrika verschleppten Menschen – zeitweilig lebten in der Kolonie mehr Schwarze als Weiße. Einigen gelang die Flucht und sie versteckten sich in Höhlen und Wäldern vor den Kopfgeldjägern mit ihren Hunden. Der Schriftsteller Miguel Barnet ließ in den 1960er Jahren einen entflohenen Sklaven zu Wort kommen: den letzten lebenden *Cimarrón* Esteban Montejo, der als 103-Jähriger mit anschaulichen Worten seine Lebensgeschichte erzählte.

Ab Mitte des 19. Jahrhunderts sank der Zuckerpreis auf dem Weltmarkt. Die Engländer hatten mittlerweile aus Zuckerrüben ihren eigenen süßen Saft produziert. Die kubanischen Sklaven begehrten immer öfter gegen ihre Herren und Wächter auf, bei Aufständen steckten sie Zuckermühlen in Brand. Die ökonomische Situation zwang viele Plantagenbesitzer zur Aufgabe und Abwanderung nach Havanna und Santiago de Cuba. Mit dem Ausbruch des Bürgerkrieges 1868 wandten sich die übrigen Zuckerbarone zunehmend selbst gegen die Sklaverei, v. a. im Osten des Landes: Berühmtestes Vorbild war Carlos Manuel de Céspedes, der seine Sklaven freiließ, mit seinen liberalen Ideen andere Großgrundbesitzer überzeugte und den ersten Bürgerkrieg ausrief (s. S. 150). Das Zeitalter der Industrialisierung machte die Sklaven schließlich überflüssig.

Im Jahr 1886 war die Sklaverei auch in Kuba abgeschafft, obwohl sie schon rund 70 Jahre zuvor in einem spanisch-britischen Abkommen als beendet besiegelt wurde. Der Sklavenhandel lief jedoch illegal weiter. Britische Schiffe kontrollierten die Fregatten in der Karibik und verfolgten die Sklavenhändler, die oftmals ihre »Schmuggelware« über Bord warfen, um Beweise zu vernichten.

Lange gehörte der Zucker zu den wichtigsten Exportgütern der sozialistischen Republik Kuba, obwohl die Regierung seit der Kritik José Martís im 19. Jahrhundert von der totalen wirtschaftlichen Abhängigkeit dieser verheerenden Monokultur wusste. Ende 2002 schließlich leitete Kuba selbst das Ende seiner Zuckerrohr-Ära ein: Die Hälfte aller Zuckerrohrfabriken wurde auf Regierungsbeschluss geschlossen (71 von 156 inselweit), nachdem die Zuckerrohrproduktion seit 1990 kontinuierlich gesunken war und einen historischen Tiefstand mit rund zwei Millionen Tonnen bei der Ernte 2002 erreicht hatte. In den 1970ern waren Spitzenwerte von über acht Millionen Tonnen Jahresernte erzielt worden!

REGION 6
Das Zentrum Kubas

Das Zentrum Kubas

Wo mehr Rinder als Kubaner leben ...

Eine Inselkette im Norden, eine Inselkette im Süden – dazwischen liegt das weite flache Zentrum Kubas und seine größte Provinz Camagüey, wo mehr Rinder als Kubaner leben: rund vier Millionen. Leuchtend gelbe Weideflächen und Zuckerrohrfelder, Ananas- und Zitrusplantagen wechseln einander ab. Windräder drehen sich gemächlich in der savannenartigen Landschaft, Cowboys am Straßenrand lüften ihren Hut zur Begrüßung. Die Nordküste bezaubert mit Inseln und Flamingos, Korallenbänken und Fischschwärmen, Segelyachten und Strandidylle – verewigt in Hemingways Roman »Inseln im Strom«. Auf 400 Kilometern erstreckt sich die Inselkette Archipiélago de Sabana-Camagüey (auch: Cayería del Norte, Jardines del Rey) – mit dem drittlängsten Korallenriff der Welt und der größten Flamingokolonie in der Karibik.

Das touristische Potential ist riesig, auf den Cayos – vor allem den Touristeninseln Cayo Coco und Cayo Guillermo – herrscht Bauboom. Das Flair längst vergangener Zeiten weht noch immer durch die Gassen der Provinzhauptstadt Camagüey, einer kolossal-kolonialen Augenweide mit der nach Havanna größten erhaltenen Altstadt Kubas, die seit 2008 als Weltkulturerbe unter dem Schutz der UNESCO steht.

❶ Archipiélago de los Jardines de la Reina

Über mehr als 160 Kilometer ziehen sich Hunderte von Inseln und Inselchen des Archipiélago de los Jardines de la Reina (Gärten der Königin) an der Südküste entlang, flankiert von Korallenbänken. Der Archipel liegt etwa 80 Kilometer vor der Küste. Die menschenleeren Inseln sind von Mangroven überzogen und als Nationalpark geschützt, eines der besten Tauch- und Angelgebiete in Kuba. Jedoch zieht es bisher nur wenige Tauchtouristen in die Unterwasser-Canyons, denn lediglich ein einfaches Doppeldecker-Hotelschiff und zwei Yachten unter italienischer Leitung bieten Unterkunft.

Die Gewässer sind ein Paradies für Angler: Wenn an einem Tag bis zu 25 verschiedene Spezies an der Angel zappeln ist das keine Seltenheit (vor allem Barrakudas, Snapper und Tarpune). Aber auch verschiedene Hai-Arten und Meeresschildkröten lassen sich hier blicken. Der Marine-Park beherbergt außerdem unzählige Vögel (z.B. Pelikane und Reiher), das endemische Nagetier Jutía und Leguane. (Infos unter www.avalons.net.)

Tête-a-tête in Camagüey

❷ Camagüey

Schulkinder in schicken und gepflegten Uniformen in Camagüey: Bildung ist in Kuba kostenlos und wird von Steuergeldern finanziert

Die Hauptstadt der größten kubanischen Provinz und mit rund 395 000 Einwohnern zugleich drittgrößte Stadt Kubas liegt mitten im Zentrum der Insel. Der Name geht der Legende nach zurück auf einen Kaziken-Häuptling namens Camagüei oder Camagüebax, der aus dieser Region stammte und von den Kolonialisten barbarisch ermordet wurde. In der Stadt, die von Diego Velázquez um 1515 als eine der ersten sieben kolonialen Villas gegründet wurde (erst an der Küste, 1528 versetzt an die heutige Stelle im Landesinneren), begeistert den Besucher der größte Altstadtkern in Kuba nach Havanna – ein Labyrinth aus zahlreichen malerischen Plätzen, Gassen und Kirchen. Camagüey ist außerdem berühmt für seine moderne Kunstszene und seine kulturell-wissenschaftlichen Attraktionen: Das Ballet de Camagüey ist weit über die Grenzen Kubas bekannt, an der Universität studieren viele junge Kubaner.

Im Juni feiert man alljährlich den San-Juan-Karneval mit Feuerwerk und Tanz, vielen populären Orchestern, einem Umzug, einem Rodeo und leckeren lokalen Speisen wie den Eintopf *Ajiaco Camagüeyano*, der am Straßenrand mit verschiedenen Fleischarten in großen Kesseln gekocht wird.

Die **Plaza San Juan de Dios**, im 17. Jahrhundert angelegt, ist einer der malerischsten Plätze in Kuba – wie die Kulisse eines Musketier-Films: Hier dominiert die schlichte **Iglesia de San Juan de Dios** mit dem kasernenartigen Anbau, die früher als Kloster und Sanatorium diente und heute u.a. als **Museo de Arquitectura Colonial**. Die 1728 erbaute und restaurierte Kirche ist ein typisches Beispiel für die koloniale Baukunst, der ganze Platz ein Meisterwerk der kubanischen Restaurateure – umgeben von farbenprächtigen Häuschen in allen Pastelltönen (darunter eines der ältesten Privathäuser aus dem Jahr 1748, heute ein Touristenlokal), verschnörkelten Laternen, den charakteristischen Holzbalkonen mit ihren winzigen, schindelgedeckten Dächern und Reja-Gittern.

REGION 6
Das Zentrum Kubas

Tinajones-Krüge
Wahrzeichen von Camagüey sind die »Tinajones«: Da im Zentrum der spanischen Kolonie stets Wassermangel herrschte, wurden diese bauchigen Tonkrüge schon ab dem 16. Jahrhundert hergestellt, um Regenwasser aufzufangen. Später dienten sie zum Aufbewahren von Wein. Heute sind die Krüge nicht mehr aus dem Stadtbild Camagüeys wegzudenken, insgesamt sollen es einige Zehntausend sein. Das älteste erhaltene Exemplar stammt aus dem Jahr 1760, die meisten Tonkrüge an den Plätzen und Gärten sind jedoch Nachbildungen.

Legenden und Geschichten ranken sich um die Tongebilde: Man erzählt sich, dass ein Mambí-Befreiungskämpfer im 19. Jahrhundert auf der Flucht vor den spanischen Soldaten nur entkam, weil er sich in solch einem Krug versteckte. Und wer nur einmal aus dem Tonkrug trinkt, wird sich verlieben und immer in Camagüey bleiben oder immer wieder zurückkehren.

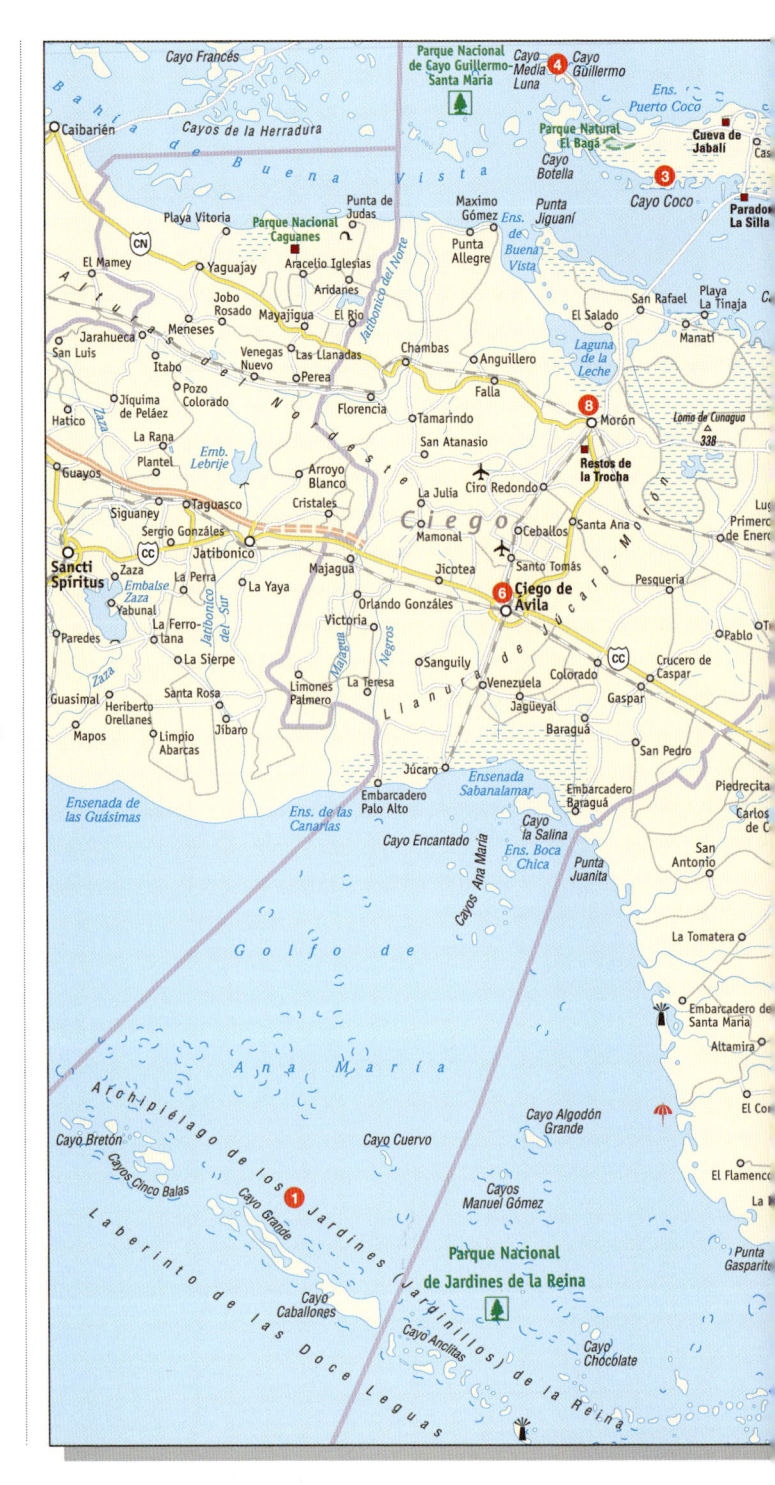

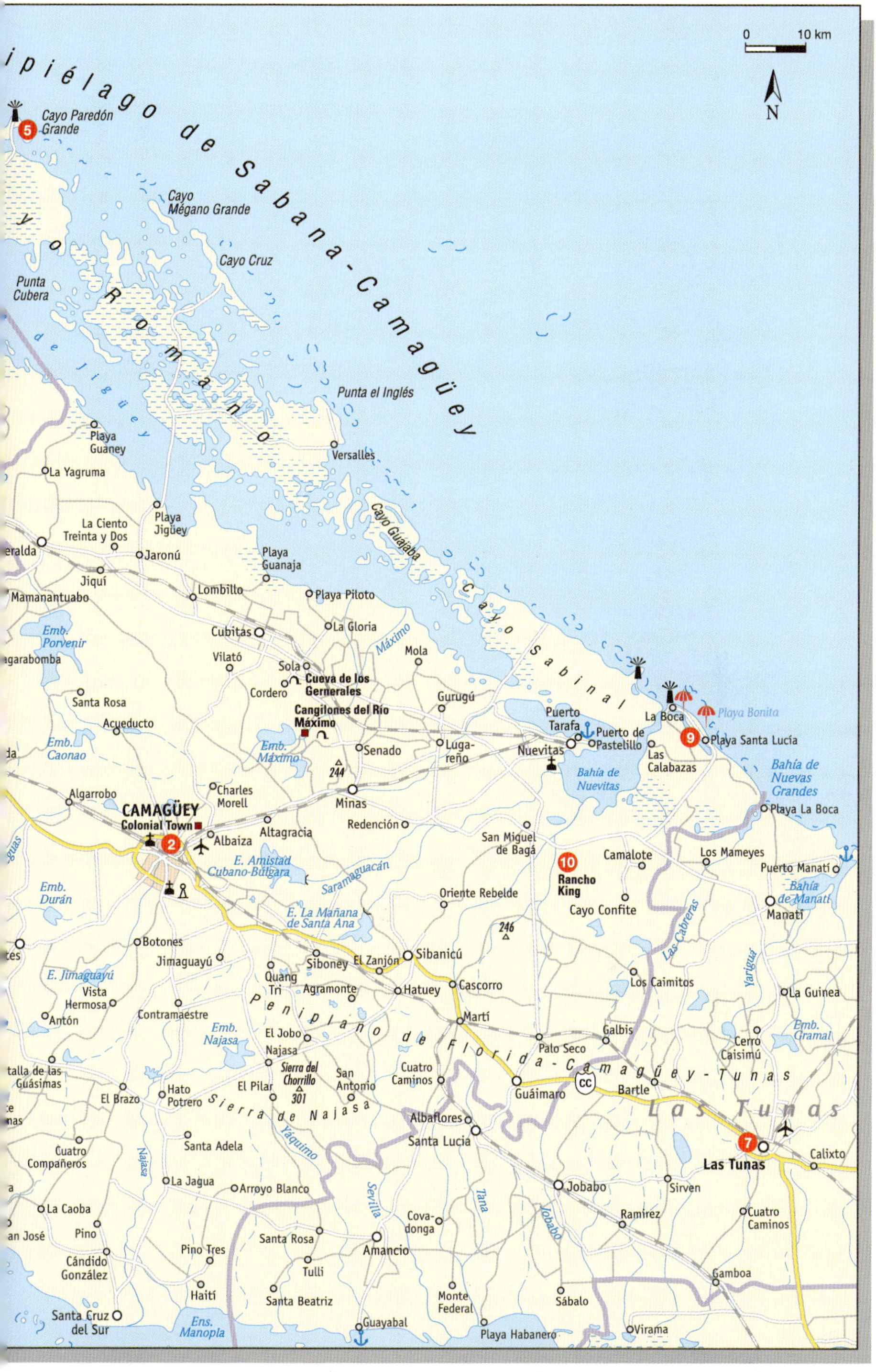
Archipiélago de Sabana-Camagüey
Cayo Paredón Grande
Cayo Mégano Grande
Cayo Cruz
Cayo Romano
Punta Cubera
Punta el Inglés
Versalles
Cayo Guajaba
Cayo Sabinal
Playa Guaney
La Yagruma
Playa Jigüey
La Ciento Treinta y Dos
Jaronú
Jiquí
Playa Guanaja
Lombillo
Playa Piloto
Mamanantuabo
La Gloria
Cubitas
Emb. Porvenir
Vilató
Sola
Cueva de los Gernerales
Cordero
Mola
Máximo
Gurugú
Cangilones del Río Máximo
Santa Rosa
Acueducto
Emb. Caonao
Emb. Máximo
Senado
Luga-reño
Nuevitas
Puerto Tarafa
Puerto de Pastelillo
La Boca
Playa Bonita
Playa Santa Lucía
Las Calabazas
Bahía de Nuevitas
Bahía de Nuevas Grandes
Playa La Boca
244
Algarrobo
Charles Morell
Minas
CAMAGÜEY
Colonial Town
Albaiza
Altagracia
Redención
San Miguel de Bagá
Rancho King
Camalote
Los Mameyes
Puerto Manatí
Bahía de Manatí
Manatí
E. Amistad Cubano-Búlgara
Saramaguacán
Emb. Durán
Oriente Rebelde
Cayo Confite
E. La Mañana de Santa Ana
246
Botones
Jimaguayú
Siboney
El Zanjón
Sibanicú
Las Cabreras
Yariguá
E. Jimaguayú
Quang Tri
Agramonte
Hatuey
Cascorro
Los Caimitos
La Guinea
Vista Hermosa
Antón
Contramaestre
Martí
Emb. Gramal
Cerro Caisimú
Galbis
Penillano de Florida-Camagüey-Tunas
Emb. Najasa
El Jobo
Najasa
Palo Seco
Sierra del Chorrillo
301
San Antonio
Cuatro Caminos
Guáimaro
CC
Bartle
El Brazo
Hato Potrero
El Pilar
Sierra de Najasa
Las Tunas
Albaflores
Santa Lucia
Calixto
Cuatro Compañeros
Santa Adela
Yaquimo
Najasa
Sevilla
Tana
Jobabo
Sirven
La Jagua
Arroyo Blanco
La Caoba
Pino
Ramírez
Cuatro Caminos
Cova-donga
Santa Rosa
Amancio
Pino Tres
Tulli
Cándido González
Haití
Santa Beatriz
Monte Federal
Sábalo
Gamboa
Santa Cruz del Sur
Ens. Manopla
Guayabal
Playa Habanero
Virama
0
10 km
N

REGION 6
Das Zentrum Kubas

Der nördlich gelegene Platz **Parque Agramonte** wurde 1528 als Waffen- und Exerzierplatz benutzt. Königspalmen und große *Tinajones*-Tonkrüge umgeben das Bronzedenkmal von Generalmajor Ignazio Agramonte, dem berühmtesten Sohn der Stadt. Der camagüeyanische Widerstandskämpfer fiel im ersten Bürgerkrieg 1873. Zuvor waren einige Patrioten 1851 von den Spaniern hingerichtet worden. Zu ihren Ehren pflanzten die Hinterbliebenen die majestätischen Königspalmen – als heimliches Symbol für die Märtyrer. Um den Platz reihen sich im Süden die **Catedral de Nuestra Señora de la Candeleria**, die vom englischen Piraten Henry Morgan 1868 geplündert wurde und die Schutzpatronin der Stadt beherbergt, und im Westen die schön restaurierte Casa de la Trova Patricio Ballagas.

Wenige Spazierminuten nördlich öffnet sich die kleine dreieckige Plaza de los Trabajadores, die von der imposanten **Kathedrale Nuestra Señora de la Merced** überragt wird: eine Kirche aus dem Jahr 1748 im kubanischen Barockstil, die erst 1906–09 nach einem Brand neu errichtet wurde. Im Innern lohnt sich ein Blick auf den herrlichen silbernen Altar und das *Santo Sepulcro*, das Heilige Grab in den Katakomben. An der Südseite kann man das wunderschöne, gelb getünchte **Geburtshaus** des Lokalpatrioten **Agramonte** besuchen, des Rechtsanwalts und Rinderfarmers, der hier 1841 geboren wurde und als General an der Seite von Manuel de Céspedes im ersten Unabhängigkeitskrieg gekämpft hat. Das Gebäude mit dem zierlichen Holzbalkon stammt aus dem 18. Jahrhundert und ist eines der ältesten der Stadt.

An der Nordseite des Platzes zweigt man in die Calle Padre Valencia ab und erreicht nach zwei Straßenecken das **Teatro Principal** mit den rötlichen Buntglasfenstern, das 1850 feierlich eingeweiht wurde. Hier begeisterte Enrico Caruso sein kubanisches Publikum. Heute sollten Ballett-Fans keine Aufführung des zweitwichtigsten Ensembles in Kuba verpassen, gegründet von Fernando Alonso (Ex-Ehemann der legendären Alicia Alonso, die in Havanna das Ballet Nacional gegründet hat). Weiter im Südwesten der Altstadt erstreckt sich die jüngst restaurierte romantische **Plaza del Carmen**, die durch ein koloniales Ensemble aus der Klosterkirche **Iglesia del Carmen** und pastellfarbenen Häuschen, Palmen, Tonkrügen und bronzenen (lebensecht wirkenden) Menschen-Skulpturen beeindruckt.

Auf der am Wochenende verkehrsberuhigten Calle República treffen sich Alt und Jung jeden Samstag zum *Sábado de la noche:* Man schwoft bei Live-Musik mit Latin Jazz, Salsa, Bossanova und Música Tradicional.

Camagüey – dieser Stadt sieht man nicht an, dass sie eine Großstadt mit rund 395 000 Einwohnern ist

Viele junge Kubaner verdingen sich leider immer öfter als aufdringliche bis teils aggressive Schlepper, die mit ihren Rädern dicht vor den Touristenautos zickzack fahren und Beinahe-Unfälle provozieren bei dem Versuch, die Touristen in einige (Provision zahlende!) Privatpensionen zu locken.
Man sollte ruhig bleiben, ggf. rechts ranfahren und sagen: »Gracias, no necesito ayuda, tengo reservación«. Oder kürzer: »No moleste por favor!«

Unterwegs in Camagüey ▷

Service & Tipps:

ⓘ **Infotur**
Av. Agramonte (hinter der Iglesia de la Merced), Camagüey
www.pprincipe.cult.cu (Website der Stadt, nur auf Spanisch, aber mit Musik)

ⓘ **Cubatur**
Av. Agramonte 421, zwischen Maceo & Independencia

Camagüey
✆ 032-25 47 85/86

✈ **Ignacio Agramonte International Airport**
9 km nördl.
✆ 032-26 18 62, 032-26 10 10

🚆 **Bahnhof:** Calle Avellaneda, Ecke Calle Finlay
🚌 **Viazul-Busbahnhof:** Ctra. Central Oeste, Ecke Perú

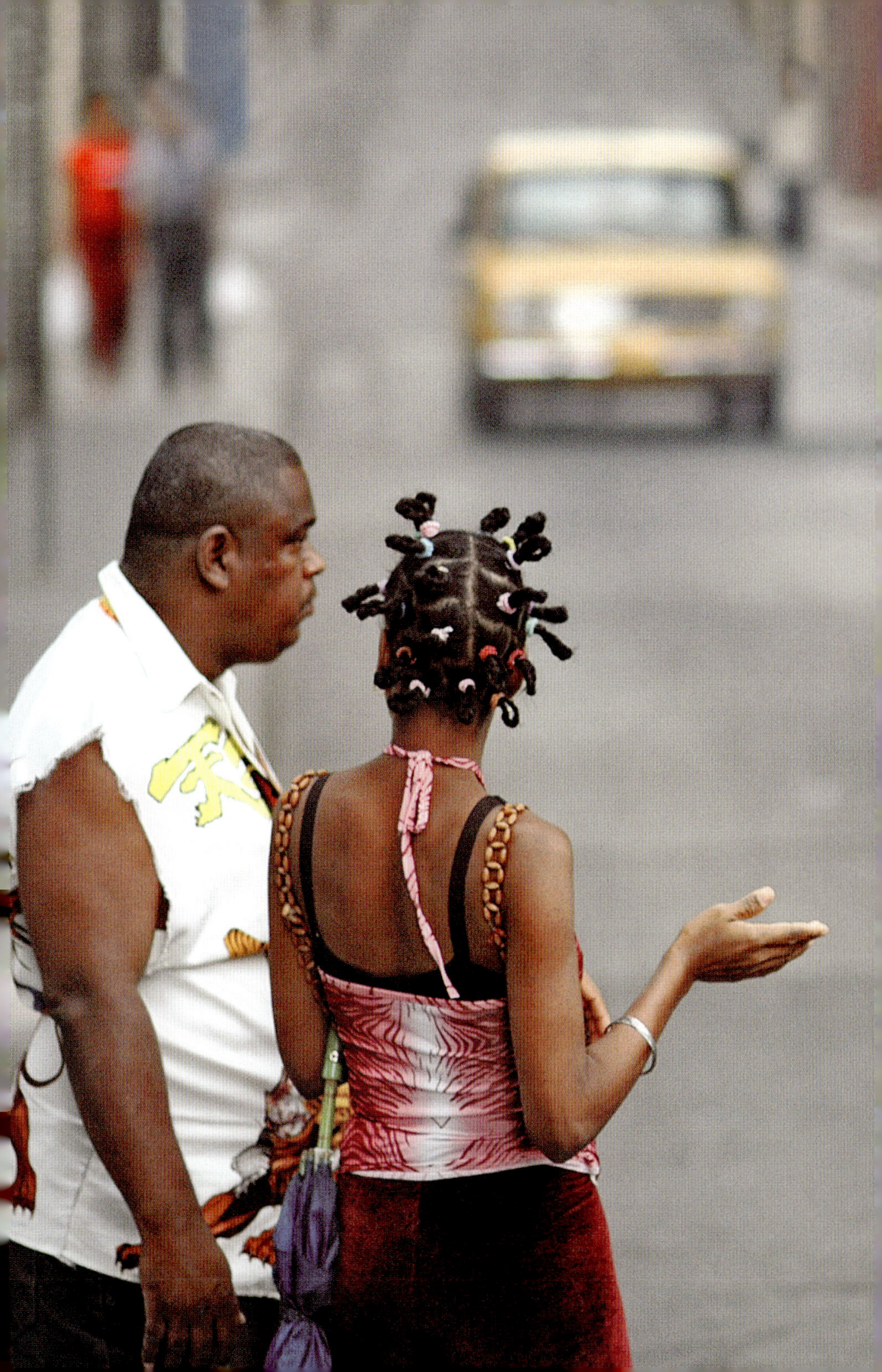

REGION 6
Das Zentrum Kubas

Falls man das tatsächlich ziemlich chaotische Gassenlabyrinth in der Altstadt nicht sofort durchschaut oder sich verfahren hat – das sollte noch zu Piratenzeiten die damals häufigen Überfälle erschweren... – sollte man sich mit dem Vermieter der gebuchten Casa Particular an einem zentralen Hauptplatz oder am Ortseingang treffen und zum Ziel lotsen lassen. So entgeht man am besten den modernen Piraten in Camagüey (vgl. Randspalte S. 120), die sogar vor den Privatpensionen noch die Gäste abfangen und sich als Amigos des Besitzers ausgeben.

Camagüey
✆ 032-27 24 80, www.viazul.cu

👁 Iglesia de San Juan de Dios
Museo de Arquitectura Colonial
Plaza San Juan de Dios, Camagüey
Di–Sa 9–17, So 9–12 Uhr
Eintritt CUC 1
Kirche aus dem Jahr 1728, u.a. mit Architekturmuseum.

👁 Catedral Nuestra Señora de la Merced
Plaza de los Trabajadores
Camagüey
Die Kathedrale, ursprünglich aus dem Jahr 1748, wurde mehrfach erneuert und birgt im Inneren wertvolle Sakralgegenstände, z.B. einen Hochaltar und ein Heiliges Grab *(Santo Sepulcro)*, beide aus Silber.

🏛 Museo y Casa Natal Ignacio Agramonte
Plaza de los Trabajadores
Camagüey
Mi–Sa 9–17, So 8.30–11.30 Uhr
Eintritt CUC 2
Wunderschön restauriertes Geburtshaus von Agramonte: Zu den Ausstellungsstücken zählen persönliche Gegenstände, Urkunden und originale Möbel aus dem Besitz des Generals, z.B. ein Klavier.

🎭 Teatro Principal
Calle Padre Valencia 64

Camagüey
Das Theater ist berühmt für seine Vorstellungen – wenn die Tänzer nicht gerade auf Tour sind. Im Oktober/November findet alle zwei Jahre (in ungeraden Jahren) im Wechsel mit Havanna (in geraden Jahren) ein Ballett-Festival statt.

🎭 Wasserballett statt Salsa!
Das Gran Hotel (Calle Maceo 67–64) lockt allabendlich die Gäste mit einem Agua-Ballett an den Hotelpool des Kolonialbaus (gratis!), außerdem Salsa-Tanzkurse in der Lobby-Bar.

🍴 La Campana de Toledo/ Parador de los Tres Reyes
Plaza San Juan de Dios 18
Camagüey
✆ 032-28 68 12, tägl. 10–22 Uhr
Kreolisches und Internationales in einem schönen Patio eines der ältesten Privathäuser der Stadt (1748), wo man heute zwischen Flamboyant und Tinajones-Krügen speist. €

🍴 El Ovejito
Calle Hermanos Agüero 280, zwischen Honda & Carmen (an der Plaza del Carmen)
Camagüey
✆ 032-29 25 24
Mi–So 12–22 Uhr
Der Name verrät es: Spezialität in dem ehemaligen Herrenhaus sind Lamm-Gerichte. €€

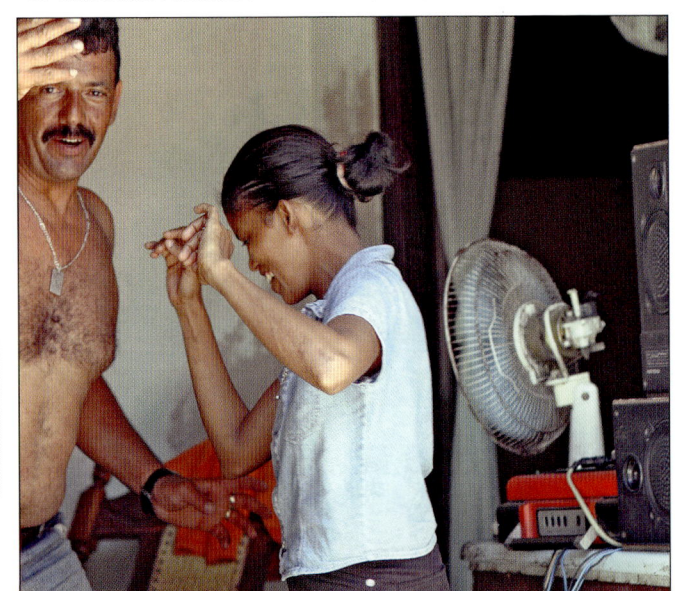

Kubaner brauchen keine Tanzfläche – sie stehen auf, schieben den Stuhl zur Seite und tanzen

Dachlokal im Gran Hotel
Calle Maceo 67, zwischen Agramonte & General Gómez
032-29 20 93/-94
Tägl. 7–23 Uhr
Empfehlenswert mit Büfett und Panoramablick über die Dächer der Stadt.
€-€€

Die meisten Souvenir-Läden sind in der Fußgängerzone **Calle Maceo**, hier findet man auch kleine Supermärkte, Buchläden, Peso-Läden usw. Ein interessanter Markt ist der **Mercado Agropecuario El Río** am nördlichen Flussufer des Hatibonico (Calle Matadero, täglich ab morgens) sowie der Flohmarkt auf der Plaza San Juan de Dios am Wochenende.

Artex
Calle República 381, Camagüey
Staatlicher Laden mit der üblichen bunten Ware, viel Musikauswahl.

Casa de La Trova Patricio Ballagas
Calle Cisneros 171, zwischen Martí & Cristo (am Parque Agramonte)
Abends Eintritt CUC 3 (inkl. 2 Getränke)
Tägl. ab 21 Uhr Live-Musik mit Trova und Boleros oder auch Blues (Di und Sa) am zentralen Platz.

Feste
San Juan-Karneval im Juni mit Feuerwerk und Tanz, Umzug und Rodeo-Wettbewerb.

REGION 6
Das Zentrum
Kubas

❸ Cayo Coco

Vom Festland aus sieht man die Inselkette des Archipiélago de Sabana-Camagüey am Horizont schimmern – einer Fata Morgana gleich: Ein Damm führt über den Ozean auf einer rund 20 Kilometer langen Piste nach Cayo Coco, einer 370 Quadratkilometer großen Hotelinsel. Hier lockt Karibikflair mit weißen Stränden und türkis leuchtendem Wasser. Mit den benachbarten Eilanden Cayo Guillermo, Cayo Paredón Grande und Cayo Romano wird das Archipel an der Nordküste Kubas auch **Jardines del Rey** genannt, die Gärten des Königs (die der Königin, das Archipiélago de los Jardines de la Reina, liegen im Süden, s. S. 116).

Die Koralleninseln bilden das drittgrößte Korallenriff der Welt. Gerade wie ein Lineal fährt man auf der Landbrücke über unzählige Mini-Inseln mit Buschland. Die Cayos gehören zum Naturschutzgebiet mit ökologischem Forschungszentrum auf Cayo Coco. Auf den ersten Blick wirken die Inseln jenseits ihrer palmenbestandenen Hotelstrände unwirtlich und wenig exotisch: Mangroven und blasses Karstgestein, endemische Zwergpalmen *(Cocothrinax litoralis)* und die rotstämmigen *Almácigo*-Bäume beherrschen das flache Landschaftsbild.

Auf dem **Ökopfad Las Dolinas** im Norden von Cayo Coco erfährt man Wissenswertes zur Inselvegetation: Ein Biologe erläutert auf dem zwei Kilometer langen Naturpfad die jahrhundertealte Verwendung der Pflanzen beidseits des Weges. Beispielsweise werden aus den weichen Almácigo-Baumstämmen Särge geschnitzt, die wuschlige, palmenartige *yarey* dient bis heute als Material für Strohhüte und Hausdächer. Und der *Güira*-Baum, eine Würgefeige, taugt sogar als Salsa-Instrument – seine runden Früchte werden ausgehöhlt, getrocknet und in Maracas-Rasseln verwandelt.

Vom Aussichtsturm **Parador La Silla** am Rande des Damms lassen sich mit viel Geduld, Glück und einem guten Fernglas die scheuen Flamingos erspähen, am besten im Som-

Bei einer Tauchtour vor Cayo Coco garaniert sofort auszumachen: Adlerrochen

Cayo Coco: Karibikflair unter Palmen

REGION 6
Das Zentrum Kubas

Kuba wird vor allem zwischen Juli/August und Oktober/November und verstärkt im Westen des Landes (Havanna-Provinz, Pinar del Río, Matanzas) von Hurrikans heimgesucht. »Michelle« (2001), »Lilly« (2002) und »Dennis« (2005) sowie 2008 gleich drei Wirbelstürme (»Gustavo«, »Ike« und »Paloma«) waren die verheerendsten des vergangenen Jahrzehnts.

Im Gegensatz zu den anderen karibischen Inseln wie Haiti und Jamaika gibt es jedoch in Kuba ein hervorragendes Warn- und Evakuierungssystem, so dass das Land meist nicht so schlimm betroffen ist.

mer in den frühen Morgenstunden oder zur Dämmerung am Abend. Ihre rosafarbenen Silhouetten leuchten wie Spiegelbilder auf dem ruhigen Wasser zwischen den Mangrovensümpfen – rund 25 000 Exemplare sollen es sein. Andere Wasservögel sind allgegenwärtig, wie die Pelikane, die beim Fischfang nur knapp über die wenig befahrene Landbrücke schweben.

Insgesamt haben die Forscher im Öko-Zentrum 304 Vogelarten auf Cayo Coco gezählt, darunter Reiher und den Nationalvogel Tocororo (Kuba-Trogon). Der Wanderer trifft außerdem vielleicht auf Leguane und ungiftige Schlangen, Wildschweine und Wildpferde und den Vogel, nach dem die Insel benannt ist: den weißen *Coco*, einen Ibis. Unter Wasser tummeln sich Stachelrochen, Adlerrochen und Delfine zwischen bunten Fischschwärmen.

Im **Naturpark El Bagá** kann man auf Lagunen, Mangrovenkanälen und Wanderpfaden ebenfalls auf Pirsch gehen und einen Aussichtsturm besteigen, in Bassins und Gehegen leben Delfine, Krokodile, Meeresschildkröten, Leguane und Flamingos.

Service & Tipps:

Anreise: über den rund 20 km langen Damm (je CUC 2 hin und zurück, Pass vorzeigen), der ca. 20 km hinter der Stadt Morón beginnt.

ⓘ Infos in den Hotels und im Infotur-Büro am Flughafen.
Im Internet: www.jardinesdelrey.cu

Aeropuerto Jardines del Rey
7 km von den Hotels, Flüge aus Kanada und Europa
℅ 033-30 91 65

Las Dolinas
Beim Restaurant Cueva del Jabalí
Cayo Coco
2 km langer Ökopfad im Norden der Cayo Coco: unbedingt Mückenschutz auftragen!

Parque Natural El Bagá
Im Westen von Cayo Coco
Wird derzeit restauriert, sonst tägl.

9–17 Uhr, Eintritt ab CUC 5–10
Info über Exkursionen auch bei Ecotur: www.ecoturcuba.co.cu
760 ha großes Naturschutzgebiet mit Restaurants und Tiergehegen, außerdem Shows und Fahrradverleih (in den Hotels als Tagesausflug zu buchen).

La Cueva del Jabalí
Cayo Coco
℅ 033-30 12 06
Di-Sa 10.30 bis etwa 22 Uhr, am Mi anschließend Disco, Eintritt CUC 10, tagsüber kostenlos
Bar und Ausflugsrestaurant in einer Höhle, wo die Bäume durch die Decke wachsen; abends gibt es für Gruppen Spanferkel am Spieß und Disco am Mittwoch (im Hotel zu buchen). €€

Sítio La Güira (auch: Rancho Los Márquez)
Ctra. a Cayo Guillermo
Cayo Coco
℅ 033-30 12 08, tägl. 9–22 Uhr, Eintritt CUC 6 (mit »tierischer« Show)
Rumbos-Lokal und Ranch mit einigen Farmtieren; Snacks und kubanische Speisen, Reitpferdeverleih und einige einfache Cabañas zur Miete. €

Parador La Silla
Etwa im letzten Drittel des Damms nach Cayo Coco, km 18
℅ 033-30 21 37
Einfache Cafeteria mit Aussichtsturm: beste Flamingo-Sicht frühmorgens oder in der Abenddämmerung. €

Spanferkel am Spieß gehört zu den kubanischen Nationalgerichten

REGION 6
Das Zentrum Kubas

Unterwasserszenario vor Cayo Guillermo: ein Schwarm Blaustreifen- und Franzosengrunzer zwischen schönen Weichkorallen und ...

❹ Cayo Guillermo

Das kleine Eiland besteht aus ganzen 13 Quadratkilometern Marschland und weiten, weißen Stränden. Sie gehört als Nachbarinsel von Cayo Coco ebenfalls zum Archipiélago de Sabana-Camagüey. Schon Ernest Hemingway erkundete die rund 400 Inseln der Cayería, warf an Cayo Guillermo seinen Anker und beschreibt die paradiesische Szenerie in seinem Roman »Inseln im Strom«. Der Autor schwärmte hier von dem »besten und fischreichsten Gewässer, das man überhaupt in seinem Leben entdecken kann«. Auf den Spuren Hemingways stechen noch heute viele Hochseefischer und Angler in See, zum Fang gehören beispielsweise Barrakudas und Marlins.

Auf dem Inselchen haben die Kubaner einen Strand nach Hemingways Yacht benannt: Vom schönen **Playa Pilar** im Westzipfel des Eilands schweift der Blick auf die kleinere **Cayo Media Luna**, wo die Ausflugskatamarane anlegen. Sanddünen türmen sich auf Haushöhe, die berühmten Korallenbänke liegen nicht weit entfernt. Diese maritimen Naturwunder reichen in eine Tiefe bis zu 40 Meter, wo sich Myriaden von tropischen Fischen tummeln, Taucher haben eine Sichtweite von bis zu 20 Metern.

Cayo Guillermo ist über einen Damm von Cayo Coco aus zu erreichen. Neben den Hotelrestaurants gibt es ein Lokal mit Snacks und kubanischen Gerichten am Pilar-Strand (tägl. 8–17 Uhr); hierher fährt auch eine Art touristische Bimmelbahn von den Hotels. Katamaran- und Schnorchelausflüge zur vorgelagerten Cayo Media Luna und den Korallenriffen.

... der relativ scheue Diadem-Kaiserfisch

❺ Cayo Paredón Grande

Der Leuchtturm ist die höchste Erhebung auf dem winzigen Eiland im Osten der Inselkette des Archipiélago de Sabana-Camagüey am Ende der Straße. Hier läuft man noch über jungfräulich weiße Strandflecken, ein Hotel versorgt die bisher wenigen Gäste.

REGION 6
Das Zentrum Kubas

❻ Ciego de Ávila

Ciego de Ávila wird von den Kubanern auch die »Stadt der Ananas« genannt, weil die tropisch-saftigen Früchte rundum auf weiten Feldern reifen. Es ist die wahrscheinlich untouristischste Stadt in Kuba, denn außer dem **Teatro Principal** aus dem Jahr 1927 am Parque Martí und der Festung **Fortín de la Trocha** hat sie keine Sehenswürdigkeiten zu bieten. Wer als Urlauber aus dem 100 Kilometer nördlich gelegenen Cayo Coco und Cayo Guillermo einen Ausflug in diese Stadt unternimmt, erlebt einen unverfälschten Einblick in den kubanischen Provinzalltag der rund 100 000 Bewohner – inklusive Warteschlangen vor Restaurants und Peso-Läden und vieler mangels Benzin durch die Straßen rumpelnder Pferdekutschen.

Ananas – Hauptprodukt in der Region Ciego de Ávila

Service & Tipps:

ⓘ **Cubatur** (✆ 033-30 10 27) sowie das **Oficina de Jardines del Rey** Calle Máximo Gómez, Ecke Maceo.
Ciego de Ávila

✈ **Máximo Gómez International Airport**
23 km nördl. von Ciego de Ávila
✆ 033-22 57 17, 033-26 60 03

✗ **Don Pepe**
Calle Independencia 103, zwischen Simón Reyes & Maceo
Ciego de Ávila
✆ 033-22 37 13, tägl. 7.30–23.30 Uhr
Typisch kreolisch-kubanische Gerichte vom Huhn und Schwein mit Reis und schwarzen Bohnen, abends treten Musikbands auf. €

✗ **La Vicaria**
Ctra. Central (gegenüber vom Busbahnhof, nahe Calle Máximo Gómez)
Ciego de Ávila
✆ 033-26 64 77, tägl. 8–24 Uhr
Ein beliebter und guter Schnellimbiss. In der Nähe, an der Ecke Calle

Máximo Gómez, liegt das ebenfalls populäre **La Romagnola** mit italienischen Speisen, wo man manchmal mit den Einheimischen Schlange stehen muss. €

❼ Las Tunas

Die Hauptstadt der gleichnamigen Zuckerprovinz wurde bereits 1752 gegründet. Leider fielen die Kolonialbauten den Bränden in beiden Unabhängigkeitskriegen zum Opfer, so dass die Stadt mit rund 140 000 Bewohnern ein eher modern-sozialistisches Antlitz mit den üblichen Plattenbauten aufweist. Auffallend sind die teils merkwürdigen Skulpturen im Straßenbild wie etwa ein gigantischer Bleistift, der als Symbol für die Alphabetisierung ab 1961 in den Himmel ragt (im Nordwesten an der Calle Lucas Ortíz). Ein Museum erinnert an ein Attentat auf eine Cubana-Maschine, bei dem 1976 das gesamte 24-köpfige olympische Fechtteam aus Kuba ums Leben kam (insgesamt 73 Tote).

Rund 80 Kilometer nördlich liegen zwei herrliche Strände an der Küste: **Playa Covarrubias** mit einem Resort und **Playa La Herradura** mit Campismo und einigen Privatunterkünften.

REGION 6
Das Zentrum Kubas

Museo de los Mártires de Barbados
Calle Lucas Ortíz 344, Las Tunas
Mo–Sa 10–18 Uhr, Eintritt CUC 1
Geburtshaus vom Fechtmeister Carlos Leyva Gonzáles, heute ein Museum zur Erinnerung an die Opfer des Terroraktes 1976.

La Bodeguita
Calle Francisco Varona 295
Las Tunas
Tägl. 9–23 Uhr
Mitten im Zentrum: Lokal der staatlichen Rumbos-Kette mit Hühner- und Schweinegerichten, Cocktails und Wein. €

Bei den »Vaqueros«, den Cowboys, nahe Las Tunas

127

REGION 6
Das Zentrum Kubas

❽ Morón

Die meisten Touristen durchqueren das Städtchen **Morón** auf ihrer Fahrt nach Cayo Coco rund 55 Kilometer nordwestlich (s. S. 123 f.). Der an der Nordküste gelegene Ort wurde bereits 1750 durch andalusische Siedler gegründet. Als die »Stadt des Hahnes« wird Morón auch bezeichnet: sein Wahrzeichen ist ein bronzenes Abbild eines Hahns, das pünktlich um 6 und 18 Uhr kräht, und am Ortseingang die seltenen Besucher empfängt. Die **Laguna de la Leche** nördlich von Moron ist mit 66 Quadratkilometern der größte kubanische See mit Restaurants und Wassersportmöglichkeiten. In dem fischreichen Gewässer leben vor allem Barsche und Tarpune (ebenso im **Lago Redonda** 18 km nördlich). Man kann Tretboot fahren, Kajak paddeln und sogar mit dem Jetski über die »Milchlagune« brausen. Ein – allerdings überteuerter –

Mit ihrem der Küste vorgelagerten Korallenriff, dem wohl zweitgrößten der Welt, ist die Playa Santa Lucía ein kleines Wunder; hier sind sogar Meeresschildkröten zu entdecken.

Ausflug per Dampflok zum See, einer Krokodilfarm (Criadero Cocodrilo) und einer früheren Zuckermühle, dem **Museo Ingenio Central Patria**, wird in den Hotels von Cayo Coco angeboten.

REGION 6
Das Zentrum
Kubas

❾ Playa Santa Lucía

Einer der schönsten Strände Kubas empfängt den Reisenden an der Nordküste der Provinz Camagüey: Playa Santa Lucía (ca. 110 km östlich von Camagüey). Hier hat es schon den Österreicher und Tiefsee-Experten Hans Hass und seinen Kollegen Jacques-Ives Cousteau in die Tiefe gezogen – auf den Spuren von meist harmlosen Haien, die man füttern kann, Delfinen, Meeres-

Badeparadies Playa Santa Lucía

REGION 6
Das Zentrum Kubas

schildkröten, Rochen, Seekühen und Barrakudas. Unter Wasser wartet ein großes Korallenriff mit 500 farbenprächtigen Fischarten, 50 Korallenarten (darunter die *coral negro*, die schwarze Koralle) und 35 Tauchplätzen mit bunter Flora und Fauna sowie Schiffswracks. In der benachbarten Bucht von Nuevitas ist beispielsweise 1896 das Dampfschiff »Mortera« gesunken.

Der weite, Palmen bestandene Strand zieht sich über 20 Kilometer an der Küste entlang, im Westen nahe der Bahía de Mayanabo heißt er Playa Los Cocos – ein ruhiger Strandflecken mit Blick zum Leuchtturm der benachbarten einsamen **Cayo Sabinal**. Nahe dem Fischerdorf **La Boca** (ca. 8 km westlich des Hotels) versorgen einige Lokale an der schönen Bucht die Strandflaneure. In der Hotelmeile geht es trubeliger zu mit Palmblatt gedeckten Sonnenschirmen, Segelbooten und Surfbrettern. Hinter dem Strand erstrecken sich Lagunen, an denen sich viele Flamingos versammeln.

Service & Tipps:

Alle Hotels haben eigene Restaurants. An der schönen Playa Los Cocos versorgt das klimatisierte Restaurant El Bucanero (✆ 032-36 52 26, im Dorf La Boca nahe dem Strand, ca. 7 km westlich der Hotelzone über eine Schotterpiste oder mit der Ausflugskutsche zu erreichen) die Hungrigen und Badegäste vor allem mit frischem Fisch, Meeresfrüchteteller und Shrimps (€). Es gibt auch allwöchentlich Themen-Abende mit kostümierten Kellnern für Reisegruppen (in den Hotels zu buchen, €€).

200 m weiter liegt die etwas einfachere Cafeteria Bocana (siehe unten).

Bocana
Playa Los Coquitos (noch etwas weiter westlich)
Nahe der Mündung zur Bahía de Nuevitas und dem Dorf La Boca
Etwas teureres, aber sehr gutes Fisch- und Grill-Restaurant. €

Shark's Friends Dive Center (Cubanacán Nautica)
Playa Santa Lucía, nahe dem Hotel Brisas Santa Lucía
✆ 032-36 51 82
Tauchschule, die auch die Handfütterung der Haie anbietet (Juni–Jan.), der Spaß kostet ca. CUC 50.

Cayo Sabinal
Paradiese sind meist nicht so leicht zu erreichen, so auch Cayo Sabinal. Die Insel liegt gegenüber der Landspitze von Playa Santa Lucía und beide zusammen bilden die **Bahía de Nuevitas**, in der sich viele Flamingos tummeln. Vom Touristenstrand Santa Lucía im Osten verkehrt bei gutem Wetter ein Boot zur Playa Bonita auf dem einsamen, 335 km^2 großen Eiland Sabinal-Naturreservat mit einem Traumstrand.

Jungfräulich weißer und puderfeiner Sand ohne einen einzigen Fußabdruck konkurriert im karibischen Farbszenario mit dem Smaragdgrün des Atlantischen Ozeans, ein paar Kokospalmen und Kasuarinen wiegen sich im Wind. Nur am Abend erobern die Moskitos den Strand.

Anreise: Fähre von La Boca (bei gutem Wetter, 30 Minuten) oder über die Landbrücke und den Damm bei Nuevitas, man sollte sich vorher im Hotel erkundigen, ob der Damm geöffnet ist (ca. 70 km östlich von Playa Santa Lucía, CUC 5, Pass mitnehmen; Jeep- und Buggy-Ausflüge zu buchen in den Hotels von Playa Santa Lucía).

Achtung, am Strand von Cayo Sabinal nicht unter eine Kokospalme legen!

⑩ Rancho King

Die Rancho King (ca. 25 km südlich von Playa Santa Lucía) ist eine ehemalige *ganadería*, eine der zahlreichen Viehfarmen im Landeszentrum. Richard King aus Río Grande in den USA kaufte 1852 die Farm, ihm folgte in den 1950ern Robert Thatcher als Eigentümer. Nach der Revolution 1959 beschlagnahmte der Staat die Ranch und machte aus dem Gelände ein Erholungsgebiet für die kubanischen VIPs (Castro und einige Minister waren hier in den 1960ern mehrfach zu Gast).

Nach den Zerstörungen durch den Hurrikan 2005 und der Wiedereröffnung warten die *Vaqueros*, die kubanischen Cowboys, auf die Rückkehr der Touristen. In ihren Shows (zzt. nur Mi 10 Uhr, in den Hotels erkundigen) zeigen sie ihre Kunststücke hoch zu Ross beim Viehtrieb und Kühemelken, ein bisschen Akrobatik auf dem Pferderücken und Rodeo.

Aber die Cowboys sind durchaus echt: Auf der Rancho King werden bis zu 5000 Bullen, Kühe und Kälber gehalten, rund vier Millionen Rinder werden in der Provinz Camagüey noch heute insgesamt gezüchtet – d.h. auf jeden Camagüeyano kommen sechs Rinder. Das *ganado criollo* (kreolisches Vieh) ist eine Kreuzung aus Holsteinischen Kühen und dem aus Asien stammenden Zebu-Rind mit dem unverkennbaren Höcker und Brustlappen. Das Fleisch ist hauptsächlich für die Hotelküchen bestimmt, die Milch erhalten die Eltern von Kindern bis zum Alter von einem Jahr vorrangig in den Peso-Läden auf den Bezugsschein, die *libreta*.

REGION 6
Das Zentrum Kubas

👁 Rancho King
Ctra. a Santa Lucía (ca. 25 km südl. von Santa Lucía, 1 km über Schotterabzweig)
Mobil ℅ 05-219 41 39, tägl. 9–17 Uhr, Shows zzt. Mi 10 Uhr (über Hotels zu buchen).
Man sollte sich zuvor im Hotel erkundigen, ob die Cowboy-Show für die Touristen wieder stattfindet und das rustikales Freiluft-Restaurant wieder geöffnet hat (*Cerdo asado*-Spanferkel für Gruppen, Rindersteaks und *comida criollo*). Möglich sind Reitausflüge über die Ranch, einige Zimmer werden vermietet.

Rancho King: zu Gast auf einer ehemaligen »Ganadería« östlich von Camagüey

REGION 7
Der Nordosten

Der Nordosten
Strände, Regenwald und Wüste

Die Provinz Holguín ist eine der vielseitigsten des Landes und eine der historisch bedeutendsten: Hier betrat Christoph Kolumbus vor rund 500 Jahren erstmals Kuba in der Bahía de Bariay, nachdem ihn die Eingeborenen der nördlichen karibischen Inseln nach *Cubagua* geschickt hatten. So nennen die Indianer eine Goldfundstätte. Viel Gold fanden die Eroberer auf der Insel nicht, aber die Spuren der Indianer sind in dieser Region bis heute allgegenwärtig: In Chorro de Maíta entdeckten Archäologen den größten Friedhof der Ureinwohner der Antillen, in den abgelegenen Bergen bei Baracoa leben noch einige Taíno-Nachfahren, in deren Adern Reste von indianischem Blut fließen.

Die benachbarte Provinz Guantánamo präsentiert sich mit kontrastreichen Landschaften: Im Süden nahe der Stadt Guantánamo und der gleichnamigen US-

Typisch für die Region um Baracoa sind einfache einstöckige Holzhäuser

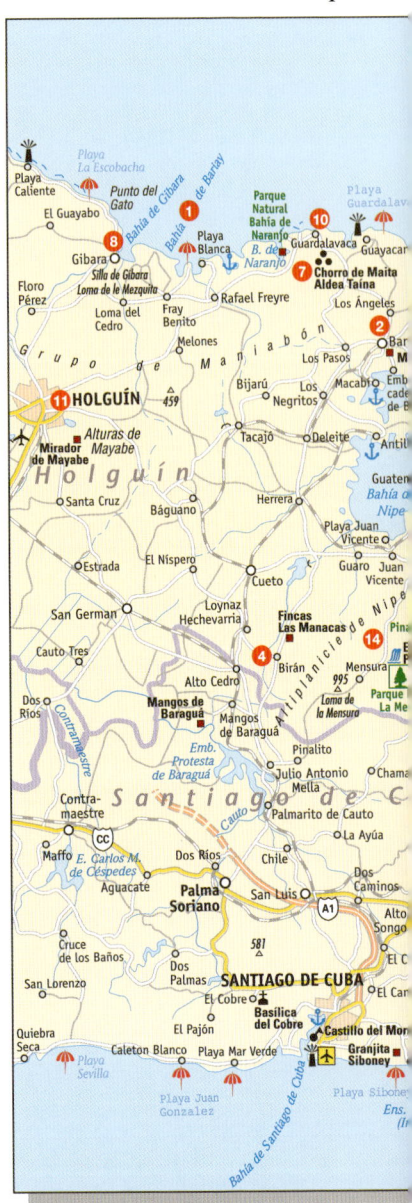

132

Marinebasis wie eine Wildwestkulisse voller Kakteen und störrischem Buschwerk. Im Nordosten bei Baracoa ist das Land dschungelartig und saftig grün. Das Örtchen versteckt sich im äußersten Ostzipfel Kubas inmitten tropischer Vegetation voller Kokospalmen. Der artenreiche Nationalpark Alejandro de Humboldt steht unter dem Schutz der UNESCO und eignet sich für abenteuerliche Wanderungen mit erfrischenden Bädern in Bergflüssen.

REGION 7
Der Nordosten

REGION 7
Der Nordosten

Ein »Moscheeberg« wurde von Kolumbus in seinem Logbuch beschrieben: Der Große Admiral schilderte dort einen merkwürdigen Berg, »... auf dem obenauf ein weiterer kleiner Hügel sitzt und der somit wie eine schöne Moschee aussieht.« Historiker halten den Loma de la Mezquita für eben jenen Berg. Bemerkenswert ist der Umstand, dass »cuba« im Arabischen der Begriff für Kuppel ist ...

Vor tropischer Vegetation: Kinder in einem Dorf im Nordosten Kubas

❶ Bahía de Bariay

»Dies ist das schönste Land, das menschliche Augen je gesehen haben«, schrieb Kolumbus in sein Bordbuch. »Der Strand ist voll von Tausenden von Muscheln. Welch reine Luft und ständig eine überwältigende Symphonie von Vogelgesang.«

Zwei Orte auf Kuba konkurrieren um die Ehre dieses historischen Moments und wollen beide der erste Landepunkt des Großen Admirals auf kubanischem Boden am 28. Oktober 1492 gewesen sein: Baracoa (s. S. 136 ff.) und die **Bahía de Bariay**. Die Historiker sind sich mittlerweile einig: Bei den Bergen, die Kolumbus erblickte und im Bordbuch der »Santa Maria« beschrieb, handelt es sich nicht um den El Yunque bei Baracoa, sondern um den 307 Meter hohen Sattelberg **Silla de Gibara** und den **Loma de la Mezquita** (Moscheeberg, s. u.) im Hinterland der Bariay-Bucht.

Hat der Besucher die kaum besiedelte Bucht zwischen Karstkegeln und Tälern voller Königspalmen über Schotterpisten endlich erreicht, kann er problemlos sein Zeitgefühl um einige Jahrhunderte zurückdrehen. Zur allgemeinen Verwirrung gibt es auch an der Bahía de Bariay mehrere Orte, die mit Denkmälern und Gedenksteinen an die Ankunft von Kolumbus erinnern und den vermeintlichen Landungsort bezeichnen. An der historisch wahrscheinlich korrektesten Stelle der Landung auf der **Cayo Bariay** (Punto del Gato an der westlichen Seite der Bucht) steht heute ein nachgebautes kleines Taíno-Dorf mit einigen Bohío-Hütten und indianischen Alltagsgegenständen aus der damaligen Zeit.

Etwas weiter nördlich auf der Cayo Bariay wurde 1992 ein monumentales Denkmal anlässlich der 500-jährigen Entdeckung Amerikas errichtet: der **Parque Monumento Nacional Bariay** mit rekonstruierten Ruinen kolonialer Säulenbauten und indianischen Götzenstatuen, die mit Umweltgeräuschen vom Band beschallt werden – sie sollen das Aufeinandertreffen der Kulturen darstellen. Auf der gegenüberliegenden (östlichen) Seite der Bucht in der Nähe des Playa Blanca steht ein weiterer älterer Gedenkstein mit den historischen Daten (hier zuerst irrtümlich aufgestellt).

REGION 7
Der Nordosten

Parque Monumento Nacional Bariay (auch: Parque Cristóbal Colón Monumento Nacional)
Cayo Bariay (in der Bahía de Bariay, 7 km langer Abzweig bei Fray Benito nach Norden, man sollte über Rafael Freyre fahren, die westliche Straße ab Gibara ist katastrophal)
Guardalavaca, Provinz Holguín
Tägl. 9–17 Uhr, Eintritt CUC 8
Mit Restaurant **Colombo** (seit 2008 vom Hurrikan »Ike« zerstört und derzeit geschl., bei Wiedereröffnung ✆ 024-43 09 15) und Öko-Pfad (wird von den Hotels in Guardalavaca angeboten, auch als Bootstour). Ebenfalls bei Rafael Freyre sind Dampflokfahrten durch Zuckerrohrpflanzungen und zu Ruinen der früheren Anlagen möglich.

Auf dem Land ist der Lastwagen das öffentliche Verkehrsmittel Nummer eins

❷ Banes

Der kleine, 1887 gegründete Ort ca. 30 Kilometer südöstlich von Guardalavaca liegt inmitten einer der reizvollsten Landschaften Kubas mit bäuerlichem Flair und wird auch als »archäologische Hauptstadt Kubas« bezeichnet. Lange Zeit lag hier ein Anbaugebiet der US-amerikanischen United Fruit Company, umgeben von der **Grupo Maniabón** – einer schier endlosen Kette aus Hügeln und Tälern mit Dörfern inmitten von Zuckerrohr-, Mais- und Tabakfeldern. Die mit Palmenblättern gedeckten Bohíos schmiegen sich an die sanft geschwungenen Hänge, auf denen Kokos- und Königspalmen wachsen. In Banes wurde der kubanische Diktator Fulgencio Batista 1901 geboren und Fidel Castro, der ebenfalls aus der Gegend stammt (vgl. Biran, S. 140), heiratete in hier 1948 die Tochter des Bürgermeisters.

Hauptanziehungspunkt der unscheinbaren Stadt ist das **Museo Indocubano Baní**, benannt nach dem Kazikenhäuptling Baní. Es beherbergt wertvolle Ausgrabungsstücke, die aus 92 Fundstellen in der Region um Banes zusammengetragen worden sind: Muscheln, Keramiken, Werkzeuge und Grabbeigaben wie Schmuck usw. – es sollen insgesamt etwa 14 000 Exponate sein, aber nur ein kleiner Teil ist der Öffentlichkeit im Museum zugänglich. Das wichtigste Ausstellungsstück ist eine menschliche Figur und Abbild eines Götzen aus purem Gold: Das Alter des vier Zentimeter großen, amulettartigen Kunstwerks, das eine Fruchtbarkeitsgöttin darstellt, wird auf etwa 500 Jahre geschätzt.

Service & Tipps:

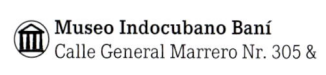

Museo Indocubano Baní
Calle General Marrero Nr. 305 &
José Martí, Banes
Di–Sa 9–17, So 8–12 Uhr
Eintritt CUC 1
Etwa tausend Ausstellungsstücke

REGION 7
Der Nordosten

Cruz de la Parra
Die Reliquie hat ihren Glaskasten bisher nur ein einziges Mal verlassen dürfen – 1998, als der Papst Johannes Paul II. in Santiago de Cuba weilte. Das Kreuz wurde nachträglich mit Silber beschlagen, weil es durch das Anfassen von Tausenden Gläubigen schon reichlich in Mitleidenschaft gezogen worden war. Nach wissenschaftlich-chemischen Untersuchungen ist das Alter tatsächlich auf etwa 500 Jahre datiert worden, und somit ist das Kreuz der älteste Zeitzeuge aus der Kolonialepoche in Kuba, wenn nicht in ganz Lateinamerika.

rund um die Indianerkultur aus den Ausgrabungsstätten in dieser Gegend.

✘ **Calle General Marrero**
Banes
In der gleichen Straße nahe dem Museum befinden sich mehrere Restaurants: neben dem Museum das **Las 400 Rosas** mit Imbiss oder das beliebte Lokal der landesweiten staatlichen **Doña-Yulla**-Kette mit Snacks und *comida cubana* (z.B. frittiertes Huhn, Schweinekotelett) und kleiner Bar nebenan (Nr. 327).

Hinter der Hausnummer 710 empfängt **Roberto** die hungrigen Gäste in seinem Wohnstuben-Lokal mit ausgezeichneter kubanischer Hausmannskost.

❸ Baracoa

Der teils holprige Schotterweg entlang der Nordküste zwischen Moa und Baracoa führt mitten in die Tropen. Wegen der Abgeschiedenheit hinter den üppigen Regenwäldern des **Parque Nacional Alejandro de Humboldt** (vgl. S. 148 f.) und der **Cuchillas del Toa** hat sich das Kolonialstädtchen mit 50 000 Einwohnern bis heute eine einzigartige Atmosphäre bewahrt. Bis zur Revolution gab es nicht einmal eine asphaltierte Straße hierher! Rückblende: Ab dem 27. November 1492 hielt sich Christoph Kolumbus für etwa eine Woche in der Bahía de Baracoa auf. Er ließ ein Holzkreuz errichten und unternahm Expeditionen auf den fünf hier mündenden Flüssen – der indianische Name *Baracoa* bedeutet frei übersetzt »viel Wasser«. Heute noch steht der Große Admiral als Denkmal am windumtosten Malecón, der Uferpromenade der kleinen Hafenstadt.

Am 15. August 1511 gründete der spanische Gouverneur Diego Velázquez in der Bucht von Baracoa am östlichen Ende der Insel die erste Siedlung auf kubanischem Boden: Nuestra Señora de la Asunción de Baracoa. Ganze vier Jahre behauptete sich das abgelegene Nest als Hauptstadt Kubas, bis schließlich im Jahr 1515 Santiago de Cuba dafür auserkoren wurde.

Die beeindruckendste unter den drei Festungen der Stadt ist **El Castillo** (1739–42), einst amerikanisches Gefängnis und Kaserne und heute ein Hotel mit morbidem Charme inklusive zugigen und knarrenden Holzfenstern. Von der Terrasse hoch über der Stadt ist der Tafelberg **El Yunque** (»Amboss«) zu sehen, dessen Plateau in rund 600 Metern Höhe von erfahrenen und schwindelfreien Wanderern im Rahmen eines Tagesausflugs bestiegen werden kann. Nicht weit entfernt, in der ehemaligen **Festung Matachín** befindet sich das winzige historische Stadtmuseum mit lokalen Schätzen: Ein Schwarz-Weiß-Foto zeigt das Cruz de la Parra, ein Holzkreuz, das Kolumbus am 1. Dezember 1492 in der Bucht und Hafen aufgestellt haben soll. Denn die Bewohner Baracoas sind überzeugt davon, dass der Große Admiral hier einige Wochen zuvor am 28. Oktober 1492 das erste Mal kubanischen Boden betreten hat. (Diese Ehre jedoch gebührt laut überwiegender Ansicht der Historiker der Bahía de Bariay weiter im Westen zwischen Gibara und Guardalavaca, vgl. S. 134 f.)

Denkmal für Christoph Kolumbus am windumtosten Malecón in Baracoa

Das meiste (touristische) Treiben spielt sich rund um die **Catedral de Nuestra Señora de la Asunción** (19. Jh.) an der Plaza Independencia (auch: Parque Céspedes) ab. Hier können historisch Interessierte auch einen Blick auf das sagenumwobene und hoch verehrte Original des **Cruz de la Parra** werfen. Vor der Kirche steht eine Büste des Indianerhäuptlings Hatuey. Am Malecón passiert man das ockerfarbene, dreistöckige **Hotel La Rusa**, in dem Che Guevara (1960) und auch Fidel Castro, Alicia Alonso und der Schriftsteller Alejo Carpentier übernachtet haben.

Wer mehr über seine Geschichte und die legendäre Inhaberin »La Rusa«, eine extravagante russische (1978 verstorbene) Künstlerin, wissen will, kann das winzige private **Museo de la Rusa** aufsuchen (ca. 50 m entfernt), das von ihrem kubanischen Adoptivsohn gegründet wurde. Die Aristokratin namens Magdalena Menasses Rovwenskaya flüchtete vor den russischen Kommunisten ins Exil nach Kuba und erlebte das Land in den 1930ern noch unter den regierenden Diktatoren Machado und Batista. Nach der Revolution wuchs ihre politische Begeisterung und sie unterstützte schließlich die Revolutionäre um Fidel Castro.

REGION 7
Der Nordosten

Der Charme Baracoas liegt irgendwo zwischen hübschen Kolonialvillen, Bruchbuden und Plattenbauten. Der Fremde sollte sich einfach durch die holprigen Gassen und Straßen treiben lassen, unter den von Tropenstürmen arg angegriffenen Kolonnaden wandeln und seine eigenen Entdeckungen machen – etwa beim Plausch mit dem Schuhputzer, in der Fahrradriksha oder bei den Musikanten in der Casa de la Trova. Die Maracas und Trommeln gehören zur unüberhörbaren Geräuschkulisse des Ortes, in dem auffallend viele kubanische Musiker leben.

Leider hat der Hurrikan »Ike« im September 2008 in der Stadt gewütet und ein Schlachtfeld hinterlassen. Die bis zu sieben Meter hohen Wellen drangen über den Malecón bis zu 400 Meter landeinwärts und rissen viele Gebäude mit sich. Noch heute sind die Schäden zu sehen und einige (private) Unterkünfte und Einrichtungen können nun weiterhin gesperrt sein.

In den vergangenen Jahren hat sich Baracoa zu einem Zentrum des Ökotourismus im Osten des Landes entwickelt – mit Trekkingtouren in den UNESCO-geschützten Nationalpark **Alexander von Humboldt** (s. S. 148 f.) und mit Ausflügen auf den vielen Flüssen rund um die Stadt. Dazu gehören Kanu- und Floßfahrten auf dem dschungeligen **Río Toa** (mit 150 km einer der längsten und wasserreichsten Flüsse Kubas) oder in den steilwandigen **Yumurí-Canyon** (auch: Boca de Yumurí) zum Paseo de los Alemanes mit anschließendem Spanferkel-Essen. Oder man erklimmt den Tafelberg **El Yunque** und erholt sich danach beim Sonnenbaden im dunklen Sand der **Playas Maguana** oder **Duaba**. Die Gegend um die östlichste Landspitze **Punta de Maisí** (77 km östlich von Baracoa) kann unter Umständen militärisch gesperrt sein (um den Drogenhandel an der hiesigen Küste zu unterbinden), erfährt man hinter vorgehaltener Hand.

Abseits der Straßen in der Grupo Maniabón zwischen Banes und Holguín

Service & Tipps:

ⓘ **Cubatur**
Calle Martí 181, zwischen Ciro Frías & Céspedes
Baracoa
✆ 021-64 53 06 und 021-64 53 75
Mo–Sa 8–12 und 14–18, So 8.30–12 Uhr

Dies ist auch das Büro von Cubana Aviación: die drei wöchentlichen Flüge von und nach Havanna sind in der Saison oft wochenlang ausgebucht.

✈ **Gustavo Rizo Airport**
Baracoa
✆ 021-64 25 80 und 021-64 22 16

REGION 7
Der Nordosten

Aus der fruchtbaren Bergregion um Baracoa stammen Kubas Kokosnüsse (75 Prozent der Landesproduktion, auch für den Export) sowie Kakao, Kaffee und Bananen. Vor allem die Kokosnuss und deren Milch spielen in der regionalen Küche eine große Rolle und verleihen den Speisen einen leicht asiatischen Hauch. So kommt der »Pescado à la Santa Barbara« in einer schmackhaften Kokosmilchsauce daher. Auch der Geruch von Schokolade zieht von der Schokoladenfabrik manchmal durch die Straßen, der dickflüssige Kakao (cocoa) wird in vielen Casas particulares zum Frühstück serviert (er ist besser als der hiesige Kaffee ...) – »sabrozo«, sagen die Kubaner, lecker.

Baracoa, die älteste Stadt auf Kuba, hat sich ihren kolonialen Charme bis heute bewahrt

Die **Baracoa-Bustour** pendelt in der Hochsaison zwischen Hotels, Sehenswürdigkeiten und Strand inner- und außerhalb der Stadt (ca. 9–18 Uhr).

Catedral de Nuestra Señora de la Asunción
Plaza Independencia (auch: Parque Céspedes), Baracoa
Tägl. 8–11 und 14–17 Uhr, tägl. Messen 18, So 9 Uhr
Pfarrkirche aus dem Jahr 1833. Im Inneren das legendäre (nur ein Meter große) Cruz de la Parra.

Festung Matachín/Museo Histórico Municipal
Calle José Martí, Ecke Juración nahe Malecón, Baracoa
Tägl. 8–12 und 14–18 Uhr
Eintritt CUC 1
In dem Fort befindet sich das winzige historische Stadtmuseum mit archäologischen Funden, Kopien aus dem Tagebuch von Kolumbus und einigen gezeichneten Landkarten der Entdecker sowie verblichenen Zeitungsartikeln über illustre Bewohner Baracoas wie die Boxerlegende und World-Champion José Legra.

La Colonial
Calle Martí 123, Baracoa
© 021-64 53 91
Tägl. 10–22 Uhr
In dem Paladar kann man eine Baracoenser Spezialität probieren: Fisch in Kokosmilch – à la Santa Barbara. €

El Tropical
Calle Martí 175, Baracoa
© 021-64 34 77, tägl. 19–22 Uhr
In dem netten Paladar von Arnoldo und Bruder schmecken die Gerichte unterschiedlich gut (Huhn, Garnelen, Krebsfleisch, Fisch, Schwein – je nach Tagesangebot), man speist im ruhigen Patio. €

La Punta
Fortaleza La Punta, Bahía de Miel, Baracoa (zum Zeitpunkt der Drucklegung noch wegen Hurrikanschäden gesperrt)
© 021-64 52 24, tägl. 7–23.30 Uhr
Rumbos-Restaurant in den Resten der 260 Jahre alten Festung: einfache, nicht immer überzeugende Speisen, auch Pizza. Mofaverleih. €

La Colina
Calle Calixto Garcia 158, Altos, Baracoa
© 021-64 26 58
Hier bekommt man leckere kubanische Hausmannskost und mehr (Langusten z.B.), sehr nettes umtriebiges Ehepaar, das auch zwei Zimmer vermietet (€). €

Casa de la Trova Victorino Rodriguez

REGION 7
Der Nordosten

Kazikenhäuptling Hatuey

Die hier lebenden Taíno-Indianer wehrten sich unter ihrem Anführer, dem Kaziken Hatuey, gegen die Besitznahme ihres Landes. Hatuey kam im 16. Jahrhundert aus Hispaniola (heute Haiti und Dominikanische Republik) nach Kuba und unterrichtete die Einheimischen Kubas über die Ausrottung der Indianer in seiner ehemaligen Heimat. Hatuey wurde schließlich von den Kolonialisten auf dem Scheiterhaufen verbrannt (eine weitere Statue steht an der Festung La Punta), danach übernahm seine Rolle ein Indianerhäuptling namens Guamá.

Im Nordosten konnten sich die Indianer lange gegen die Kolonisatoren behaupten, so dass noch heute viele Legenden kursieren und die größte Anzahl von indianischen Nachfahren in dieser Region lebt – einige in der Stadt, andere in den umliegenden Dörfern: Im etwa 18 Kilometer entfernten Dorf Caridad de los Indios am Ufer des Toa leben rund 300 Kubaner nach den alten indianischen Traditionen von der Landwirtschaft. Die Bewohner Baracoas erzählen, sie seien zu erkennen an ihrer etwas dunkleren Haut, hohen Wangenknochen, schwarzem Haar und schmalen, mandelförmigen Augen.

🎵 Calle Antonio Maceo 149 (links neben der Kirche)
Baracoa
Fr, So Matineen ab 10 Uhr mit lokalen Bands, jeden Abend ab 21 Uhr bis nach Mitternacht Live-Musik und Show für Touristen
Musik von abwechselnden Live-Combos: Son und Boleros, tanzbare Bachata und Salsa. Außerdem allabendliche Live-Musik im El Patio und in der Casa de la Cultura (Calle Maceo) und im El Ranchón (tägl. 8–12 und 21–24 Uhr).

🎭 **Feste**
Semana de la Cultura: ab 1. April mit diversen kulturellen Veranstaltungen.
Karneval: in der ersten Aprilwoche.
Stadtgründungsfest: alljährlich um den 15.8. mit Straßenfesten, Konzerten und Ausstellungen.

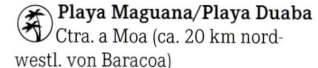

Ausflugziele:

🏃 **Playa Maguana/Playa Duaba**
Ctra. a Moa (ca. 20 km nordwestl. von Baracoa)
Playa Maguana ist ein schöner heller Strand, etwa 2 km lang und von Meerestrauben, Kiefern und Palmen gesäumt (tägl. Shuttlebus von Baracoa: 10 Uhr hin, zurück 16 Uhr), mit Imbiss und Tretbootverleih; in der Nähe gibt es ein kleines Hotel mit Cabañas. Die dunkle Playa Duaba liegt näher an der Stadt (ca. 2 km westlich des Zentrums an der Mündung des Río Duaba).

🍴 **Rancho Toa/Río Toa**
Ctra. a Moa, km 20
🕐 Tägl. 7–19 Uhr
Das hübsche, rustikale Open-Air-Ausflugslokal liegt kurz vor dem Playa Maguana am Fluss Toa. Ab 10 Personen wird ein *cerdo asado* (Spanferkel) am Spieß gegrillt, oder man speist die kubanischen Klassiker mit viel Reis, Bohnen und Yuca (Maniok). In der Zwischenzeit kann man Bootstouren im Kajak oder in den traditionellen hölzernen *Cayuca*-Booten auf dem Toa unternehmen. Gute Cocktails bei Live-Musik.

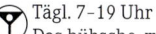

🌿 **El Yunque**
Ctra. a Moa (ca. 6 km nördl. von

Die drei Schiffe, mit denen Christoph Kolumbus 1492 vor Kuba ankerte: Santa María, Niña und Pinta (v.o.n.u.)

Ein Wrack liegt malerisch in der Bahía de Miel vor Baracoa, dahinter erstrecken sich die Regenwälder des Parque Nacional Alejandro de Humboldt

REGION 7
Der Nordosten

Baracoa)
Der Amboss-Tafelberg mit 600 m Höhe kann bei einem drei- bis vierstündigen Trekking erobert werden (als Ausflug in den Hotels oder bei Cubatur zu buchen). Zu seinen Füßen liegt ein Campismo, wo man nach der Tour übernachten kann.

Seit 1961 unternahmen die Gegner Castros mit Hilfe der CIA und der Mafia zahlreiche Attentatsversuche. Die spektakulärsten bzw. merkwürdigsten unter den bekannt gewordenen sind ein Anschlag mit einem Zyanid-haltigen Schoko-Shake, eine vergiftete Zigarre und ein mit TBC infizierter Taucheranzug.
  Damit der populäre Barbudo (für die bärtigen Revolutionäre) seinen Bart und somit an Charisma verliert, sollte ein Enthaarungsmittel helfen, die Konterrevolution voranzutreiben ...

Fidel Castro kam 1926 in Birán zur Welt

❹ Birán/Finca Las Manacas

Wer sich für Fidel Castro interessiert, sollte einen Abstecher zum Geburtsort des kubanischen Präsidenten, des *máximo líder* machen: Die restaurierte **Finca Las Manacas**, auf der Fidel Castro am 13.8.1926 geboren wurde, liegt ca. drei Kilometer nordöstlich vom Dorf Birán: In dem ehemaligen Landgut und heutigen Freilichtmuseum sind die Gräber seiner Eltern zu sehen (Ángel Castro, gest. 1956, Lina Ruz, gest. 1963), die Farm- und Wohnhäuser der Castros, etwa die vornehme, in blaugelb getünchte Holzvilla (nach einem Brand original wiederaufgebaut), eine Hahnenkampfarena und eine Fotoausstellung mit vielen privaten Motiven zum Leben und Wirken des kubanischen Staatsoberhauptes.

👁 **Finca Las Manacas** (auch: Sitio Histórico Birán)
Birán (ca. 65 km südöstl. von Holguín, über den Ort Cueto zu erreichen, von Birán noch mal 3 km nordöstl.)
Di–Sa 9–16.30, So 9–12 Uhr
Eintritt CUC 10
Einstige elterliche Farm und rekonstruiertes Geburtshaus von Fidel Castro, heute ein Museum mit insgesamt 26 Gebäuden.

❺ Caimanera/Mirador de los Malones

In dem kleinen Städtchen rund 20 Kilometer südlich von Guantánamo liegt einer der Ausblickstürme auf das berüchtigte US-Lager Guantánamo. Die amerikanische Marinebasis besteht seit 1903 auf einer 116 Quadratkilometer großen Fläche, die Pachtzeit war auf 99 Jahre befristet und ist seit 2003 von den Amerikanern eigenmächtig verlängert worden. Denn der Vertrag bzw. das Lager kann nur aufgelöst werden, wenn beide Seiten zustimmen. Seit 2002 werden hier mehrere Hundert mutmaßliche Al-Qaida-Terroristen ohne Anklage festgehalten. Vom Hotel Caimanera an der westlichen Seite der Bahía de Guantánamo kann man das Gelände mit guten Ferngläsern sehen (nur Reisegruppen mit Buchung, Führer und behördlicher Erlaubnis, z.B. über Hotels in Santiago, Baracoa und Guantánamo zu arrangieren).
  Am **Mirador de los Malones** auf der gegenüberliegenden Seite konnte man einen weiteren Aussichtsturm besteigen (seit Anfang 2007 gesperrt). In der Nähe liegen die **Altos de Malones**, ein Naturschutzgebiet mit vielen Kakteenarten in Steingärten und einem »Steinzoo« (Zoológico de Piedra), wo mehr als 300 große und kleine (Tier-) Figuren aus Stein zu sehen sind.

**REGION 7
Der Nordosten**

An der Bucht von Guantánamo: das Fischerdorf Caimanera um 1920

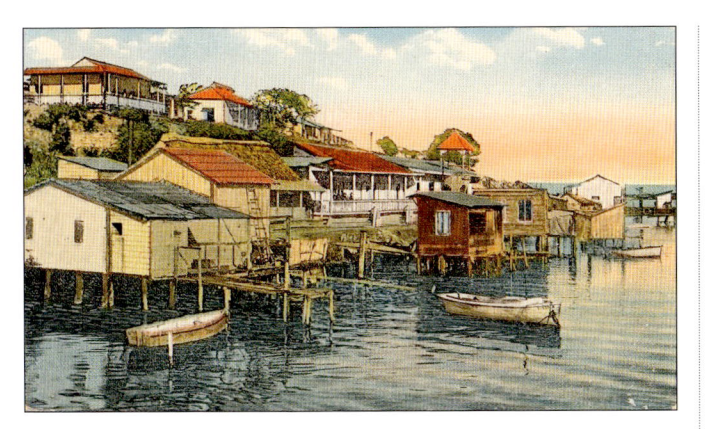

Mirador de los Malones
Ctra. de Boqerón (Straße nach Baracoa, ca. 25 km südöstl. von Guantánamo), Caimanera
Tägl. 10–15 Uhr, Eintritt CUC 5
Seit Anfang 2007 vorübergehend gesperrt
Der Aussichtsturm liegt auf einem Hügel auf der östlichen Seite der Guantánamo-Bucht gegenüber von Caimanera. Der Besuch in dem Sperrgebiet (für Kubaner) muss auch von Touristen vorher über Gaviota organisiert werden (in den Hotels, z.B. Hotel Guantánamo, ca. CUC 15, inklusive Lunch im Gaviota-Restaurant) – es gibt ein großes Modell der Marinebasis und ein starkes Fernrohr.

❻ Cayo Saetía

Die Insel 95 Kilometer südöstlich von Guardalavaca könnte angesichts der dort vorhandenen Tierwelt auch irgendwo in Afrika liegen: Antilopen, Zebras, Wasserbüffel, Strauße und Wildschweine fühlen sich hier augenscheinlich wohl. Diese exotischen Tiere sind vor einigen Jahren auf die 42 Quadratkilometer große Cayo Saetía gebracht worden, um den Parteifunktionären bei ihren Safaris als Zielscheiben zu dienen. Heute wird auf der Insel vor allem an kleinen, teils felsigen Buchten gebadet. Die meisten ausländischen Touristen kommen als Tagesgäste zur Jeep-Safari mit dem Katamaran oder Helikopter aus Guardalavaca – bewaffnet lediglich mit Videokamera und Teleobjektiv. Man kann jedoch auch mit dem eigenen Fahrzeug über eine Landbrücke durch die Bucht von Nipe anreisen.
   Zu den angebotenen Abenteuern gehören Ausritte auf Pferden, Angelausflüge und Hochseefischen sowie Tauchexkursionen zum Korallenriff. Die Insel ist ein Naturschutzgebiet und besteht zu mehr als zwei Dritteln aus grüner Vegetation: Mangroven an der Küste und savannenartige Ebenen bzw. Waldgebiet im Inneren. An der nordöstlichen Küste finden sich winzige Badebuchten zwischen zerklüfteten Steilküsten. Es gibt nur ein einziges kleines, rustikales Bungalowhotel am Strand in der Bucht El Cristo.

Anreise: mit dem Auto, Katamaran oder per Hubschrauber (z.B. von Guardalavaca und Playa Santa Lucía, Flug ca. 25 Min.), Kontrollpunkt an der Brücke (Pass mitnehmen, Eintritt CUC 10).

Villa Cayo Saetía (Gaviota)
Cayo Saetía (an der östl. Seite der Bahía de Nipe), Mayarí
℘ 024-51 60 00
www.villacayosaetia.com
In dem Hotellokal steht das hier erlegte Wild auf der Speisekarte. Tagesausflügler bedienen sich am Lunch-Büfett.
€€

REGION 7
Der Nordosten

❼ Chorro de Maíta/Aldea Taína

Über einen steilen Abzweig erreicht man etwa sieben Kilometer südlich von Guardalavaca den Chorro de Maíta, eine Ausgrabungsstätte mit dem größten präkolumbischen Friedhof der Antillen, und die Aldea Taína, ein nachgebautes Indianerdorf. Bereits vor 1800 Jahren lebten hier die Angehörigen des Aruaco-Stammes, die zu den Taíno gehörten. Die gefundenen Gräber, darunter vermutlich das einer indianischen Prinzessin *(cacica)*, stammen aus dem Zeitraum zwischen 1490 und 1540. Dies ist der einzige Ort in der Karibik, wo Kolonialisten und Indianer gemeinsam bestattet worden sind.

Unter den insgesamt 108 ausgegrabenen Skeletten war nach Auffassung der Wissenschaftler auch ein Spanier. Das Skelett hatte als einziges keine charakteristische Deformation am Schädel: Es handelt sich um ein Merkmal, das die Forscher an allen übrigen Begrabenen festgestellt hatten und für eine rituelle Deformation aus der Kindheit der Indianer halten – mit einem Holzbrett und Stirnband soll die Stirn der Kinder nach hinten gepresst worden sein (ein Modell veranschaulicht dies im Dorf).

Zusammen mit den Knochen-Überresten sind rund 15 000 Fundstücke sichergestellt worden, viele befinden sich im Museum in Banes (s. S. 135 f.), darunter eine wertvolle kleine Frauenfigur aus Gold. Unter den Ausstellungsstücken im Museo Arqueológico Chorro de Maíta sind indianische Keramikvasen, Korallenketten, Kleidungsreste aus Baumwolle, Medaillons aus Kupfer und alte Steinwerkzeuge. Bemerkenswert ist auch eine winzige, aus Muscheln geformte Figur, die den Feuergott Bayamanaco darstellt, sowie eine Goldfigur, die den *baharo carpintero* zeigt, einen endemischen Specht.

32 Götter belebten einst die indianische Mythologie. Yaya, der Schöpfer des Universums, begrüßt die Gringos am Eingang des benachbarten Taíno-Dorfes **Aldea Taína**. Hier wandeln die Besucher durch die luftigen *Caney*-Rundhütten der Häuptlinge und Medizinmänner, entlang von landwirtschaftlichen Feldern und Arbeitshütten der Frauen, immer begleitet von indianischer Musik

Kultfigur der Taíno-Indianer

Im nachgebauten Taíno-Indianerdorf Aldea Taína südlich von Guardalavaca

und kundigen (kostümierten) Führern, die Wissenswertes über den Alltag der kubanischen Eingeborenen erzählen – beispielsweise dass der Medizinmann *(Behíque)* einen durchaus gefährlichen Beruf hatte: Starb der Patient trotz aller verabreichten Kräuter, Rauschmittel und Geisteranrufungen, so hatten die Hinterbliebenen das Recht, den erfolglosen Hexenmeister zu töten ...

REGION 7
Der Nordosten

Museo Arqueológico Chorro de Maíta/Aldea Taína
Cerro de Yaguajay, Ctra. a Banes (ca. 7 km südl. von Guardalavaca)
Di–Sa 9–17, So 9–13 Uhr
Eintritt CUC 2
Aldea Taína tägl. 9–17 Uhr, Eintritt CUC 3 (mit Show gegen 14.30 Uhr CUC 5)

Museum und Ausgrabungsstätte; eine Videovorführung über die Ausgrabungen ab 1986 wird gezeigt. Im angeschlossenen **Restaurant Yaguajay** kann man u.a. Speisen mit indianischer Herkunft probieren, etwa *casaba*, ein Fladenbrot aus Maniok, und *cerdo asado* (Spanferkel). €

❽ Gibara

Das ruhige, hübsche Fischerstädtchen mit weißen Häuschen liegt rund 30 Kilometer nördlich von Holguín. Es soll 1817 an der Stelle entstanden sein, wo 1492 ein indianisches Taíno-Dorf lag, das Kolumbus betreten haben soll. Heute findet man am Ortseingang die Überreste des spanischen Forts El Cuartelón und eine mittelalterlich anmutenden Stadtmauer in Ziegelsteinbögen, aber ansonsten gibt es nicht viele Sehenswürdigkeiten in dem beschaulichen Örtchen am Río Cacoyoquín – außer der erlebenswerten Atmosphäre einer zwischen den Kolonialfassaden stehen gebliebenen Zeit.

Mittelpunkt der verschlafen wirkenden Stadt mit rund 30 000 Einwohnern ist die **Plaza Calixto García:** Ein Pulk von Männern hat sich auf dem Kirchplatz gebildet, sie schauen den Dominospielern über die Schulter. Cremefarben leuchtet dahinter die frisch restaurierte Kirche **Iglesia de San Fulgencio** mit ihren beiden kuppelgekrönten Türmen (1852) und einer Edelholzstatue der Barmherzigen Jungfrau von El Cobre (s. S. 150 f.) aus dem Jahr 1852. Der friedliche Platz ist umgeben von Palästen mit verwitterten Fassaden, Säulengängen und Dachbalustraden – aus jener Zeit, als der Ort noch Villa Blanca hieß und von Kolonialsiedlern bewohnt wurde. Die mit Zierkacheln und Marmor versehenen Bauten zeugen von Reichtum und Eleganz längst vergangener Epochen.

Von den drei Museen der Stadt lohnt vor allem das Kolonialmuseum **Museo de Arte Colonial** einen Besuch. Es residiert in einem schönen neoklassizistischen Gebäude aus dem Jahr 1872, in dem der Geist des 1930 verstorbenen Inhabers José Beola sein Unwesen treiben soll. Hübsch und restauriert präsentiert sich auch das **Teatro Colonial** aus dem Jahr 1889. Am **Malecón**, der Küstenpromenade, spielen Kinder über der Meeresbrandung, einige Yachten und Fischerboote schaukeln im Hafen. Mit dem Boot setzen die Kubaner zur kleinen **Playa Los Bajos** auf der anderen Seite der Bahía de Gibara über, die Küstenstraße nach Westen erreicht nach ca. 17 Kilometer die idyllische **Playa Caletones**.

Festival Internacional del Cine Pobre
In dem kleinen idyllischen Küstenort Gibara werden seit 2003 jedes Jahr im April engagierte Low-Budget-Filmproduktionen, hauptsächlich aus Lateinamerika, aber auch aus anderen Ländern, in einem Wettbewerb gezeigt. Als Gewinn locken Stipendien und technische Ausrüstung für Nachwuchsregisseure. Der bekannte kubanische Filmregisseur Humberto Solás wählte Gibara als Wettbewerbsort aus, weil er hier wie schon 1968 für seinen Film »Lucía« und auch für sein jüngstes Werk »Miel para Ochún« (2001) Szenen drehte.
www.cinepobre.com.

Bei der sonntäglichen Ausflugsfahrt haben vor allem die Kleinen ihren Spaß

143

REGION 7
Der Nordosten

Der Dichter José Martí wird dem Reisenden im ganzen Land begegnen: Büsten mit dem Abdruck seiner Totenmaske stehen vor Schulen und anderen öffentlichen Einrichtungen. Der weltberühmte Evergreen »Guajira Guantanamera«, von dem amerikanischen Sänger Pete Seeger in den 1960ern weltberühmt gemacht, bezieht sich textlich auf ein Gedicht von José Martí (Versos Sencillos, 1891, nur der Refrain stammt nicht von Martí selbst):

»Ich bin ein Mensch, aufrecht und wahr, unter Palmen bin ich zu Haus, und ich werfe meiner Verse Schar,

Farbenprächtig: die Markthalle in Guantánamo-City

Service & Tipps:

El Cuartelón
Calle Cabada, Loma de los Caneyes, Gibara
Überbleibsel eines spanisches Forts mit Aussichtslokal El Mirador hoch über dem Meer.
€-€€

Museo de Arte Colonial/ Museo de Historia Municipal
Calle Independencia 19, zwischen Luz Caballero & Peralta, Gibara
Mo-Sa 8-12 und 13-17, So 8-12 Uhr, Eintritt je CUC 2
In dem Kolonialmuseum (im Obergeschoss) sind Möbel, teils im aufwendigen und kostbaren Chippendale-Stil, Dekorations- und Alltagsgegenstände sowie Buntglasfenster aus dem 18. und 19. Jh. zusammengetragen worden. Im Erdgeschoss liegt das Heimatkundemuseum.

Restaurante El Faro
Calle Independencia (Malecón, nahe Parque de las Madres), Gibara
Derzeit geschl., bei Wiedereröffnung ℘ 024-84 45 96
Rumbos-Lokal am Meer mit einfachen Gerichten (Seemannsküche) aus Huhn und Fisch, es gibt aber auch relativ günstigen Hummer auf der Speisekarte, nebenan 24-Stunden-Bar. €

❾ Guantánamo (-Stadt)

Bei dem Namen Guantánamo denken die meisten zuerst an das Internierungslager der Amerikaner auf ihrer Marinebasis im äußersten Südosten an der Guantánamo Bay (vgl. Caimanera S. 140 f.). Auch die Hymne auf das schöne Bauernmädchen aus Guantánamo (»Guajira Guantanamera«) lernt jeder Kubareisende kennen. Trotzdem wird die Provinzhauptstadt selten von Touristen besucht, denn sie liegt in einer eher staubig-trockenen Gegend am Ufer des Guaso. Viel ist nicht zu sehen, außer der schönen neoklassizistischen Markthalle mit roten Kuppeln im Zentrum an der Shoppingmeile Los Maceos.
Alljährlich Anfang Dezember erwacht die Stadt aus ihrer Lethargie bei der **Fiesta de la Guantanamera:** Auf den Straßen und in Musikclubs finden Konzerte und Folkloreaufführungen statt mit französischer Tumba und franco-haitianischen Traditionen sowie der lokalen *kiribá* und *changüí*, einer von afrikanischen Trommeln und typischen Gesängen begleiteten Musik. Auf dem Weg nach Baracoa (ca. 150 km nordöstlich) passiert die Küstenstraße die dunklen Sandstrände von **Cajobabo** und **Yacabo**.

Service & Tipps:

Mariana Grajales International Airport
16 km südöstl. von Guantánamo
℘ 021-35 54 54

Bahnhof:
Calle Pedro A. Pérez
Busbahnhof:
Ctra. a Santiago de Cuba

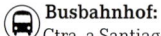

La Cubanita
Calle José Martí, Ecke Flor Crombet (nahe Parque Martí), Guantánamo
Tägl. 6-24 Uhr
Einfaches Lokal mit Schweinefleisch-

144

oder Hühnergerichten, von Reis und Bohnen begleitet. €

Plaza del Mercado Agro Industrial
Prado, Guantánamo
Mo-Sa 7-19, So 7-14 Uhr
Kuppelgekrönte neoklassizistische Markthalle, die einen ganzen Straßenblock einnimmt.

Casa de la Trova
Calle Maxímo Gómez, zwischen Donato Marmol & Bernabe Varona
Guantánamo
Tägl. ab 20 Uhr
Traditioneller Musikclub zum Schwofen für Alt und Jung. Jeden Sa finden außerdem die **Noches Guantanameras** mit Straßenfest auf der Calle Pedro A. Pérez statt.

Ein Wald von Königspalmen nahe Guantánamo

🔟 Guardalavaca

»Hüte die Kuh!«, so lautet die Übersetzung des Ortsnamens Guardalavaca (54 km nordöstlich von Holguín). Auf das bäuerlich geprägte Hinterland trifft dies wohl noch immer zu, aber in dem lebhaften Urlaubermekka an der Nordküste (auch: Costa Verde) sieht man heute kaum noch Kühe. Ein drei Kilometer breiter, weißer Strand trifft auf azurblaues und glasklares Wasser, gesäumt von Meerestrauben, Palmen und Todo-incluído-Hotels aller Preisklassen. Die **Playas Esmeralda** und **Pesquero** (einen Kilometer ohne schützendes Korallenriff) sowie **Yuraguanal** schmiegen sich rund um zwei schöne Buchten, erst kürzlich neu erschlossen wurde die **Playa Turquesa**.

Alle Hotels versorgen die Gäste mit Rund-um-die-Uhr-Animation, Discos, Souvenirshops, Reiterfarmen und Taucherzentrum. Ein kilometerlanges Korallenriff mit 32 Tauchstellen und Unterwasserhöhlen erstreckt sich direkt 200 Meter vor der Bucht, die zum mangrovenreichen Naturschutzgebiet **Parque Natural Bahía de Naranjo** gehört. Auf der kleinen Insel **Cayo Jutía** inmitten der Bucht (rund 8 km vom Playa Guardalavaca), kann man in einem Aquarium mit Delfinen schwimmen (15 Minuten) und mit den Seehunden Fernanda, Bonny und Vito schmusen. Angler können ihr Glück ebenfalls hier versuchen, die Gewässer wimmeln beispielsweise von Barrakudas und Schwertfischen. Die Taucher treffen auf Drachen- und Igelfische und Schwärme von silbrig glänzenden Sardinen, Tintenfischen und Langusten.

ehe ich sterbe, aus mir heraus. Ich komme von überallher, und gehe überall hin, ich bin Kunst unter Künsten so sehr, wie ich Berg in den Bergen bin. (...) Tief im Herzen verberge ich schon die Qual, die mein Leben verdirbt: Des versklavten Volkes Sohn lebt für sein Land, schweigt und stirbt.«

Am Riff vor Guardalavaca: Kugelfische können sich bei Gefahr in Sekundenschnelle aufpumpen

145

**REGION 7
Der Nordosten**

Service & Tipps:

🛈 **Info**
In den Hotels, z. B. Cubatur im Hotel Brisas Guardalavaca (✆ 024-43 01 71).

🐟 **Parque Natural Bahía de Naranjo/Acuario Cayo Naranjo**
✖ Cayo Jutía (8 km vom Playa Guardalavaca, nahe Playa Esmeralda) Bahía de Naranjo, Guardalavaca Tägl. 9-21 Uhr, Eintritt ab CUC 26 Seelöwenshow gegen 10.30 Uhr, Delfinshow gegen 12 Uhr (CUC 40), dazwischen kann man mit den Delfinen baden und schmusen (CUC 80) Auf der kleinen Insel empfängt das Aquarium mit Shows, einem Naturpfad im **Bioparque Cartacuba** und dem Restaurant Acuario Cayo Naranjo, wo man frische Fische und Meeresfrüchte auf Stegen über dem Meer verspeist (als Ausflug in den Hotels zu buchen). Zwei ab nachmittags recht einsame kleine Bungalows auf dem Wasser namens **Birancito** können hier gemietet werden (inkl. eines AI-Delfin-Paketes, €€).

✖ **El Ancla**
Playa Guardalavaca
✆ 024-43 03 81, tägl. 11-22.30 Uhr
Am westlichen Ende des Strandes gelegenes Restaurant über den Klippen, viel frischer Fisch. €

✖ **El Cayuelo**
Playa Guardalavaca
✆ 024-43 07 36, tägl. 9-23 Uhr
Beliebtes Strandlokal mit frischen Meeresfrüchten, durchaus erschwinglich, man speist unter Palmen oder im klimatierten Haus. €

✖ **Conuco Mongo Viña**
Playa Estero Ciego (nahe Playa Esmeralda)
✆ 024-43 09 43 15, tägl. 9-16 Uhr
Mit Blick über die Bahía de Naranjo speist man hier im bäuerlichen Ambiente preiswerte Menüs mit kubanischen Spezialitäten. €

⑪ Holguín

In der viertgrößten Stadt Kubas landen die Urlauberjets für die Strände an der Nordküste bei Guardalavaca (s. S. 145 f.). Wenige Touristen verirren sich in die Stadt, die die Kubaner auch »Stadt der Plätze« nennen: Im Zentrum kann man von einem begrünten Parque zum nächsten schlendern und in den Alltag der rund 250 000 Einwohner der Provinzhauptstadt eintauchen. Sie hat ein schachbrettartiges Straßensystem mit dem weiten Platz **Parque Calixto García** in der Mitte als kulturelles Zentrum: Rund um den Platz liegen der traditionelle Musikclub Casa de la Trova und das Teatro Eddy Suñol (mit eigener Ballettgruppe und Kindertheater), eine Bücherei, ein Kino, Kunstgalerien und Museen, zum Beispiel das Naturkundemuseum **Museo de Historia Natural Carlos de la Torre y Huerta** mit seiner beeindruckenden Sammlung an Schnecken und Muscheln.

Wer nach Norden der Calle Maceo folgt, erblickt bald den Hügel **Loma de la Cruz:** Die Plattform auf 275 Metern mit »Gipfel«-Kreuz erreicht man über eine Treppe mit rund 450 Stufen – bei den **Romerías de Mayo**, dem größten Stadtfest im Mai, zieht eine Prozession auf den Stadthügel. Ein noch besseres Panorama verheißt ein schöner Ausflug zu den **Alturas de Mayabe** im

Andachtsbilder für den Hausaltar: Straßenmarkt in Holguín

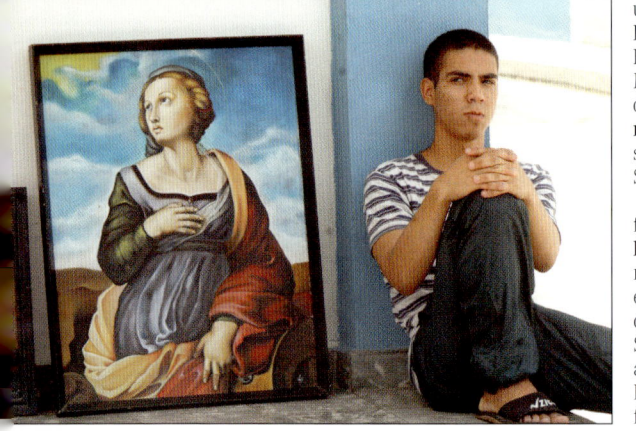

hügeligen Umland (etwa 8 km östlich von Holguín) – mit Finca Mayabe, einem Ausblicksturm (Mirador) und Hotel.

REGION 7
Der Nordosten

Service & Tipps:

Frank País International Airport
Carretera Central, Vía Bayamo (km 15)
Holguín
✆ 024-46 25 12

Museo de Historia Natural Carlos de la Torre y Huerta
Calle Maceo 129 (südl. Parque Calixto García)
Di–Sa 9–20, So 9–19 Uhr
Eintritt CUC 1
Das Naturkundemuseum beherbergt u.a. die größte Sammlung von Schnecken und Muscheln in Kuba und den angeblich kleinsten Frosch der Welt sowie einen präparierten Kuba-Schlitzrüssler (der endemische Almiquí), der noch bei Baracoa lebt.

Fábrica de Tabacos Jesús Feliú Leyva
Holguín, Bezirk Peralta
Eine der größten Tabakfabriken in der Provinz mit angeschlossenem Laden (Besichtigung wochentags möglich).

Salón 1720
Calle Frexes 190, zwischen Manduley & Miró
Holguín
✆ 024-46 81 50
Tägl. 12–23 Uhr
Bestes Restaurant vor Ort: Elegantes Herrenhaus mit Lokal und Terrassenbar im ersten Stock (bis 2 Uhr), Boutique und Nachtclub El Jigüe (bis 5 Uhr). €-€€

DiMar
Calle Mártires, Ecke Luz Caballero (nahe Plaza de la Marqueta)
Holguín
Tägl. 9–22.30 Uhr
Staatliche Restaurantkette mit leckeren maritimen Gerichten. €

Finca y Mirador de Mayabe
Alturas de Mayabe, 8 km südöstl. von Holguín
✆ (024) 42 21 60, tägl. 9–22 Uhr

Herrliches Panorama vom Loma de Mayabe: Open-Air-Ausflugslokal mit touristischer Farm und kleinem Hotel mit Pool. €-€€

Casa de la Trova
Calle Maceo 174, Parque Calixto García, Holguín
Mo geschl., abends Eintritt CUC 1
Hier spielen tagsüber und abends die lokalen Musikgruppen traditionelle Musik wie Trova und Bolero.

Ritmo Latino
Im Hotel Pernik
Av. Jorge Dimitrov & Plaza de la Revolución, Holguín
✆ 024-48 10 11, Eintritt CUC 2–4
Die Einheimischen schwofen zu heißen Rhythmen in der Hoteldisco.

Aus den Quellen von Arroyo Blanco im Westen von Holguín stammt das Wasser für das hier gebraute helle »Cristal« und das etwas stärkere Bucanero. In Flaschen und Dosen abgefüllt ist das Bier in ganz Kuba beliebt und über einen Joint-venture-Vertrieb auch in Europa zu bekommen.

In den Bergen bei Baracoa leben noch einige Taíno-Nachkommen

147

REGION 7
Der Nordosten

🎭 **Romerías de Mayo**
Bei dem größten Fest in Holguín in der ersten Maiwoche wird geschwoft zu allen Musikstilen (viel Rap), außerdem Lesungen und Diskussionen, Ausstellungen sowie eine Prozession auf den Loma de la Cruz.

🎭 **Carnaval**
Mit Musik und Tanz und vielen Straßenständen in der 3. Augustwoche.

In Holguín haben sich einige schöne spanische Gebäude erhalten

⓬ La Farola (mit Playa Cajobabo, Playa Yacabo)

»La Farola« (der Leuchtturm) wird die kurvenreiche Küstenstraße von Baracoa nach Süden Richtung Guantánamo und Santiago genannt. Die breit ausgebaute Serpentinenstraße schraubt sich von Baracoa allmählich höher, Palmenhaine und Bananenstauden klettern mit auf den Pass über den **Alto de Coltilla**. Ganze 261 Kurven und Kehren soll La Farola haben, am Wegesrand warten bei Wind und Wetter die Bauern und Straßenhändler mit Bananen, Orangen und Kaffee. Bei gutem Wetter bietet sich vom Pass ein atemberaubender Ausblick über die dichten Kiefernwälder.

Wo La Farola auf die Südküste trifft, wird die Vegetation unvermittelt trocken, wüstenartig und unwirtlich. An der Küste führt ein Abzweig zur **Playa Cajobabo**, einer kleinen grausandigen Bucht zwischen Kakteen und Palmen, wo ein Denkmal an die Unabhängigkeitskämpfer José Martí und Máximo Gómez erinnert, die hier am 11.4.1895 an Land gingen, um den Kampf gegen die Spanier zu beginnen.

Rund 15 Kilometer weiter bei Imías passiert die Küstenstraße die Bahía de Imías mit der **Playa Yacabo** mit Campismo-Häusern am Strand. Die landschaftliche Kulisse wirkt fast wie in einem Western: Kakteen recken sich wie Zeigefinger in den stahlblauen Himmel, wuschlige Palmen säumen die Straße, und das karge Land der Provinz Guantánamo endet an Steilklippen über dem Karibischen Meer.

Kein Wunder, dass die Amerikaner sich in dieser texanisch anmutenden Landschaft wohlfühlen: Seit 1903 besteht der US-amerikanische Militärstützpunkt bei Guantánamo (s. S. 140 f.) – der einzige in einem sozialistischen Land und selbstverständlich absolutes Sperrgebiet für jeden Kubaner und Fremden! Ebenso gesperrt ist derzeit die **Punta de Maisí**, die östlichste Landspitze Kubas, wo ein Leuchtturm steht.

Der Feigenkaktus liefert hochwertige Biostoffe und dient oftmals als trennende Hecke zwischen landwirtschaftlichen Anwesen

⓭ Parque Nacional Alejandro de Humboldt

Der Nationalpark (ca. 40 km westlich von Baracoa, wegen sehr schlechtem Straßenzustand am besten mit Jeep) ist Teil der Bergkette **Cuchillas del Toa** (auch: Alturas de Baracoa) und wurde vor einigen Jahren mit deutscher Hilfe eingerichtet. Die palmenübersäte Berglandschaft mit Gipfeln bis zu 1200 Metern ist von der UNESCO geschützt (der Nationalpark seit 2001, die Cuchillas del Toa bereits seit Mitte der 1970er). Nirgendwo in Kuba wachsen so viele Vegetationsformen wie in diesem rund 70 000 Hektar großen Regenwald, einem der artenreichsten in der Karibik!

Mehr als 1000 Pflanzenspezies gedeihen hier, mehr als die Hälfte davon endemisch: darunter diverse Palmenarten, urzeitliche Baumfarne, kubanische Kiefern, Teakholz und Mahagonibäume und wilde Orchideen. Immer wieder werden hier neue Spezies entdeckt bzw. Tierarten, die vom Aussterben bedroht sind, so der endemische Kuba-Schlitzrüssler, der Almiquí *(Soledonon cubano)*, und der *Eleutherodactylus iberia*, einer der mit rund zehn Millimetern kleinsten Frösche der Welt.

148

REGION 7
Der Nordosten

Wanderpfade führen am Rande des Regenwaldes entlang: Nicht selten erspäht man dabei den Nationalvogel Kubas: den Tocororo – blaurotweiß geschmückt in den Flaggenfarben Kubas. Nicht zu vergessen: der wunderschöne schwarz-weiß gestreifte Königsspecht mit roter Haube, der *Carpintero real*, der sich allerdings nur selten blicken lässt. Die Zikaden rasseln und Papageien pfeifen in dem letzten erhaltenen Stück Urwald um die Wette, Greifvögel schweben über die Täler, und endemische (ungiftige) Schlangen kreuzen den Weg. Die lehmigen Wanderwege verwandeln sich oft in schlammige Rutschbahnen: Hier fallen im Durchschnitt pro Jahr 2023 Millimeter Regen, es herrscht bis zu 86 Prozent Luftfeuchtigkeit. Je mehr Regen hier niederprasselt, desto imposanter zeigen sich die Flüsse und Wasserfälle. Weniger regenreich sind rund um Baracoa nur die Monate Juni bis August.

In der halbkreisförmigen **Bahía de Taco**, wo ein Besuchercenter eröffnet wurde, kann man mit etwas Glück noch die seltenen Seekühe namens Manatí *(Trichechus manatus)* beobachten, von denen mindestens vier in der weiten, von Mangroven umrahmten Bucht leben sollen. Auch die Landstraße weiter gen Westen Richtung Industriestadt Moa wurde 2008 von Hurrikans sehr stark in Mitleidenschaft gezogen und ist von Schlaglöchern übersät (viel Zeit einplanen oder am besten mit Allradantrieb).

🅟 Parque Nacional Alejandro de Humboldt

Ctra. a Moa (ca. 40 km nordwestl. von Baracoa, Besuchercenter in der Bahía de Taco, km 34) Eintritt CUC 10, Tour ab ca. CUC 20, abhängig von Gruppengröße
Der Nationalpark kann nur mit offiziellem Führer besucht werden, es gibt verschiedene 2–7 km lange Wanderungen, teils mit Flussüberquerungen und Badestellen im Río Santa María, beispielsweise dem 7 km langen Pfad Balcón de Iberia (Badelatschen, evtl. Trekkingschuhe mitnehmen, besonders nach Regenfällen sind die Pfade die reinsten Schlammpisten).

Im Besuchercenter werden Ausstellungen zu Flora und Fauna in der Bahía de Taco gezeigt, einstündige Bootstouren in der Bucht veranstaltet: Die Seekühe Manatí können mit viel Glück erspäht werden (am besten in der Dämmerung, nach Regen bzw. bei bewölktem Himmel, CUC 5).

Einer der bekanntesten Wissenschaftler im Park ist der deutsch sprechende Dr. Alberto García, ✆ 021-64 53 87; oder Infos bei Ecotur, ✆ 021-64 36 65 (in Baracoa: Calle Colonel Cardoza 24, zwischen Mariana Grajales & Primero de Abril, www.ecoturcuba.co.cu).

Im Zentrum von Holguín, Kubas viertgrößter Stadt

Wem der Name Mayarí übrigens bekannt vorkommt, der hat vermutlich den Ohrwurm »Chan Chan« im Sinn, bekannt aus dem Film »Buena Vista Social Club« – dort interpretiert vom kürzlich verstorbenen Compay Segundo und mittlerweile aus dem Repertoire der Musikanten in allen kubanischen Touristenlokalen und Hotels nicht mehr wegzudenken.

🅢 Pinares de Mayarí (Parque Natural La Mensura)

Rund 110 Kilometer südöstlich von Holguín erstreckt sich der Nationalpark **Parque Natural La Mensura**. In der pittoresken waldreichen Landschaft um den Loma de la Mensura (995 m) südlich der Kleinstadt Mayarí kann man in den Kiefernwäldern von **Pinares de Mayarí** wandern – benannt nach der hier beheimateten kubanischen Kiefer *(Pinus cubensis)* – oder hoch zu Ross ausreiten und sich in Wasserfällen und Bächen erfrischen, zum Beispiel an der mehr als 80 Meter hohen **Kaskade El Guayabo**, der höchsten Kubas, und dem **Poza de Rafael**, dem Rafael-Brunnen.

Wer Glück und Muße hat, erspäht einen Hirsch oder den Wapiti (eine Elchart) aus Kanada, lauscht den zahlreichen Singvögeln und bestaunt tausendjährige, baumartige Farne. Unter den rund 300 Pflanzenarten sind 67 endemisch. Ein wundervoll auf einem Hügel thronendes Hotel empfängt seine Gäste in dieser Idylle zwischen einer Hochebene (Altiplanicie de Nipe) und den Bergketten Sierra de Nipe und Sierra de Cristal. Wer hier hinauffährt, sollte besser mit dem Jeep unterwegs sein. ✽

Im weitgehend unberührten Parque Nacional Alejandro Humboldt westlich von Baracoa leben wunderschöne Landschnecken, die größtenteils endemisch sind

REGION 8
Santiago de Cuba und Umgebung

Santiago de Cuba und Umgebung
Die »Wiege der Revolution«

Santiago de Cuba schmiegt sich zwischen die grünen Ausläufer der Sierra Maestra und das karibisch-blaue Meer. Die Stadt mit ihrer halben Million Bewohner hat eindeutig karibisch-afrikanisches und mitreißendes Flair. Sie gilt als die Geburtsstätte des Nationalrhythmus Son und der Trova, wovon man sich bei den Konzerten in der Casa de la Trova überzeugen kann. Der bunte Karneval im Juli zieht Tausende von Kubanern und Touristen in die zweitgrößte kubanische Stadt, ebenso die berühmteste Pilgerkirche Kubas: El Cobre.

Im rebellischen *Oriente*, wie die Kubaner den Landesosten nennen, trifft man allerorten auf Volkshelden und Schauplätze des kubanischen Befreiungskampfes, so auch im Umland Santiagos. Hier rief Carlos Manuel de Céspedes 1868 seine Anhänger zum ersten Bürgerkrieg gegen die Spanier auf, in Santiago musste die Kolonialmacht 30 Jahre später kapitulieren. Die Guerilleros um Castro und Che Guevara brachten ein halbes Jahrhundert danach von der nahen Sierra Maestra aus die Revolution ins Rollen. In Santiago verkündete Fidel Castro 1959 schließlich den Sieg über die Truppen des Diktators Batista.

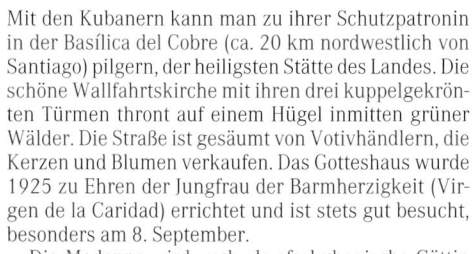

Santiago de Cuba gilt als Geburtsstätte des Nationalrhythmus Son

❶ EL Cobre/Basílica de Nuestra Señora del Cobre

Mit den Kubanern kann man zu ihrer Schutzpatronin in der Basílica del Cobre (ca. 20 km nordwestlich von Santiago) pilgern, der heiligsten Stätte des Landes. Die schöne Wallfahrtskirche mit ihren drei kuppelgekrönten Türmen thront auf einem Hügel inmitten grüner Wälder. Die Straße ist gesäumt von Votivhändlern, die Kerzen und Blumen verkaufen. Das Gotteshaus wurde 1925 zu Ehren der Jungfrau der Barmherzigkeit (Virgen de la Caridad) errichtet und ist stets gut besucht, besonders am 8. September.

Die Madonna wird auch als afrokubanische Göttin verehrt, als Ochún, die schwarze Göttin der Liebe, des Sex und der Fruchtbarkeit. Viele Gläubige wollen mit Spenden hier ihren Dank ausdrücken für geheilte Krankheiten und bestandene Prüfungen und hoffen auf Erfüllung ihrer Wünsche.

Eine kleine Ecke im Opferraum im hinteren Bereich der Kirche ist mit Dankesschreiben von Regimekritikern, von Flüchtlingen und Emigranten gefüllt und mit Wünschen für die politischen Gefangenen – ein auf Kuba seltener Ausdruck der Existenz von politischer Opposition. Daneben stapeln sich Babyfotos, Kerzen, Puppen, Modellautos und allerlei persönliche Gegenstände – teils obskure Dinge (ein rettender Helm, Nie-

REGION 8
Santiago de Cuba und Umgebung

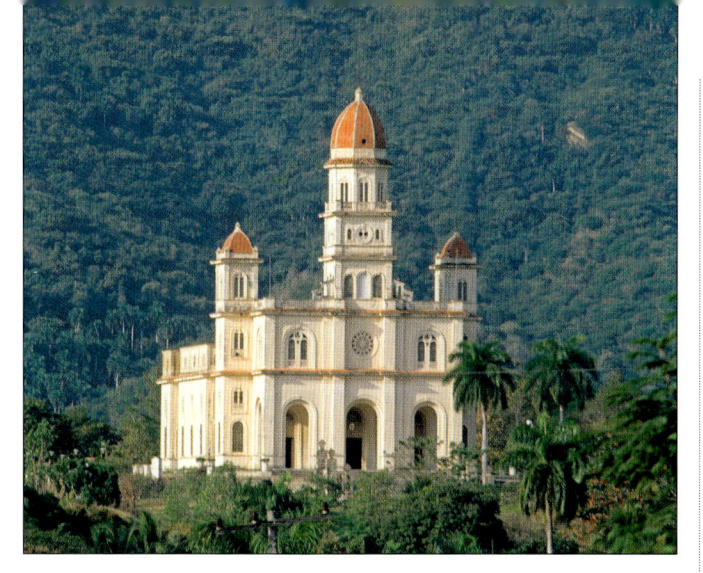

An den grünen Ausläufern der Sierra Maestra liegt die Basílica de Nuestra Señora del Cobre

Konfessionsübergreifend wird die Jungfrau von El Cobre von den meisten Kubanern verehrt und angerufen

rensteine, Prothesen oder Sand aus Italien – von einer Kubanerin, die nach Italien auswandern möchte). Ernest Hemingway hatte in den 1950ern seine Nobelpreis-Medaille gestiftet, die heute jedoch im Tresor aufbewahrt wird, nachdem sie 1988 vorübergehend gestohlen worden war.

Eine Etage höher empfängt die schwarze Madonna ihre Anhänger auf einem Altar hinter Glas: eine kaum 30 cm hohe Figur in goldgelbem Gewand mit Krone und einem Jesuskind auf dem Arm. Der Legende nach soll die Figur im frühen 17. Jahrhundert auf einem Stück Holz in der Nipe-Bucht bei Guardalavaca geborgen worden sein.

Basílica del Cobre
Ctra. a Bayamo, bei Melgarejo
(ca. 20 km nordwestl. von Santiago)

Tägl. 6.30–18 Uhr
Messen Mo–Sa 8, So 10 und 16.30 Uhr

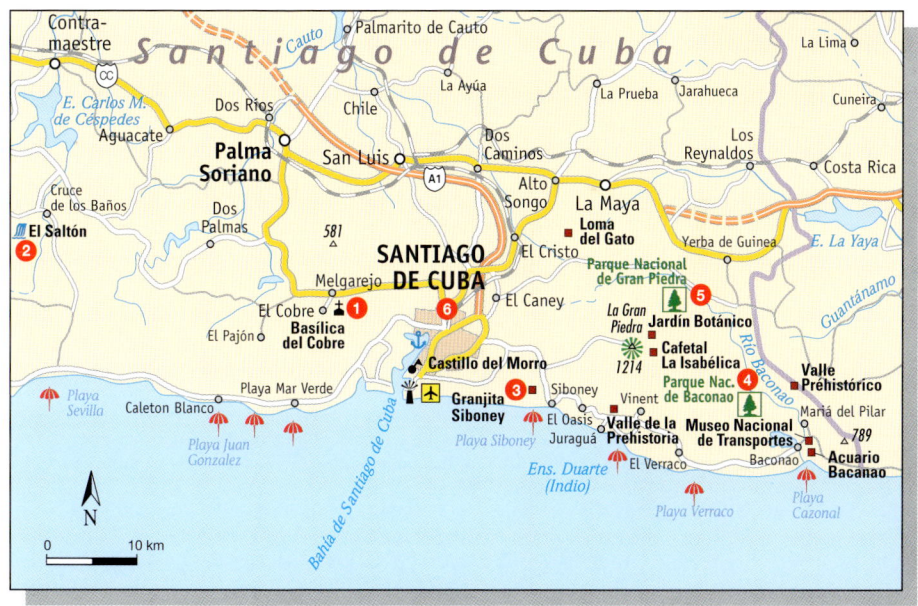

REGION 8
Santiago de Cuba und Umgebung

Aufgrund seiner hohen Fluggeschwindigkeit schwer zu fotografieren: Der Grüne Kolibri ist über weite Bereiche Kubas verbreitet

❷ El Saltón

Die Fahrt nach El Saltón (ca. 75 km westlich von Santiago) ist etwas beschwerlich, teils geht es über holprige Pisten vorbei an winzigen Marktflecken, doch es lohnt sich – vor allem für Naturfreunde und Wanderer. Die waldreiche Gegend war einst Schauplatz der Kämpfe zwischen den Rebellen Castros und den Truppen des Diktators Batista. Man passiert in den Orten zahlreiche Denkmäler und die *casas de combatiente*, wo sich die alten Guerilla-Kämpfer zum Dominospiel und Plausch treffen.

Eine Gedenkstätte liegt bei **Maffo**: ein Friedhof mit rund 300 Grabstellen für die Helden der »Dritten Front« (auch die Region trägt den Namen *Tercera Frente*) – einige Grabsteine sind für die noch Lebenden reserviert, man muss sie nur noch umdrehen ... Für kubanische und ausländische Touristen ist die bergige Gegend interessant wegen eines schön gelegenen Hotels am Wasserfall El Saltón, den Wanderungen auf alten Bauernpfaden, Mountainbiking und Abseiling.

Anreise: Von Santiago über die Autopista bis Palma Soriano, weiter über die Carretera nach Contramaestre und auf der Landstraße nach Cruce de los Baños (teils schlechte Straßen, besonders nach dem Abzweig bei Contramaestre Richtung Süden, El Saltón ist ausgeschildert).

Schach- und Domino-Weltmeister
Der Kubaner José Raúl Capablanca hatte sich selbst das Schachspielen beigebracht und gewann 1921 die Weltmeisterschaft. Heute hat sich Domino als allgegenwärtiges Brettspiel durchgesetzt, und seit 2003 finden die alljährlichen Domino-Weltmeisterschaften in Havanna bzw. Santiago statt.

❸ Granjita Siboney (Playa Siboney)

Die ehemalige Hühnerfarm Granjita Siboney (ca. 13 km südöstlich von Santiago) spielte eine wichtige Rolle bei den Ereignissen um den gescheiterten Angriff auf die Moncada-Kaserne in Santiago. 26 Denkmäler säumen die Landstraße – beschriftet mit den Namen, Berufen und Todestagen der gefallenen Helden. Hinter der Kulisse dieser Hühnerfarm hatten die Rebellen vor dem Angriff auf die Moncada-Kaserne ihr Hauptquartier aufgeschlagen: Die Autos waren im Hühnerstall versteckt, die Gewehre im Brunnen. Die Möbel und Einrichtungsgegenstände sind so wiederhergerichtet worden wie an jenem Morgen des 26. Juli 1953. In der Nähe liegt der schöne und von einigen Palmen gesäumte **Playa Siboney** (19 km südöstlich von Santiago), der stadtnaheste Strand mit einigen Privatunterkünften und einfachen Imbisslokalen.

Granjita Siboney
Ctra. a Siboney, km 13
Tägl. 9–17 Uhr, Eintritt CUC 1, CUC 5 extra für Fotos lohnen sich nicht
Mit Fotos, Zeitungsberichten, Lageplänen, Gedichten und persönlichen Gegenständen der Beteiligten bekommt der Besucher ein anschauliches Bild der Ereignisse am Karnevalstag 1953.

---

❹ Parque Nacional de Baconao

Die Küstenstraße von Santiago Richtung Osten führt nach rund 40 Kilometern in den Nationalpark. Die UNESCO erklärte das 800 Quadratkilometer große Gebiet rund um den Río Baconao wegen seiner Artenvielfalt an endemischen Tieren und Pflanzen zum Biosphärenreservat. Kleine Buchten mit meist dunklen und felsigen Sandstränden liegen am Wegesrand. Entlang der auf- und abrollenden Landstraße warten einige mehr oder weniger aufregende Attraktionen auf Besucher, beispielsweise das Künstlerdorf **El Oasis** (mit Rodeoshow), das **Valle de la Prehistoria** mit seinen 40 lebensgroßen Beton-

Dinosauriern und Mammuts, das **Museo Nacional de Transportes** (mit 42 echten Oldtimern und mehr als 2000 Modellautos), ein Puppenmuseum, eine Art Disneypark und Kakteengarten, ein Aquarium mit Delfinshow sowie am Ende des Naturparks eine kleine Krokodilfarm. Am **Playa Cazonal** steht ein beliebtes All-inclusive-Hotel.

REGION 8
Santiago de Cuba und Umgebung

Service & Tipps:

Valle de la Prehistoria
Ctra. a Baconao km 10
Tägl. 8–17 Uhr
Eintritt CUC 1 (Foto und Video wie immer extra)
Ein Tal bevölkert von Beton-Sauriern, schönes Ausflugsziel für Kinder und Dino-Fans, mit Naturkundemuseum (Eintritt CUC 1).

Museo Nacional de Transportes
Ctra. a Baconao km 8
Tägl. 8–17 Uhr, Eintritt CUC 1

Autos und Oldtimer in allen Größen: Originale wie der alte Cadillac (Baujahr 1958) des Sängers Benny Moré.

Acuario Baconao
Ctra. a Baconao km 42 (2 km westl. des Hotels Club Amigo Carisol)
Tägl. 9–17 Uhr
Eintritt CUC 7 (mit Schwimmen ca. CUC 40)
Kleines Aquarium mit Haien, bunten Fischen, Seelöwen und anderem Meeresgetier, tägl. Delfinshow etwa 10.30 und 15 Uhr (saisonabhängig).

Jurassic Park auf Kubanisch: das Valle de la Prehistoria im Parque Nacional de Baconao

Historische Postkarte vom Beginn des 20. Jahrhunderts: Hochwasser in der Provinz Oriente (Osten) trafen vor allem die schwarze Bevölkerung

❺ Parque Nacional de Gran Piedra

Einen der weitesten Panoramablicke über den Oriente mitsamt der Bucht von Santiago, der Sierra Maestra und der Karibik verheißt der Aufstieg auf den Felsengipfel **Gran Piedra** im gleichnamigen Naturschutzgebiet und der Bergkette, 27 Kilometer östlich von Santiago. Die **Cordillera de la Gran Piedra** gehört zu den Ausläufern der Sierra Maestra, und wie so oft im Landesosten ist dies auch revolutionäres Terrain: In diese Ber-

153

REGION 8
Santiago de Cuba und Umgebung

ge sind Fidel und seine Compañeros nach dem missglückten Angriff auf die Moncada-Kaserne im Sommer 1953 geflohen.

Am Rande der holprig-steilen Serpentinenstraße auf den 1214 Meter hohen Gipfel stehen anfangs teils merkwürdige Skulpturen. Vom höchstgelegenen Parkplatz aus klettern ganz Unermüdliche weiter über 452 Stufen durch Kiefernwald und über Farngewächse auf den windumtosten »Großen Stein«, wo ein sagenhaftes Landschaftsbild die Mühe belohnt: Bei gutem Wetter lassen sich sogar Jamaika (140 km) und Haiti (ca. 70 km) am Horizont ausmachen.

Ein Blumengarten - **Jardín Botánico Ave de Paraíso** - und die Ruinen von ehemaligen **Kaffee-Fincas** - **Cafetal La Isabélica** - aus dem frühen 19. Jahrhundert liegen in Spaziernähe. Das beeindruckende Herrenhaus des französischstämmigen Kaffeepflanzers Victor Constantin Couson (der nach den Sklavenaufständen aus Haiti geflohen war) sowie die Reste der Kaffeeplantage, der Produktionsstätten und Sklavenbaracken stehen als Weltkulturerbe unter dem Schutz der UNESCO.

Im Jardín Botánico Ave de Paraíso blühen so aparte Pflanzen wie die Paradiesvogelblume (Strelizie)

Service & Tipps:

Gran Piedra
Ctra. Gran Piedra km 14
Der stufenreiche Aufstieg auf das Gipfelplateau des Gran Piedra dauert ca. 30 Minuten und wird belohnt mit einem fantastischem Weitblick, am besten morgens (CUC 2).
(Info und Buchung auch bei Ecotur: www.ecoturcuba.co.cu).

Jardín Botánico Ave de Paraíso
Ctra. Gran Piedra km 13 (ca. 1 km vor dem Hotel Villa Gran Piedra)
Di-Sa 8-16.30 Uhr, Eintritt CUC 3
Botanischer Garten, u.a. mit vielen Orchideen.

Cafetal y Finca La Isabélica
Ctra. Gran Piedra km 14 (über einen ca. 2 km langen Spazierweg westlich vom Hotel Villa Gran Piedra zu erreichen)
Tägl. 8-16 Uhr, Eintritt CUC 2
Weltkulturerbe-Ruinen und Herrenhaus der historischen Kaffee-Finca mit Museum.

Die Santiagueros sind temperamentvoller, und auf Santiagos Straßen geht es fröhlicher zu als im fernen Havanna

❻ Santiago de Cuba

Santiago de Cuba ist nicht nur die karibischste, sondern auch die zweitgrößte Stadt Kubas mit mehr als einer halben Million Einwohner. Das afrikanische Erbe ist unübersehbar: In Santiago und Guantánamo leben heute die meisten Schwarzen auf Kuba. Lange Zeit hatten hier die Spanier das Sagen: Diego Velázquez, der erste Gouverneur, gründete im Jahr 1515 die Siedlung zwischen den Ausläufern der Sierra Maestra und der Küste des Karibischen Meeres - für einige Jahrzehnte war sie die Hauptstadt der spanischen Kolonie. Einer der ersten Bürgermeister war Hernán Cortéz, der später Mexiko eroberte und die Goldschätze der Azteken ausbeutete.

Gegen Ende des 18. Jahrhunderts, nach dem Sklavenaufstand auf dem benachbarten Haiti, siedelten sich die dort geflohenen französischstämmigen (Kaffee-) Plantagenbesitzer mit ihren Sklaven zu Zehntausenden in und um Santiago. Die Stadt und ihre Bewohner spielten in allen Unabhängigkeitskriegen und Revolutionen eine herausragende Rolle. 1898 fand die entschei-

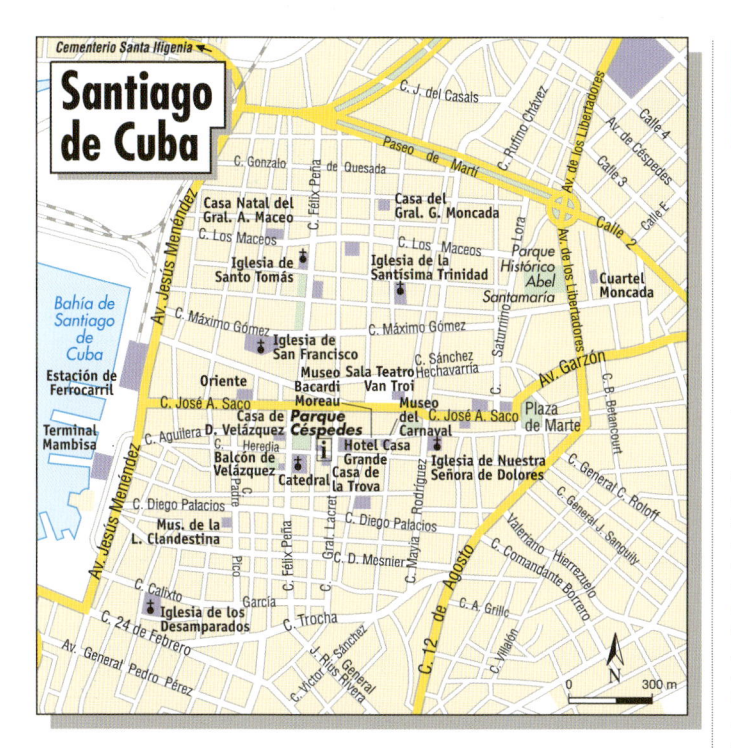

Santiago de Cuba

REGION 8
Santiago de Cuba und Umgebung

Bougainvillea

Moderne Architektur in den Wirren der Revolution
Der Architekt Ludwig Mies van der Rohe hatte 1957/58 im Auftrag der Barcadí-Familie einen Neubau für ein Bürogebäude des Rum-Imperiums in Santiago de Cuba entworfen: ein modernes Stahl-Glas-Konstrukt. Doch die Revolution stoppte alle Baupläne, die Familie Barcadí wurde enteignet und musste emigrieren. Heute steht das damals für Kuba geplante Bauwerk in Berlin, beim Bau 1968 nur leicht verändert: die Nationalgalerie.

dende Schlacht im Unabhängigkeitskampf gegen die Kolonialmacht in Santiago statt: Mit Unterstützung US-amerikanischer Soldaten besiegten die kubanischen Freiheitskämpfer die spanischen Kolonialtruppen. Ein halbes Jahrhundert später, an einem Karnevalstag 1953 stürmten Fidel Castros Mannen die Moncada-Kaserne, doch der Überfall schlug fehl. Erst Jahre später, am 1. Januar 1959, konnte Fidel Castro am Parque Céspedes den Sieg der Revolution verkünden.

Vorschlag für einen Rundgang:

Santiago de Cuba ist anstrengend: Die Stadt ist dicht bevölkert und heiß, die Straßen sind hügelig, laut und voll. Für die Besichtigung benötigt man mindestens einen oder zwei Tage, zwei weitere sollte man sich für die sehenswerten (ruhigeren) Ziele im Umland freihalten. Einige Straßenzüge im Bezirk **Vista Alegre** sind angenehm ruhig und gesäumt von uralten Baumriesen, farbenprächtigen Bougainvilleen und kolonial-barocken Prachtvillen, etwa entlang der Avenida Manduley. Je mehr man sich dem alten Stadtkern *(casco histórico)* nähert, desto hügeliger und steiler senken sich die Straßenzüge in Richtung Bahía de Santiago – zuweilen mit fantastischen Ausblicken über die rostbraunen Ziegeldächer auf den Hafen und die Sierra Maestra: zum Beispiel vom **Balcón de Velázquez** in der Calle Corona oder der steilen Treppengasse **Padre Pico** im Bezirk El Tivolí im Süden der Altstadt.

Die beste erste Übersicht jedoch verschafft man sich von der schattigen Dachterrasse des **Kolonialhotels**

Stolz wird der Nachwuchs herausgeputzt

155

REGION 8
Santiago de Cuba und Umgebung

Casa Granda, das Graham Greene in seinem Roman »Unser Mann in Havanna« ebenfalls erwähnt. Hier kann man im 5. Stock bei einem Mojíto den Blick fast 360 Grad schweifen lassen. Einem quasi zu Füßen liegt der **Parque Céspedes**, jener bedeutende Platz, an dem Fidel Castro vom blauen Balkon des **Rathauses** (Poder Popular, Ayuntamiento; rechter Hand) die siegreiche Revolution bekannt gab.

Heute ist der Platz voller Kontraste: ein Treffpunkt der Männer suchenden *Jineteras* und »Hello my friend«-Schlepper, der Erdnussverkäufer, Touristen, Bettler und rastalockigen Reggae-Musiker. Am Abend zieht eine Prozession mit Madonnenfigur, Gesängen und gemeinsamen Vaterunser zum Ende der Messe über die Terrasse der Kathedrale (zur Linken). Gegenüber versammeln sich zur gleichen Zeit die Parteibonzen und lokale Politprominenz im Rathaus.

Die **Catedral de Nuestra Señora de la Asunción** (auch: Santa Ifigenia Catedral Metropolitana) ist ein neoklassizistisches Meisterwerk, das im Jahre 1815 begonnen und erst 1922 mit barocken Elementen vollendet wurde. Der ganze Stolz der Kirchenvorsteher ist der *coro de los canónigos*, ein Ensemble aus prachtvoll geschnitztem Chorgestühl aus Edelhölzern. Jeden Abend um 18 Uhr kann man von der Dachterrasse des Casa Granda einem kleinen Schauspiel bei Sonnenuntergang beiwohnen: Der schwarze Glöckner erscheint im hell erleuchteten, linken Kirchturm und läutet im Schweiße seines Angesichts mit freiem Oberkörper die schweren Bronzeglocken. Eine halbe Stunde später hat wieder die Salsa-Musik auf dem Platz die akustische Oberhand.

Einer wundervollen Zeitreise gleicht ein Besuch im ältesten erhaltenen Haus Kubas aus dem 16. Jahrhundert schräg gegenüber, ebenfalls am Parque Céspedes: Im Haus des Gouverneurs, der **Casa de Diego Velázquez**, befindet sich heute das **Museo de Ambiente Histórico Cubano**. Das zweistöckige Schmuckstück ist zwischen 1515–30 erbaut worden. Auffallend ist der arabisch anmutende Mudéjar-Stil an den holzvergitterten Balkonen, auf denen die Damen des Hauses Platz nahmen, um das Straßengeschehen ungesehen zu beobachten. In seiner Schlichtheit beeindruckend ist das Privatge-

Santiago de Cuba – die karibischste aller kubanischen Städte

mach von Velázquez: ein Holzpodest als Bett, darüber eine Madonnenfigur, Schwert und Ritterhelm sowie eine hölzerne Weltkugel (17. Jh.).

In der neben der Casa Granda abzweigenden Calle Heredia lassen die Herren vom Buena Vista Social Club grüßen: Aus der **Casa de la Trova José (Pepe) Sánchez**, dem traditionellen, berühmten Musikclub, und der benachbarten **Casa del los Estudiantes** schallen fast pausenlos die Klänge der Boleros, Guarachas und anderer *música tradicional* – manchmal wird nur geübt, manchmal trifft man auf imposante Combos in Orchesterstärke, die mit Saxophon und Contrabass kaum auf die Bühne passen. Allerdings besteht das Publikum im Trova-Haus mittlerweile fast ausschließlich aus devisenzahlenden Touristen.

Ein paar Schritte in derselben Straße weiter östlich lohnt das **Karnevalsmuseum** mit seinen bunten Exponaten einen kurzen Besuch, wo ebenfalls regelmäßig Folkloreshows stattfinden. Kunstinteressierte gelangen über die Gasse Pío Rosado gleich um die Ecke zum **Museo Municipal Emilio Barcadí Moreau**, benannt nach dem berühmten Rumhersteller und Bürgermeister, der es 1899 gegründet hat. Hier sind jedoch keine Rumflaschen zu sehen, sondern wertvolle Kolonialkunst aus Kuba und Europa sowie Ausstellungstücke rund um Archäologie, Indianerkultur und die einzige ägyptische Mumie in Kuba.

Etwa zwei Kilometer nordöstlich der Altstadt erreicht man die festungsartigen gelben Mauern der **Moncada-Baracken (Cuartel Moncada):** In dem 1859 erbauten Gebäude hat heute eine Schule ihren Sitz, benannt nach dem »Movimento 26 de Julio« (Bewegung 26. Juli), das an diesem Tag im Jahr 1953 den Angriff auf die Kaserne wagte und: verlor. Die Einschusslöcher an der Fassade über dem Eingang sind Rekonstruktionen, Batista hatte sie nach dem Putschversuch der Fidelistas beseitigen lassen. In dem Museum wird anhand von Modellen, Fotos, Zeichnungen, Waffen, Folterinstrumenten und Zellen sowie persönlichen Gegenständen die jüngste Geschichte Kubas bis zur Invasion in der Schweinebucht (1961) dargestellt.

Rund zwei Kilometer weiter über den Paseo de Martí liegt im Nordwesten der Stadt der **Cementerio Santa Ifigenia**, auf dem viele berühmte Santiagueros begraben sind: beispielsweise die katalonische Einwandererfamilie

REGION 8
Santiago de Cuba und Umgebung

In den einstigen Moncada-Baracken nordöstlich der Altstadt von Santiago de Cuba hat heute eine Schule ihren Sitz

---

Sturm auf die Moncada-Kaserne

Am Karnevalstag, dem 26. Juli 1953, waren 16 Autos der Rebellen auf dem Weg von der Siboney-Farm (s. S. 152) in die Stadt. Der beabsichtigte Überraschungsangriff auf die Kaserne, das Krankenhaus und den Justizpalast schlug fehl: Zwei Autos (eines von Castros Bruder Raúl) verfuhren sich und kamen zu spät, ein anderes hatte eine Panne. Rund 100 Guerilleros, darunter zwei Frauen, kämpften gegen 600 Soldaten. Nur etwa 40 Minuten später war der Kampf entschieden, die meisten Rebellen waren kurz nach ihrer Festnahme gefoltert und ermordet worden. Fotografen veröffentlichten die Bilder der Leichen, die im Hof der Kaserne lagen – mit zahlreichen Schuss- und Folterwunden, jedoch ohne Löcher in ihren blutgetränkten Uniformen ...

Raúl und Fidel Castro gelang zunächst die Flucht in die Berge, wo sie einige Tage später entdeckt und festgenommen wurden. Doch der befehlshabende Leutnant, Pedro Sarría, brachte sie entgegen der Anweisungen nicht an Ort und Stelle um bzw. zurück in die gefürchtete Moncada-Kaserne, sondern er lieferte die Gefangenen in einer regulären Polizeistation ab, wo schon die Medienvertreter warteten. Er verhinderte somit wahrscheinlich den Foltermord an Fidel Castro. Als Präsident bedankte sich Castro bei Sarría und machte ihm zum Chef seiner Leibwächter-Garde. Beim Prozess verteidigte sich der junge Rechtsanwalt Castro selbst und hielt seine wohl berühmteste Rede, die mit den Worten endete: »Verurteilt mich, es ist mir egal, die Geschichte wird mich freisprechen!« (»La historia me absolverá«.) Das Urteil lautete 15 Jahre Gefängnis, abzusitzen auf der Isla de la Juventud (s. S. 87 f.). Bereits nach 20 Monaten wurde Castro im Rahmen einer Amnestie freigelassen und ging ins Exil nach Mexiko.

REGION 8
Santiago de Cuba und Umgebung

Marktzeit in Santiago: Der Mercado Ferreiro unweit vom Stadtzentrum findet täglich statt

Bacardí, die ihr Rum-Imperium Mitte des 19. Jahrhunderts in Santiago gründete, der Arzt von Napoleon, der erste Präsident Kubas (Tomás Estrada Palma) und Carlos Manuel de Céspedes. Besonders sehenswert ist das gewaltige, von Säulen getragene Grabmonument zu Ehren José Martís: Sein Sarg ist mit einer kubanischen Flagge bedeckt, eine Statue aus Carrara-Marmor stellt den großen lateinamerikanischen Vordenker und Dichterhelden dar.

In Santiago wurden die Musikstile Kubas geboren, darunter die balladenartige Trova, der romantische Bolero und die eher tanzbare Guaracha. Das Trova-Haus in Santiago ist benannt nach José (Pepe) Sánchez, dem Vater der Trovadoresca cubana, der 1918 verstarb. Er komponierte den berühmten Ohrwurm »Tristeza« und später die politische Hymne an den Volkshelden Antonio Maceo.

Zu seinen Nachfolgern in Santiago zählten das Altmänner-Trio Matamoros, Sindo Garay und Nico Saquito, der Erfinder der witzigironischen Son-Texte. Die Troubadoure sind auf Schwarz-Weiß-Fotos, Gemälden und Postern an den Wänden versammelt.

In den 1960er Jahren erlebte diese Musik eine Renaissance mit der Nueva Trova, dem eher politischen Lied, und Interpreten wie Silvio Rodríguez.

Etwas außerhalb des Zentrums liegt die **Plaza de la Revolución** am nördlichen Stadtrand: Hier sieht man eine 16 Meter hohe Bronzestatue auf einem Pferd – sie erinnert an den General Antonio Maceo, den die Santiagueros wegen seiner Hautfarbe den »Bronze-Titan« nennen. Die steil aufragenden Stahlgebilde stellen Macheten dar, eine ewige Flamme brennt zu seinen Ehren. Anfang 1998 versammelten sich 250 000 Menschen auf dem Revolutionsplatz, um den Worten des Papstes Johannes Paul II. zu lauschen.

Die am Meer gelegene **Fortaleza de San Pedro de la Roca del Morro (El Morro)** könnte bei einem mehrstündigen Ausflug mit dem Fahrrad »erobert« werden – über die herrliche Küstenstraße entlang der Bahía de Santiago de Cuba (ca. 15 km südwestlich des Zentrums). Die Serpentinenstraße schlängelt sich über die Halbinsel Punta Gorda, im Blickfeld liegt rechter Hand stets die winzige **Cayo Granma** mitten in der Bucht, wo viele teils windschiefe Holzhäuschen mit Veranden stehen und ein Restaurant die Ausflügler mit Fisch und Meeresfrüchten versorgt. An der **Caleta La Estrella**, einer winzigen Badebucht, erholen sich die Einheimischen. Die Burg El Morro wurde 1638–1710 mit tiefen Gräben und symmetrischen Bastionen auf drei Ebenen erbaut und steht seit 1997 auf der UNESCO-Weltkulturerbeliste. Über eine (ehemalige) Zugbrücke haben Besucher heute Zugang. Selbst Henry Morgan, der berüchtigte englische Pirat, soll gesagt haben: »Ich würde El Morro niemals attackieren, denn diese Festung liegt so verdammt gut, dass man nur einen Hund und eine Pistole braucht, um sie zu verteidigen.« Morgan überfiel Santiago dennoch 1662 mit 900 Korsaren – aber aus dem Hinterland, nicht vom Meer aus.

Im Juli steht Santiago de Cuba Kopf – eine Woche lang herrscht **Karneval**. Das um den 25. Juli gefeierte Karnevalsfest fand das erste Mal vermutlich im 16. Jahrhundert statt. Die Spanier ehrten damit ihren Schutzpatron, den Apostel Santiago. Aus dem religiösen Fest wurde im Laufe der Jahrhunderte ein kunterbuntes Spektakel mit spanisch-französisch-afrikanisch-haitianischen Einflüssen, besonders nachdem Tausende von französischstämmigen Plantagenbesitzern ab 1791 mit ihren Sklaven aus Haiti nach Santiago geflohen waren.

Stadtteilgruppen *(comparsas)* treten heute musizierend und kostümiert gegeneinander an. Die Themen variieren von Jahr zu Jahr: Mal gilt es, chinesischer auszusehen als die Chinesen – mit entsprechender Kleidung, Masken, Drachen-Gestellen, Tänzen und Musik –, mal werden die afrikanische Kultur oder die russischen Kosaken imitiert. Die originellsten Ideen, Choreografien und Kostüme gewinnen einen Preis und werden im Karnevalsmuseum in der Calle Heredia ausgestellt. Die Prozession mit den Tänzern in bunten Umhängen, unter Federn und riesigen Pappmaché-Masken und in knappen Kostümen schiebt sich tanzend durch den Paseo Martí – vorneweg eine Musikgruppe mit Congas und Tröten, Glocken und Rasseln. Von den Bürgersteigen reihen sich die Santiagueros spontan ein (mittlerweile mit Tribüne für Devisen zahlende Touristen).

REGION 8
Santiago de Cuba und Umgebung

Blick auf die winzige Insel Cayo Granma von der Festung El Morro (Santiago de Cuba)

REGION 8
Santiago de Cuba und Umgebung

Im Stadtzentrum von Santiago de Cuba: der Parque Aguilera

Service & Tipps:

(i) Cubatur
Parque Céspedes (gegenüber vom Hotel Casa Granda)

Santiago-Altstadt
✆ 022-68 60 33 und 022-65 25 60 sowie
Av. Victoriano Garzón 364, zwischen Calles 3ra. & 4ta. (gegenüber Av. de Céspedes)
Bez. Reparto Sueño, Santiago
✆ 022-65 25 60, tägl. 8.30-17 Uhr

✈ Antonio Maceo International Airport
7 km südl. von Santiago
✆ 022-69 10 14 und 022-69 86 12
Flüge nach Europa, in die Karibik und nach Havanna und theoretisch auch nach Baracoa (letztere sind oft wochenlang ausgebucht).

🚆 Bahnhof
Av. Jesús Menéndez
✆ 022-65 21 43
Mit zumindest theoretisch regelmäßigen Zügen nach/von Havanna und anderen Destinationen.

🚌 Busbahnhof
Av. de los Libertadores, an der Plaza de la Revolución, Santiago
✆ 022-62 84 84
Tägliche, verkehren komfortable Viazul-Busse nach Havanna, Trinidad und Baracoa usw.

🏛 Taberna del Ron/Museo del Ron
Calle Bartolomé Masó (ehem. San Basilio) 358, zwischen Hartmann & Pio Rosado

🛈 Santiago-Altstadt
Museum Mo-Sa 9-17 Uhr
Eintritt CUC 2
Nicht nur diverse Sorten Rum, auch Biere, Cocktails und Weine können in der kleinen Bar neben dem sehenswerten Rummuseum ausprobiert und natürlich gekauft werden (tägl. 9-21 Uhr).

👁 Balcón de Velázquez/Maqueta de Santiago de Cuba
☕ Calle Corona, Ecke Bartolomé Masó (ehem. San Basilio)
Santiago-Altstadt
Aussichtsplattform mit Superpanorama und kleiner geschichtlicher Ausstellung (Eintritt CUC 1). Eine Ecke weiter über die Bartolomé Masó kann man sich die Maqueta (Stadtmodell, Eintritt CUC 1) anschauen und in der angeschlossenen Cafeteria mit luftiger Terrasse hoch über den Dächern Santiagos verschnaufen (Di-So 9-21 Uhr, €).

👁 Catedral de Nuestra Señora de la Asunción (Santa Ifigenia Catedral Metropolitana)
🏛 Santiago-Altstadt
Tägl. 8-12 und 17-19 Uhr, Messen Mo, Mi-Fr 18, Sa 17, So 9 und 18.30 Uhr
In der auffälligen Kirche aus dem 18./19. Jh. sind besonders der Marmoraltar und das Chorgestühl sehenswert. Angeschlossen ist das einzige **Kirchenmuseum** in Kuba (Mo-Fr 9-17, Sa 9-14, So 9-12 Uhr, freier Eintritt).

🏛 Casa de Diego Velázquez/ Museo de Ambiente Histórico Cubano
Parque Céspedes, Santiago-Altstadt
Mo-Do 9-12.45 und 14-16.45, Fr 14-16.45, Sa 9-12.45 und 14-16.45, So 9-12.45 Uhr
Eintritt CUC 2
Das älteste Haus Kubas aus dem Jahr 1516: das Museum zeigt wunderschöne Ausstellungsstücke aus dem Alltag der Kolonialzeit, vor allem antike Möbel- und Einrichtungsgegenstände, z.B. Baldachin-Betten und Schlafstätten in Gondelform, zwischen originalen Wandmalereien, Marmorböden und Zedernholzdecken.

REGION 8
Santiago de Cuba und Umgebung

Museo de Carnaval
Calle Heredia 303
Santiago-Altstadt
Di-So 9-17 Uhr, Eintritt CUC 1
Shows: Mo-Sa 16, So 11 Uhr afrokaribische Folklore
Im Karnevalsmuseum sind Fotos und Zeitungsausschnitte ausgestellt, alte Kostüme, lebensgroße Puppen, Masken, Musikinstrumente etc.

Museo Municipal Emilio Barcadí Moreau
Pío Rosado, Ecke Aguilera
Santiago-Altstadt
Mo 15-20, Di-Sa 9-21, So 9-16 Uhr
Eintritt CUC 2 (Foto CUC 1 extra, wie meist)
Ältestes Museum in Kuba mit Ausstellungen zu Archäologie (Kellergeschoss), Stadthistorie, Befreiungskampf und kolonialen Kunstwerken aus Kuba und Europa (Obergeschoss).

Cuartel Moncada (Museo Histórico 26 de Julio)
General Portuondo, Ecke Av. de los Libertadores, Santiago
Mo-Sa 9-17, So 9-13 Uhr
Eintritt CUC 2
Ausführliche Ausstellung zu dem gescheiterten Putschversuch der Rebellen um Fidel Castro am 26. Juli 1953 auf die Moncada-Baracken.

Cementerio Santa Ifigenia
Av. Crombet, Santiago
Tägl. 8-18 Uhr, Eintritt CUC 1
Auf dem weitläufigen Friedhof sollte man vor allem das beeindruckende Grabmal von José Martí besuchen.

Fortaleza de San Pedro de la Roca del Morro (Parque Histórico El Morro)
Ctra. del Morro km 8,5
Tägl. 8-20 Uhr, Eintritt CUC 4
Imposante Festung und UNESCO-Weltkulturerbe mit schönem Aussichtsrestaurant und Piraten-Museum (Waffen aller Art, Schiffsmodelle, alte Landkarten usw.).

El Morro
Crta. del Morro km 8,5, Santiago
℡ 022-69 15 76, tägl. 12-22 Uhr
Ausflugslokal in der Festung mit internationaler und kreolischer Speisekarte, von der Veranda schaut man aufs Karibische Meer. €-€€

El Cayo
Cayo Granma
Bahía de Santiago
℡ 022-69 01 09, tägl. 9-21 Uhr
Boote fahren mehrmals täglich von der Marina Marlin auf der Punta Gorda (CUC 3) sowie dem Hafen Santiago zu diesem Eiland mit dem hervorragenden staatlichen Meeresfrüchte-Lokal und kleineren, preiswerteren Paladares. €-€€

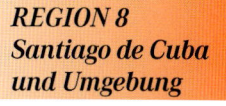

Zun Zún
Av. Manduley 159
Santiago, Bezirk Vista Alegre
℡ 022-64 15 28
Tägl. 12-22 Uhr
Sehr gutes Lokal der Palmares-Kette: Kubanische Spezialitäten wie *Ajiaco*-Eintopf oder internationale Gerichte wie Steak, Tapas, Hummer oder Fisch werden in einer eleganten Kolonialvilla serviert. €

Salón Tropical
Calle Fernández Marcané 310, zwischen Calles 9 & 10
Santiago, Bezirk Santa Bárbara
℡ 022-64 11 61
Tägl. 10-24 Uhr
Herausragender und etwas feinerer Paladar: Man speist auf einer Dachterrasse, Riesenauswahl aus Suppen, Salaten, Spaghetti, Grillteller, Lamm, Bier, Weine usw. - reservieren! €

Las Gallegas
Calle Bartolomé Masó (ehem. San Basilio) 305, zwischen General Lacret (ehem. San Pedro) & Hartmann

Die imposante Festung über der Bahía de Santiago de Cuba fürchteten selbst verwegene Piraten wie Henry Morgan (Postkarte von 1907)

Batá-Trommeln

REGION 8
Santiago de Cuba und Umgebung

Maracas gehören zur Geräuschkulisse in Santiago

Mehr als 50 Jahre haben diese kubanischen Oldtimer in Santiago de Cuba unter der Haube

(ehem. San Felix), Santiago-Altstadt
☎ 022-62 47 00
Tägl. 13–24 Uhr
Einer der wenigen Paladares im Altstadt-Zentrum mit schmalem Balkon und Speisesaal: typisch kubanische Kost von Huhn bis Lamm. €

DiMar
Av. de las Américas (gegenüber vom Baseball-Stadion), Santiago
☎ 022-69 18 89, tägl. 10–1 Uhr
Open-Air-Terrasse, wo man Seafood-Spaghetti, Fisch und Hummer, Tintenfisch und Shrimps-Cocktails genießen kann. €

Don Antonio
Plaza Dolores, Santiago-Altstadt
☎ 022-65 23 07, tägl. 12–23 Uhr
Das kreolische Restaurant in der kolonialen Villa bietet abends den besten Überblick auf den hübschen Platz mit seinen Kolonialfassaden, wenn die hölzernen Fensterläden weit geöffnet werden. Wer's ruhiger mag, sitzt hinten im begrünten Patio um den Brunnen. €

Auf der **Calle Heredia** kann man mit den Souvenirverkäufern handeln oder man kauft zu Festpreisen in den staatlichen ARTEX-Läden (z.B. gegenüber dem Museo del Carnaval im Patio Artex, neben der Casa de la Trova oder an der schönen schattigen Plaza Dolores): T-Shirts und Bikinis, CDs und Maracas, bunte Masken, Püppchen, Kosmetik usw.

La Maison
Av. Manduley 52, nahe Parque Ferreiro
Santiago, Bezirk Vista Alegre
In der alten Villa kann man in einer Boutique und in einer gut ausgestatteten Parfümerie stöbern, in der Garten-Cafeteria »Las Arecas« verweilen oder abends im eleganten Restaurant (€€) Kreolisches speisen. Modenschau ab 22.30 Uhr (CUC 5).

Cabaret Tropicana Santiago
Autopista Nacional km 1,5
Santiago
☎ 022-68 70 90
Shows derzeit nur Mi–So ab 22 Uhr,

ab 35 CUC
Die Show bietet im Vergleich zum Tropicana in Havanna mehr karibische Elemente, das Gran Finale ist der reinste Karneval, danach geht's in die Diskothek El Tropical (CUC 10 Eintritt inkl. 3 Getränke).
Das riesige Restaurant hat eine umfangreiche Speisekarte mit internationalen Gerichten (Di–So 12–15 und 20–22, Mo 12–15 Uhr (€–€€).

Casa de la Trova Pepe Sánchez
Calle Heredia 208, Santiago-Altstadt
Tägl. 11–24 Uhr
Eintritt CUC 2, Konzerte CUC 3–10 (je nach Bekanntheitsgrad der Gruppe)
Fast den ganzen Tag gibt es hier Live-Musik auf der winzigen Bühne oder im Innenhof, wenn die Amateure fertig sind, treten die Experten-Combos auf, aber beide heizen den Zuschauern mit Maracas-Rasseln, Claves-Rhythmusstäben und Kontrabass ordentlich ein.

Patio de los dos Abuelos
Plaza de Marte, Santiago-Altstadt (östlich)
Tägl. 16–19, Live-Musik 22–2 Uhr, Eintritt CUC 2
Schwofen im Patio unter Orangenbäumen bei Trova-Gesängen, Bolero und Salsa, Snacks, Bier und Cocktails.

Casa del Caribe
Calle 13 Nr. 154, Ecke Calle 8
Santiago, Bezirk Vista Alegre
Eintritt CUC 1
Im Garten der schönen Villa spielen täglich ab 17 Uhr Musikgruppen (Música tradicional), Sa/So gegen 15 Uhr afrokubanische Folkloreshow (Rumba, Santería). Wer trommeln will wie die Profis, kann es hier lernen.

Café Cantante Niágara
Im Teatro José María Heredia
Av. de las Américas (nahe Plaza de la Revolución), Santiago
Do–Sa ab 20.30, Matineen nur So 11–17 Uhr, Eintritt CUC 5
Hier treten Live-Bands mit Musik von Trova bis Salsa auf und Hunderte Tanzbeine werden in dem großen Saal geschwungen.

Quitrín
Calle Sánchez Hechavarría (ehem. San Jerónimo) 473, zwischen Porfirio Valiente & Pio Rosado
Santiago-Altstadt
Boutique in einem herrlichen Kolonialhaus mit ausschließlich weißen Kleidungsstücken der Marke Quitrín.

Carnaval
Letzte Juliwoche, jeweils um den 25. Juli
Karnevalstreiben mit um die Wette tanzenden *Comparsas* (Tanzgruppen) und Musikanten aus verschiedenen Stadtteilen – bunt, Rum-selig und laut. Anfang Juli findet die ebenso karibisch-heiße Woche namens **Fiesta del Fuego** (auch: Festival del Caribe) statt, wo schon mal für den Karneval geübt wird.

Mercado Ferreiro – der Lebensmittelmarkt in Santiago de Cuba

REGION 9
Rund um die Sierra Maestra

Rund um die Sierra Maestra
Unterwegs im Rebellenland

Im dünn besiedelten Südosten Kubas betritt man rund um die legendäre Sierra Maestra revolutionäres Terrain. Gedenkstätten zu Ehren der Helden von Unabhängigkeitskampf und Revolution sind allgegenwärtig. Etwa in der Stadt Bayamo, die als besonders rebellisch gilt, weil hier der große Freiheitskämpfer Carlos Manuel Céspedes geboren wurde – nicht weit entfernt rief er 1868 den ersten Unabhängigkeitskrieg aus. In dieser Gegend starb auch der berühmteste aller kubanischen Nationalhelden, der Poet und revolutionäre Vordenker: José Martí fiel 1895 auf dem Schlachtfeld bei Dos Ríos im Kampf gegen die spanische Kolonialmacht.

Die rebellischen Urenkel um den jungen Rechtsanwalt Fidel Castro legten ein halbes Jahrhundert später (1956) mit ihrer Yacht »Granma« an der abgelegenen Küste an, um von hier aus den Kampf gegen die Truppen des Tyrannen Batista aufzunehmen. Ausgangspunkt war die Sierra Maestra, wo ein Open-Air-Museum Einblick in die revolutionären Tage in der Comandancia de la Plata gibt, dem Rebellen-Hauptquartier.

»El Niño Cubao«

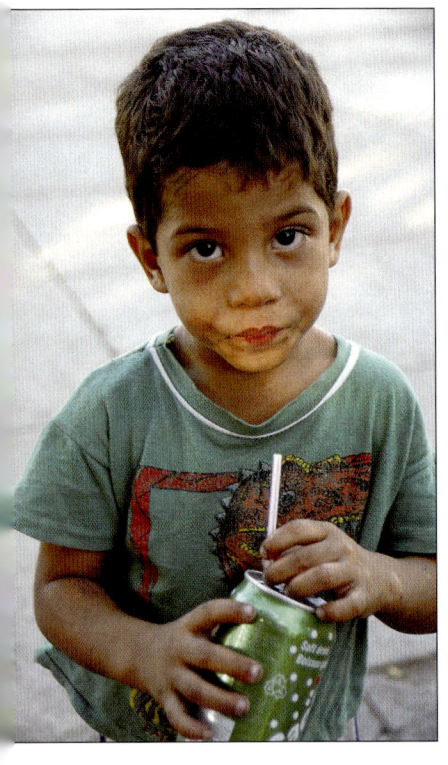

Heute erobern Wanderer und Trekkingtouristen den höchsten Berg Kubas, den Pico Turquino, der sich dramatisch steil auf nur vier Kilometern Luftlinie aus dem Karibischen Meer erhebt – bis auf fast 2000 Meter Gipfelhöhe. Von den Strapazen der bergigen Geschichtstour auf den Spuren der Revolutionäre kann man sich an den wilden und dunklen Stränden an der Südostküste erholen.

**REGION 9
Rund um die
Sierra Maestra**

❶ Bayamo

Die zweitälteste Stadt Kubas (ca. 120 km nordwestlich von Santiago) wurde 1513 von Diego Velázquez unter dem Namen San Salvador de Bayamo gegründet. Die Siedlung am Río Bayamo entwickelte sich rasch zum wohlhabenden Handels- und Schmugglerzentrum. Viehzucht und Plantagen mit Zuckerrohr, Kaffee, Kakao und Tabak bescherten den Bewohnern Reichtum. Die Kolonialstadt Bayamo gilt wegen ihrer rebellischen Geschichte auch als die »Wiege des Nationalismus«. 1819 wurde der Anführer des ersten Unabhängigkeitskrieges gegen die Spanier in Bayamo geboren: Carlos Manuel de Céspedes gehörte zu den Zuckerplantagenbesitzern, die durch die Ideen der Französischen Revolution beeinflusst waren. Céspedes ließ seine Sklaven frei und läutete am 10. Oktober 1868 auf seiner Farm »La Demajagua« (s. S. 168) die legendäre Glocke. Mit seiner Mambíses-Armee konnte er Bayamo im gleichen Jahr für kurze Zeit besetzen und sie zum Regierungssitz der »Republik

*Der Anführer des ersten
Unabhängigkeitskrieges
gegen die Spanier: Carlos
Manuel de Céspedes*

La Bayamesa
*Das vom Patrioten
Perucho Figueredo gedichtete Lied singen
die Kubaner heute als
Nationalhymne:*

*Auf zum Kampf, Bayamesen!
Voller Stolz blickt das
Vaterland auf Euch
Fürchtet nicht einen
ruhmreichen Tod,
denn für das Vaterland
sterben heißt leben;
Ein Leben in Ketten
ist ein Leben in Schande und Schmach;
hört den Trompetenstoß, ihr Tapferen,
und greift zu den Waffen, schnell!*

REGION 9
Rund um die Sierra Maestra

unter Waffen« ernennen. Ein paar Monate später, im Januar 1869, brannten die aufständischen Bayamesen ihre Heimatstadt nieder, nur damit sie nicht zurück in die Hände der Spanier fallen konnte! Der Rebell war 1869-73 der erste Präsident der »Republik unter Waffen« und wird heute noch als »Vater des Vaterlandes« verehrt.

Das angemessene Fortbewegungsmittel in Bayamo ist die Pferdekutsche, Hufgeklapper gehört hier zur allgegenwärtigen Geräuschkulisse. Der **Parque Céspedes**, umrahmt von einigen schönen Kolonialbauten, bildet das Zentrum der Altstadt. Céspedes steht als bronzene Statue auf einem Granitblock in der Mitte des kleinen atmosphärischen Platzes, an einer Ecke befindet sich sein Geburtshaus **Casa Natal de Carlos Manuel de Céspedes**. In dem zweistöckigen Gebäude (eines der wenigen, die den Brand von 1869 überstanden haben) gibt eine Ausstellung einen Einblick in die damalige Zeit der Aufstände und in das Leben des Revolutionärs. Die Kirche **Iglesia Santísimo Salvador** liegt nur einige Schritte entfernt am winzigen Plaza del Himno, wo sich die Aufständischen im Oktober 1868 trafen, um die Stadt zu besetzen. In dieser Kirche sangen die Bayamesen während eines Gottesdienstes am 11. Juni 1868 zum erste Mal das Lied »La Bayamesa«, das später zur Nationalhymne Kubas wurde (s. S. 165).

Bayamo könnte nach der Erkundung seiner schönen Altstadt der Ausgangsort für eine (Trekking-) Tour in die rund 80 Kilometer entfernte **Sierra Maestra** (s. S. 173 ff.) sein, wenn man nicht zu Füßen der Berge im Dorf Santo Domingo übernachten möchte.

Bauernmarkt in Bayamo um 1900

In der Iglesia Santísimo Salvador in Bayamo wurde zum ersten Mal die kubanische Nationalhymne intoniert

Service & Tipps:

ⓘ **Info**
Im Hotel Sierra Maestra
Bayamo

ⓘ **Islazul**
Calle General García 207
Bayamo
✆/Fax 023-42 32 73
Mo-Fr 8.30-17, Sa 8-12 Uhr
Touren zur Comandancia de la Plata und auf den Pico Turquino in der Sierra Maestra, s. S. 174 ff.

🏛 **Casa Natal de Carlos Manuel de Céspedes**
Calle Maceo 57, Parque Céspedes
Bayamo
Di-Sa 9-17, So 9-13 Uhr
Eintritt CUC 1
Geburtshaus des Freiheitskämpfers: Briefe, Dokumente, Landkarten, verblichene Fotografien, antike Möbel und persönliche Utensilien sind auf zwei Etagen zu besichtigen.

⛪ **Iglesia Santísimo Salvador**
Plaza del Himno, Bayamo
Mo-Fr 9-13 und 15-17, Sa 9-13 Uhr
Die ursprünglich als erste an diesem

Platz erbaute Kirche stammte aus dem Jahr 1613, wurde jedoch bei dem Brand 1869 größtenteils zerstört – gerettet wurde die kleine Kapelle mit maurisch anmutendem Erscheinungsbild und barockem Altar. Auch die Heiligenfigur Virgin de las Dolores stammt aus dem Jahr 1740.

Lokal im Hotel Royalton
Calle Antonio Maceo 53
Parque Céspedes, Bayamo
℅ 023-42 22 46/-24
Tägl. 7–22 Uhr
Gutes Straßenlokal und Terrassenbar auf dem Dach des schönen Kolonialhotels. €

Paladar Sagitario
Calle Donato Marmol 107, zwischen Maceo & Vincente Aquilera Bayamo
Tägl. 12–23 Uhr
Privatlokal, klein aber fein, mit *comida criolla* im Patio. €

Restaurant 1513
Calle General García 176, Ecke General Lora, Bayamo
℅ 023-42 29 21/-39
Di–So 12–15 und 18–21 Uhr
Einfache kubanische Gerichte mit viel Reis, Bohnen und *Tostones* (gebratene Kochbananen) sowie einige Snacks. €

REGION 9
Rund um die Sierra Maestra

❷ Chivirico

Der kleine Fischerort liegt etwa 70 Kilometer westlich von Santiago an der einsamen Südküste. Auf der herrlichen Panoramafahrt von Santiago entlang der Küste passiert man zuvor die **Playa Mar Verde** (ca. 19 km westlich von Santiago), mehrere Schiffswracks und den populären Strand **Caletón Blanco** (ca. 30 km westlich von Santiago). Rund 10 Kilometer vor Chivirico befinden sich zwei wunderschöne Hotelanlagen auf dem schmalen Küstenstreifen zwischen Bergen und Meer an der **Playa Las Coloradas**. Der Ausblick über die in der Ferne aufragenden Zacken der Sierra Maestra ist grandios.

Die erst 1997 asphaltierte und ausgebaute Küstenstraße hat in den vergangenen Jahren immer wieder stark unter Hurrikans gelitten, so sind Teile der breiten Piste weggebrochen oder durch Steinschlag und Erdrutsche blockiert, eine Brücke ist gesperrt, man muss durch ein flaches Flüsschen. Diese Fahrt auf einer menschenleeren Piste ist nichts für Angsthasen, eher für Abenteurer mit Jeep (oder Rad), aber man kommt auch notfalls noch mit einem normalen Fahrzeug voran, langsam und vorsichtig (man sollte für 100 Kilometer ca. fünf Stunden einplanen, früh losfahren und sich zuvor immer nach dem aktuellen Straßenzustand erkundigen, besser ist natürlich Allradantrieb für die gesamte Sierra Maestra).

Ein Wanderpfad in die Sierra Maestra beginnt bei Calentura kurz hinter Chivirico. Rund 50 Kilometer westlich von Chivirico kann man (mit Guide) den Pico Turquino besteigen (weniger anstrengend und empfehlenswerter ist die Tour von der Nordseite aus ab Santo Domingo, vgl. Sierra Maestra, S. 174 ff.).

Ohne eigenes Fahrzeug ist man hier auf der Küstenstraße aufgeschmissen, die Strecke wird äußerst selten von öffentlichen Bussen befahren (und wenn, dann sind sie vollkommen überfüllt).

Der Nationalheld José Martí starb bei Dos Ríos im Kampf gegen die spanische Kolonialmacht

❸ Dos Ríos

Bei dem 45 Kilometer nordöstlich von Bayamo gelegenen Dorf (nicht zu verwechseln mit dem Dos Ríos nahe Santiago!) starb der bis heute in Kuba meistverehrte Held aus dem 19. Jahrhundert, dessen Werke noch immer in jeder Wohnstube zu finden sind: José Martí. Der mächtige Obelisk markiert den Ort am Río Cauto, an dem der Volksheld am 19. Mai 1895 sein Leben im Befreiungskampf ließ. Der Volksheld war gerade einige Monate zuvor aus dem ame-

167

REGION 9
Rund um die Sierra Maestra

Das Fahrrad ist für Kubaner ein wichtiges Fortbewegungsmittel (Dos Ríos)

rikanischen Exil in New York nach Kuba zurückgekehrt und schloss sich den Truppen von General Máximo Gómez an. Martí war ein kampfunerfahrener Zivilist, der vermutlich einen Märtyrertod für sein Land und seine Ideale sterben wollte – so jedenfalls schrieb er es in einem Brief nur einen Tag vor seinem Tod ...

Auf dem Rückweg nach Bayamo oder Santiago kann man über den **Loma del Yarey** fahren, einen bewaldeten Bergkamm mitten in der weiten flachen Landschaft um Bayamo. Belohnt wird der Umweg mit einer schönen 360-Grad-Aussicht von der Anhöhe über goldgelbe Weideflächen mit Windrädern und Zuckerrohrfelder bis zur Sierra Maestra. Ein Ausflugslokal und ein kleines Hotel kümmern sich um die Ausflügler.

Restaurant Villa El Yarey
Jiguaní (auf dem Loma del Yarey)
023-42 72 56
Tägl. 7–22 Uhr

Sehr gutes kreolisches Lokal und zum Übernachten 14 herrlich ruhig gelegene, rustikale Häuschen im Kakteengarten auf einem Hügel, Pool und Reitpferde. €

❹ La Demajagua

Der Patriot und Rechtsanwalt Carlos Manuel de Céspedes besaß Mitte des 19. Jahrhunderts die Zuckermühle und Plantage **La Demajagua**. Heute ist sie ein parkähnliches Open-Air-Museum, der mit seinem Prunkstück, der legendären Demajagua-Glocke: Mit dieser Glocke wurden einst die Sklaven zur Plackerei an der Zuckermühle und auf den Zuckerrohrfeldern gerufen. Am 10. Oktober 1868 ließ der nationalistisch denkende Céspedes seine Sklaven frei, läutete die Demajagua-Glocke ein letztes Mal und rief mit dem »Schrei von Yara« zum Kampf gegen die spanischen Kolonialherren auf. Viele der Großgrundbesitzer und Intellektuellen der Gegend schlossen sich ihm als Rebellen an. Daraufhin haben spanische Kriegsschiffe sein Anwesen vom Golf aus mit Kanonen beschossen und in Schutt und Asche gelegt.

Museo Histórico La Demajagua
Ctra. Manzanillo-Niquero km 5
(10 km südl. von Manzanillo)
Mo–Sa 10–17, So 8–12 Uhr

Eintritt CUC 1
Das Museumsgelände beherbergt eine kleine Ausstellung, die anschaulich die Ereignisse jener Tage im Oktober 1868 dokumentiert mit ver-

blichenen Schwarz-Weiß-Fotos, persönlichen Gegenständen wie Gewehren, Dokumenten (darunter dem berühmten »Manifesto«) und der Revolutionsfahne von Céspedes. Zu besichtigen sind auch die alte Zuckermühle, Dampfmotoren und die historisch bedeutende Glocke.

> *REGION 9*
> **Rund um die Sierra Maestra**

❺ Manzanillo

Hinter Bayamo erstrecken sich unendlich weite Felder mit Zuckerrohr und Reis, nur begrenzt von der Sierra Maestra und dem Golf von Guacanayabo. An der Küste (ca. 62 km westlich von Bayamo) liegt Manzanillo, eine kleine sehenswerte Hafenstadt mit Fischereiflotte und Werft. Mit seinen vielen (teils verfallenen) Holzhäuschen im weitläufigen Zentrum ist der 1787 gegründete Ort einen Abstecher wert, vor allem aber wegen der ruhigen Atmosphäre und des hübschen Hauptplatzes: Am **Parque Céspedes** trifft der Reisende auf unverkennbar orientalisch-maurische Architektur – etwa den kleinen, von Säulen getragenen Pavillon *(glorieta)* mit Kuppeldach und bunten Mosaiken in der Mitte des Platzes. Rund herum steht ein 1999 frisch restauriertes Ensemble aus Kolonialgebäuden mit Bogenfenstern, zierlichem arabesken Stuckwerk und Arkadengängen in Schlüsselloch-Design, besonders auffällig ist das Einkaufscenter an der Westseite.

Sehenswert ist auch das **Teatro Manzanillo** von 1856 in der Calle Villendas an der Nordwestseite des Parque Céspedes. Ein Denkmal erinnert an die Lebensgefährtin und Mitkämpferin von Fidel Castro, Celia Sánchez: Das Wandmosaik aus Blumen und Tauben erstreckt sich entlang einer Treppe in der Calle Caridad und Martí, ein paar Straßenecken südlich des Hauptplatzes – mit herrlichem Stadtpanorama am Ende der Treppe.

Service & Tipps:

Teatro Manzanillo
Calle Villendas, zwischen Saco & Maceo (etwas nordwestl. des Parque Céspedes)
Manzanillo
430 Sitze in einem herrlich restau-

Beinahe orientalisch: Die Kolonialgebäude am Parque Céspedes in Manzanillo sind mit Bogenfenstern und filigranem Stuck verziert

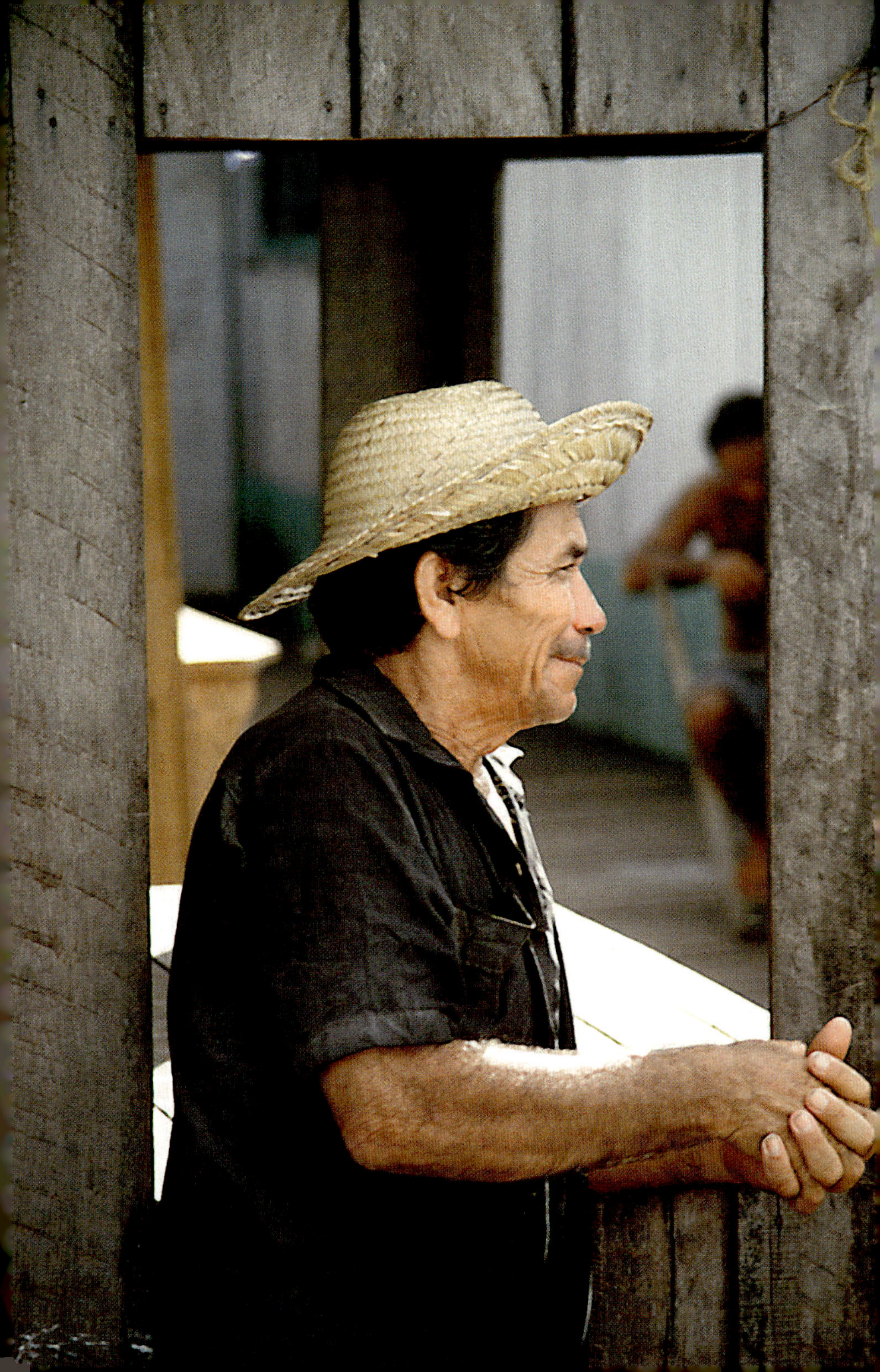

rierten Theatersaal, mit kleiner Ausstellung über die Sanierungsarbeiten.

Casa de la Trova
Calle Merchán, Ecke Masó
Tägl. ab 21 Uhr, Eintritt CUC 1
Jeden Dienstag treten die Künstler hier zur *Noche de Boleros* an, am Donnerstag zur Trova.

Restaurante 1800
Calle Merchán, zwischen Saco & Maceo (nahe Parque Céspedes)
Manzanillo
Di-So 12-22 Uhr
In dem zentral gelegenen Lokal werden die kubanischen Klassiker nebst Reis und Bohnen, aber auch Fisch und Hummer serviert. €

REGION 9
Rund um die
Sierra Maestra

◁ *Jederzeit bereit für ein Schwätzchen*

❻ Marea del Portillo

In dem kleinen abgelegenen Fischerort ca. 160 km westlich von Santiago warten an der Bucht zu Füßen der höchsten Berge Kubas einige Hotels auf Gäste. Hier hat man am Strand in absoluter Abgeschiedenheit nicht nur das Meer, sondern auch stets die grünen welligen Berge im Blick – ein Traumpanorama. Mit einem kleinen Wermutstropfen: Im Gegensatz zu den schier endlosen weißen Stränden an der Nordküste, verstecken hier sich im Süden die oftmals dunkelgrauen Strände in kleinen, aber umso idyllischeren Buchten mit Palmenhainen. Abwechslung bieten Tauchbasen und Ausflüge auf die Cayo Blanco und zum Hochseeangeln.

Wer will, kann vom rund 40 Kilometer östlich gelegenen Las Cuevas den höchsten Gipfel Kubas, den **Pico Turquino** (1974 m), erobern. Man sollte sich jedoch vergegenwärtigen, dass die Gipfelhöhe auf nur knapp vier Kilometern Luftlinie ab dem Meeresspiegel erreicht wird – weniger anstrengend ist die Tour innerhalb von zwei Tagen ab dem Bergdorf Santo Domingo auf der nördlichen Seite der Sierra Maestra (vgl. S. 174 ff.).

Von Marea del Portillo aus begleiten die schroffen Ausläufer der Sierra Maestra auf den nächsten 150 Kilometern die sagenhafte und menschenlee-

Trompetenschnecke aus dem Karibischen Meer

Am dunklen Sandstrand von Marea del Portillo vor der Kulisse der Sierra Maestra

REGION 9
Rund um die Sierra Maestra

Nachdem Ende 1958 in Santa Clara die Revolution gewonnen war, wurde Che Guevara zum Industrieminister und Präsidenten der Zentralbank Kubas. Doch der eingefleischte Marxist und Dschungelkämpfer misstraute der zunehmenden Bindung Kubas an die Sowjetunion und verließ 1965 das Land, um in Afrika und Bolivien neue Revolutionen ins Rollen zu bringen. Am 9. Oktober 1967 wurde er in den bolivianischen Bergen erschossen – im Alter von 39 Jahren. Seine verscharrte Leiche fand man erst 30 Jahre später. Heute liegen die Überreste von Che Guevara im Mausoleum in Santa Clara. Für viele blieb er das, was sein Spitzname »Che« immer ausdrückte: ein Kumpel.

re Küstenstraße mit atemberaubenden Kurven Richtung Osten nach Santiago. Nicht selten führt die erst 1997 asphaltierte Straße nur knapp über der zerklüfteten Steilküste am Meer entlang, die Wellen klatschen auf die Piste, die leider seit den Hurrikans 2005 und 2008 arg gelitten hat und stellenweise nur noch im Schritttempo passierbar ist, mitunter auch durch einen flachen Fluss führt (am besten mit einem Jeep bzw. Allradantrieb, aber es geht auch notfalls mit einem Mietwagen: vorsichtig und mit starken Nerven und viel Zeit. Für die ca. 160 Kilometer nach Santiago muss man sehr früh losfahren und sich vorher nach dem aktuellen Straßenzustand erkundigen, unterwegs trifft man auf der menschenleeren Traumpiste nur gelegentlich einen Bauern hoch zu Ross). Aber es lohnt sich: Auf der Landseite recken sich die Berge dramatisch-steil empor, neben dem Pico Turquino sind dies der **Pico Cuba** (1872 m), der **Pico Martí** (1722 m) und **La Bayamesa** (1730 m).

Von Marea del Portillo können Öko-Safaris auf der Laguna Portillo, dem Río El Masío und in die Samuel-Grotte unternommen werden. In La Plata an der Küste ist ein Museum über die Rebellenbewegung zu besichtigen (nicht zu verwechseln mit der viel sehenswerteren Comandancia de la Plata in der Sierra Maestra!).

🚶 Pico Real de Turquino
Sierra Maestra
Der Aufstieg auf den höchsten Berg Kubas erfolgt in dieser Gegend beim Strand von Las Cuevas, ca. 40 km östlich (nur für erfahrene Bergsteiger mit Kondition geeignet). Bei Las Cuevas enden die in Santo Domingo beginnenden, zweitägigen Trekkingtouren (vgl. S. 174 ff.).

Bei Las Cuevas gibt es nur einen einfachen Campismo (La Mula, 12 km östlich; ein Taxi sollte vorher organisiert werden).

---

❼ Parque Nacional Desembarco del Granma (Playa Las Coloradas)

Nahe dem südlichsten Punkt Kubas erreicht man einen weiteren Schauplatz der Revolution: An der einsamen **Playa Las Coloradas** ging Fidel Castro am 2. Dezember 1956 mit 82 Genossen an Land, darunter sein Bruder Raúl und

Playa Las Coloradas: eine Kopie der »Granma«, mit der die kubanischen Rebellen aus ihrem Exil zurückkehrten

Che Guevara. Parque Nacional Desembarco del Granma heißt das denkmal- und naturgeschützte Gebiet heute (auch: Portada de la Libertad) – wegen seiner Artenvielfalt, darunter viele Kakteen, steht das Gebiet seit 1999 auch unter dem Schutz der UNESCO.

Die Rebellen kehrten in der Motoryacht namens »Granma« aus dem mexikanischen Exil nach Kuba zurück, um hier den Rebellenkampf fortzusetzen. Als »Schiffbruch« soll Che Guevara das gescheiterte Unternehmen später bezeichnet haben: Als die Guerilleros seekrank nach stürmischer Überfahrt an der Küste Kubas landeten, kamen sie zwei Tage zu spät: Das zwölf Meter lange Boot war vollkommen überladen mit Passagieren und schweren Waffen, ein Motor war ausgefallen, und das vereinbarte Treffen mit den Genossen an Land misslang. Nur 18 Guerilleros überlebten den Beschuss durch die bereits alarmierten Regierungstruppen, sie flohen in die **Sierra Maestra** (s. S. 173 ff.).

Am Parkplatz befindet sich eine kleine Dokumentation, und unter einem Holzdach steht die Kopie der »Granma«, die nach der Revolution der gesamten Provinz und der Parteizeitung ihren Namen gab (das Original befindet sich im Revolutionsmuseum in Havanna). Vom Parkplatz führt ein Weg zur zwei Kilometer entfernten Küste und dem Landungsort, der von Mangroven umgeben ist.

Einen weiteren Ökopfad kann man etwa acht Kilometer südlich begehen: Der **Sendero Arqueológico Natural El Guafe** wartet mit Vögeln und Schmetterlingen, Orchideen und einigen Stalagmiten auf Erkundung, auch Zeichnungen von Indianern sind in den vom Meer ausgewaschenen Grotten zu sehen. Von hier ist es ein Katzensprung zum Fischereihafen und zur südlichsten Landspitze Kubas, dem **Cabo Cruz**, die ein Leuchtturm markiert.

> **REGION 9**
> *Rund um die Sierra Maestra*

Parque Nacional Desembarco del Granma/(Museo Las Coloradas)
Playa Las Coloradas (bei Bélic, ca. 16 km südwestl. von Niquero)
Mo-Sa 8-18, So 8-13 Uhr
Eintritt CUC 3

Ein Pfad durch die Mangroven zeigt den Weg, den die Revolutionäre an Land nahmen.
In dem kleinen Museum (Eintritt CUC 1) kann man die Route der Rebellen in die Sierra Maestra verfolgen.

---

❽ Parque Nacional de Turquino (Sierra Maestra/Comandancia de la Plata)

Die **Sierra Maestra** erstreckt sich rund 240 Kilometer parallel zur Küste und dem Karibischen Meer im Südosten Kubas. Die Gebirgskette wird gebildet aus mehreren Bergen und Gebirgsfalten, die schließlich im höchsten Berg Kubas gipfeln, dem **Pico Turquino** (1974 m). Die durchschnittliche Höhe der Bergkämme liegt bei 1500 Metern, auf der Küstenseite fällt das Gelände steil ins Meer ab und unter dem Meer weitere 7000 Meter in den Cayman-Graben – das steilste Gefälle der Erdoberfläche!

Etwa 100 endemische Pflanzenarten haben Biologen in den Kiefernwäldern des Nationalparks gezählt: Orchideen, Moose, Baumfarne, Agaven und diverse Bambussorten. Auch Ornithologen werden begeistert sein, wenn sie seltene Vögel wie den winzigen Kolibri *(Zunzuncito)*, den grün leuchtenden Cartacuba und Kubas Nationalvogel – geschmückt in den Landesfarben blau-weißrot – den Tocororo (Kuba-Trogon) zu sehen bekommen.

Am 2. Dezember 1956 ging Fidel Castro mit seinen 82 seekranken Mannen der »Bewegung 26. Juli« zu Füßen der Sierra Maestra an Land (s. S. 172 f.). Unter den 18 Rebellen, die den Angriff der Regierungstruppen überlebten,

Parque Nacional de Turquino: Standort von etwa 100 endemischen Pflanzen, darunter einige sehr schöne Orchideenarten

REGION 9
Rund um die Sierra Maestra

waren Castros Bruder Raúl und Ernesto (Che) Guevara – sie flohen mit ihrem Anführer in die Berge. Viele Bergbauern schlossen sich dem Guerillakampf an. Obwohl es anfangs nur ein paar Dutzend Kämpfer mit wenigen Waffen waren, gelang es Fidel Castro, in den internationalen Medien den Eindruck zu erwecken, als seien Tausende in den Bergen versammelt und bereit zum Kampf gegen das diktatorische Regime Batistas.

Selbst die CIA ließ sich beeindrucken und soll die bärtigen Guerilleros, die *Barbudos*, unterstützt haben. Die letzte militärische Offensive Batistas mit dem Codenamen »Operacion FF« (»Fin de Fidel«, »Schluss mit Fidel«) war zum Scheitern verurteilt: Die Regierungssoldaten konnten von den Fidelistas (350 Rebellen gegen 10 000 Mann) aus dem zerklüfteten Terrain gedrängt werden, nicht wenige Soldaten liefen sogar zur Guerilla über.

Der Aufstieg und die Überquerung des Pico Turquino beginnt beim Bergdorf **Santo Domingo** (auf 250 m Höhe) mit fünf extrem steilen Kilometern – am Ende 40 Grad – auf einer Betonpiste bis auf 950 Höhenmeter. Am Parkplatz des Alto de Naranjo geht es links neun Kilometer nach Osten zum Gipfel, rechts holprig, aber bequem drei Kilometer zur **Comandancia de la Plata**, dem Hauptquartier von Fidel Castro mit einfachen und meist leeren Blockhütten.

Zu Füßen der Sierra Maestra

In der neuen **Museumshütte** sind Schwarz-Weiß-Fotos der Rebellen, Castros Füller, Originalteile der Funkanlage von Radio Rebelde, russische und amerikanische Jagdgewehre und ein paar Schritte weiter außerdem die Hütte des Rebellenchefs mit Originalbett, schwedischem Kühlschrank, Fluchttunnel und Latrinen-Häuschen zu sehen.

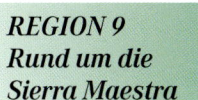

REGION 9
Rund um die Sierra Maestra

Bis zum Turquino-Gipfel sind noch circa 13 Kilometer und tausend Höhenmeter zu überwinden (erst zurück zum Alto de Naranjo): über die Siedlung **La Platica**, mehrere kleinere Gipfel (Pico Joaquín, Pico Regino) und Nebelwald. Zwei Abschnitte der Strecke heißen »Paso de los Monos« (Weg der Affen) und »Saca la Lengua« (Zieht dir die Zunge raus) und sind entsprechend anstrengend. Teile des Waldes mit Baumriesen wurden 2005 durch den Hurrikan »Denis« regelrecht zerschmettert, doch die Wege sind wiederhergerichtet. Übernachtet wird meist in dem einfachen **Nachtlager Campo Joaquín** auf 1365 Metern (Etagenbetten, keine Dusche, Plumpsklos). Vor 50 Jahren gab es hier oben keine Elektrizität, heute speist die Solaranlage neben der Latrine den Fernseher. Vier Compañeros, halten hier oben im 14-tägigen Wechsel die revolutionären Pfade instand.

Am nächsten Tag geht es innerhalb von etwa drei Stunden auf den Gipfel, wo eine Büste von José Martí wartet. Über steile Treppen bzw. lehmig-rutschige Bambus- und Ast-Absätze im Erdreich klettert man nun elf Kilometer wieder abwärts Richtung Küste, wo man schließlich nach etwa fünf bis sieben Stunden im Ort Las Cuevas ankommt.

Parque Nacional Sierra Maestra
Hauptquartier in Santo Domingo, Bartolomé Masó
℅ 023-56 53 49
Tägl. 6–16 Uhr

Touren
Nur möglich mit teils englisch sprechendem Führer, Eintritt Comandancia CUC 10, mit Aufstieg ca. CUC 25, Foto- und Videoerlaubnis extra). Bester Ausgangspunkt für die Touren zur Comandancia de la Plata und den Pico Turquino, die sehr früh morgens starten, ist die Villa Santo Domingo oder die etwas weiter entfernten sehr einfachen Bungalows im Campismo La Sierrita. Es gibt auch einige sehr einfache Privatunterkünfte in Santo Domingo.

Man sollte frühzeitig am Vortag ankommen, um den Aufstieg mit einem Führer und ggf. einen Transport für die ersten kräftezehrenden fünf Kilometer bis zum Alto de Naranjo organisieren zu können.

Beste Zeit ist November bis Januar (Trekkingschuhe, Taschenlampe und evtl. Schlafsack mitnehmen). Die zweitägige Tour endet an der Küste bei Las Cuevas: Hier gibt es nur einen einfachen Campismo (La Mula, 12 km

REGION 9
Rund um die Sierra Maestra

östl.) oder ca. 50 km östlich die Hotels bei Chivirico bzw. ca. 40 km westlich die Hotels bei Marea del Portillo (vorher ein Taxi organisieren).

In Santiago kann man Helikopterflüge über die Sierra Maestra und einen Stopp beim Wasserfall El Saltón (s. S. 152) buchen.

In der Sierra Maestra – auf den Spuren der Rebellen

Nach dem vereitelten Überraschungsangriff Fidel Castros und seiner Genossen ließ Kubas Diktator Batista sofort verbreiten, dass auch Castro getötet worden sei. Also lud der Comandante mit dem Gespür für PR-Coups mehrere Star-Journalisten aus den USA zum Interview zu sich ins Hauptquartier und auf den Gipfel des Pico Turquino. Herbert L. Matthews machte mit seinem Artikel in der New York Times am 24. Februar 1957 Revolutionsgeschichte. Che Guevara soll gesagt haben, der Artikel sei für die Rebellen wichtiger gewesen als jeder Sieg auf dem Schlachtfeld.

Matthews zeichnete ein heldenhaftes Porträt des Guerillaführers mit seiner schlagkräftigen Armee – Castro hatte ihn offenbar getäuscht, indem er seine Handvoll Mitkämpfer mehrmals an dem nicht ganz objektiven Reporter vorbeimarschieren ließ. Ein Foto von Matthews mit Castro machte die Batista-Regierung weltweit unglaubwürdig. Ein halbes Jahr später waren die Truppen Batistas aus der Sierra Maestra verdrängt – oder übergelaufen.

Zu den Helden der Revolution gehören auch die Bauern der Sierra Maestra, die Kollaborateure der Partisanen. Bei El Saltón lebt zum Beispiel Señor Eráclides, mittlerweile rüstige 74. Er hatte aus dem Lager des Großgrundbesitzers, bei dem er 1957 gearbeitet hat, immer ein bisschen »abgezweigt« – Reis, Bohnen und Zucker – und damit die Rebellen der dritten Front versorgt, die gegen Santiago zogen. Später überbrachte er mündliche Botschaften oder zerlegte Pistolen im Maissack. »Wir wollten, dass alle gleich sind und bessere Lebensbedingungen haben«, sagt Eráclides.

50 Prozent der Landbevölkerung waren damals Analphabeten, so wie Eráclides heute noch. Nach dem Sieg der Revolution bekam er einen Fernseher und Möbel und lernte ein wenig rechnen. Er scheint damit zufrieden und freut sich bester Gesundheit – zum Dorfarzt sind es nur wenige Schritte, auch das ist eine Errungenschaft der Revolution.

Aber die Kubaner kehren mangels Medikamenten (oder Devisen) zurück zu den Wurzeln: Heutzutage verschreibt der Doktor schon mal Papayawurzel-Tee gegen Bluthochdruck und Guaven-Extrakt gegen Magenschmerzen.

Vitaminreich und von den Kubanern als Volksmedizin verwendet: Papaya

❾ Yara

Die Kleinstadt liegt inmitten von Zuckerrohr- und Reisfeldern sowie Bananenplantagen 46 Kilometer westlich von Bayamo. Der 30 000-Seelen-Ort hat für die Kubaner historische Bedeutung: Am 11. Oktober 1868 kämpfte hier die Truppe der Befreiungskämpfer um Carlos Manuel de Céspedes erstmals gegen die Spanier. Ein Denkmal auf dem zentralen Platz erinnert an diese Schlacht. Vorangegangen war der Aufruf »Grito de Yara« (Schrei von Yara, s. S. 168) - er wurde zum Auslöser des zehn Jahre andauernden ersten Bürgerkrieges. Darin forderte Céspedes nach der Freilassung seiner Sklaven die anderen Plantagenbesitzer auf, ihm zu folgen und für die Unabhängigkeit von der Kolonialmacht zu kämpfen – bis in den Tod. Céspedes wurde 1874 von spanischen Truppen in der Sierra Maestra erschossen.

Vista Point Rundreise durch Kuba

Die Route

Vista Point Reiseroute durch Kuba

Die kubanische Flagge

◁ *Auf dem Weg zur Wallfahrtskirche von El Cobre nordwestlich von Santiago de Cuba*

Kuba ist eine lang gestreckte Insel, der kubanische Dichter Nicolás Guillén beschrieb ihre Form als einen langen, grünen Kaiman. Die größte Insel der Antillen eignet sich hervorragend für eine klassische West-Ost-Tour von der Hauptstadt Havanna bis in den Ostzipfel nach Santiago de Cuba – einmal quer durchs Land auf 2100 Kilometern (ohne Abstecher) in etwa drei Wochen, dabei sind bereits jeweils ein- oder zweitägige Pausen in einigen Badeorten oder sehenswerten Städten eingeplant. Wer mehr Zeit hat, kann die Route problemlos mit den vorgeschlagenen Abstechern auf Inseln und in abgelegene Nationalparks auf rund vier Wochen verlängern.

Eine erste **Extratour** (3–4 Tage) könnte zuvor in den Westen des Landes führen von **Havanna** nach **Pinar del Río** in die malerische Gegend um die Tabakfelder und Karstfelsen von **Viñales**. Danach geht es in der großen Route von Havanna immer nach **Osten** mit einigen Abstechern in den Norden, auf Inseln oder in Hafenstädte. Man bummelt durch schöne Kolonialstädte wie **Cienfuegos, Trinidad** und **Sancti Spíritus**, erobert in der **Sierra del Escambray** luftige Aussichtspunkte mit weitem Inselpanorama und rauschenden Wasserfällen und »erfährt« im wahrsten Sinn die herrliche Zuckerrohr-Region, die einst den Reichtum des Landes begründet hatte. Durch die weite flache Ebene um das Rinderzuchtzentrum bei **Camagüey** in der Mitte der Insel gelangt man schließlich in den tropisch geprägten Osten, umrundet die **Sierra Maestra** und erkundet das schwarz-karibische **Santiago de Cuba** mit den wichtigsten Santería-Pilgerstätten (El Cobre) und vielen Schauplätzen der Revolution.

Die Route

Am besten sind Fly & Drive-Pakete mit von Deutschland aus gebuchten Hotels, weil wegen der »Operación Milagro« (s. S. 209) viele auch entlegene Hotels mit lateinamerikanischen Gästen vollständig belegt sein könnten, v. a. in der Ne-

Der Tocororo, kubanischer Nationalvogel in den Nationalfarben Blau, Weiß und Rot

Die Route

bensaison (z.B. September–November). Die Campismo-Anlagen sind oft sehr einfach mit schlechtem Essen, manche weisen Ausländer auch ab. Zur Not kann man bei Kubanern privat in (offiziell zugelassenen!) *Casas particulares* unterkommen, in abgelegenen Regionen gibt es diese Möglichkeit nicht.

Folgendes sollte unbedingt bei der Zeitplanung innerhalb eines Tages bedacht werden: Die kubanischen Straßen, v. a. die Landstraßen und Abzweige in die Provinz, sind meist die reinsten Schotterpisten – ein 30-Kilometer-Abstecher kann hier schon mal eine ganze Stunde in Anspruch nehmen, vor allem wenn man auf engen kurvigen Pisten unterwegs ist und öfter hinter klappernden Kutschen und museumsreifen Oldtimern hängen bleibt. Selbst auf den vergleichsweise wenig befahrenen Autobahnen sollte man nicht schneller als 60–80 Stundenkilometer fahren

Der »Camello«, benannt nach seiner Form, wird nur noch selten als Nahverkehrsmittel eingesetzt

(erlaubt sind ohnehin nur 90 km/h) – hier warten Schlaglöcher in den Ausmaßen von Badewannen und heimtückisch verstecke Eisenbahnschwellen, oft ohne jegliche Warnhinweise. Grundsätzlich kann man sagen, dass die Straßensituation sich eher verschlechtert hat (v.a. in den Bergen und Küstenstraßen) wegen der vielen Hurrikans seit 2008. Bei einigen der beschriebenen Strecken könnte das zeitlich etwas eng werden.

Die Beschilderung hat sich zwar in den vergangenen Jahren etwas verbessert, aber Ausfahrten können weiter unbeschildert sein. Nach Einbruch der Dunkelheit (im Winter schon ab 18 Uhr) sollte man in Kuba außerhalb der Städte nicht mehr Auto fahren: Die unbeleuchteten Straßen sind schlecht und voller Tiere, Menschen und Vehikel, die fast alle ohne Licht unterwegs sind. Und am besten die Tour immer mit vollem Tank starten, denn Cupet-Tankstellen

Keramik-Kubanerin als Souvenir

gibt es meist nur an den Ausfallstraßen der Provinzhauptstädte und größeren Orten bzw. in den Touristen-Hochburgen.

Viele der genannten Ausflugsziele entlang den Wegen wie Wasserfälle oder Wanderstrecken in Nationalparks dürfen bisher nicht ohne Führer besucht werden, d.h. für Individualreisende, die unangemeldet an den Eingangstoren oder Informationsbüros auftauchen, kann es einige Zeit dauern (v. a. in der Nebensaison), bis sich jemand gefunden hat, der die Tour übernimmt bzw. bis Jeep, Boot, Pferd etc. zum Ausflug bereitstehen.

Wer frühzeitig aufbricht und sich Zeitpuffer lässt, hat unterwegs mehr Chancen und die nötige kubanische Gelassenheit, um auch mal eine Stunde warten zu können – bei einem Mojíto oder einer guten Zigarre beispielsweise ... Wie sagte eine kubanische Freundin: »Wir Kubaner planen nichts, wir sind eher spontan. Wenn wir etwas planen, wie ihr Deutschen, dann geht es zu 98 Prozent schief.«

Extratour (3–4 Tage): Rundfahrt durch den Westen ins Tabakzentrum

Die Route

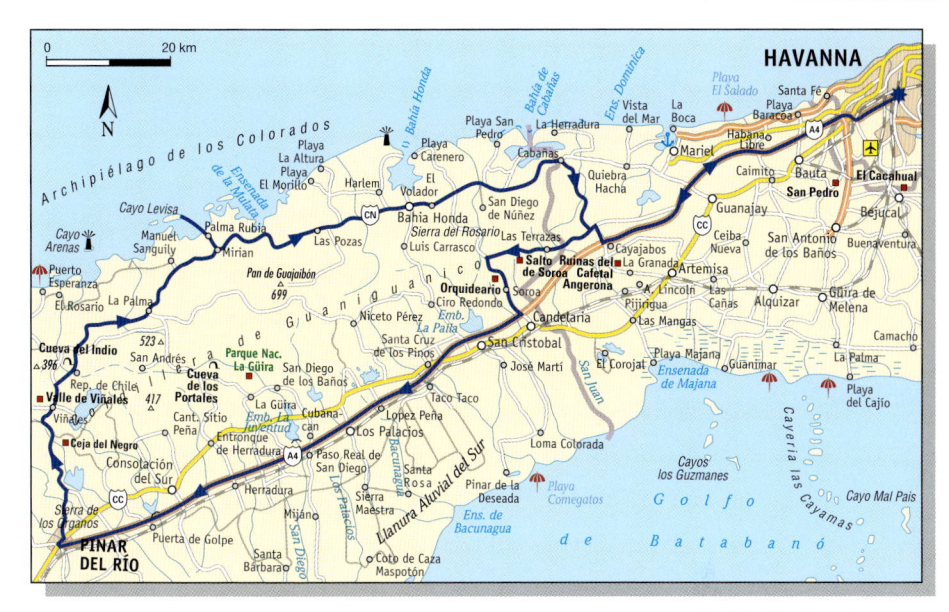

Route: Havanna – Las Terrazas – Soroa – Pinar del Río – Viñales – (Cayo Levisa) – Havanna (368 km)

Alle Km-Angaben sind als Ca.-Angaben zu verstehen.

km	Route
0	Ab **Havanna** auf der Autobahn 4 (Autopista) bis zum
51	Abzweig nach **Las Terrazas** (nach ca. 3 km geringfügige Gebühr an der Schranke), weiter auf der Autopista oder der Landstraße bis
160	**Pinar del Río** und weiter nach
188	**Viñales**. Auf der Carretera del Norte zur Küstenstraße und durch **La Palma** (hier ist ein Abstecher per Fähre zur **Cayo Levisa** möglich), **Bahía Honda** und **Cabañas**, dort zurück zur Autobahn 4 und nach
368	**Havanna**.

Die koloniale Altstadt »Habana Vieja« zählt zum UNESCO-Weltkulturerbe

Diese Tour in den Westen von Kuba führt in die landschaftlich schönste Gegend der Insel – viel zu schade für einen organisierten Tagesausflug. Mit drei oder vier Tagen Zeit kann man einen oder zwei Abstecher einplanen, etwa auf der Hin-

Die Route

Im Tal von Viñales, dem Tabakanbaugebiet Kubas

Kenner aus aller Welt schätzen den aromatischen kubanischen Tabak

fahrt nach **Soroa** oder **Las Terrazas** – immerhin gehört die herrliche Bergkette Sierra del Rosario zu den Welt-Biosphärenreservaten der UNESCO – und bei der Rückkehr auf die **Cayo Levisa**.

Wer in Havanna die Abfahrt Richtung Pinar del Río auf der Autopista 4 nimmt, sollte sich nicht wundern über die mit Geldscheinen mehr oder weniger verzweifelt winkenden Menschen unter den Brücken. Die Transportsituation Kubas ist aufgrund von Benzinmangel und museumsreifen Autos und Bussen prekär.

Kubaner, die nicht stundenlang auf einen öffentlichen (und dann wahrscheinlich überfüllten) Bus warten und sich nicht wie Vieh auf einem Laster oder Traktor-Anhänger drängen wollen, müssen sich was einfallen lassen: Da flirtet eine flotte Mulattin auch schon mal mit dem Chauffeur eines Touristen-Taxis und flüstert ihm bedeutungsvoll zu: »Wir haben Hummer...!« Der kostet sonst in staatlichen oder privaten Lokalen 10–20 Euro bzw. CUC und hier nur eine kleine Gefälligkeit im halböffentlichen Verkehr ...

Entlang der Autobahn stehen Plakatwände mit den ewig gleichen Durchhalteparolen, wo doch mehr Touristen in Reisebussen als Kuba-

ner diese Strecke befahren: »Trabajamos por la victoria« (Wir arbeiten für den Sieg). Wer die schönere Landstraße entlangfährt, sieht *Guajiros* mit Machete und Strohhut und Schulkinder, die vom Laster winken, und fragt sich, für welchen »Sieg« sie später einmal arbeiten werden ...

In **Las Terrazas** (s. S. 65 f.) kann man im originellen kleinen Öko-Hotel **La Moka** mit Panoramablick auf den San-Juan-See übernachten (Complejo Turístico Las Terrazas, s. S. 217), in Bächen und unter Wasserfällen baden, Orchideen und Vögel bewundern und die schöne bergige Gegend auf dem Pferde- oder Eselsrücken oder mit dem Fahrrad erkunden. Die Künstlerkolonie wartet mit Kunsthandwerk, Workshops und Wanderwegen auf Besucher. Bei **Soroa** erfrischt die Kaskade **El Salto** (s. S. 71) mit einem kleinen, idyllischen Badepool. Die Bewohner der Region sind zumeist Bauern, und man begegnet hier schon mal einem *Guajiro*, der sein Schwein an der Leine zum Schlachter führt.

An der Strecke nach **Pinar del Río** (s. S. 68 f.), wartet hinter jeder Biegung die malerische Landschaft mit einem neuen Fotomotiv. Im Wind wogende Zuckerrohrpflanzen (von November bis Mai) und Apfelsinenbäume, weite sattgüne Felder voller Tabakpflanzen, kleine Tabakfabriken und Trockenschuppen prägen das Bild entlang der Landstraße in die Provinzhauptstadt, Tabakfarmer auf Gäulen und Ochsengespannen lüften den Hut zum Gruß.

Straßenschilder sind Mangelware, dafür weisen riesige Plakate mit dem Konterfei Che Guevaras den sozialistisch richtigen Weg. Mitten im herrlichen Tabakanbaugebiet Vuelta Abajo am Rande der Bergkette **Sierra de los Órganos** präsentiert sich das ruhige Städtchen mit arkadenreichen, leicht morbide wirkenden Kolonialvillen und verschlafenem Charme.

Von Pinar del Río geht es weitere 28 Kilometer nordwärts durch die Sierra de los Órganos bis ins Dorf **Viñales** (s. S. 74 f.). Das Tal von Viñales (s. S. 72 f.) steht unter dem Schutz der UNESCO und beeindruckt mit der malerischsten Kulisse in Kuba: Bucklige Kalksteinhügel *(mogotes)* erheben sich wie Elefantenrücken aus der rostbraunen Erde der Tabakplantagen. Vom Parkplatz des Hotels Los Jazmines hat man die beste Aussicht auf das Tal, besonders um 6 Uhr morgens, wenn der Frühnebel noch zwischen den Palmen und Tabakfeldern hängt und die Touristen sich noch nicht drängen.

Wer es eilig hat, fährt von Viñales in etwa zwei Stunden über die Autobahn von Pinar del Río nach Havanna zurück. Etwas mehr Zeit braucht man für die viel schönere Küstenstraße im Norden (Carretera del Norte, beide Strecken ca. 180 km, vorher volltanken!), die über die Carretera a Puerto Esperanza zu erreichen ist.

An der Nordküste rollt sie gemächlich über die Orte **La Palma**, **Bahía Honda** und **Cabañas** – mit stellenweise herrlichen Aussichten über tiefblaues Meer, Täler voller Palmenhaine und mit Palmblättern gedeckte Bohíos in der hügeligen Landschaft, zur Rechten stets die Ausläufer der Cordillera de Guaniguanico.

Zeit für einen **Abstecher:** Etwa 20 Kilometer nordöstlich von La Palma verkehrt ab Palma Rubia (ausgeschildert) die Fähre (zweimal täglich) auf die winzige Bungalowinsel **Cayo Levisa** (s. S. 65), wo man eine Robinson-Pause einlegen kann (am besten mit einer zuvor gebuchten Übernachtung, die Fähren verkehren nur morgens und abends, man kann auch ein Boot zu anderen Zeiten teuer chartern ...)

Auf dem Festland werden in dieser Gegend vorwiegend Rinder und Fische gezüchtet und ein bisschen Zuckerrohr und Tabakpflanzen angebaut. Auf den Terrassen sitzen die Bewohner beim Plausch und einer Zigarre im Schaukelstuhl. Die Guajiros breiten ihren Reis entlang der Straße aus, so trocknet er schneller. Aber Geduld, denn hier wie auf allen Nebenstraßen Kubas zuckelt man auch schon mal im Schneckentempo hinter einer Armada aus Pferdekutsche, Abgas spuckendem Traktor, mit Menschen beladenem Laster und als Schlusslicht einem scheppernden Buick, der nur mit Mühe und viel Getöse schließlich als Letzter zum Überholen der Pferdekutsche ansetzt. »Adelante en combate« – (»Weiter im Kampf«) – der Plakatspruch könnte auch dem über die Hügel schnaufenden Oldtimer gelten. ✺

Die Route

Von Pinar del Río bietet sich ein Abstecher zur Tabakplantage Vega Robaina südwestlich an (s. S. 69).

Man geht in Viñales nicht nur in den Untergrund – auch steil in die Höhe mit Traumpanorama: Den Kletterfans konnte das Viñales-Tal nicht lange verborgen bleiben. Man muss aber die eigene Ausrüstung mitbringen (Infos auf englisch: www.cubaclimbing.com, www.escaladaencuba.com)

Das Valle de Viñales auf einer alten Postkarte

Die Route

Hauptroute: Einmal quer durchs Land (ca. 2100 km)

❶ Strand, Sümpfe und Krokodile

Route: Havanna – Cojímar – Playas del Este – Matanzas – Varadero – Cárdenas – Guamá (208 km, plus 34 km mit Fahrt über Varadero)

km	Route
0	Ab **Havanna** durch den Tunnel auf die östliche Seite (Habana del Este) und die Autobahn Vía Monumental (Abstecher zur Festung El Morro und La Cabaña möglich)
10	Abzweig zur **Boca de Cojímar**, danach weiter auf der Autobahn, rechts halten und abbiegen auf die Carretera Nacional (Vía Blanca) Richtung
20	**Playas del Este**. Weiter über die
78	**Puente de Bacunayagua**, weiter nach
98	**Matanzas**.
104	Hier am Abzweig entweder nach links bis zur
135	Straßengabelung nach **Varadero** (34 km bis ans Inselende und zurück) oder rechts halten und weiterfahren nach
152	**Cárdenas**. Weiterfahrt nach Süden, links abbiegen, nach ca. 8 km von der Carretera Nacional auf die Landstraße, weiter über **Jovellanos**, die Autobahn (Autopista) überqueren bei **Jagüey Grande** und Richtung Süden nach
208/242	**Guamá**.

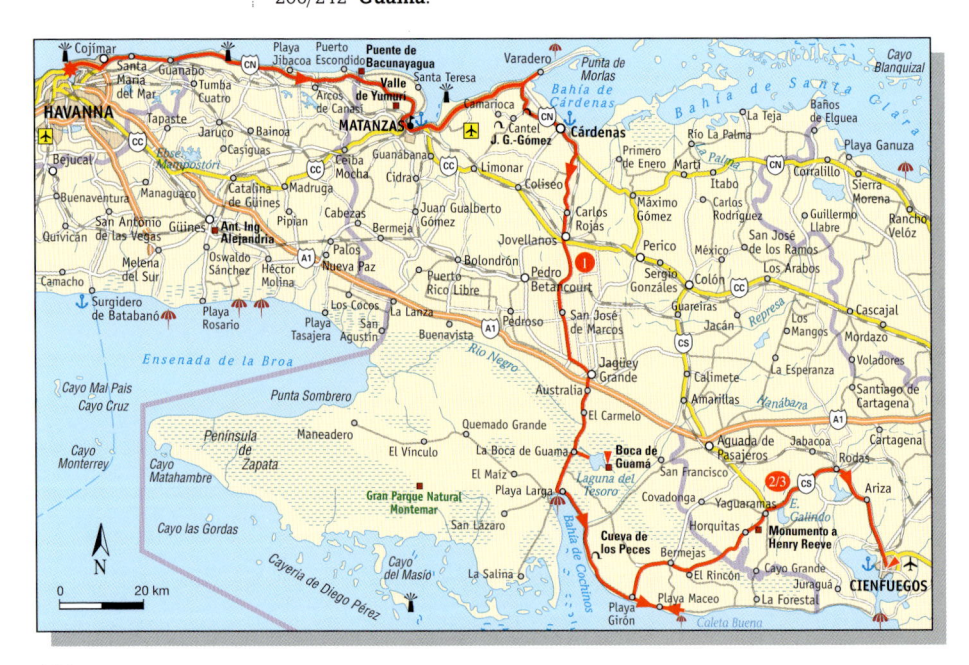

184

Von Havannas Zentrum geht es erstmal in den Untergrund – im Tunnel durch die Bahía de la Habana auf die andere Seite der Bucht. Wer hier kurz hinter der Tunnelausfahrt die Kurve kriegt (Abzweig ausgeschildert) und eine der beiden Festungen des **Parque Histórico Militar Morro-Cabaña** (s. S. 23) aufsucht, kann sich bei einem wunderschönen Panoramablick von der kubanischen Hauptstadt verabschieden. Nach wenigen Kilometern begibt man sich auf die Spuren von Ernest Hemingway – ca. einen Kilometer hinter dem unübersehbaren **Estadio Panamericano** (s. S. 43) führt ein Abzweig an die Küste zum Fischerdorf **Cojímar** (s. S. 43 f.), wo der amerikanische Autor als Büste aufs Meer schaut – von hier aus stach er in den 1940ern und 1950ern mit seiner Motoryacht »Pilar« in See, in der heutigen Touristenbar La Terraza nahm er seine Drinks.

Die Vía Blanca, eine autobahnähnliche Piste (Carretera Nacional) entlang der Nordküste, ist gesäumt von revolutionären Durchhaltesprüchen auf Plakatwänden (»Che Guevara – El ejemplo vive«, »Das Vorbild lebt«), wenig anheimelnden Neubaublocks mit sozialistischem Plattenbau-Charme und Ölförderanlagen. In Richtung Matanzas kann man einen Abstecher zur »Badewanne der Habaneros« machen – die **Playas del Este** beginnen bei Bacuranao (s. S. 46 ff., man nimmt am besten den Abzweig von der Vía Blanca nach ca. 20 km bei Santa María del Mar oder Guanabo, die meisten Orte gehen ineinander

Die Route

Der Parque Cristobal Colón in Cárdenas

»Stadt der Säulen« hat der berühmte kubanische Autor Alejo Carpentier Havanna genannt. »Hier kannst du kilometerweit durch ein Gewitter gehen, und du wirst nicht nass.«

Die Route

Kubas Flagge
Das »Ein-Sternen-Banner«, wurde 1850 erstmals in Cárdenas gehisst: Die drei Farben symbolisieren das Blau des Himmels und der Meere Kubas, die weiße Reinheit der Ideale und das Blut der im Kampf für das Vaterland gefallenen Helden. Nur ein einziger Stern ziert die Fahne – er soll die Unabhängigkeit und Souveränität der kubanischen Nation darstellen.

In Cárdenas wurde 1850 erstmals die kubanische Flagge gehisst

über). Von der etwas oberhalb dieser Strandregion verlaufenden Vía Blanca bietet sich ein fantastisch weiter Blick über die Häuser und das blau schimmernde Meer der Estrecho de la Florida.

Wer es ruhiger mag: Bei **Jibacoa** (s. S. 46, ca. 60 km östlich von Havanna) liegen verstreut und etwas versteckt einige Campismo-Anlagen nahe dem Meer oder idyllisch im Hinterland. Etwa 20 Kilometer vor Matanzas schweift der Blick rechts über das pittoreske **Valle de Yumurí** (s. S. 56 f.): Bei einer Pause an der Brücke und dem **Mirador de Bacunayagua** (ca. 2 km östlich von Puerto Escondido direkt an der Vía Blanca) kann man die Augen am weitesten über die malerische Kulisse aus Königspalmen in diesem grünen Tal wandern lassen.

Die mit 300 Metern längste Brücke Kubas führt über das Tal und die Provinzgrenze Havanna–Matanzas (man kann ca. 3 km hinter der Brücke – oder schon 10 km zuvor bei Arcos de Canasí – den rechten Abzweig auf die kleine,

aber herrliche Landstraße nehmen, die sich mitten durch das Yumurí-Tal und den bäuerlichen Alltag bis kurz vor Matanzas schlängelt).

Die Provinzhauptstadt **Matanzas** (s. S. 54 ff.) versprüht den etwas verwitterten Charme eines »kubanischen Athen« – so sagen jedenfalls die Bewohner – mit überwiegend bröckelnden, aber arkadenreichen Kolonialfassaden und einigen schönen alten Brücken und Plätzen im Altstadtkern.

Etwa sechs Kilometer hinter Matanzas kann man sich an einer Gabelung entscheiden, ob man nach Varadero und/oder weiter nach Cárdenas fährt (beides zusammen macht einen Abstecher von insgesamt ca. 105 km aus).

Abstecher/Variation: Wer Lust auf noch mehr provinzielle Atmosphäre hat, mit den Kubanern auch gerne am Imbiss gemeinsam Schlange steht und sich über mysteriöse Skulpturen wundern möchte, sollte das Städtchen **Cárdenas** ansteuern (s. S. 53). Wen es dagegen nach kilometerlangen Stränden, prall gefüllten Büfetts und touristischer Animation gelüstet, der ist in **Varadero** bestens aufgehoben (s. S. 57 ff.).

Von Cárdenas geht es entlang von Obstplantagen und Zuckerrohrfeldern weiter nach Süden über das Städtchen **Jovellanos**. Bei **Jagüey Grande** kreuzt die Landstraße die Autobahn, die von Havanna irgendwann in ferner Zukunft quer über die gesamte Insel bis nach Santiago de Cuba im Landesosten führen soll, seit Jahren jedoch abrupt hinter Sancti Spíritus endet. Südlich der Autobahn wartet die **Finca Fiesta Campesina** (Casa del Campesino, s. S. 86) auf Ausflügler mit Mini-Zoo, Bar und Lokal.

Über die direkte Verbindung von Havanna über die Autobahn (also ohne Abstecher nach Matanzas, Varadero und Cardenas) wird das Ziel als Tagesetappe nach 166 Kilometern erreicht: das idyllische **Boca de Guamá** (s. S. 85 f.) mit seiner Krokodilfarm und einer traumhaft-rustikalen Cabañas-Anlage auf einigen künstlichen Inseln im **Laguna del Tesoro**, wo es sich herrlich auf den Terrassen entspannen lässt (wenn nicht gerade die Hoteldisco übers Wasser schallt oder Moskitos »angreifen«).

Die Route

❷❸ Abtauchen in die Schweinbucht

Route: Guamá – Playa Larga – Playa Girón (Schweinebucht) – (Caleta Buena) – Cienfuegos (135 km, 1 Tag in Cienfuegos)

km	Route	Karte vgl. S. 184.
0	Ab **Guamá** nach Süden nach	
12	**Playa Larga**. Weiter entlang der **Bahía de Cochinos** nach	
45	**Playa Girón**. Abstecher an der Küste möglich an die **Caleta Buena** (8 km) und/oder Weiterfahrt nach Norden auf der Landstraße über **Yaguaramas** und **Rodas** nach	
135	**Cienfuegos**.	

Bei der Weiterfahrt über die **Zapata-Halbinsel** nach Südosten geht es von Guamá über eine schnurgerade Landstraße, die einer nicht enden wollenden Zielgerade gleicht – links und rechts nichts als Sumpf. Hier kann es im März/April passieren, dass man eine Invasion von über die Landstraße wandernden Krebsen *(cangrejos)* auf ihrem Weg zu den Nistplätzen bzw. zurück ins Meer plattfahren muss (die spitzen Zangen und Splitter könnten Radreifen durchaus gefährlich werden). An der **Playa Larga** (s. S. 92 f.) taucht die lang gezogene **Bahía de Cochinos** (Schweinebucht, s. S. 91 f.) zur Rechten auf. An der Küstenstraße bieten sich einige kleine Lokale Bade- und Schnorchelmöglichkeiten an – im Meer oder in den *cenotes* und *casimbas*, den tiefen Unterwasserhöhlen, die teils eingestürzt sind und nun kleine Teiche bilden und bunte Fische beherbergen. Am gegenüberliegen-

Großer Vogel, kleiner Fisch – auf der Zapata-Halbinsel

Die Route

Cienfuegos gilt als sauberste und gepflegteste Stadt Kubas

den Ufer wartet der **Gran Parque Natural Montemar** (Zapata-Nationalpark, s. S. 90 f.) mit dem größten Sumpfgebiet Kubas auf Besucher, die sich für Vögel und Natur interessieren (Exkursionen nur mit Führer).

Der kleine Ort **Playa Girón** (s. S. 91 f.) war am 17. April 1961 Schauplatz der Invasion in der Schweinebucht, heute befinden sich dort das historische Invasionsmuseum sowie ein Strandhotel. Als kurzer Abstecher eignet sich die wunderschöne winzige Badebucht **Caleta Buena** (s. S. 92) weiter östlich (Schotterstraße). Über Landstraßen entlang von Zuckerrohrplantagen, kleinen Dörfern und provinziellen Städtchen wie **Yaguaramas** und **Rodas** holpert man über teils schlechte Straßen weiter in die koloniale Hafenstadt **Cienfuegos** (s. S. 82 ff.), die eine der vollständigsten Palmensammlungen der Welt besitzt, eine hübsch restaurierte Altstadt sowie die Halbinsel Punta Gorda mit ihren palastartigen Prachtbauten und dem **Playa Rancho Luna** (s. S. 93).

Abstecher/Exkursion: Zum Gran Parque Natural Montemar (s. S. 90 f., nur mit offiziellem Führer).

---

④⑤⑥ Abstecher in die Berge und in die Kolonialzeit

Allein 40 verschiedene Sorten Mangos gedeihen in der extrem vegetationsreichen Sierra del Escambray

Route: Cienfuegos – Trinidad (90 km, 2 Tage Trinidad bzw. Playa Ancón)

km Route

0 Ab **Cienfuegos** auf der Landstraße Richtung Osten, weiter über linken Abzweig nach ca. 28 km in die Berge über **La Sierrita** und **Mayari** nach
70 **Topes de Collantes**. Weiter über die Berge an die Küste nach
90 **Trinidad**.

188

Mehrere Wege führen von Cienfuegos nach Trinidad. Die ca. 79 km lange Küstenstraße verheißt den einen oder anderen Badestopp vor Cienfuegos bzw. Trinidad rund um die Sierra del Escambray mit ca. 150 Kilometern (unbedingt nach dem aktuellen Straßenzustand

Die Route

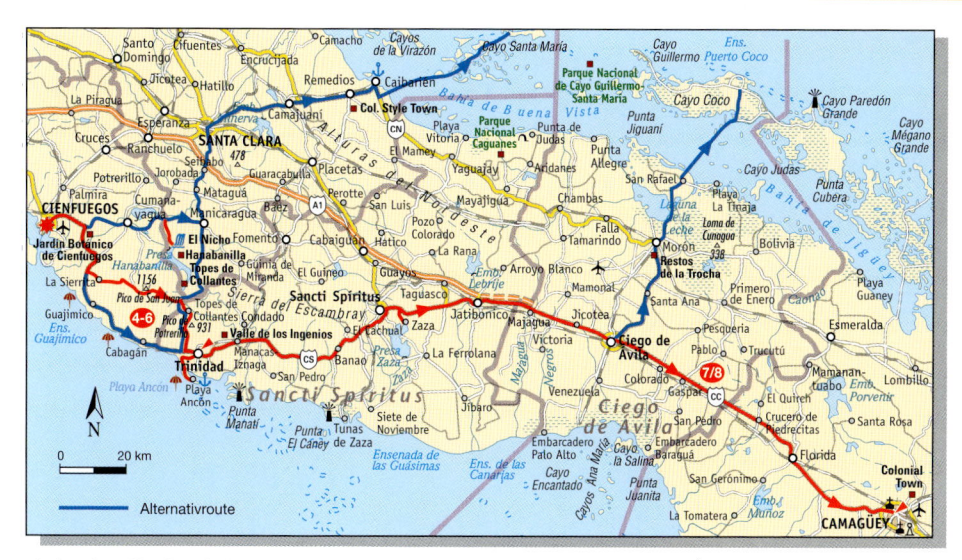

eindrucksvoller Bergkulisse, allerdings an nicht so berauschenden Stränden, z.B. bei Playitas, Playa Inglés oder Playa Yaguanabo (teils mit einfachen Campismo-Hotel-Anlagen, auch für Ausländer möglich), die Bergroute die spektakuläreren Aussichten. Wer im folgenden Verlauf der Route in den nächsten Tagen einen Abstecher nach Santa Clara und an die Nordküste machen will (s. u. Alternative Tag 7), kann jetzt der Abwechslung wegen die Küstenstraße nehmen, da die Tour von Trinidad nach Santa Clara ebenfalls teilweise über die gleiche Bergroute via Topes de Collantes (zurück-) führt.

Eine dritte Möglichkeit, von Cienfuegos nach Trinidad zu gelangen, ist die Nordroute entlang der Sierra del Escambray über Cumanayagua – mit Ausflügen an den Wasserfall El Nicho (Vierradantrieb nötig!) und an den (Stausee) Presa Hanabanilla. Wenn man diese Nord-Strecke mit der Küstenstrecke kombiniert, ergibt dies eine Tagesrundfahrt von

erkundigen, diese Straße ist nach dem Hurrikan in 2008 noch schlechter und zeitraubender als vorher schon und teils nur mit Allradantrieb oder viel Geduld und starken Nerven passierbar...).

Die **Bergroute** nach Trinidad: Schon wenige Kilometer hinter Cienfuegos kündigt sich die **Sierra del Escambray** (s. S. 105 f.) als blaue zackige Linie am Horizont an. Hinter den Ausläufern der 90 Kilometer langen Bergkette mit dem

Trinidad: die auch Honigbeeren genannten Mamoncillos, essbare Früchte mit orangefarbenem Fruchtfleisch, schmecken scheint's doch nicht so süß

Die Route

Fensterdekor im Valle de los Ingenios

Revolutions-Parolen
Socialismo o muerte – Sozialismus oder Tod;
En cada barrio, revolución – In jedem Viertel, Revolution;
Fidel, esta es tu casa – Fidel, dies ist dein Haus;
Esperanza, valor, confianza – Hoffnung, Werte und Vertrauen;
Trabajamos por la victoria – Wir arbeiten für den Sieg.

zweithöchsten Berg in Kuba (Pico San Juan, 1156 m) liegt Trinidad – eine Herausforderung für Motor, Reifen und Gangschaltung. Wer hier mit dem Rad unterwegs ist, dem helfen auch nicht die Durchhalteparolen auf den Plakatwänden am Wegesrand: »Hasta la victoria siempre« (»Bis zum immer währenden Sieg«).
Die Straße rollt die ersten 30 Kilometer auf und ab, als wäre man auf einem gigantischen Wellblech unterwegs, bis sie steil ansteigt. Ab und zu begegnet einem ein Bauer mit einer vollbepackten Eselkarawane. Man nimmt den linken Abzweig in die Berge über die Orte **La Sierrita** und **Mayari**, es folgt eine teils mit Schlaglöchern übersäte, steile Piste, die aber mit normalen Kleinwagen zu schaffen ist. Ab Topes de Collantes wird die Richtung Trinidad abfallende Strecke den restlichen 20 Kilometern besser.
Das Touristen- und Kurzentrum **Topes de Collantes** (s. S. 105 f.) bietet einige Hotels mitten in Kiefern- und Eukalyptuswäldern auf 770 Metern Höhe und Wandermöglichkeiten zu herrlichen Wasserfällen (z.B. **Salto de Caburní, Salto Javira**), zu Höhlen, Kaffee-Fincas und Obstplantagen. Aus dieser fruchtba-

ren Gegend stammt der beste Kaffee Kubas, und allein 40 verschiedene Sorten Mangos gedeihen hier zwischen März und August. Wenn man früh genug aufgebrochen ist, kann man im Informationszentrum rechts vom klobigen Kurhotel nach Reiseleitern fragen, um eventuell einen Wasserfall zu besuchen.
Die gut ausgebaute Serpentinenstraße schwingt sich hinter dem Pico de Potrerillo (931 m) steil abwärts nach Trinidad – mit einem Gefälle bis zu 30 Prozent! –, bis man endlich das tiefblaue, verlockende Karibische Meer und Trinidad mit seinen rotbraunen Ziegeldächern vor sich sieht. Der beste Blick bietet sich vom Aussichtslokal **El Mirador**, ca. zwölf Kilometer oberhalb von Trinidad. Die ehemalige Kolonialstadt **Trinidad** (s. S. 100 ff.) lohnt einen mindestens zweitägigen Aufenthalt und erweist sich als Zeitreise in die Ära der Zuckerbarone – am besten in Kombination mit einem Badeurlaub am schönen **Playa Ancón** (s. S. 96 f., 12 km südlich von Trinidad).

Abstecher: Von **Trinidad** zur **Presa Hanabanilla** (vgl. Alternative Tag 7) oder zum **Valle de los Ingenios** (vgl. Tag 7) – durch malerische Landschaften im Tal der Zuckermühlen.

Musikalische Unterhaltung an der Plaza Mayor in Trinidad

> Hier teilt sich die Route: Entweder man fährt nun weiter ostwärts nach **Camagüey** (Tag 7/8) oder man fährt nach Norden über die Sierra del Escambray (nördlich Topes de Collantes auf ca. 10 km wegen der Hurrikans seit 2008 schlaglochübersät, wird derzeit repariert) und Santa Clara an die Nordküste auf die Inseln bei **Cayo Santa María** (s.u., Alternativroute Tag 7). Dort könnte man die Tour nach einer Woche auch beenden – ohne den Osten des Landes.

Die Route

❼❽ Von Trinidad nach Osten
In das Herz Kubas

Route: Trinidad – Valle de los Ingenios – Sancti Spíritus (Presa Zaza) – Camagüey (254 km, 1 Tag in Camagüey)

km	Route	Karte vgl. S. 189.
0	Ab **Trinidad** nach Osten durch das **Valle de los Ingenios** und weiter auf der Landstraße Richtung	
70	**Sancti Spíritus**. Von hier ist ein Abstecher an den **Presa Zaza** möglich (10 km). Weiterfahrt auf der Carretera Central über	
145	**Ciego de Ávila** nach	
254	**Camagüey**.	

Sancti Spíritus: ein Tänzchen auf der Straße

Die Carretera von Trinidad ostwärts Richtung Sancti Spíritus durchquert auf den ersten 20 Kilometern das malerische **Valle de los Ingenios** (s. S. 113 ff.). Im »Tal der Zuckermühlen« waren im 19. Jahrhundert bis zu 50 Mühlen in Betrieb.

Heute sind in der wunderschönen Landschaft noch rund 15 ehemalige Landhäuser der Zuckerbarone erhalten, größtenteils jedoch in Ruinen. Ein fantastisches Panorama bietet sich vom **Mirador de la Loma del Puerto**, einem kleinen Hügel mit Open-Air-Lokal, etwa bei Km 4 zur Linken, oder vom **Torre Manacas-Iznaga** im gleichnamigen Dorf (ca. 13 km hinter Trinidad).

Herrliche Aussichten in einem Naturschutzgebiet hat man auch bei einem kleinen Abstecher über eine Seitenstraße bei **Banao** in die Alturas de Banao. Zurück auf der Carretera ist nach hügeliger Fahrt entlang von Tabak- und Zuckerrohrfeldern und Weideflächen die Stadt **Sancti Spíritus** (s. S. 100 ff.) erreicht, wo sich ein Bummel durch die schöne Altstadt und ihre Gassen anbietet.

Der **Presa Zaza** (s. S. 98), der größte Stausee in Kuba, liegt südöstlich der Stadt. Eine schöne, von Bambushainen beschattete Landstraße führt zum dortigen Hotel, das vor allem Angelsportler und kubanische Ausflügler beherbergt.

Zuckerrohrfelder, Ananas- und Zitrusplantagen wechseln einander auf der Weiterfahrt ab. »Stadt der Ananas« nennen die Kubaner **Ciego de Ávila** (s. S. 126), das Städtchen kann man jedoch mangels Sehenswürdigkeiten links liegen lassen und die übrigen schnurgeraden Kilometer durch flaches, wenig

Wenn die Kubaner zu Salsa tanzen, dann nennen sie das: »Casino« oder »Timba«. So lauten die kubanischen Namen für die scharfe »Sauce« aus den Grundrhythmen Son und Mambo, einer Prise Rumba und Cha-Cha-Cha. Bei der »Rueda de Casino«, einer Art Ringtanz, werden auf Kommando gemeinsam bestimmte Figuren im Kreis getanzt und die Tanzpartnerinnen schwungvoll herumgewirbelt. Die Kommandos sind nichts für Zartbesaitete: »Saccala!«, frei übersetzt: »Hol sie Dir!«, darauf folgt ein »Botala«, »Wirf sie weg!« ...

191

Die Route

spektakuläres Weideland nach **Camagüey** (s. S. 117 ff.) fahren, wo man mindestens einen Tag für eine der schönsten Altstädte Kubas einplanen sollte.

Abstecher: Von Ciego de Ávila zur **Cayo Coco** (s. S. 123 f.) oder von Camagüey an die Nordküste nach **Playa Santa Lucia** (Karte S. 119, Beschreibung S. 129 f.).

Alternativroute zu Tag ❼: Auf den Spuren Che Guevaras von Trinidad nach Norden

Route: Trinidad – Topes de Collantes – Presa Hanabanilla – Santa Clara – Remedios – Cayo Santa María (247 km)

km	Route	Vgl. Karte S. 189.
0	Ab **Trinidad** Richtung Berge und	
20	**Topes de Collantes**. Weiter nach Norden über **Jibacoa**, und	
57	vor dem Ort **Manicaragua** nach links abbiegen Richtung **Cumanayagua**, nach ca. 15 km, d.h. etwa bei Km	
72	links abbiegen über südlichen Abzweig (teilweise Schotterstraße) noch ca. 5 km weiter zum	
77	**Presa Hanabanilla** (und Hotel). Zurück nach	
97	**Manicaragua** und nach Norden Richtung	
137	**Santa Clara**. Weiter nach Nordosten Richtung	
182	**Remedios**. Von hier aus weiter über den Damm (Gebühr, Pass!) auf die	
247	**Cayo Las Brujas** und **Cayo Santa María**.	

Der hier empfohlene Ausflug zum Stausee Presa Hanabanilla ist wegen des derzeit schlechten Zustands der Bergstrecke nicht zu schaffen, wenn man am gleichen Tag noch über Santa Clara und Remedios bis auf die Cayos fahren will. Entweder streicht man den Abstecher oder fährt beispielsweise nur bis Santa Clara.

Kaffeekirschen

Westlich von Trinidad klettert die Serpentinenstraße in steilen Kurven in die **Sierra del Escambray** (s. S. 105 f.). Man passiert das Aussichtslokal El Mirador, das wie ein Balkon über den abfallenden Berghang ragt, und überwindet den Pass des 931 Meter hohen Pico de Potrerillo, bis man auf 770 Meter Höhe den Nationalpark und das Kurzentrum **Topes de Collantes** erreicht. Auf der Strecke überholt man vielleicht einen der umgebauten und mit Touristen voll beladenen Laster auf ihrem Weg zu Ausflugsfincas, Kaffeebauern und Wasserfällen (die »Rambo-

Touren« sind in Trinidad zu buchen).

Den Kuraufenthalt im stalinistisch anmutenden Kurhotel Escambray nutzen bisher vorwiegend Kubaner und lateinamerikanische Gäste. Die Straße nördlich von Topes de Collantes nach Santa Clara ist auf etwa zehn Kilometern bis zum Städtchen Jibacoa wegen der Hurrikans seit 2008 schlaglochübersät und zeitraubend (wird derzeit repariert), führt aber durch dschungelartige Vegetation über sanft ansteigende Hügel entlang von Bohíos und Palmen, man passiert die Neubau-Siedlung **Jibacoa** und den Ort **Manicaragua**. Von hier lohnt sich ein Abstecher (ins. ca. 40 km hin und zurück) Richtung

Cumanayagua an den **Presa** (auch: Embalse) **Hanabanilla** und zum gleichnamigen Hotel (s. S. 97 f.).

Der Stausee schmiegt sich zwischen die grünen Berghänge des Escambray-Gebirges und wird u.a. vom Río Negro gespeist. Man kann angeln oder Bootsfahrten zu den umliegenden landwirtschaftlichen Kooperativen und einigen der 30 privaten Bauerngehöfte unternehmen (als organisierte Touren vom Hotel Hanabanilla, Trinidad oder Cienfuegos).

Wer des Spanischen mächtig ist, plaudert mit den Kleinbauern, die *Compañera* kocht derweil einen starken und gesüßten *cafecito*, und man staunt über die illustre Wanddekoration mancher Wohnstuben: neben dem Hirschgeweih über dem Esstisch speist Jesus beim Abendmahl, während Che und Fidel als Porträts über die Szenerie wachen. Fast nie fehlen hier der große Fernseher (die Elektrifizierung Kubas beträgt nach offizieller Auskunft rund 98 Prozent), der Schaukelstuhl und eine Schar von Hühnern, die aufgeregt durchs Haus flitzen. Maximal 67 Hektar dürfen die *Guajiros* mit Kaffee, Mango, Zitrusfrüchten, Malanga und Reis bepflanzen.

Rund fünf Kilometer südwestlich des Hotels Hanabanilla plätschert der Wasserfall **El Nicho** (s. S. 98) in schöner waldreicher Umgebung, wo man baden und ausreiten kann (für diese Strecke benötigt man einen Jeep oder Vierradantrieb, organisierte Touren vom Hotel).

Nun fährt man zurück auf die Straße nach **Manicaragua**, ein Zentrum der Rinderzucht und Milchproduktion mit hügeligen goldgelben Weideflächen und kubanischen Cowboys, die auf ihren Gäulen die Landstraße entlangtrotten. Auf den Anhängern der Traktoren drängen sich die kubanischen Reisenden, die nur diese eine Mitfahrgelegenheit ergattert haben. Es geht immer weiter abwärts über die

Blick auf das malerische Valle de los Ingenios und die Sierra del Escambray vom Mirador de la Loma del Puerto

Die Route

Alternativroute nach Norden: Wer nicht noch einmal dieselbe Bergroute über die Topes de Collantes fahren will – wie evtl. am Tag zuvor –, kann auch östlich von Trinidad auf der Landstraße bei **Iznaga** landeinwärts Richtung **Condado** abbiegen auf eine schmale und holprige Landstraße, die über **Güinía de Miranda** führt und schließlich nach ca. 40 Kilometern auf **Manicaragua** trifft und somit ebenfalls nordwärts nach Santa Clara führt.

herrlich hügelige Strecke rund um Manicaragua und über die Alturas de Santa Clara, bis man in der Ebene die Autobahn kreuzt – immer der Stadt des Volkshelden Che Guevara entgegen. **Santa Clara** (s. S. 102 ff.) liegt ca. 88 Kilometer nördlich von Trinidad. Wer hier nicht übernachten möchte, kann nach einer kurzen Stadtbesichtigung – vor allem des Che-Guevara-Memorial an der Plaza de la Revolución – die Fahrt nach Nordosten auf der schnurgeraden, baumbestandenen Piste entlang von Bananenplantagen, Palmen und Zuckerrohrfeldern fortsetzen.

Die kleine hübsche Kolonialstadt **Remedios** (s. S. 98 ff., ca. 45 km nordöstlich von Santa Clara), eine der ältesten Städte Kubas, beeindruckt durch ihren verschlafenen Charme zwischen Barockkirchen und Pferdekutschen. Doch der neue Flughafen und die Luxusresorts auf den kürzlich für den Tourismus geöffneten Inseln **Cayo Las Brujas** und **Cayo Santa María** (s. S. 95 f.) werden dies bald ändern. Die Inseln sind zu erreichen über den Fischerhafen Caibarién und den Pedraplén, einen ca. 50 Kilometer langen Damm über das Karibische Meer. Auf den Inseln kann man an schneeweißen Stränden ein oder zwei Tage ausspannen und dem Nichtstun frönen.

Bei einem Strandspaziergang gibt es immer etwas zu entdecken

⑨⑩ Bauernland, Berge und Strände

Route: Camagüey – Las Tunas – Holguín – (Alturas de Mayabe) – Gibara – Bahía de Bariay – Guardalavaca (275 km, 335 km mit dem Abstecher nach Gibara, 1 Tag Badepause in Guardalavaca)

km	Route
0	Ab **Camagüey** Richtung Osten auf der Carretera Central über **Las Tunas** nach
209	**Holguín**. Hier sind Abstecher nach Südosten in die **Alturas de Mayabe** (ca. 16 km Rundweg) oder nach Norden an die Küste nach **Gibara** (hin und zurück insgesamt 62 km) möglich. Von Holguín Richtung
243	**Rafael Freyre** (auch: Santa Lucía) und über **Fray Benito** zur
250	**Bahía de Bariay**. Zurück über Rafael Freyre nach
275/335	**Guardalavaca** (335 km mit Gibara-Abstecher).

Die Route

Die beiden Abstecher bei Holguín und die Fahrt zur sehr weitläufigen Bahia de Bariay sind nicht zu schaffen, wenn man an einem Tag bis Guardalavaca durchfahren will. Dazu kommt neuerdings, dass die alte enge Landstraße zwischen Camagüey, Las Tunas und Holguín mittlerweile voller Autos und Busse ist und man oft nicht mal überholen kann.

Der Blick kann im flachen Zentrum nun endlos schweifen – bis er an einer majestätisch aufragenden *Palma real* oder einer revolutionär »aufbauenden« Plakatwand hängen bleibt – viel mehr gibt es hier nicht zu sehen. Die Carretera Central passiert die ruhige Stadt **Las Tunas**, und bei der Provinzhauptstadt **Holguín** (s. S. 146 ff.) wird es endlich wieder hügeliger. Man nähert sich dem an der Nordküste gelegenen Badeort **Guardalavaca** inmitten der wunderschön auf und ab rollenden Landschaft mit steilen Karstkegeln und -türmen, dazwischen Bohío-Hütten auf leuchtend gelben Feldern, und ganzen Wäldern aus Königspalmen in den Tälern. In der Umgebung von Holguín bieten sich mehrere Ausflüge und Abstecher an: Südöstlich von Holguín geht es in die **Alturas de Mayabe** (s. S. 147), ein schönes Tal, in dem eine Ausflugsfarm mit Gästehaus die Reisenden auf dem Loma de Mayabe empfängt.

Nördlich von Holguín lohnt sich ein Besuch in der kleinen Hafenstadt **Gibara** (s. S. 143 f.), einem friedlichen Ort mit reichlich kolonialem Flair. Nur mit viel Zeit, guten Stoßdämpfern und einem intakten Ersatzreifen kann man ca. 15 Kilometer südlich von Gibara bei Floro Pérez den Abzweig nach Osten auf die sehr schlechte Straße über den Ort Loma

Feuerrot und ziemlich stachelig: die Früchte des Feigenkaktus

Die Route

Der aus frischem Zuckerrohr gepresste, meist gekühlte Saft ist als »Guarapo« ein beliebtes Getränk

Kubas Blechkutschen stammen aus der Zeit der Revolution

del Cedro wagen. Als Entschädigung präsentiert sich entlang dem wenig befahrenen Schlagloch-Parcours eine typisch kubanische Kulisse: Eine Ziegenherde trottet über die Straße, einige Pferde »parken« an der Guarapo-Bar, die Bauern schieben ihre Cowboyhüte in den Nacken und genehmigen sich eine Erfrischung aus frisch gepresstem Zuckerrohrsaft. In der Ferne erheben sich der markante **Loma de la Mezquita** (s. S. 134) und der Sattelberg **Silla de Gibara**, die schon Columbus vor mehr als 500 Jahren hier erspäht haben soll.

Das historisch bedeutende Denkmal zur Erinnerung an die Landung von Kolumbus auf Kuba im Jahr 1492, der **Parque Monumento Nacional Bariay** (s. S. 134 f.) an der **Bahía de Bariay**, ist wesentlich zügiger und besser zu erreichen, wenn man von Gibara nach Holguín zurückfährt, hier die Landstraße Richtung Rafael Freyre (auch: Santa Lucía) nimmt und einem ausgeschilderten Abzweig bei Fray Benito nach Norden folgt. Zurück geht es über Rafael Freyre zum Badeort **Guardalavaca** (s. S. 145 f.) und seinen schönen Stränden (unterwegs zweigen schöne Straßen zu den neu erschlossenen Stränden Playa Pesquero und Playa Yuraguanal ab).

⓫⓬⓭ Kontrastprogramm im dschungelartigen, tropischen Landesosten

Die Route

Route: Guardalavaca – Chorro de Maíta – Banes – (Birán, Parque Nacional de la Mensura, Cayo Saetía, Playa Corinthia) – Playa Maguana – Baracoa (277 km ohne Alternative und Abstecher, 2 Tage Aufenthalt Baracoa, evtl. mit Besuch im Parque Nacional Alejandro de Humboldt)

km	Route
0	Ab **Guardalavaca** Richtung Süden nach
7	**Chorro de Maíta**. Weiter nach
34	**Banes**. Weiter nach Süden, an der Weggabelung
74	Cueto-Mayarí ist der Abstecher nach **Birán** möglich (ca. 70 km hin und zurück). Wer einen Tag mehr Zeit hat, kann auch noch zum **Parque Natural La Mensura** »abstechen« oder auf die **Cayo Saetía** übersetzen. Oder man fährt gleich direkt weiter über
90	**Mayarí** (Abstecher an die **Playa Corinthia**, 20 km hin und zurück) und
187	**Moa** und evtl. **Playa Maguana** nach
257/277	**Baracoa**. (Auch diese Straße an der Nordostküste (besonders zwischen Moa und Baracoa) hat der Hurrikan »Ike« 2008 quasi zerschmettert und man muss mehr Zeit einplanen (bzw. die Strände links liegen lassen.)

Der Grünreiher lebt im Küstenbereich von Moa über Baracoa bis Santiago de Cuba

Die Route

Die Industriestadt Moa an Kubas Nordküste begeistert außer mit einigen Kolonialgebäuden vor allem Fans von Schwerindustrie (Nickeltagebau) vor tropischer Kulisse

Wer das gesamte Programm mit allen Ausflügen und Abstechern (ohne Birán und NP La Mensura) machen möchte, sollte heute früh aufbrechen, vor allem die Küstenstraße ist auf der letzten Etappe zwischen der Industriestadt Moa und dem abgelegenen Etappenziel Baracoa im äußersten Landeszipfel auf rund 30 Kilometern lediglich als üble Holperpiste zu bezeichnen. Doch leider sind die beiden zuerst empfohlenen Sehenswürdigkeiten nicht vor 9 Uhr geöffnet (man kann die Museen natürlich auch bei Ausflügen von Guardalavaca vorher schon besuchen). Also muss man sich entscheiden: für eine Reise auf den Spuren präkolumbischer Indianerkultur (mit Ausgrabungsstätte und Museum) oder lieber doch zeitgemäßer auf den Spuren Fidel Castros – eventuell mit einem Abstecher in einen Nationalpark über Schotterpisten (wo man auch in einem rustikalen Berghotel übernachten kann). Oder man fährt und holpert durch bis in das entlegene Baracoa.

Die Ausgrabungsstätte und Freilichtmuseum **Chorro de Maíta** (s. S. 142 f.) südlich von Guardalavaca erreicht man über einen kleinen steilen Abzweig nach rechts bei Yaguajay. Danach fährt man auf der herrlichen Landstraße über eine endlose Kette von Hügeln und Tälern – die Grupo de Maniabón – nach **Banes** (s. S. 135 f.), wo sich das Museum zur präkolumbischen Indianerkultur befindet. Anschließend geht es auf einer verhältnismäßig guten Landstraße südwärts, bis sie sich bei **Santa Isabel de Nipe** gabelt (vgl. unten Abstecher 1) – nach Mayarí (links) oder Cueto (rechts).

Wer keinen Abstecher machen möchte, fährt nach Osten über Mayarí und lässt den Pico de Cristal (1231 m) rechts liegen. 15 Kilometer hinter dem Ort Levisa führt eine kleine Straße nach links zur schönen **Playa Corinthia**, wo man sich

Die Route

Aus Palmwedeln fertigen die »Campesinos« die Dächer für ihre traditionellen Bohíos

eine Erfrischung im Meer gönnen kann. Danach zurück zur Carretera Nacional und immer gen Osten über die hässliche und stinkende Industriestadt **Moa**, die sich schon von weitem durch eine gelbrot gefärbte Dunstglocke ankündigt.

Von Moa sind es noch runde 70 Kilometer nach Baracoa – man taucht nun in eine völlig andere Welt ein: Eine wundervolle Küstenstrecke entlang von dschungeligen Bergen, auf der man über eine teils sehr schlechten Lateritstraße durch Palmenwälder holpert und ruckelt. Kokosnüsse türmen sich am Wegesrand und werden als Erfrischung bei Bedarf »geköpft«. Der üppigdichte Regenwald trifft an der Küste auf kleine Buchten mit türkisblauem Meer. Pfade zur Rechten schlängeln sich zu den Dörfern am Wegesrand, deren bunte Holzhütten sich unter gewaltige Bananenstauden ducken. Drohend tief hängen dunkle Wolkengeschwader um die Gipfel der Cuchillas de Moa und des **Parque Nacional Alejandro de Humboldt** (s. S. 148 f.), hier regnet es viel und häufig – gut so, denn ohne wäre es nicht so üppig grün!

Etwa 20 Kilometer vor Baracoa wird die Straße endlich wieder besser, und wer noch Zeit hat für einen weiteren Badestopp, kann an der schön geschwungenen, zwei Kilometer langen **Playa Maguana** ins Wasser steigen (s. S. 137, mit kleinem Hotel). Wenn man die letzte der vielen Flussmündungen überquert hat, dann sind es hinter dem Río Toa nur noch ca. sieben Kilometer bis **Baracoa** (s. S. 136 ff.). Für den Aufenthalt in dem kolossalkolonialen Hafenstädtchen – der ältesten Siedlung Kubas – mit seinen drei Festungen sollte man einen oder zwei Tage einplanen (eventuell mit Tagesexkursion in den NP Alejandro de Humboldt).

1. Abstecher: Wer sich für den Lebensweg von Fidel Castro interessiert, kann bei **Santa Isabel de Nipe** rechts abbiegen und nach ca. 35 Kilometern auf Nebenstraßen über die Ortschaften Cueto und Marcané Uno schließlich **Birán** erreichen, wo das Geburtshaus des »Comandante en Jefe« steht: die **Finca Las Manacas**, auch: Sitio Histórico Birán (s. S. 140, von Birán noch mal 3 km nordöstlich auf einem Schotterweg, ggf. nach »Casa de Fidel« fragen). Denselben Weg geht es zurück bis nach Mayarí, wo man eventuell einen etwas zeitraubenden Abstecher ins Grüne und in die Sierra de Cristal machen kann (vgl. 2. Abstecher).

2. Abstecher: Bei **Mayarí** (ggf. mit Übernachtung und Durchfahrt nach

Die Route

Süden bis Santiago) kann man einen Ausflug in den **Parque Natural La Mensura** (s. S. 149, Mayarí) unternehmen, der es allerdings in sich hat. Wer die Pinienwälder und den 100 Meter hohen Wasserfall **El Guayabo** in Ruhe genießen will, kann hier in wundervoller Berglandschaft auf rund 600 Meter Höhe in einem Hotel inmitten der Pinares de Mayarí übernachten – allein die holprige, kurvige und teils sehr steil ansteigende Schotterpiste bis zum Gästehaus kann durchaus einige Kräfte zehren (Vorsicht: Wer nicht mit einem Jeep unterwegs ist, braucht selbst bei trockenem Wetter einige Fahrkünste, allein die Strecke von und nach Mayarí könnte drei bis vier Stunden in Anspruch nehmen, die Route nach Süden Richtung Santiago de Cuba ist nicht weniger abenteuerlich, steil und kurvig).

3. Abstecher: Inselausflug nach **Cayo Saetía** (s. S. 141, etwa 9 km hinter Mayarí bei Cajimaya erst den linken Abzweig und dann rechts über Cuatro Caminos, am besten mit einer zuvor gebuchten Übernachtung).

Aztekenmöwe

⑭⑮⑯⑰ Unterwegs im Ostzipfel Kubas

Route: Baracoa – La Farola – Playa Cajobabo – Playa Yacabo (– Mirador de los Malones) – Guantánamo (– Caimanera) – Santiago de Cuba (234 km, ohne die Abstecher in Klammern, mindestens 2 Tage in Santiago)

km	Route	Vgl. Karte S. 197.
0	Ab **Baracoa** Richtung Süden auf der Serpentinenstraße **La Farola** über die Sierra de Purial nach	
39	**Playa Cajobabo** an der Küste, weiter evtl. über	
59	**Playa Yacabo** nach	
150	**Guantánamo**. Weiter Richtung Westen über ein kurzes Autobahnteilstück (A1, 23 km) und dann die Landstraße über **La Maya** und **El Cristo** nach	
234	**Santiago de Cuba**.	

Das Leben in Santiago de Cuba spielt sich vor weit geöffneten Türen und auf der Straße ab ▷

Heute erlebt man eine der schönsten Serpentinenstrecken Kubas: Etwa sechs Kilometer südlich von Baracoa schwingt sich **La Farola** in die Sierra del Purial: Bei gutem Wetter bietet sich von dem Pass ein atemberaubender Ausblick über die Schlangenlinie, die La Farola in die Hügel schneidet, über die dichten Kiefernwälder, in denen oft Nebelfetzen hängen, und über die tiefen, von Dschungel bedeckten Täler, durch die Gebirgsflüsse rauschen. Trotz der zumeist breiten Kurven –

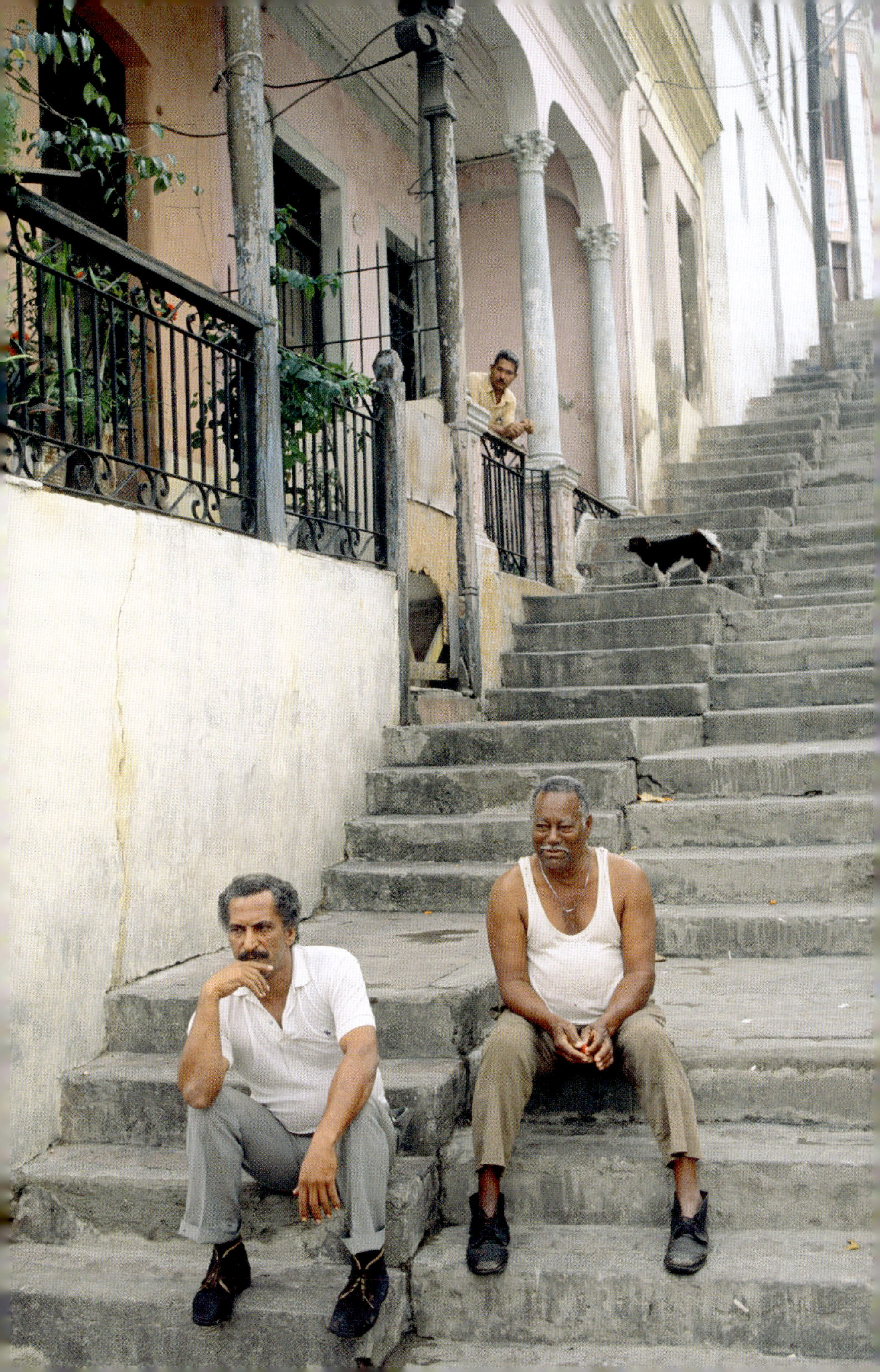

Die Route

Santiago de Cuba: Die Lebenslust der Menschen ist einfach ansteckend

Piropos – kubanische Komplimente
»Ay mi madre, mulata, tienes una buena salud«, sagt der eine mit anerkennendem Blick: »Meine Güte Mulattin, du bist aber gut in Schuss! Hast wohl 'n Kugelgelenk da unten drin ...« – Die kubanischen Männer sind nicht erst seit den greisen Herren vom Buena Vista Social Club berüchtigt für ihren Machismo-Charme und ihre »piropos«, Komplimente, mal laut hinterher gerufen oder hingezischelt, mal voller Poesie und verbaler Blumensträuße, mal witzig oder vulgär oder auch mit derart revolutionärem Pathos, dass sie selbst Che Guevara in seiner Gedenkstätte in Santa Clara zum Leben erwecken könnten.
»Te quiero – hasta siempre!« Ich liebe dich auf immer und ewig! – und das schon nach ein paar verliebten Blicken! Wer das nicht mag: Ein entschiedenes »No moleste, por favor« (Bitte nicht belästigen) bewirkt oft Wunder.

es sollen 261 sein – sollten Auto-, Motorrad- und Radfahrer stets auf »geisterfahrende« Laster und immer öfter auch Reisebusse gefasst sein und besonders bei Regen und Nebel auch der 261. Kurve mit äußerster Vorsicht begegnen.

Wo La Farola die Küste wieder erreicht und einen Knick nach Westen macht, ist man plötzlich von wüstenartiger Vegetation umgeben, von Kakteen, wuschligen Palmen und Steilklippen. Wen es angesichts dieser trockenen und steppenähnlichen Kulisse wieder ans verlockend nahe Wasser zieht, der kann sich an

Guantanamera
Von Jose Fernandez Dias und José Martí

Guantanamera,
guajira Guantanamera,
Guantanamera,
guajira Guantanamera
Yo soy un hombre sincero,
de donde crece la palma,
y antes de morirme quiero
echar mis versos del alma ...

der grausandigen **Playa Cajobabo** (s. S. 148, kurzer Abzweig hinter Cajobabo) oder an der **Playa Yacabo** in die Fluten stürzen (beide mit Campismo-Anlagen). Die Strecke wird gesäumt von kleinen Marktflecken, wo am Straßenrand ein ganzes Schwein bäuchlings auf dem Grillrost liegt, goldbraun und knusprig, während daneben Menschentrauben geduldig und oft stundenlang auf Mitfahrgelegenheiten warten.

Schließlich wird die nicht so aufregende Provinzhauptstadt **Guantánamo** (s. S. 144 f.) erreicht, deren Bauernmädchen »Guajira Guantanamera« Pete Seeger besungen hat, angelehnt an ein Gedicht des großen Volksdichters José Martí. Von hier geht es über ein neues kurzes Autobahnteilstück (A1) und über die Carretera Central Richtung **Santiago de Cuba** (s. S. 154 ff.) – über so melodisch klingende Ortschaften wie La Maya und El Cristo. In der karibisch-tropischen Metropole im Osten Kubas kann man mindestens 2–3 Tage Aufenthalt einplanen.

Abstecher: – Von **Guantánamo** ist ein Abstecher nach **Caimanera**

oder zur Aussichtsplattform **Mirador de los Malones** möglich (s. S. 140 f., beides nur zu besuchen mit vorher arrangiertem Transport und Führer, am besten in organisierter Gruppe, der Mirador ist zzt. gesperrt).
– Von **Santiago** zum **Parque Nacional de Baconao** (s. S. 152 f.).

🔴18 Zu Füßen der Sierra Maestra

Route: Santiago – Chivirico – Marea del Portillo (163 km)

km	Route
0	Ab **Santiago de Cuba** Richtung Südwesten an die Küste, über verschiedene Strände wie
19	**Playa Mar Verde** und
30	**Caletón Blanco** und entlang der Sierra Maestra über
70	**Chivirico** nach
163	**Marea del Portillo**.

Auf der spektakulärsten Straße Kubas geht es heute von Santiago entlang von Küste, Stränden und dem höchsten Berg Kubas, dem Pico Turquino, immer gen Westen bis zu Füßen der Berge auf der Nordseite der Sierra Maestra. Man sollte sich zuvor nach dem aktuellen Zustand der Küstenpiste erkundigen: Steinschläge sind hier nicht selten. Die erst 1997 asphaltierte Küstenstraße ist durch die Hurrikans der letzten Jahre leider arg in Mitleidenschaft gezogen, d.h. stellenweise schlicht weggebrochen

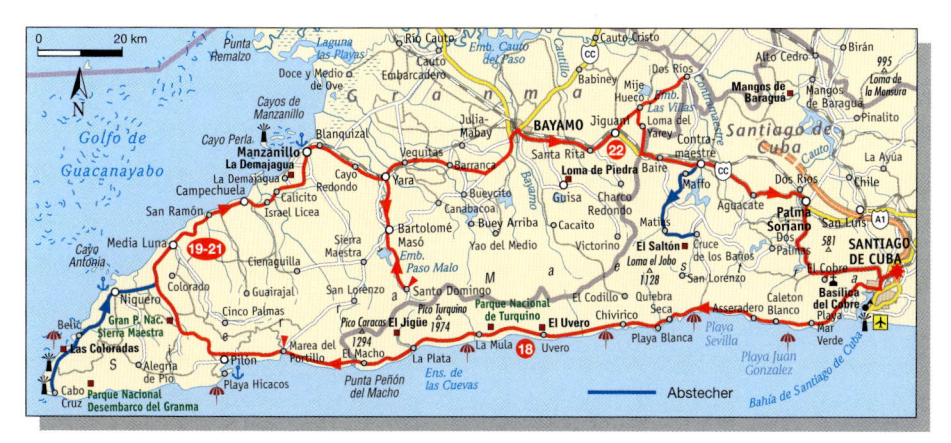

Die Route

Der Straßenzustand hat sich extrem verschlechtert: Jetzt ist sogar eine Brücke gesperrt und man durch einen flachen Fluss.

Die Samen des Annattostrauchs (Achiote) beinhalten einen intensiv roten Farbstoff, der zum Färben von Lebensmitteln, beispielsweise Reis, verwendet wird

Die Route

(die Strecke ist mit einem normalen Kleinwagen passierbar, wenn auch langsam – aber zum schnellen Vorbeirasen ist diese Strecke sowieso viel zu schade!). Wer Badepausen einlegen möchte, findet auf dem rund 170 Kilometer langen Küstenabschnitt zwischen Santiago und Pilón reichlich Sand und Meer.

Zwei Drittel der Provinz um Santiago sind bergig und fast menschenleer. Die Küstenstraße führt entlang von Palmenoasen in immer einsamere Landstriche, mit herrlichen Ausblicken auf das Karibische Meer und die Bergkette Sierra de Maestra. Der erste (wenig berauschende) Strand hinter Santiago ist **Playa Mar Verde**. An der Südküste liegen mehrere Schiffwracks auf der Strecke zwischen Ensenada Juan Gonzáles (ca. 27 km westlich von Santiago) und Aserradero hinter dem populären Strand **Caletón Blanco:** zum Beispiel die spanische Galeere »Almirante Oquendo«, die 1895 im Krieg gegen die Spanier gesunken ist und so nahe der Küste in der Bucht liegt, dass sie bei ruhigem Seegang bei einem Schnorchelausflug erkundet werden kann.

Man passiert den **Playa El Francés**, wo Meerestrauben Schatten spenden, und durchquert schließlich **Chivirico** (s. S. 167), einen verschlafenen 4000-Seelen-Ort mit zwei sehr schönen Strandhotels mit spektakulärem Blick auf die nahe Sierra Maestra und den Pico Martí (1722 m), einen der höchsten Gipfel in der Bergkette.

Die **Sierra Maestra** (s. S. 173 ff.) rückt nun immer näher: Der höchste Berg Kubas, der **Pico Turquino**, steigt beim Örtchen Las Cuevas dramatisch steil aus dem Karibischen Meer – auf nur vier Kilome-

Auf dem Land nutzen die Kubaner jede Transportmöglichkeit

tern Luftlinie auf eine Höhe von insgesamt 1974 Meter! Der Gipfel wird in Tagestouren von hier aus bestiegen (nur mit Guide), es ist eine fast senkrechte Tortur über rund zehn Kilometer Laufstrecke – wesentlich angenehmer ist die Trekkingstrecke ab dem Etappenziel Santo Domingo (s.u.).

In atemberaubenden Kurven schlängelt sich die Küstenstraße vorbei an Kakteen, Dornengestrüpp, windzersausten Bäumchen und felsigen Buchten – oft nur haarsträubend wenige Meter über dem Meer. Vorsicht: Zeburinder, Pferde und Schafherden lassen sich durch PS-getriebene Fremdkörper in dieser dünn besiedelten Ecke kaum stören, ab und zu begegnet man einem *Vaquero*, einem kubanischen Cowboy. Im Badeort **Marea del Portillo** (s. S. 171 f.) beherbergen einige Hotels und Gasthäuser ihre internationalen Gäste an dunklen Stränden.

Die Route

⑲⑳㉑ Auf revolutionären Pfaden in die Berge

Route: Marea del Portillo (– Parque Nacional Desembarco del Granma) – La Demajagua – Manzanillo – Santo Domingo (156 km, ohne Parque Nacional Desembarco del Granma).

km	Route	Vgl. Karte S. 203.
0	Ab **Marea del Portillo** Richtung Westen, bei **Pilón** landeinwärts abbiegen. Dann kann man sich entscheiden an der	
35	Weggabelung, ob man einen Abstecher nach Südwesten zum Cabo Cruz in den **Parque Nacional Desembarco del Granma** macht (insgesamt hin und zurück 70 km) oder nach rechts auf der Landstraße weiterfährt zur Farm	
87	**La Demajagua** und bis nach	
97	**Manzanillo**. Weiter auf der Landstraße nach Südosten nach	
117	**Yara**, hier abzweigen Richtung Sierra Maestra und weiterfahren gen Süden durch **Bartolomé Masó**, hier abzweigen auf Schotterweg nach	
156	**Santo Domingo**.	

Eine Bergtour in die Wildnis vermittelt einen Eindruck vom Alltag der Revolutionäre, deswegen werden zum Abschluss zwei Übernachtungen im Bergdorf Santo Domingo empfohlen, das als idyllischer Ausgangsort für die Touren zum Pico Turquino und zur Comandancia de la Plata dient. Wer vorhat, den höchsten kubanischen Gipfel von hier aus zu erobern, (d.h. mit einer Übernachtung im Lager unterhalb des Berggipfels) sollte jedoch nicht zu spät in dem Bergdorf ankommen, um den Ausflug am Vorabend mit einem Führer absprechen zu können – am nächsten Morgen sollte es spätestens um 8 Uhr losgehen! Wer den Gipfel nicht bezwingen und auch das Hauptquartier der Rebellen nicht besichtigen will, kann die Drei-Tage-Rundtour um die Sierra Maestra auch mit anderen Übernachtungsmöglichkeiten – in Manzanillo oder Bayamo – unterbrechen.

Kurz hinter Marea del Portillo zweigt die Landstraße bei **Pilón** landeinwärts ab, führt entlang von wilden, mit Palmen bewachsene

Die Route

Schluchten zu Füßen der Berge und taucht schließlich beim Abzweig hinter Media Luna am Golfo de Guacanayabo wieder auf. Durch weite endlose Zuckerrohrfelder gelangt man ins Hafenstädtchen **Manzanillo** (s. S. 169 ff.). Vor Manzanillo kann man die historisch bedeutende Farm und Museum **La Demajagua** (s. S. 168) besuchen.

Nach einem kleinen Stadtbummel steht die letzte Etappe für heute bevor: Entlang von Feldern mit Zuckerrohr, Bananenstauden und Reis geht es erst über das Städtchen **Yara** (s. S. 176) und dann weiter nach Süden Richtung Sierra Maestra über **Bartolomé Masó** – auf den letzten ca. 25 Kilometern teils auf kurviger Schotterpiste bis zum Bergdorf **Santo Domingo** (s. S. 174 ff.).

Abstecher: Hinter Pilón zum **Parque Nacional Desembarco del Granma** (s. S. 172 f.).

22 Auf den Spuren der Rebellen und Volkshelden

Route: Santo Domingo – Bayamo – Dos Ríos – Loma del Yarey (– El Saltón) – Basílica del Cobre – Santiago (250 km ohne El Saltón)

Die Route

km	Route
	Vgl. Karte S. 203.
0	Ab **Santo Domingo** Richtung Norden über Bartolomé Masó und Yara, hier rechts abbiegen nach
80	**Bayamo**. Auf der Carretera Central weiter Richtung Osten und
104	bei **Jiguaní** links abzweigen nach
125	**Dos Ríos**. Zurück bis

Gruppenbild in El Cobre

Die Route

137 zur kleinen Weggabelung kurz hinter Mije Hueco und links halten zum
148 **Loma del Yarey**. Über den Hügel weiterfahren und auf die Carretera Central links einbiegen und weiterfahren über **Palma Soriano** und **El Cobre** (rechts halten) Richtung
250 **Santiago de Cuba** (Km-Angabe ohne El-Saltón-Abstecher).

Ziel vieler Gläubiger und Touristen: die Basílica del Cobre in der Nähe von Santiago de Cuba

Der letzte Tag belohnt mit abwechslungsreichem Programm: Wenn man nach der Eroberung des Pico Turquino das Gaspedal noch betätigen kann – ohne Muskelkater –, steht der Abfahrt hinunter in die Ebene und in die Provinzhauptstadt **Bayamo** (s. S. 165 ff.) nichts im Wege. Hier empfiehlt sich ohnehin, für die Stadtbesichtigung auf die traditionelle Pferdekutsche umzusteigen und die lädierten Knochen zu schonen.

Von Bayamo aus fährt man auf der Carretera Central Richtung Santiago bis Jiguaní, nimmt den linken Abzweig nach Norden und erreicht durch flaches Weideland und Zuckerrohrfelder den Ort **Dos Ríos** (s. S. 167 f., nicht zu verwechseln mit dem Dos Ríos näher bei Santiago!). Hier markiert ein riesiger Gedenk-Obelisk die Stelle, an der der Volksdichter und Revolutionsheld José Martí am 19. Mai 1895 bei einer Schlacht fiel.

Bei der Rückkehr auf die Carretera nach Santiago kann man am weithin sichtbaren **Loma del Yarey** etwas Gas geben und das auf diesem Bergkamm gelegene, gleichnamige Bungalowhotel und Ausflugslokal besuchen: mit 360-Grad-Panorama bis zur Sierra Maestra (23 km südlich von Dos Ríos auf der schnurgeraden Piste zweigt man an einer kleinen Kreuzung links zum Yarey-Hügel ab).

Wieder auf der Carretera Central könnte man bei **Contramaestre** zu einem Abstecher abzweigen (s.u.). Auf der Weiterfahrt nach Santiago lohnt sich ca. 20 Kilometer vor der Stadt ein Besuch in der **Basílica del Cobre** (s. S. 150 f.). Bei Palma Soriano fährt man nicht auf das kurze Autobahnteilstück, sondern hält sich immer rechts, bis nach ca. 30 Kilometern bei Melgarejo ein rechter Zwei-Kilometer-Abzweig ausgeschildert ist. Von hier geht es über die Landstraße weiter nach Santiago, womit nach insgesamt rund 2100 Kilometern und wahrscheinlich auch einigen Ersatzreifen das Reiseziel erreicht ist.

Abstecher: Wie wäre es mit einer letzten Extratour zum idyllisch gelegenen »Öko«-Hotel **El Saltón** (Hotel seit Anfang 2007 gesperrt) mit Wasserfall und Badepool (s. S. 152, hin und zurück ca. 90 km). Allerdings sollte man wegen teils schlechter Straßen drei Stunden Fahrzeit nach Santiago einkalkulieren; von der Capretera Central über **Contramaestre** rechts zum Marktflecken **Maffo** abbiegen, weiter über die schottrige Landstraße nach **Cruce de los Baños**, dort ist **El Saltón** ausgeschildert. Wem es hier gefällt und wer die Wanderwege in der bäuerlichen Berggegend in Ruhe erproben will, kann hier auch übernachten.

Unterkünfte
Hotels, All-inclusive-Anlagen, Fincas, Apartments, Campismos

Preiskategorien und Charakterisierung
Die empfohlenen Unterkünfte sind alphabetisch nach Orten sortiert. Die angegebenen Preise gelten für ein Doppelzimmer in der Hochsaison, bei Stadthotels meist mit Frühstück, bei den Strandhotels ab Mittelklasse i.d.R. alles inklusive).

Am günstigsten bucht man eine Kubareise über Veranstalter, pauschal sind zwei Wochen im All-inclusive-Hotel ab € 1000 zu haben. Vgl. auch Service von A–Z, Unterkunft und Telefonieren in Kuba.

€ – CUC 20–40: Einfache **Campismo-Bungalows, Islazul-Hotels und Privatzimmer** *(casas particulares)* sowie einfache Holzhütten am Strand, teils nur Kaltwasser-Duschen, Ventilator (oder klappernde Klimaanlagen), kein Schrank, manchmal kein Fenster (oder nur zum Flur). Die im Zimmer vorhandenen Radios und Telefone entpuppen sich oft als Attrappen. Manche Regionen sind aufgrund der starken Nachfrage in der Wintersaison überteuert. In den staatlichen Anlagen oft wenig Auswahl in den Hotelrestaurants und wenig schmackhaftes Essen.
Achtung: Die hier angegebenen Privatzimmer haben ein Zimmer mit eigenem Bad (mit Heißwasser), Klimaanlage und bieten Frühstück (CUC 2–3 extra). Sie sind jedoch allesamt ohne Gewähr: Die Besitzer könnten die hohen Steuern nicht weiter bezahlt haben oder ausgewandert sein, oder sie sind aus politischen Gründen in Ungnade bei der Regierung gefallen und haben so ihre Konzession verloren.

€€ – CUC 40–80: Mittelklasse mit Klimaanlage, Heißwasser-Dusche, TV (meist Satellitenfernsehen: CNN, evtl. Deutsche Welle), Telefon, Kühlschrank, Balkon oder Terrasse, oft mit großem Pool und Bars. Die Einrichtung kann allerdings recht einfach und zusammengewürfelt wirken, der Service schleppend und lustlos.

€€€ – um CUC 100: Gehobene Preisklasse mit ansprechenden Zimmern (in den Badeorten meist mit weiträumigen Hoteldörfern und All-inclusive-Preisen), Badezimmer mit Badewanne, mindestens ein internationales À-la-carte-Restaurant, evtl. Zimmerservice, englisch sprechendes Personal, Reisebüros und Mietwagen, oft Deutsche-Welle-Empfang im Fernsehen.

€€€€ – ab CUC 150: Mittlerweile gibt es auch in Kuba einige First-Class-Hotels, die sich durchaus mit 5-Sterne-Hotels anderswo messen können. Und die sollte man auch buchen, wenn man auf entsprechenden Service großen Wert legt und es sich leisten kann. Oft gibt es dann mehrere sehr gute internationale Restaurants, eigene Villen mit Pool, Butler-Service und Spa-Abteilung.

Evtl. auftauchende kleine Hindernisse und Besonderheiten bei der Hotel-Buchung
Telefonnummern: Wenn man nicht spanisch am Telefon spricht, wird oft aufgelegt!
Fax: Faxgeräte sind oft »gerade außer Betrieb«, v. a. in Provinzhotels.
E-Mail: Die E-Mail-Adressen werden offenbar im Monatsrhythmus geändert, funktionieren oft nicht bzw. man bekommt nie Antwort (Ausnahme: die Fünf-Sterne-Melia-Kette).

Eine weitere kubanische Besonderheit »Operación Milagro«: Individualreisende ohne Hotelbuchung sollten wissen: Es läuft derzeit eine Solidaritäts-Kampagne unter diesem Namen, bei der lateinamerikanische Besucher und Patienten im Rahmen des Gesundheitstourismus nach Kuba eingeladen werden. Meist sind dann in der Nebensaison (z.B. September–November) die Touristenhotels vollständig mit Lateinamerikanern belegt. Zur Hochsaison im Winter sollen die Hotels dann wieder den Devisen zahlenden Gästen aus Kanada und Europa geöffnet werden. Dies betrifft viele Hotels, aber besonders die mittlere Preisklasse und Cubanacán sowie abgelegene Öko-Hotels, aber manchmal auch sehr gute Strandhotels wie das Hotel in Marea del Portillo oder das Sierra Mar und Los Galeones bei Santiago. Wann diese Aktion beendet sein wird, war bis Redaktionsschluss nicht in Erfahrung zu bringen. Bei den betroffenen Hotels findet sich ein entsprechender Vermerk.

Campismo
Es gibt sehr einfache Campismo-Anlagen mit Bungalows (nicht zu verwechseln mit Campingplätzen), die allerdings manchmal offiziell nur den Kubanern offen stehen (meist mit Kaltdusche, manchmal gar kein fließendes Wasser, ohne Bettzeug, häufiger Stromausfall, kein oder grottenschlechtes Restaurant, dafür ab € 4 pro Bett).

Ebenfalls offiziell nicht erwünscht ist das Campen von Touristen mit dem Zelt, es ist aber in einigen Regionen möglich.
Infos und zu buchen über Cubamar, www.cubamarviajes.cu, cubamarviajes@cubamarviajes.cu.

Unterkünfte

Archipiélago de los Jardines de la Reina

Hotel Flotante Tortuga
Jardines de la Reina
✆ 033-29 81 04, www.avalons.net
www.scuba-en-cuba.com
Ein fest verankertes doppelstöckiges Hotelschiff mit sieben Kabinen (Dusche und Klimaanlage). Restaurant mit Koch an Bord. Außerdem zwei Yachten (»Halcon« und »Explorador«) unter italienischer Leitung. €€–€€€

Baracoa

El Castillo (Gaviota)
Calle Calixto García, Baracoa
✆ 021-64 51 65, www.gaviota-grupo.com
Herrlicher burgähnlicher Bau mit uriger Atmosphäre und tollem Panorama über der Stadt. Kleiner Pool mit Bar. Gutes Restaurant. €€

Porto Santo (Gaviota)
Ctra. Aeropuerto, Baracoa
✆ 021-451 05/-6 und 021-453 72
Fax 021-451 35, www.gaviota-grupo.com
Moderne Zimmer und Bungalows, in einem Garten verteilt und etwas außerhalb des Zentrums nahe dem Flughafen (wenig Betrieb). Pool, Tennisplatz. €€

Hostal La Habanera
Calle Maceo (am Parque Central, auch: Plaza Independencia), Baracoa
✆ 021-64 52 73 und 021-64 52 74
www.gaviota-grupo.com
Hübsches Kolonialhotel an der zentralen Plaza: (etwas laute) Zimmer mit toller Aussicht von den Schaukelstühlen auf der Gemeinschaftsterrasse oder ruhiger zum Patio. €€

Villa Maguana
Ctra. a Moa (kurz vor dem Playa-Maguana-Abzweig, ca. 22 km nordwestl. von Baracoa)
PF 97330 Guantánamo
✆ 021-64 12 04, Fax 021-64 53 39 (und im Hotel Baracoa, s.o.), www.gaviota-grupo.com
Abgelegen und einsam: Holzhäuschen und drei schlichte Reihenzimmer (Klimaanlage, Bad) sowie Restaurant am schmalen Strandflecken. Fußweg zum etwa 2 km langen und mit Palmen gesäumten Playa Maguana; tägl. Shuttlebus von Baracoa: um 10 Uhr hin, zurück um 16 Uhr. €€

Hotel La Rusa
Calle Máximo Gómez 161 (am Malecón), Baracoa
✆ 021-430 11, Fax 021-423 37
In Zimmer 203 des kleinen Hotels hat schon Che Guevara 1960 übernachtet, entsprechend oft gebucht ist das winzige Zimmer und durchgelegen die Matratze ... Das Küche leidet manchmal unter Engpässen, aber man isst halt, was es gibt, dafür mit allerschönstem Blick aufs Meer von der Terrasse. €

La Colina
Calle Calixto García 158
Bezirk Altos, Baracoa
✆ 021-64 26 58, proctologiagtm@infomed.sld.cu
Privatwohnung mit Terrasse an der Hauptstraße. Der Hausherr Alberto Matos Llime spricht gut englisch und organisiert Touren, die Hausfrau kocht hervorragend. €

Campismo El Yunque
Santa Rosa de Duaba 456, Ctra. a Moa, 6 km nördl. von Baracoa
✆ 021-64 52 62
14 Holzhäuschen, zu Füßen des El Yunque gelegen. €

Bayamo

Hotel Carrusel Sierra Maestra (Islazul; Operación Milagro)
Ctra. Central km 7,5, Bayamo
✆ 023-42 79 70/-74, Fax 023-42 79 73
Außerhalb des Zentrums gelegener Plattenbauklotz mit Zimmern der unteren Mittelklasse, viele Reisegruppen. Pool, Reisebüro. Sehr laute Disco, nur für den Notfall. €–€€

Hotel Royalton (Islazul)
Calle Antonio Maceo 53 (am Parque Céspedes)
Bayamo
✆ 023-42 22 24/-46, Fax 023-42 47 92
www.islazul.cu
33 schlichte Zimmer mitten im ruhigen Zentrum, gutes Restaurant (7–22 Uhr) und Terrassenbar. €

Villa Islazul Bayamo
Via Manzanillo km 1/2, Bayamo
✆ 023-42 31 02 und 023-42 31 24, www.islazul.cu
Am Stadtrand liegt diese einstöckige, typisch kubanische Anlage mit 32 einfachen Balkonzimmern zum großen Pool (am Wochenende kann es lauter werden) oder in einigen Doppelbungalows auf dem weitläufigen Gelände verstreut. Disco. €

Caimanera

Hotel Caimanera (Islazul)
Loma Norte, Caimanera (ca. 21 km südl. von Guantánamo-Stadt auf der Westseite der Bucht)
✆ 021-49 94 14/-16

www.hotelcaimanera.com, www.islazul.du
Kleines Hotel mit 17 Zimmern, Aussicht auf die US-Basis Guantánamo, nur mit Reisegruppe und Erlaubnis bzw. Guide zu besuchen. Pool. €

Unterkünfte

Camagüey

Delfin y Elena
Calle San Ramon 171, zwischen Calles Santa Rita & San Esteban, Camagüey
✆ 032-29 72 62, casadelfinyelena@yahoo.es
Diese Casa particular ist eine grüne Patio-Oase in der Altstadt bei einem netten älteren Ehepaar: ein Zimmer mit Bad und Fenster zum Flur, sicherer Parkplatz. €

Gran Hotel
Calle Maceo 67, zwischen Agramonte & General Gómez, Camagüey
✆ 032-29 20 93/-94, Fax 032-29 39 33
www.islazul.cu
Hier wohnt man kolossal-kolonial: 72 behagliche, aber sehr kleine Zimmer (teils ohne Fenster) in einem wunderschönen klassizistischen Gebäude in der Fußgängerzone. Kleiner Pool im Patio. Reisebüro. Live-Musik abends in der Pianobar. Der Service lässt leider zu wünschen übrig. Schönes Dachlokal mit abendlicher Live-Band. €€

Colón
Calle República 472, zwischen San José & San Martín, Camagüey
✆ 032-25 48 78
Restauriertes Kolonialhotel mit herrlicher Lobby und Patio, rundherum nur 48 kleine Zimmer. €

Cayo Coco/Cayo Guillermo
(Mit Cayo Paredón Grande)

Melía Cayo Coco
Playa Las Coloradas, Cayo Coco
✆ 033-30 11 80, Fax 033-30 11 95
www.melia-cayococo.com
www.solmeliacuba.com
melia.cayo.coco@solmeliacuba.com
Zweistöckige Häuser, teils auf der Lagune über Stege miteinander verbunden, in einem großen All-inclusive-Strandresort (für Gäste ab 18!) am östlichen Ende des Strandes, zwei Pools. €€€€

Hotel & Club Tryp Cayo Coco (Melía und Cubanacán)
Playa Las Conchas, Cayo Coco
✆ 033-30 13 00, Fax 033-30 13 86
www.solmeliacuba.com
tryp.cayo.coco@solmeliacuba.com
Schon etwas ältere Pauschal- und Strandanlage mit origineller Poollandschaft und rund 500 Zimmern und Bungalows im weitläufigen Garten – wie in einem Kolonialstädtchen. €€€€

Sol Club Cayo Coco (Gran Caribe)
Playa Las Coloradas, Cayo Coco
✆ 033-30 12 80, Fax 033-30 12 85
www.gran-caribe.com, www.solmeliacuba.com
jefe.reservas.scc@solmeliacuba.com
Noch ein hübsches, etwas älteres Melía-Hotel gleich daneben: für Familien gut geeignet, Fitness-Center, viel Live-Musik und Animation. €€€-€€€€

Melía Cayo Guillermo (Gran Caribe)
Cayo Guillermo
✆ 033-30 16 80, Fax 033-30 16 85
www.solmeliacuba.com
melia.cayo.guillermo@solmeliacuba.com
Vier-Sterne-Luxus in exotischem Garten: 309 wunderschöne Zimmer in allen Pastelltönen in doppelstöckigen Bungalows, teils Balkon oder Terrasse mit Meerblick. Pool-Landschaft, Wassersport, Disco. €€€

Be Live Villa Cayo Coco
Ctra. a Cayo Guillermo, Cayo Coco
✆ 033-30 21 80, Fax 033-30 21 90
www.belivehotels.com
Klein, aber fein: Nur 48 Zimmer in Bungalows der Drei-Sterne-Klasse am Meer (alles inklusive). Pool, Internetservice. €€

Jardín Los Cocos
Ctra. a Paredón Grande
Cayo Paredón Grande
✆ 033-30 81 31, www.islazu.cu
Auf Cayo Cocos Nachbarinsel Paredón Grande wohnen die Gäste in 24 schlichten Zimmern in zwölf Bungalows (Sat.-TV) am Strand, ein Restaurant. €-€€

Campismo Cayo Coco
Playa Uva Caleta (ca. 7 km westl. von Sitio La Güira), Cayo Coco
✆ 033-30 10 39, 033-30 11 05
Eine Handvoll Häuschen am Strand, Mai bis August meist von Kubanern ausgebucht. €

Cayo Largo (del Sur)

Sol Club Cayo Largo (Melía)
Playa Lindamar, Cayo Largo
✆ 045-24 82 60, Fax 045-24 82 65
www.solmeliacuba.com
sol.cayo.largo@solmeliacuba.com
Hübsche Luxus-Anlage mit zweistöckigen, kreolisch angehauchten Häuschen zwischen Poollandschaft und Dünen, teils Meerblick. Vier Restau-

Unterkünfte

rants, fünf Bars, Sauna und Massagen, Wassersport. €€€€

AI Playa Blanca
Playa Blanca, Cayo Largo
℃ 045-24 80 80, Fax 045-66 87 98
www.gran-caribe.com, www.playablanca.cu
Etwas abgelegene bunte Mehrfamilienhäuser mit jeglichem All-inclusive-Komfort der Vier-Sterne-Klasse um großen Pool, sehr gutes À-la-carte-Restaurant. €€€€

AI Sol Pelícano
Playa Lindamar, Cayo Largo
℃ 045-24 83 33, Fax 045-24 81 67
www.solmeliacuba.com
sol.pelicano@solmeliacuba.com
Hübsch im mediterranen Stil gehaltene Strandanlage rund um den Pool, breiter Strand, 230 schöne Zimmer, teils Balkon. €€–€€€

Die beiden folgenden Hotels gehören zum **Hotelkomplex Eden Village Isla del Sur (auch: Gran Caribe Club)**, die Rezeption des gleichnamigen Mittelklassehotels betreut auch die beiden folgenden Hotels:

AI Veraclub Lindamar (Gran Caribe)
Playa Lindamar, Cayo Largo
℃ 045-24 81 11/-8 (Complejo Isla del Sur)
Fax 045-24 81 60
www.gran-caribe.com, reserva@isla.cls.tur.cu
Etwas in die Jahre gekommene Cabañas auf Stelzen mit Palmblatt gedeckten Dächern hinter den Dünen am Strand, Hängematten auf der Terrasse, viele italienische Gäste. €€–€€€

AI Eden Village Coral (Gran Caribe Club)
Playa Lindamar, Cayo Largo
℃/Fax, Internet wie Veraclub Lindamar
Verschachtelte Häuschen im spanischen Kolonialstil, die Zimmer sind winzig, aber mit Balkon oder Terrasse, Minipool. Italienisches À-la-carte-Speiselokal. €€

Cayo Levisa

AI Villa Cubanancán Cayo Levisa
Cayo Levisa (Fähre ab Puerto Palma Rubia, hin tägl. 10 und 17, zurück 9 und 16 Uhr)
℃/Fax 048-75 65 01
℃ in Havanna: 07-690 10 05/-6, www.cubanacan.cu
Zwischen Mangroven sehr schmalen Strand (kann je nach Jahreszeit und Hurrikans weggespült sein)

verteilen sich die gut ausgestatteten, aber überteuerten Bungalows (u.a. Sat.-TV) der oberen Mittelklasse in zwei Reihen. Das Restaurant ist okay, keine große Auswahl, v.a. beim Frühstücksbüfett. €€

Cayo Santa María/Cayo las Brujas/Cayo Ensenachos

AI Melía Cayo Santa María
Cayo Santa María, Caibarién
℃ 042-35 20 00, 042-35 05 00
Fax 042-35 05 05
www.melia-cayosantamaria.com
Abgelegene Luxus-Oase: Zimmer mit allem nur denkbaren Komfort, teils Meerblick, in einem der besten Resorts auf Kuba! €€€€

AI Royal Hideaway Occidental
Cayo Ensenachos
℃ 042-35 03 00, Fax 042-35 03 01
www.occidental-hoteles.com
Traum-Resort auf der Nachbarinsel Ensenachos: 506 exklusive Zimmer und »königliche« Suiten im karibischen Kolonialstil mit Marmor, Designermöbeln, Gourmet-Küche und All-inclusive-Service der Topklasse. €€€€

AI Villa Las Brujas (Gaviota)
Farallón de las Brujas, Playa La Salina
Cayo Las Brujas (westl. von Cayo Santa María)
℃ 042-35 00 23/4, Fax 042-35 05 99
www.gaviota-grupo.com, brujagav@enet.cu
24 rustikale Cabañas am Strand (Zimmer mit Klimaanlage, Sat.-TV, teils Terrasse mit Meerblick, großes Restaurant. Rechtzeitig buchen! €€

Cayo Saetía

AI Villa Cayo Saetía (Gaviota)
Cayo Saetía, Mayarí
℃ 024-51 69 00
www.gaviota-grupo.com, www.cayosaetia.com
Einziges kleines und komfortables Hotel mit rustikalen Blockhütten am Strand der Insel, Restaurant mit Wildspezialitäten. Reit- und Safariausflüge. €€

Chivirico

AI Los Galeones (Cubanacán; Operación Milagro)
Ctra. Chivirico km 72, Chivirico
℃ 022-32 91 10, www.cubanacan.cu
Herrlich an einem Hang über dem Karibischen Meer gelegen: 36 Häuschen und schöne Zimmer, Mini-Strand (über Treppe zu erreichen). Pool, Sauna, Tauchzentrum. €€€–€€€€

AI Brisas Sierra Mar (Cubanacán; Operación Milagro)

Unterkünfte

Ctra. Chivirico km 60, Chivirico
✆ 022-32 91 10, www.cubanacan.cu
Originelles wie eine Pyramide gebautes All-inclusive-Strandhotel mit weitem Berge-Meer-Panorama. Pool und Wassersport, Kinderclub. €€€

Campismo Caléton Blanco
Ctra. Caléton Blanco, km 30
Guamá, Provinz Santiago
022-32 26 26, www.cubamarviajes.cu
Einfache Reihenzimmer am Meer. €

Ciego de Ávila

Hotel Ciego de Ávila (Islazul)
Ctra. a Ceballos km 2
Ciego de Ávila
✆ 033-22 80 13, www.islazul.cu
Typischer 1970er-Bau mit Plattenbau-Charme, 138 recht schlichte Zimmer um einen Pool. €-€€

Hotel Sevilla (Islazul)
Calle Independencia 57 (am Parque Martí)
Ciego de Ávila
✆ 033-22 56 03, www.islazul.cu
Schönes altes Kolonialhotel, einfache Zimmer mit Kaltwasserdusche, teils kleine Balkone mit Blick aufs zentrale Treiben. Restaurant, Bar. €

Cienfuegos

(Vgl. auch Playa Rancho Luna.)

Encanto Palacio Azul
Calle 37, zwischen Calles 12 & 16, Cienfuegos
✆ 043-55 58 28, www.hotelpalacioazul.com
In dem prächtigen himmelblauen Palast mit Kuppel-Türmchen sind sieben komfortable Zimmer, unterschiedlich groß, teils mit Balkon (aber gleicher Preis) zu mieten. €€

La Union (Cubanacán)
Calle 31, Ecke Av. 54 (Bulevar)
Cienfuegos
✆/Fax 043-55 10 20, ✆/Fax 043-55 16 85
www.cubanacan.cu, comercial@union.cyt.cu
Wunderschönes, zentral gelegenes Kolonialschmuckstück mit Kronleuchter und maurischem Dekor: erschwingliche Vier-Sterne-Klasse, Bar auf der Dachterrasse, kleiner Pool im antik gestalteten Patio. €€

Hotel Jagua (Gran Caribe)
Calle 37 Nr. 1, zwischen Calles 0 & 2
Punta Gorda, Cienfuegos
✆ 043-55 10 03, Fax 043-55 12 45
www.gran-caribe.com
Komfortables Hotel mit 145 hübschen Zimmern und Suiten auf sechs Stockwerken am Ende der Halbinsel Punta Gorda. €€-€€€

Dos Ríos

Villa Carrusel El Yarey (Cubanacán)
Ctra. Santiago a Jiguaní (auf dem Loma del Yarey, ca. 23 km südl. von Dos Ríos, ca. 40 km östl. von Bayamo)
Jiguaní
✆ 023-42 76 84, ✆ 023-42 72 56, kein Fax
gerenteyarey@bayamo.grm.cyt.cu
14 einfache rustikale Häuschen mit Terrasse oder Balkon (Klimaanlage, TV) im Kakteengarten. Großer Pool. Für Ruhesuchende bestens geeignet. Sehr gutes kreolisches Ausflugslokal (tägl. 7–22 Uhr), Reitpferde. €

Gibara

Hostal Los Hermanos
Calle Céspedes 13, zwischen Calles Peralta & Caballero
Gibara
✆ 024-84 45 42
Bei Odaly und Luis wohnt man in zwei großen klimatisierten Zimmern (mit Bad) um den luftigen Patio, toller Blick im ersten Stock vom Balkon über Gibaras Dächer. €

Campismo Silla de Gibara
La Caridad, Rafael Freyre, ca. 35 km östl. von Gibara
✆ 024-42 15 86 und 46 24 92
www.cubamarviajes.cu
Doppelhäuschen mit herrlicher Aussicht von einer Anhöhe und Pool zwischen Guardalavaca und Gibara (über schlimme Schotterpiste ab Gibara zu erreichen, evtl. wird man als Ausländer abgewiesen). €

Guamá (Península de Zapata)

Horizontes Villa Guamá (Operación Milagro)
Laguna del Tesoro
Boca de Guamá, Península de Zapata
✆ 045-91 55 51, www.cubanacan.cu
Originelle Anlage: Künstliche Inseln in einem See, auf denen sich die 50 guten, aber einfach eingerichteten, schönen Holzhäuschen auf Pfählen verteilen, viele Moskitos, Bootsausflüge, Pool mit Disco. €€

Villa Horizontes Batey de Don Pedro (Finca Don Pedro)
Autopista Nacional km 142 (etwas südl. des Abzwei-

213

Unterkünfte

ges von der Autopista bei Jagüey Grande) Península de Zapata
© 045-91 28 25, www.cubanacan.cu
Acht einfache, aber angenehme Doppelbungalows bei der Ausflugsfarm Finca Campesina, hier kann man auf der Terrasse im Schaukelstuhl den Sonnenuntergang genießen. €

Guantánamo

Hotel Guantánamo (Islazul; Operación Milagro)
Calle 13 Norte, zwischen Calles Ahogados & 2 de Octubre (an der Plaza Mariana Grajales) Guantánamo
©/Fax 021-38 10 15
www.islazul.cu
Vierstöckiges Hotel mit 124 einfachen Zimmern außerhalb des Stadtkerns, Pool (Touren mit Führer zum Mirador de Malones). Recht einfaches Lokal mit begrenzter Auswahl. €

Campismo Yacabo Abajo
Ctra. de Guantánamo–Baracoa km 75
Imías
18 schöne, zweistöckige Häuser an schwarzer Sandbucht. €

Campismo Cajobabo
Ctra. de Guantánamo–Baracoa, Provinz Guantánamo
Rund 70 Häuschen und Hütten am Strand (zu erreichen über 1-km-Abzweig von der Landstraße, die hier nach Baracoa Richtung Norden abknickt). €

Originell: das »Stelzen-Hotel« Guamá auf der Península de Zapata

Guardalavaca
(Playa Esmeralda, Playa Pesquero, Playa Turquesa)

AI Paradisus Río de Oro (Melía und Gaviota)
Playa Esmeralda, Guardalavaca
© 024-43 00 90, Fax 024-43 00 95
www.solmeliacuba.com
Eine der schönsten Strandherbergen in Kuba mit eigenem Spa: die Anlage der Top-Klasse liegt in einem Tropengarten an einem relativ kleinen Strand (aber mit Hängematten!). Insgesamt sieben Restaurants, ultra-all-inclusive vom Begrüßungs-Champagner bis zum Tauchsport (außer Spa!). Nur für Erwachsene, keine Armbänder oder Animation. Zwei traumhafte Villen haben einen eigenen Pool, Jacuzzi, Sauna und Butler. €€€€

AI Sol Río de Luna y Mares Resort (Melía und Gaviota)
Playa Esmeralda
Guardalavaca
© 024-43 00 30, Fax 024-43 00 65
www.sol-riodelunaymares.com
Zwei Hotels in einem Komplex vereint: zwei- und dreistöckige Häuschen an der Playa Esmeralda, das Río de Mares (© 300 60) liegt näher am Meer. Mittlerweile Mittelklasse und etwas abgewohnt, aber das Büffet ist immer noch Spitzenklasse. Riesenpool. €€€

AI Brisas Guardalavaca (Cubanacán)
Calle 2, Playa Guardalavaca
© 024-43 02 18/-9, Fax 024-43 01 62 und 43 04 18
www.cubanacan.cu
»Kolonial« verschachtelte Häuschen und ein moderner Hotelbau: 437 große Zimmer, zwei Pools, Disco, Kinderclub, mehrere italienische Lokale.
€€€–€€€€

AI Club Amigo Atlántico Bungalows (Cubanacán)
Playa Guardalavaca
© 024-43 01 80 und 024-43 02 80
Fax 024-43 02 00, www.cubanacan.cu
Beliebte All-inclusive-Strandanlage: zweistöckige Bungalows und Hotelzimmer in einem weitläufigen Garten, mehrere Restaurants, zwei Pools.
€€€–€€€€

AI Hotel Playa Pesquero (Gaviota)
Playa Pesquero, Rafael Freyre
© 024-43 05 30, Fax 024-43 05 35
www.gaviota-grupo.com
Eine richtige kleine Stadt mit Straßennamen und »Boulevard«: fast 1000 Zimmer in zweistöckigen Häusern mit jeglichem Komfort. Riesige Poollandschaft, 8 Restaurants (italienisch, mexikanisch, kubanisch, international) und Bars. Nichtmotorisierter (!) Wassersport, Bogenschießen, Fitness-Center, Karaoke-Bar usw. €€€–€€€€

Unterkünfte

(AI) Sirenas Playa Turquesa
Playa Turquesa, Yuraguanal, Rafael Freyre
© 024-43 05 40, Fax 024-43 05 45
Vier-Sterne-Luxus in bunten, zweistöckigen Häusern (500 Zimmer), italienisches und asiatisches Restaurant, sieben Pools und Kaskaden. €€€€

(AI) Villa Islazul Don Lino
Bahía de Bariay, Playa Blanca, Provinz Holguín
© 024-43 03 08 und 024-43 03 10
www.islazul.cu
Einsam gelegene rustikale Bungalows (alles inklusive) mit Meerblick an einer etwas felsigen, mit Sand aufgeschütteten Minibucht mit Pool (wird derzeit von 44 auf 100 Zimmer erweitert, was den familiären Charakter der kleinen Oase sicherlich ändern wird...). €-€€

Havanna

Hotels in der Altstadt und im angrenzenden Bezirk Centro, v.a. die Kolonialhotels und privaten Casas particulares, können sehr hellhörig und laut sein, da sie mitten im typisch kubanischen Trubel liegen (Verkehr, Reisebusse, Live-Bands, lautstarke Kubaner und Touristengruppen, alte Türen und dünne Wände...). Wer großen Wert auf Ruhe legt, sollte in obere Stockwerke, um den Innenhof (meist fensterlose Zimmer!) oder gleich in Hotels in die Bezirke Vedado oder Miramar bei der Hotelwahl ausweichen.

Nacional de Cuba (Gran Caribe)
Calles 0 & 21, 10600 Havanna (Vedado)
© 07-873 35 64 und 55 00 04
Fax 07-873 50 54 und 873 51 71
www.hotelnacionaldecuba.com
Führendes Hotel in Havanna, in dem schon Churchill und Ava Gardner logierten, meist kleine Zimmer, aber tolle Lage auf einem Hügel am Malecón. €€€€

Melía Habana (Sol Melía)
Av. 3, zwischen Calles 76 & 80
11300 Havanna (Miramar)
© 07-204 85 00, Res.-© 07-55 47 97
Fax 07-204 85 05
www.solmeliacuba.com
Den größten Pool in Havanna bietet das luxuriöse, etwas klotzige Hotel in einem herrlichen Garten über dem Meer. €€€€

Santa Isabel (Habaguanex)
Calle Baratillo 9, zwischen O'Reilley & Narciso López
10100 Havanna (Habana Vieja)
© 07-860 82 01, Fax 07-860 83 91
www.hotelsantaisabel.com/de
An der Plaza de las Armas superzentral gelegene Kolonialherberge. Der ehemalige Palast aus dem 18. Jh. ist etwas in die Jahre gekommen und müsste mal wieder renoviert werden. In der Nebensaison gibt es interessante Internet-Angebote (€€). €€€€

Telégrafo (Habaguanex)
Paseo del Prado, Ecke Neptuno (am Parque Central), 10600 Havanna (Centro)
© 07-861 10 10, Fax 07-861 48 44
www.hoteltelegrafo-cuba.com/de
www.habaguanex.com, reserva@telegrafo.co.cu
Modernes Design aus Stahl und Glas hinter der Fassade eines Hotelbaus aus 1888: Hier wohnt der Gast in edlen und regelrecht gestylten Zimmern mit Vier-Sterne-Komfort. €€€

Parque Central (Cubanacán)
Calle Neptuno, zwischen Zulueta & Paseo de Martí
10600 Havanna (Centro, Altstadtrand)
© 07-860 66 27, Fax 07-860 66 30
www.hotelparquecentral-cuba.com/de
Herrliche gläserne Lobby, schöner Pool auf der Dachterrasse, elegante Zimmer, Fünf-Sterne-Service – eines der führenden Hotels in Kuba. €€€-€€€€

Hotel Habana Riviera (Gran Caribe)
Paseo, Ecke Malecón
10600 Havanna (Vedado)
© 07-833 40 51, Fax 07-833 37 39
www.hotelhavanariviera.com/de
Hochhaushotel am Malecón aus der Mafia-Ära: 354 Zimmer, teils mit Meerblick, berühmter Nachtclub Copa Room. Gute Internet-Rates in Nebensaison (€€). €€€

Ambos Mundos (Habaguanex)
Calle Obispo 153, Ecke Mercaderes
10100 Havanna (Habana Vieja)
© 07-860 95 29-30, Fax 07-860 95 32
www.hotelambosmundos-cuba.com/de
Mittendrin und wie einst Hemingway über den Dächern der Stadt wohnen – zu dessen Zeit sah es allerdings vermutlich noch besser aus. Viele Zimmer sind fensterlos. Schöne Dachterrasse mit Musikbar (nicht bei Regen). Schnäppchenpreise in der Nebensaison (€€). €€€

Mercure Sevilla (Gran Caribe)
Calle Trocadero 55, zwischen Paseo & Agramonte Centro, 10600 Havanna (Altstadtrand)
© 07-860 85 60, Fax 07-860 85 82
www.gran-caribe.com, www.sofitel.com
reserva@sevilla.gca.tur.cu
Wunderschönes Bauwerk mit kolonialem Ambiente und Einkaufspassage (vorher Zimmer angucken, es gibt erhebliche Unterschiede zum gleichen Preis). €€-€€€€

Unterkünfte

Beltrán de Santa Cruz
Calle San Ignacio 411, zwischen Calles Muralla & Sol, Habana Vieja, Havanna
✆ 07-860 83 30, reserva@bsantacruz.co.cu
Zeitreise in einem Kolonialhaus eines Adligen, in dem einst der Forschungsreisende Alexander von Humboldt zu Gast war: nur elf Zimmer (rechtzeitig buchen!), die Suite Nr. 8 begeistert mit Marmor und Terrakotta, bronzenem Waschkrug und Waschtisch, hohem Originaldeckengebälk, zierlichem Holzbalkon, Vitrales-Mosaikfenster, Wandmalereien aus dem 18. Jh. und einem herrlich begrünten Patio. €€€

Inglaterra (Gran Caribe)
Prado 416, Ecke San Rafael
10600 Havanna (Centro)
✆ 07-860 85 94/-7, Fax 07-860 82 54
www.hotelinglaterra-cuba.com/de
Prachtvolles Kolonialhotel (erste Herberge Kubas) mit maurischem Charme, aber nicht immer ganz so prachtvollen Zimmern (teils völlig überteuert und ohne Fenster). €€-€€€

Palacio O'Farrill (Habaguanex)
Calle Cuba 102, Ecke Chacón
10100 Havanna (Habana Vieja)
✆ 07-860 50 80, Fax 07-860 50 83
www.hotelofarrill.com/de
Zeitreise durch drei verschiedene Jahrhunderte auf drei Etagen, man kann wohnen wie zu Zeiten Romeo und Julias: herrlich restaurierter und antik möblierter Kolonialpalast mit 38 Luxuszimmern voller Atmosphäre. Patio-Innenhof mit Arkaden und gläsernem Kuppeldach. €€€-€€€€

Hostal Valencia (Habaguanex)
Calle Oficios 53, zwischen Lamparilla & Obrapía, 10100 Havanna (Habana Vieja)
✆ 07-867 10 37, Fax 07-860 56 28
www.habaguanex.com
reserva@habaguanexhvalencia.co.cu
Meist ausgebuchtes wunderschönes Patio-Hotel, nur zwölf Zimmer mit spanischem Kolonialcharme und Balkons. €€-€€€

Hostal El Comendador (Habaguanex)
Calle Obrapía, Ecke Baratillo (derselbe Eingang und Rezeption wie das o. g. Hostal Valencia in der Calle Oficios, das kennen die Bus- und Taxifahrer eher)
10100 Havanna (Habana Vieja)
✆ 07-867 10 37, Fax 07-860 56 28
www.habaguanex.com
reserva@habaguanexhvalencia.co.cu
Kolossal-koloniales Flair: hölzerne Deckenbalken, Badewanne auf Löwenpranken – 14 originelle schöne Zimmer, die beste Sicht auf den Hafen aus Zimmer 7 und 14. €€

El Mesón de la Flota (Habaguanex)
Calle Mercaderes nahe Plaza Vieja
10100 Havanna (Habana Vieja)
✆ 07-863 38 38, Fax 07-862 92 81
www.habaguanex.com
Die einstige spanische Seefahrer-Taverne strahlt noch immer maritimen Charme aus. Nur fünf geräumige Zimmer, teils Balkon, nachmittags und abends (laute) Flamenco-Show; beliebt bei jungen Leuten. €-€€

St. John's (Gran Caribe)
Calle O Nr. 216, zwischen Calles 23 & 25
10600 Havanna (Vedado)
✆ 07-833 37 40, Fax 07-833 35 61
www.gran-caribe.com
Mittelklassiges, modernes Hotel im ziemlich lauten Zentrum mit Minipool auf dem Dach im 14. Stock, die Zimmer sind ordentlich, das Restaurant sollte man meiden. Oft nur kaltes Wasser. €-€€

Casa del Científico
Paseo del Prado 212, zwischen Colón & Trocadero, 10600 Havanna (Centro)
✆ 07-862 16 07, ✆/Fax 07-862 16 08
Herrlicher Palast mit recht einfachen Zimmern, teils ohne Fenster, teils Gemeinschaftsbad. Terrassenlokal mit launigem Service. Wird derzeit renoviert! €-€€

Villa Babi
Calle 27 Nr. 965, zwischen Calles 6 & 8
10400 Havanna (Vedado)
✆ 07-830 63 73, ✆/Fax 07-830 20 94
www.villababi.com
Privathaus voller Kunst und Kitsch, Fotos und Andenken, einst von Filmproduzentin und Witwe von Tomás Gutiérrez Alea (Regisseur von »Erdbeer und Schokolade«), lebt seit einigen Jahren in den USA, jetzt vermieten hier Doris und Olguita Zimmer, teils mit eigenem Bad. Garten mit Papaya-Baum und Palme. €

Luis y Maribel
Calle 19 356 (altos), zwischen Calles G & H, Vedado, Havanna
✆ 07-832 16 19
In dem Haus des jungen Pärchens ist alles etwas klein und eng, aber dafür im ruhigen Teil von Vedado: Das klimatisierte Zimmerchen hat eine Küchenecke mit Kühlschrank, TV, ein winziges Bad, eigenen Eingang, Dachterrasse. €

Holguín

Hotel Pernik (Islazul)
Av. Jorge Dimitrov & Plaza de la Revolución

Holguín
© 024-48 10 11, Fax 024-48 16 67
www.islazul.cu
Etwas klobig wirkendes Stadthotel mit 200 schlichten Zimmern. Pool und Disco. €

Finca Mirador de Mayabe (Finca Mayabe)
Alturas de Mayabe (8 km außerhalb von Holguín), Holguín
© 024-42 21 60, Fax 024-42 54 98
www.islazul.cu
24 einfache Zimmer auf einer Anhöhe mit Panorama über das weite Tal voller Königspalmen vom Loma de Mayabe. Grill-Lokal und 24-Stunden-Bar. Am Wochenende und in den Ferien kann es um den schönen großen Pool zwischen den kubanischen Gästen voll und etwas lauter werden (rechtzeitig buchen!), in der Woche meist ruhig. €

Isla de la Juventud

El Colony
Ctra. de Siguanea (46 km von Nueva Gerona, ca. 1 km nördl. vom Ort Dársena)
© 046-39 81 81, Fax 046-39 84 20
www.hotelelcolony.com
In dem kürzlich restaurierten Taucherhotel (77 Zimmer und Cabañas) findet alljährlich der internationale Unterwasserfotowettbewerb »Fotosub« statt. Mit Pool. €€

Villa Isla de la Juventud (Islazul)
Ctra. La Fé km 1,5, Nueva Gerona
© 046-32 32 90, Fax 046-32 44 86
Kleine Anlage am Stadtrand mit 20 Zimmern in verschiedenen zweistöckigen Häusern, Pool. €

Xiomara
Calle C (Interna), zwischen Calles 8 & 10, Nr. 1080 (kleine versteckte Gasse), Micro 70
Nueva Gerona
© 046-32 70 06
Bei Xiomara wohnt man in einem kleinen Zimmer mit Kühlschrank, Heißwasserdusche und kleiner Küche. Hübsch mit Orchideen begrünter Patio und Dachterrasse, wo man essen kann (Xiomara kocht auch). €

Las Terrazas

Hotel La Moka
Complejo Turístico Las Terrazas
Autopista Havanna–Pinar del Río km 51
Candelaria
© 048-57 86 00, Fax 048-57 86 03
www.lasterrazas.cu
Kubas erstes Öko-Hotel am San-Juan-See, eines der originellsten in Kuba: In der Lobby wächst ein Baum durchs Dach, von der Badewanne aus hat man weiten Panoramablick auf das Modelldorf Las Terrazas. Pool. Tennisplatz. €€–€€€

In Las Terrazas gibt es auch Privatunterkünfte bei Kubanern in komfortablen Häusern am See oder in einfachsten Holzhütten (€) oder Camping.

Manzanillo

Hotel Guacanayabo (Islazul; Operación Milagro)
Calle Camilo Cienfuegos (Umgehungsstraße; am Ende der Uferpromenade Malecón über Av. 8 und eine Treppe den Hügel hoch)
Manzanillo
© 023-57 40 12, www.hotelguacanayabo.com
112 schlichte Zimmer mit Balkonen (toller Ausblick). Pool, einfaches Restaurant, Grillbar, Diskothek. €

Campismo Las Coloradas
5 km südwestl. von Bélic, nahe dem Parque Nacional Desembarco del Granma
© 023-57 82 56, www.cubamarviajes.cu
Einfache Häuser am Strand, Restaurant. €

Marea Del Portillo

Club Amigo Marea del Portillo (Cubanacán; Operación Milagro) AI
Ctra. de Pilón km 12
Marea del Portillo
© 023-59 70 81-84, Fax 023-59 70 80
www.cubanacan.cu
Die Anlage besteht aus zwei getrennten Resorts in einer Bucht: Das kleinere **Marea del Portillo** mit 36 Bungalows und 74 schönen Hotelzimmern liegt direkt am dunklen Strand, meist mit Meeresblick (im Sommer evtl. geschl.), Pool.
Das **Farallón del Caribe**, © 023-59 40 03 (kann ebenfalls im Sommer geschl. sein), thront etwas erhöht auf einem Kliff und verfügt über 140 hübsche Zimmer – Superpanorama über Meer und Berge– und ein italienisches Restaurant. Pool. Ein weißer Strand ist auch per Shuttleboot auf der Cayo Blanco zu erreichen (40 Min.), dort warten Bar-Lokal, Tretboote, Katamarane und Surfbretter. €€€

Matanzas

Hostal Alma
Calle 83 Nr. 29008, zwischen Calles 290 (=San-

Unterkünfte

Unterkünfte

ta Teresa) & 292 (=Zaragossa), Matanzas
✆ 045-24 24 49
Ein kubanisches Ehepaar bietet die private, freundliche Unterkunft in einem alten kolonialen Haus, schöne Dachterrasse, Garage. €

Canimao (Islazul)
Ctra. Via Blanca km 4,5, Matanzas
✆ 045-26 10 14, Fax 045-26 22 37
www.islazul.cu
Einige Kilometer außerhalb Richtung Varadero am Río Canímar gelegenes, modernes Zwei-Sterne-Hotel (nahe dem Tropicana-Komplex) mit 120 einfachen Zimmern, teils mit Balkon. Pool. €

Parque Nacional de Baconao

Club Amigo Carisol (ehem. Corales) (Cubanacán)
Ctra. de Baconao, (ca. 45 km östl. von Santiago) Playa Cazonal
✆ 022-35 61 15, Fax 022-35 61 77
www.cubanacan.cu
Populäres All-inclusive-Strandhotel: rund 300 Zimmer in zweistöckigen Villas, zwei Pools, Tennisplatz, Wassersport. €€€

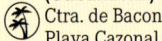

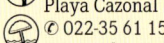

Parque Nacional de Gran Piedra

Villa Gran Piedra (Horizontes; Operación Milagro)
Ctra. Gran Piedra km 14
✆ 022-68 61 47 und 022-68 63 85
✆/Fax 022-68 63 93, www.horizontes.cu
17 Zimmer und fünf rustikale Häuser in Gipfelnähe, mit Kamin, Sat.-TV und recht schlichter Ausstattung, aber teils mit tollem Ausblick über die Berge und Karibik. €–€€

Parque Nacional Guanahacabibes

Villa María La Gorda (Gaviota)
(Centro Internacional de Buceo María la Gorda)
Sandino (ca. 140 km südwestl. von Pinar del Río)
Península Guanahacabibes
✆ 048-77 81 31 und 048-77 30 72/-75
Fax 048-77 80 77, www.gaviota-grupo.com
comercial@mlagorda.co.cu
mlagorda@mlagorda.co.cu
Völlig abgelegenes Strandhotel der 3-Sterne-Kategorie, beliebt bei Tauchern: 20 rustikale Cabañas aus Holz und zweistöckige Hotelbauten der Mittelklasse mit insgesamt 50 Zimmern (Klimaanlage, Sat.-TV, Minibar) an schönem, weißen Strand, teils mit Meerblick. Internationale Tauchschule (Pass mitnehmen!). €€

Pinar del Río

Villa Cabo de San Antonio (Gaviota)
Cabo de San Antonio, Marina San Antonio, Provinz Pinar del Río
✆ 048-77 81 31 und 048-75 76 54/-58
Fax 048-75 76 59, www.gaviota-grupo.com
Im Nationalpark über eine schier endlose, jetzt asphaltierte Piste zu erreichen: Total einsam und am westlichen Ende der kubanischen Welt gelegenes Refugium aus 16 Blockhütten, große, ziemlich komfortable Zimmer, teils Meerblick. Minilokal (ein weiteres Lokal liegt an der Marina) – dafür hat man den 7 km langen Strand für sich allein, nur mit den Pelikanen. €€

Vueltabajo
Calle Martí 103, Pinar del Río
✆ 048-75 93 81/-84, www.islazul.cu
Endlich hat auch die Provinzhauptstadt ein vorzeigbares Hotel: Die rosa getünchte Herberge aus dem Jahr 1927 wurde liebevoll restauriert und bietet 24 gemütliche und gut ausgestattete Zimmer und Minisuiten, teils mit Balkönchen (etwas laut zur Straße). €€

Campismo Aguas Claras
Ctra. Viñales–Pinar del Río km 7
Pinar del Río
✆ 048-77 84 27, www.cubamarviajes.cu
Eines der besseren Campismo mit 50 Ziegelsteinhäuschen (klimatisiert, TV, Telefon) und Hütten mit Pool in landschaftlich schöner Lage. Restaurant, Bar, Disco, Fahrrad- und Autoverleih. €

Pinares de Mayarí (Parque Natural La Mensura)

Villa Pinares de Mayarí (Gaviota)
Pinares de Mayarí (ca. 30 km südl. von Mayarí über Schotterpiste, nur mit Jeeps) Provinz Holguín (110 km entfernt)
✆ 024-50 33 08, www.gaviota-grupo.com
Auf 600 m Höhe im Grünen gelegenes Hotel: komfortable Blockhütten mit Zeltdach und herrlichem Blick auf die Wälder und die umgebenden Bergketten. Großes Lokal, Tennisplatz, Pool, Pferdeverleih. €

Playa Ancón und Playa La Boca

Brisas Trinidad del Mar (Cubanacán)
Península Ancón (12 km von Trinidad)

Unterkünfte

🛏 64300 Trinidad
✆ 041-99 65 00, Fax 041-99 65 65
🏖 www.cubanacan.com
Wie ein koloniales Dorf am Meer: Vier-Sterne-Anlage mit Plazas und Kirchturm. Herrlich breiter Strand, Pool. Tennisplatz. Massagen.
€€€-€€€€

AI **Club Amigo Costasur**
Playa María Aguilar (Península Ancón)
🛏 64300 Trinidad
✆ 041-99 61 74/-78, Fax 041-99 61 73
🏖 www.cubanacan.cu, www.horizontes.cu
20 schöne geräumige Bungalows am etwas felsigen und sehr flachen Strand und 132 einfachere Hotelzimmer am Pool. Restaurant und Strandlokal. €€

🛏 **Hostal El Capitán**
Playa La Boca 82, Carretera Ancón, ca. 6 km von Trinidad
✆ 041-99 30 55, mobil 05-290 92 38
Die schönste (etwas teurere) Casa nahe La Boca über der Felsenküste: Die große Villa vom jungen Pärchen Yilenis und Maikel bietet zwei Zimmer, etwa das schöne luftige und helle Eckzimmer; großer Garten mit Meeresveranda (kein Strand), Parkplatz. €

🛏 **Hostal Vista al Mar**
Calle Real 47, Playa La Boca, ca. 6 km von
🏖 Trinidad
✆ 041-99 37 16
Bei Manolo und Silvia Menéndez wohnt man in zwei schönen komfortablen Zimmern, vorne mit großer Terrasse und Meerblick (privates Bad, Parkmöglichkeit). Hier am nicht ganz so herrlichen Strand vom Fischerort La Boca, wo sich die Kubaner treffen, gibt es einige weitere nette Casas particulares. €

Playa Covarrubias

AI **Brisas Covarrubias**
Playa Covarrubias, Puerto Padre, Provinz Las Tunas (ca. 60 km Luftlinie, real aber 100 km östlich von Playa Santa Lucia, ca. 4 Fahrstunden, die letzten 40 km schlechte Holperpiste)
✆ 031-51 55 30
www.cubanacan.cu
Sehr abgelegene All-inclusive-Anlage an makellosem Bilderbuchstrand – allerdings mit einigen Macken: Playa Covarrubias ist im Sommer regelrecht verwaist und am besten ab Holguín zu erreichen, der beschwerliche Weg lohnt sich für Ruhe und Einsamkeit Suchende (180 große komfortable Zimmer mit Meerblick, vom Balkon oder vom Jacuzzi in den Suiten, Pool, 2 Restaurants, Disco). Der Haken: die Küche lässt sehr zu wünschen übrig, der Service ist schleppend.
€€

Playa Jibacoa

AI **Breezes SuperClub Jibacoa (Cubanacán)**
Playa Arroyo Bermejo (12 km entfernt, ca.
🛏 60 km östl. von Havanna)
Santa Cruz del Norte
✆ 047-29 51 22, Fax 047-29 51 50
🏖 www.superclubscuba.com
Etwas abgelegenes Strandresort – *todo íncluido* für Gäste ab 14 Jahren – mit 250 Zimmern und Suiten, großem Pool, Rund-um-die-Uhr-Animation. Jacuzzi, Fitness-Center, Wassersport.
€€-€€€

🛏 **Campismo El Abra**
Playa Jibacoa
🏖 87 Betonhäuschen, Riesenpool, nahe einem schönen Strand, ebenso das benachbarte Campismo La Laguna. €

Playa Larga und Playa Girón
(Península de Zapata)

AI **Hotel Playa Larga (Cubanacán; Operación Milagro)**
🏖 Playa Larga (auf der Straße nach Playa Girón), Península de Zapata
✆ 045-98 72 94/-99 und 045-98 71 06
Fax 045-98 72 41/-67
🏃 www.cubanacan.cu
Renovierte Hotelzimmer und Reihenhäuschen der unteren Mittelklasse am schmalen Strand (vergleichen, die Zimmer sind unterschiedlich groß, aber alle zum selben Preis). Pool. Internationale Tauchschule, Tennisplatz.
€€-€€€

AI **Hotel Playa Girón (Horizontes; Operación Milagro)**
🏖 Playa Girón
✆ 045-98 41 10 und 045-98 71 99
🏃 www.cubanacan.cu
Rund 300 Mittelklassezimmer verteilen sich auf das Hotel und 197 Bungalows zwischen Meer und Strand auf einer Wiese. Restaurant, zwei Pools. Internationale Tauchschule. €-€€

🛏 **Mirtha Navarro Gonzalez**
Entronque Playa Larga (im Dorf nördlich des Strandes, ca. 50 m von der Hauptkreuzung rechts abbiegen, dann links in eine kleine namenlose Gasse), Península de Zapata
✆ 045-98 73 15, mirtha.navarrocz@gmail.com
Zwei Zimmerchen mit privatem Eingang, Klimaanlage und Bad, ca. 500 m zum Strand. €

Unterkünfte

Playa Rancho Luna

Club Amigo Faro Luna
Ctra. Pasacaballo km 18
Playa Rancho Luna
✆ 043-54 80 30, www.cubanacan.cu
Hübsches kleines Strandhotel mit 42 ansprechenden Zimmern, Pool und Tauchschule, Disco. €€

Campismo Villa Guajimico
Ctra. Sur a Trinidad km 42 (42 km östl. von Cienfuegos), Cumanayagua
✆ 042-54 09 46, www.cubamarviajes.cu
In einer abgelegenen halbrunden Bucht reihen sich die schlichten Häuschen aneinander (insgesamt 51 mit Bad), tolle Lage vor den Bergen der Sierra del Escambray. Restaurant, Bar, Pool, Tauchschule und herausragendes Tauchgebiet vor der Küste. €

Playa Santa Lucía

Be live Brisas Santa Lucia (Cubanacán)
Playa Santa Lucía, Nuevitas
✆ 032-33 63 17/-60, Fax 032-36 51 42
www.belivehotels.com
Strandhotel mit 400 schönen Zimmern, großer Pool, Tennisplatz. €€€–€€€€

Club Amigo Caracol (Cubanacán)
Playa Santa Lucía, Nuevitas
✆ 032-36 51 58/-60
Fax 032-36 53 07
www.cubanacan.cu
Schöne Anlage am Palmenstrand mit unterschiedlichen, aber teils geräumigen zweistöckigen Häusern. Pool. Tennisplatz. €€€

Playas del Este

Club Atlántico (Gran Caribe)
Av. de las Terrazas
Santa María del Mar
✆ 07-797 10 85/-87 und 07-797 10 85/-87 und 07-797 14 94, www.gran-caribe.com
Ein großes Hotel direkt am Strand mit Pool und hübschen Zimmern, teils Meerespanorama, Sat.-TV, obere Mittelklasse. €€

Villa Los Pinos (Gran Caribe)
Av. de las Terrazas 21
Santa María del Mar
✆ 07-797 13 61/-67, Fax 07-797 15 24
www.gran-caribe.com
reservas@complejo.gca.tur.cu
Etwa 300 m vom Meer stehen die zweistöckigen Häuschen mit Küche, Bad, Sat.-TV und manchmal kleinen »Macken« (den winzigen eigenen Pool bezeichnet manch ein deutscher Gast als »Brühe« ...). DZ €€, Haus €€€€

Estrella Diliz
Calle 468 Nr. 714, zwischen Calles 7 & 9
Guanabo
✆ 07-796 28 19
Privat-Villa mit vier Zimmern, Wohnsaal und Sat.-TV, einem olympiareifen Pool mit Sonnenliegen, etwa 300 m vom Strand. DZ €€, Haus €€€€

Nancy Pujol Ramos
Calle Primera, zwischen Calles 500 & 504
Guanabo
✆ 07-796 30 620
nabeji49@yahoo.es
Die Kubanerin vermietet ein Haus am Meer über den Felsen: 2 Zimmer, großes Wohnzimmer, ein Bad mit Dusche, Terrasse zum Garten. €

Presa Hanabanilla

Hanabanilla (Islazul)
Presa Hanabanilla, Manicaragua
✆ 042-20 85 50
Fax 042-20 35 06
www.islazul.cu
In idyllischer Lage am Stausee Hanabanilla, tolle Aussicht von einfachen Zimmern in dem etwas klotzigen Bau. Großer Pool mit Terrasse. €

Presa Zaza

Hotel Zaza (Islazul)
Finca San José, km 5 (10 km südöstl. von Sancti Spíritus)
60500 Lago Zaza
✆ 041-32 54 90 u. 041-32 85 12
www.islazul.cu
Direkt am See Zaza gelegenes Hotel, gut für Bootsausflüge und Angeltouren. €

Puerto Esperanza

Casa Teresa Hernández Martínez
Calle 4ta. Nr. 7, 24280 Puerto Esperanza, Viñales
✆ 048-79 39 23
Langjährige Privatpension mit zwei separaten Zimmern mit Bad (nur Ventilator), sehr nett und sehr gute Küche im Gartenlokal, vielleicht etwas hellhörig, wenn beide Zimmer besetzt sind. €

Remedios

Hotel Mascotte (Cubanacán)
Parque Martí, Remedios
℘ 042-39 51 44/-45, Fax 042-39 53 27
www.cubanacan.cu
Einziges Hotel im Städtchen, unübersehbar am Hauptplatz, mit zehn recht schlichten Zimmern (teils Balkon) in einem schön restaurierten Kolonialgebäude. Das Hotellokal **Las Arcadas** bietet typisch kubanische Kost mit Fleisch- und Fischgerichten. €

La Paloma
Balmaseda 4, zwischen Calles Máximo Gómez & Ramiro Capablanca (nördl. Plaza Martí), Remedios
℘ 042-39 54 90, rafael@home.mymdw.net
Zentraler geht's nicht: Direkt an der schönen (relativ ruhigen) Plaza beherbergen Iraida und Rafael ihre Gäste in einem herrlichen kolonialen Anwesen. Man wohnt wie in einem Museum zwischen Antiquitäten und antikem Mobiliar, Bodenmosaiken, Kronleuchtern; schicke Marmorbäder (1 Zimmer fensterlos, eins zur Straße). €

San Antonio de los Baños

Hotel Las Yagrumas (Islazul)
Calle 40, Ecke Final
San Antonio de los Baños (3 km nördl.)
℘ 07-33 52 38, Fax 07-33 52 39
Das einfache Hotel mit den 120 manchmal etwas muffigen Zimmern liegt herrlich am Ufer des Río Ariguanabo, wo man mit dem Kanu paddeln kann. Riesenpool; am Wochenende und in den Ferien viele kubanische Gäste. €

San Diego de los Baños

Hotel Mirador (Islazul)
Calle 23 Final (neben dem Balneario San Diego)
San Diego de los Baños
℘ 048-77 83 38, Fax 048-77 78 66
www.islazul.cu
carpeta@mirador.sandiego.co.cu
Das kleine Stadthotel nahe dem Thermalbad bietet 45 angenehme, aber recht einfache Zimmer mit Klimaanlage (Telefon, TV) auf zwei Etagen. Am Wochenende rund um den Pool kubanischer Trubel und lauter Reggaeton mit vielen Kubanern. Bar, Boutique. €

Sancti Spíritus

Hostal del Rijo (Cubanacán)
Calle Honorato del Castillo 12, Ecke Calle Máximo Gómez (an der Plaza Honorato)
60100 Sancti Spíritus
℘ 041-32 85 88, www.cubacan.cu
Eines der charmantesten und beliebtesten klei-

Unterkünfte

nen Hotels in Kuba (auch in der Nebensaison rechtzeitig buchen, da es immer noch ein Schnäppchen ist). Herrlich restaurierter Kolonialpalast (19. Jh.) mit Mini-Pool und Bar auf der Dachterrasse, 16 Zimmer der Mittelklasse, teils Balkon. Mini-Restaurant im Patio. €€

Carrusel Rancho Hatuey (Cubanacán)
Ctra. Central, km 383 (4 km nördl. von Sancti Spíritus)
60100 Sancti Spíritus
℘ 041-32 83 15/-17, Fax 041-32 83 50
www.cubanacan.cu
Zweistöckige hübsch eingerichtete Häuschen und Hotelzimmer außerhalb der Stadt in einem weitläufigen parkähnlichen Gelände; Pool. €€

Encanto Plaza (E Plaza)
Calle Independencia, Ecke Av. de los Martíres (am Parque Sanchéz)
60100 Sancti Spíritus
℘ 041-32 71 02, Fax 041-32 85 77, www.islazul.cu
Kolonialhotel mit 28 einfachen, teils großen, aber gemütlichen Zimmern (kein Geld im Zimmer-Safe aufbewahren!). €–€€

Casa Bulevar
Calle Independencia 17 Sur, Sancti Spíritus
℘ mobil 05-337 71 78, 041-32 67 45 (Festnetz Nachbar)
Ruhig und zentral in der Fußgängerzone, separates Zimmer in einem hochherrschaftlichen Altbau mit eigenem Bad, Speisesaal und Balkon. €

Santa Clara

Santa Clara Libre (Islazul)
Parque Vidal 6, Santa Clara
℘ 042-20 75 48/-50, Fax 042-68 63 67
www.islazul.cu
Hochhaushotel mitten im Zentrum mit schlichten 168 Zimmern auf zehn Etagen. Dachrestaurant. €

Carrusel La Granjita (Cubanacán)
Ctra. Maleza km 2,5, Santa Clara
℘ 042-21 81 90/-91, Fax 042-21 81 49
www.cubanacan.cu
Eines der schönsten kleineren Hotels Kubas mit zweistöckigen, hübschen Cabañas unter Palmblattdach. Pool, Tennisplatz. €€

Los Caneyes (Horizontes)
Av. de los Eucaliptos & Circunvalación
Santa Clara
℘/Fax 042-21 81 40

Unterkünfte

🌐 www.horizontes.cu
Sehr unterschiedliche (teils sehr einfach eingerichtete) und überteuerte Bungalows in einem Garten außerhalb der Stadt, viele Reisegruppen, Pool. €€

Santiago de Cuba

🛏 **Melía Santiago (Melía/Cubanacán)**
Av. de las Américas
90900 Santiago (Bezirk Sueño)
✆ 022-68 70 70, Fax 022-68 71 70
🌐 www.melia-santiagodecuba.com
Knallbuntes Hochhaushotel der First-Class-Kategorie mit 276 erschwinglichen, attraktiven Zimmern und jeglichem Komfort, tolles Stadtpanorama von der Dachbar im 15. Stock. Drei Pools, Cadeca-Wechselbüro, Restaurants, Bars, Disco. €€–€€€

🛏 **Casa Granda (Sofitel/Gran Caribe)**
Parque de Céspedes, 91100 Santiago (Altstadt)
✆ 022-68 66 00 und 022-65 30 21/-4
Fax 022-68 60 35, www.gran-caribe.com
Das schönste Hotel in Santiago in einem Kolonialbau am zentralsten Platz, Zimmer mit antikem Mobiliar aus Edelhölzern, teils laut (zur Plaza!), etwas in die Jahre gekommen; schönes Terrassenrestaurant (1. Stock) und Dachlokal (5. Stock). €€–€€€

🛏 **Balcón del Caribe (Islazul; Operación Milagro)**
Ctra. del Morro km 7, 90900 Santiago
✆ 022-69 10 11, Fax 022-69 23 98
🌐 www.islazul.cu, carpeta@bcaribe.ciges.inf.cu
Weit außerhalb der Stadt, dafür mit Blick aufs Karibische Meer aus 20 recht einfachen Cabañas und 72 Hotelzimmern. Pool, benachbartes Cabaret, Flughafennähe. €€

🛏 **Hostal San Basilio (Cubanacán)**
Calle Bartolomé Masó 403 (ehem. Calle San Basilio), 91100 Santiago (Altstadt)
✆ 022-65 17 02 und 022-65 16 87
www.cubanacan.cu
Mitten im Trubel (nachts laute Live-Musik von nebenan). Winziges Kolonial-Schmuckstück: acht kleine, schöne Zimmer (TV, Minibar, Badewanne) mit Fenster zum Flur um den Mini-Patio, kleine Lobby-Bar. €

🛏 **Casa particular von Radamés Fiol Pantaleón y Mabel Llanes Rodriguez**
Calle Padre Pico 354, zwischen Bartolomé Masó (ehem. San Basilio) & Santa Lucía
91100 Santiago (Altstadt)

✆ 022-65 53 17, rfiolp@yahoo.es
Sehr schönes Gästeapartment im 2. Stock eines Privathauses, mit Küchenecke, Telefon und tollem Blick über die Altstadt. €

🛏 **Villa El Saltón (Cubanacán; Operación Milagro)**
Ctra. Puerto Rico a Filé
III. Frente, Provinz Santiago (75 km westl., ca. 3 Fahrtstunden von Santiago entfernt, bei Cruce de los Baños)
✆ 022-56 63 26, Fax 022-56 64 92
www.cubanacan.cu, economia@salton.scu.cyt.cu
Mitten im Grünen in den abgelegenen Bergen ein Antistress-Hotel im wahrsten Sinn: Reihenzimmer mit Terrasse (Telefon, Sat.-TV, Kühlschrank). Man badet im natürlichen Becken des Saltón-Wasserfalls. Massagen, hauseigener Psychologe, Wanderungen, Vogelbeobachtung, Reitausflüge usw. €€

Sierra Maestra/Santo Domingo

🛏 **Villa Santo Domingo (Islazul)**
Ctra. la Plata km 16, Santo Domingo
Bartolomé Masó (ca. 73 km südwestl. von Bayamo)
✆ 023-56 55 68 und 023-56 56 35, in Havanna: ✆ 07-832 77 18 und 07-832 51 52
vstdomingo@islazul.grm.tur.cu
20 Häuschen am Fluss, gut ausgestattete Zimmer mit Terrasse. Restaurant mit eingeschränkter Speiseauswahl. Reitausflüge und Baden im Fluss möglich. Bester Ausgangspunkt für die Touren zur Comandancia de la Plata und zum Pico Turquino, die sehr früh morgens von hier starten (nur mit Führer). €

🛏 **La Mula**
Ctra. a Granma, Guamá, ca. 50 km westl. von Chivirico, 12 km östl. von Las Cuevas)
Etwa 50 kleine spartanische Häuschen am Ufer des Río Turquino und an einer steinigen Küste. Einfaches Restaurant. €

🛏 **Campismo La Sierrita**
Ctra. Santo Domingo (ca. 8 km südl. von Bartolomé Masó auf schlechter Piste)
✆ 023-64 24 76 und 023-42 48 07
27 zweistöckige Mehrfamilienhäuser am Río Nagua, am Wochenende oft voll mit Kubanern. €

Soroa

🛏 **Hotel Villas Soroa (Horizontes)**
Ctra. de Soroa km 8, Candelaria, Pinar del Río
✆ 048-52 35 34/56, www.horizontes.cu
Angenehme, renovierte Reihenbungalows am Waldrand rund um einen großen Pool mit Live-Musik am Abend. Auch teurere Mehrfamilienhäuser mit Küche und Privatpools auf dem Berg nahe dem Orchideengarten. €€

Los Sauces
Carretera a Soroa, km 3, Candelaria, Pinar del Río
℡ mobil 05-228 93 72 und 05-273 82 77
www.cubacasas.net
Superschöne, idyllische Privatpension am Ortseingang, eine der schönsten in Kuba. Jorge hat hier zusammen mit seiner Frau Ana, die im Botanischen Garten arbeitet, eine kleine (preisgekrönte) grüne Oase geschaffen: 300 Pflanzen, zahllose Obstbäume, Palmen Riesenkakteen), man wohnt in zwei Bungalows mit Bad, Schaukelstühle auf der Terrasse, kleiner Speisepavillon – man muss aber rechtzeitig buchen! €

Topes de Collantes/Sierra del Escambray

Kurhotel Escambray (Gaviota; Operación Milagro) [AI]
62600 Topes de Collantes
℡ 042-54 02 31 und ℡/Fax 042-54 01 17
www.gaviota-grupo.com
Das stalinistisch wirkende Kurhotel mit seiner riesigen Freitreppe liegt idyllisch auf einer Anhöhe in den Wäldern und wurde frisch restauriert. Service und Behandlungen: Pool, Sauna, Dampfbad, Massagen, Akupunktur, Hydrotherapie, kosmetische Behandlungen und Antistress-Therapie mit geschulten Psychologen. €€-€€€

Los Helechos (Gaviota)
62600 Topes de Collantes
℡ 042-54 02 31 und ℡/Fax 042-54 01 17
www.gaviota-grupo.com
Schlichtes Hotel und Cabañas im Grünen auf 800 m Höhe, mit Thermalpool, Sauna und Dampfbad. Reisebüro. €

Trinidad

Iberostar Grand Hotel
Calle José Martí 262 (am Parque Céspedes), Trinidad
℡ 041-99 60 70, www.iberostar.com
Eine richtige Perle mitten im Stadtzentrum: In dem restaurierten lindgrünen Kolonialpalast wohnt man luxuriös und hochherrschaftlich – wie ein Zuckbaron (teils Butler-Service), wunderschöne Lobby. €€€-€€€€

Villa Horizontes Ma' Dolores
Ctra. a Cienfuegos km 1,5
62600 Trinidad
℡ 041-99 64 81, www.cubanacan.cu
Eine hübsche kleine Garten-Oase etwas außerhalb der Stadt: Bungalows am Río Guaurabo mit einfacher Ausstattung (aber Sat.-TV), teils Küchenecke und Terrasse mit Flussblick. Pool, Restaurant. Reit-, Boots- und Wanderausflüge. €-€€

Unterkünfte

Sandra y Victor
Calle Maceo (Gutierrez) 613 A, 62600 Trinidad
℡ 041-99 64 44, mobil 05-244 78 46
www.hostalsandra.com
Sehr professionelle Casa bei netten Leuten: In dem grünen Haus am Ende einer ruhigen Gasse mitten in der Altstadt haben die Gäste zwei klimatisierte Zimmer im ersten Stock für sich – mit Veranda, Schaukelstühlen und Speisesaal. Große Dachterrasse, sicheres Parken. €

Hostal Las Palmas
Calle Real 145, Trinidad-Casilda (ca. 4 km außerhalb)
℡ 041-99 52 00, www.trinidadcuba.de.vu
Der Deutsche Jörg und seine kubanische Frau Sahily haben fast schon eine Luxus-Casa gebaut mit Mini-Pool und tollem Bad. Sie verwöhnen ihre Gäste mit reichhaltigem Frühstück und leckerer kubanischer Hausmannskost im Garten unter Mangobäumen. €

Casa Hostal David y Victoria
Calle Frank País 129, zwischen Betancourt & Cienfuegos
62600 Trinidad (Altstadt)
Casa particular bei netten Leuten: mit zwei kleinen Zimmern im 1. Stock, inkl. TV und Musikanlage, Terrasse mit Schaukelstühlen. €

Hacienda mit traumhaftem Ausblick: das Los Jazmines im Viñales-Tal

Unterkünfte

Valle de Viñales

Los Jazmines (Horizontes/Cubanacán)
Ctra. de Viñales km 25, Viñales
✆ 048-79 62 05, Fax 048-79 62 15
www.horizontes.cu, www.cubanacan.cu
Eines der schönsten Hotels in Kuba im Hacienda-Stil mit kleinen Macken (dem mit Abstand schlechtesten Restaurant Kubas – am besten nur mit Frühstück buchen und im Dorf – keine Sorge, man wird angesprochen – in den zahllosen Paladar-Privatrestaurant lecker speisen). Aber im Jazmines wohnt man nun mal wegen des weltweit einzigartigen Panoramas! Mit Pool. Die komfortablen Zimmer und ein paar Bungalows sollte man in der Hochsaison frühzeitig reservieren! €€

La Ermita (Horizontes)
Ctra. de La Ermita km 1,5, Viñales
✆ 048-79 60 71
Fax 048-79 60 91
www.horizontes.cu
Moderner Bau, leicht im Kolonialstil, mit 64 Balkonzimmern rund um einen großen Pool. €€

Rancho San Vincente (Horizontes)
Ctra. de Puerto Esperanza km 33 (7 km nördl. von Viñales)
Viñales
✆ 048-79 62 01, Fax 048-79 62 65
www.horizontes.cu
Blockhütten und Reihenhäuschen im Grünen, weitläufig verteilt um einen großen Pool. €€

Es gibt mittlerweile ca. 400 Casas particulares im Dorf, die Knackpunkte sind meist die völlig desolaten Matratzen – gewellt wie die Mogotes-Hügel selbst – also prüfen!

Villa Cristal
99 Calle Rafael Trejo, 20400 Viñales
✆ mobil 05-270 12 84
www.rentroomvinales.com
Ein klimatisiertes Zimmer in einem Extra-Häuschen im Garten bei Ani (gute Köchin) und Francisco (guter Salsa-Tänzer), die beide lange schon in der Tourismusbranche arbeiten: ruhig, freundlich und sehr beliebt (rechtzeitig buchen!). €

Villa Nery y Felix
Carretera al Cementerio Nr. 8 (250 m hinter der Tankstelle, rechter Abzweig), 20400 Viñales
✆ mobil 05-239 18 21
felis@correodecuba.cu
Das ältere nette Ehepaar (Fotografin und Biologe) bietet ein klimatisiertes Doppelzimmer mit eigenem Bad, man speist auf der Terrasse zum Minigarten, etwas eng, aber okay. Garage. €

Campismo Dos Hermanas
Ctra. al Moncada km 3, Viñales
✆ 048-79 32 23
In einem der Häuschen hat einst auch Fidel Castro übernachtet ... Mit Pool. €

Varadero

Sandals Royal Hicacos Resort & Spa
Ctra. Las Morlas (= Autopista del Sur) km 15
42200 Varadero
✆ 045-66 88 44, Fax 045-66 88 51
sales@sandals.cyt.cu
In Deutschland: ✆ (02 11) 405 77 00
Fax (02 11) 405 77 02
www.sandals.de, info@sandals.de
Nur für Paare ab 18! Traumanlage mit Ultra-all-inclusive-Service mit 404 originellen Suiten (teils Concierge). Hochzeitsarrangements durch »persönlichen Hochzeitskoordinator«. Drei Pools, vier hervorragende Restaurants, sechs Bars, Fitness-Center. €€€–€€€€

Brisas del Caribe (Cubanacán)
Ctra. de las Morlas (Autopista del Sur)
42200 Varadero
✆ 045-66 80 30, Fax 045-66 80 05
www.cubanacan.de, ventas@bricar.var.cyt.cu
Riesiges komfortables Strandhotel mit viel Wassersport, Pools, Disco, Tennis, Fitnessstudio usw. Vorwiegend junges Publikum, dem das (dürftige) Essen nicht so wichtig ist. €€€–€€€€

Sol Palmeras (Sol Melía)
Ctra. de las Morlas (Autopista del Sur)
42200 Varadero
✆ 045-66 70 09, Fax 045-66 70 08
www.solmeliacuba.com
sol.palmeras@solmeliacuba.com
jefe.recepcion.sep@solmeliacuba.com
Riesiges halbmondförmiges Strandresort der Luxusklasse mit üppig grüner Pool-Landschaft, 407 große Zimmer, 200 Bungalows und allem Komfort.
€€€–€€€€

Pullman (Islazul)
Av. Primera, zwischen Calles 49 & 50
42200 Varadero (Ort)
✆ 045-66 74 99
Fax 045-61 27 02
www.horizontes.cu
recepcion@dmares.hor.tur.cu
(Adresse gilt auch für das ebenfalls preisgünstige Dos Mares Hotel, das schräg gegenüber und etwas näher am Meer liegt)
Kleine Herberge im Zentrum (200 m vom Strand) mit nur 15 Zimmern, schöne Pfostenbetten, Gemeinschaftsterrasse. €–€€

Service von A–Z

An- und Einreise	225	Klima/Reisezeit	237
Ärztliche Versorgung und Gesundheit	225	Landkarten	238
Auskunft	226	Notrufe	238
Autofahren/Automiete	227	Öffentliche Verkehrsmittel	238
Buchempfehlungen	228	Öffnungszeiten	239
Camping	230	Presse/Radio/TV	239
Diebstahl und Sicherheit	230	Sport/Urlaubsaktivitäten	240
Diplomatische Vertretungen	231	Sprachführer und Glossar	242
Einkaufen/Märkte	231	Strände und Inseln	244
Eintrittspreise/Museen	232	Strom	245
Essen und Trinken	232	Telefon/Post/Internet	245
Feiertage/Feste	234	Trinkgeld	246
Fotografieren	236	Unterkunft	246
Geld/Kreditkarten	236	Zeitunterschied	247
Mit Kinder auf Kuba	236	Zollbestimmungen	248
Kleidung/Gepäck	237		

An- und Einreise

Air Berlin fliegt mehrmals wöchentlich von Berlin, Leipzig, Düsseldorf, München, Frankfurt/M. und Wien nach Varadero. Condor fliegt direkt nach Holguín und Havanna sowie Varadero, Austrian Airlines über Wien nach Varadero und Holguín, Martin Air (mit Air France über Paris) nach Havanna und Varadero. Flugpreise zwischen € 800 und 1200, je nach Fluglinie, Saison, Abflugort, Zuschlägen usw.

Der Rückflug sollte von Individualreisenden spätestens zwei Tage vorher telefonisch bestätigt werden (Air Berlin/Condor-Büro: Calle 23 Nr. 64 nahe Malecón in Havanna: ✆ 07-833 35 24/-25. Bei der Ausreise wird eine Flughafensteuer in Höhe von CUC 25 fällig.

José Martí International Airport in Havanna, Auskunft internationale Flüge ✆ 07-266 41 33 u. 07-266 46 44 www.cuba-airports.com.
Juan Gualberto Gómez International Airport in Varadero, ✆ 045-24 70 15

Für bis zu 30 Tage Aufenthalt benötigen Deutsche, Schweizer und Österreicher kein Visum, es reicht die vier Wochen gültige Touristenkarte.

Die Karte gibt es ab ca. € 20 über Reiseveranstalter, Airlines am Flughafen oder die kubanische Botschaft/Konsulat. Bei persönlichem Antrag in der Botschaft kostet die Touristenkarte derzeit € 22 (nur bei Vorlage einer originalen Auslands-Reisekrankenversicherungs-Police).

Bei schriftlichem Antrag schickt man diesen mit einem frankierten Rückumschlag/Einschreiben und mit einem Verrechungsscheck in Höhe von € 25 sowie einer Kopie der Aulandsreisekrankenversicherungs-Police an die Botschaft. Die Touristenkarte ist vor Ort verlängerbar für 30 Tage. Ein sechs Monate gültiger Reisepass ist zur Einreise notwendig, Kinder benötigen einen Kinderausweis mit Lichtbild.
Vgl. Diplomatische Vertretungen.

Ärztliche Versorgung und Gesundheit

Malaria-Vorsorge oder Impfungen sind nicht vorgeschrieben (es sei denn bei Einreise aus Gelbfieber-Gebieten, etwa südamerikanischen Ländern). Trotzdem empfehlenswert sind Auffrischimpfungen gegen Tetanus, Polio und Diphtherie sowie evtl. Hepatitis A. Das Gesundheitssystem Kubas bietet Krankenstationen und Polikliniken sowie Ärzte in jedem noch so entlegenen Winkel des Landes, allerdings sorgt das US-Embargo für eine

SERVICE
von A–Z

chronische Knappheit an Medikamenten und medizinischen Geräten (was jedoch vor allem die Kubaner betrifft, wenn sie nicht in Devisen bezahlen können).

Die internationalen **Apotheken** in Havanna und die (selten deutsch sprechenden) Ärzte in den großen Hotels sind zwar in der Regel gut ausgestattet, aber die Rechnungen sind entsprechend hoch. Deshalb sollten alle wichtigen Medikamente in der Reiseapotheke enthalten sein: Mittel gegen Erkältungen, Magenverstimmungen und Durchfall, Aspirin, Antibiotika, eine antiseptische Lösung, Sonnenbrandsalbe sowie Verbandsmittel und Pflaster. Die bis zum Urlaubsende unverbrauchten Medikamente kann man am besten in Kuba lassen (wenn möglich mit entsprechenden Erläuterungen in Spanisch auf der Packung).

Aids ist auch in Kuba auf dem Vormarsch, daher gehören ausreichend Kondome ins Reisegepäck. Mitnehmen sollte man außerdem Sonnenschutzmittel mit hohem Schutzfaktor (sowie Sonnenhut und -brille, Lippenschutz) und Mückenlotion (für die Abende langärmelige helle Kleidung,

Impression: Santiago de Cuba

vor allem im Juli und August). Um eine Erkältung in den teils eisgekühlten Restaurants und Minibussen zu vermeiden, eignet sich eine leichte Strickjacke bzw. ein Pullover.

Da auch die Wasserhygiene unter der »Spezialperiode« bzw. unter den Hurrikan-Verwüstungen zu leiden hat, sollte kein Leitungswasser und die Getränke ohne Eiswürfel getrunken werden, um eine Darminfektion zu vermeiden.

Seit Mai 2010 muss bei Einreise eine **Auslandsreisekrankenversicherung** bzw. der Versicherungsschein mitgeführt werden (bei mitversicherten Ehepartnern sollten am besten auch beide im Schein genannt sein, die reguläre Versicherung der deutschen Krankenkasse gilt nur in der EU!). Diese meist günstige Extra-Versicherung ist ohnehin sinnvoll und ratsam für eventuell anfallende Arzt- und Medikamentenkosten sowie Rücktransport im Notfall.

Es gibt eine Reihe von Kurkliniken und Kurhotels, die sich auf die Versorgung von Ausländern spezialisiert haben (v. a. Lateinamerikaner und Kanadier, der bisher berühmteste Patient war der Fußballer Maradona), v. a. in Havanna, Topes de Collantes und in Pinar del Rio.

Infos für behinderte Reisende

Wenn man ein behindertengerechtes oder für Rollstuhlfahrer geeignetes Zimmer benötigt, sollte man dies bereits bei der Buchung im Reisebüro unbedingt mitteilen: In jedem Hotel müssen theoretisch vier solcher Zimmer bereitstehen. Man sollte als Gehbehinderter bedenken, dass die Fahrstühle oft außer Betrieb sein können, viele Strandhotels haben gar keine Aufzüge.

Die Kubaner sind sehr hilfsbereit, man sieht jedoch wenige Rollstuhlfahrer auf den Straßen (die Bürgersteige sind teils sehr holprig und haben nur wenige steile Rampen). Im staatlichen Fernsehen gibt es für Hörgeschädigte Programme mit Zeichensprache.

Auskunft

Fremdenverkehrsämter:

Kubanisches Fremdenverkehrsamt
Kaiserstr. 8, D-60311 Frankfurt/Main
✆ (069) 28 83 22/-23, Fax (069) 29 66 64
www.cubainfo.de
Erteilt Auskünfte zur Vorbereitung einer Kuba-Reise; auch zuständig für Österreich und die Schweiz.

Tourismusämter in Kuba:

Fast in jedem Hotel gibt es staatliche kubanische Reisebüros (Cubatur usw.), in Havanna sind die

SERVICE von A–Z

Infotur-Büros vertreten. Dort sind Informationen, englisch oder deutsch sprechende Reiseführer und Tickets für Ausflüge bzw. Bus und Flugzeug oder Abendprogramme erhältlich. Stadtpläne, Straßenkarten oder aktuelle Broschüren können aufgrund der Papierknappheit selten sein. Konkrete Adressen finden Sie zu den einzelnen Orten unter »Service & Tipps«.

Internetadressen:

Offizielle Touristeninformationen
www.cubainfo.de (Fremdenverkehrsamt, allgemeine Infos für Einsteiger)
www.dtcuba.com (ausführliche, offizielle Infos und Adressen in englisch)
www.cubaweb.cu (offizielle Website in Spanisch und Englisch: vom Wetter über Castros Reden bis zum Jazz in Kuba)

Staatliche Hotelketten und Reiseagenturen
www.cubatur.cu (staatlicher Reiseveranstalter mit Büros in fast allen Orten)
www.gran-caribe.com (Hotelkette der gehobenen Kategorie, meist 4–5 Sterne)
www.gaviota-grupo.com (Reiseagentur der mittleren und besseren Klasse: Hotels, Restaurants, Wassersport, Transport, Läden)
www.islazul.cu (Hotelkette mit eher einfachen Hotels, 2-Sterne-Kategorie)
www.solmeliacuba.com (Luxusklasse der Meliá-Kette, spanisch-kubanisches Joint Venture)
www.habaguanex.com (erstklassig restaurierte Kolonialhotels, v.a. Alt-Havanna)
www.horizontes.cu (3–4-Sterne-Hotelkette)

www.infotur.cu (Reiseagentur mit Infobüros, v.a. in Havanna)
www.cubamarviajes.cu (eher ökologisch orientiertes Programm mit Kontakt zu Kubanern, Buchung von Campismo-Bungalows, Tanz- und Sprachkurse, auch ehrenamtliche Mitarbeit in sozialen Projekten)

Casas particulares (Privatpensionen)
www.casaparticularcuba.org (Privatpensionen, englisch, mit Fotos)

Transport und Mietwagen
www.havanatur.cu (Reiseagentur)
www.aerogaviota.com (Website nur auf Spanisch)
www.cubajet.com (Verbindungen und Preise)
www.cubana.cu (staatliche Fluggesellschaft)

Kultur/Sonstiges
www.cubarte.cult.cu (Kultur, Festivals, in Englisch)
www.cubanculture.com
www.cubacine.cu (Festivals, Schauspieler-Biografien usw. in Spanisch)

www.literaturacubana.com (viele Autoren)
www.cubasi.cu (bunte Landesinfos in Englisch und Spanisch, z.B. für Che-Guevara-Fans)
www.cuba-si.de (dt. Soli-Website)
www.granma.cu/aleman (Fidels Partei-Organ Granma auf Deutsch, auch mit News aus Kultur und Sport usw.)
www.canalcubano.com (mit aktuellen Konzert-Terminen in Havanna, vor Ort aber immer noch mal nachfragen!)
www.salsanama.ch (beste Salsa-Seite aus der Schweiz)
www.salsapower.com (Salsa-Orte weltweit)
www.cuba-divers.de (Tauchseite in Deutsch)
www.fanj.org (Natur- und Höhlenforscher)
http://promociones.egrem.co.cu (aktuelle Konzerttermine)
www.ecoturcuba.co.cu (Wanderungen, Jeep-Safaris u.a.)

Regionen (weitere unter den jeweiligen Reisezielen)
www.lahabana.com (Havanna)
www.cartelera.com (wöchentlich donnerstags erscheinendes Veranstaltungmagazin in Havanna)

Autofahren/Automiete

In Kuba gelten die internationalen **Verkehrsregeln** (Rechtsverkehr usw.). Fahren nach Alkoholgenuss ist gänzlich verboten. Ein Internationaler Führerschein ist nicht nötig, das Mindestalter beträgt 21 Jahre.

Es gelten folgende **Geschwindigkeitsbeschränkungen:** Autobahnen *(autopista)* 100 km/h (allerdings stellenweise Riesenschlaglöcher und unbeschilderte Bahngleise); Landstraßen *(carretera central)* 80 km/h; innerorts 50 km/h; vor Schulen 40 km/h. Meist wird die Geschwindigkeit ohnehin vom Zustand der Straße »gebremst«. Die Autobahnen sind in relativ gutem Zustand, die sonstigen (Land-) Straßen sind u. U. mit Schlaglöchern übersät bzw. reinste Schotterpisten (auf jeden Fall beim Mietwagen den - funktionsfähigen! – Ersatzreifen und Wagenheber prüfen – beides kommt garantiert zum Einsatz). Das **Tanken** an den Cupet-Tankstellen ist problemlos (rechtzeitig nachtanken; ein Liter Super-94+90 Octan *(especial)* kostet ca. € 0,85–0,95.

Grundsätzlich ist das Selbstfahren in Kuba sehr angenehm, da wenig motorisierter Verkehr herrscht, besonders auf den streckenweise gäh-

SERVICE
von A–Z

nend leeren Autobahnen (Autopista, Carretera). Allerdings sind die Autobahnen auch Schauplatz diverser kubanischer Aktivitäten, etwa Straßenhandel mit Käse und Bananen, und das Trampen ist hier aufgrund des Benzin- und Fahrzeugmangels ein kubanisches Massenphänomen. Vorsicht gilt v.a. bei Fahrradfahrern, die mit Vorliebe Schlangenlinien auf der linken Seite der Fahrbahn fahren, wo auch gelegentlich Autopannen behoben werden – ohne Warnschild, versteht sich.

Ansonsten verkehren auf kubanischen Straßen und den Autobahnen (!) jede Menge Ochsenkarren, Pferdekutschen, Kühe, Lkw-Fahrer, die zu tief in die Rumflasche geschaut haben, sowie Cowboys mit ihren Rinderherden. Tückisch sind auch die quasi unsichtbar kreuzenden Eisenbahnschienen. Wegen der manchmal fehlenden Schilder kann auch der gesetzestreueste Tourist unverhofft zum Geisterfahrer werden (besonders bei Autobahnabfahrten). Auch die Ausschilderung von Orten lässt oft zu wünschen übrig, sprich: ist nicht vorhanden.

In den Städten sollten Pkw-Fahrer angesichts der Dominanz von Radfahrern langsam fahren und auf deren plötzliche Wendemanöver gefasst sein. Die Ampeln an vielen Kreuzungen sind gut versteckt und manchmal so hoch gehängt, dass man sie nicht oder zu spät sieht.

Nachts sollte man in Kuba nicht fahren, wegen der mangelnden Beleuchtung der anderen Gefährte und kreuzender Tiere, Radfahrer usw. – allesamt ohne Licht. Da die Bremslichter von Lastern oft nicht funktionieren, gelten folgende Merkmale für ein Bremsmanöver des Vorausfahrenden: ein Arm hängt lässig aus der Führerkabine und die Reifen des Gefährtes beginnen plötzlich zu qualmen ...

Mietwagen sind in Kuba vergleichsweise teuer und knapp – man kommt offenbar kaum der Nachfrage nach, obwohl die Flotte vor Kurzem erneuert und erweitert wurde. Man sollte frühzeitig buchen und reservieren (es gibt immer wieder Probleme in der Hochsaison wegen fehlender Wagen – trotz Reservation!).

Mietwagenpreise liegen bei ca. € 50/Tag inklusive Versicherung (z.B. Kleinwagen in der Nebensaison für 3–6 Tage zzgl. Kaution ca. € 170–220). Ab ca. € 33 bekommt man winzige Fiats bei der Firma Micar (Calle Primera, zwischen Paseo & Calle A, gegenüber Hotel Meliá Cohiba, Vedado, Havanna). Die Versicherung muss mit Hinterlegung eines unterschriebenen Kreditkartenvouchers abgeschlossen werden (der wird bei Nichtschaden am Ende zurückgegeben bzw. zerrissen). Bei der Übernahme sollte man Wagenzustand (Beulen, Kratzer, Reifen), Tankfüllung, Ersatzreifen und Wagenheber prüfen und Schäden registrieren lassen. Nachts nur auf bewachten Plätzen/Garagen parken. Tanken ist problemlos, aber bitte rechtzeitig! Nachtfahrten vermeiden.

Tramper kann und sollte man mitnehmen, aber Vorsicht vor (immer häufigerem) Diebstahl, v.a. bei Pärchen. Handy ggf. mitnehmen wegen eventueller Pannen auf abgelegenen Strecken (die Bauern haben weder Telefon noch Handy dabei). Lichthupen Entgegenkommender bedeuten Polizeikontrolle!

Alle Mietwagenfirmen haben ein Büro am Terminal 3 des Flughafens von Havanna, z.B. bei Havanautos (www.havanautos.cu, diese Firma findet man auch im Hotel Nacional und Hotel Sevilla) oder bei Rent a car: ✆ 07-683 03 03.

Es gibt **Mietmofas/Roller** bei den Touristenbüros der Orte für etwa CUC 25 pro Tag (im Bezirk Playa in Havanna z.B. bei Rumbos, Av. de Tercera zwischen Calles 28 & 30, ✆ 07-204 54 91, tägl. 9–18 Uhr).

Buchempfehlungen

Arenas, Reinaldo: Reise nach Havanna (dtv, München 1999, 198 S.). Geschichten von ganz unterschiedlichen Kubanern und ihren (Alp-) Träumen, eine handelt von einer geheimnisvollen Schönen, die einen kubanischen Macho im New Yorker Exil um den Verstand bringt – höchst makaber und amüsant.
Barnet, Miguel: Der Cimarrón (Suhrkamp, Frankfurt 1999, 243 S.). Die Lebensgeschichte eines entflohenen Negersklaven aus Kuba, von ihm selbst erzählt.
Baker, Christopher P.: Mi moto Fidel (Frederking & Thaler, München 2003, 448 S.). Eine spannende Reise mit dem Motorrad durch Kuba.
Carpentier, Alejo: Mein Havanna (Ammann Verlag, Zürich 2000, 198 S.). Geschichten, geschrieben 1925–73, über die Liebe zur kubanischen Hauptstadt aus der Sicht des berühmten kubanischen Autors, der u.a. auch folgende Werke geschrieben hat: Explosion in der Kathedrale, Die Harfe und der Schatten, Die verlorenen Spuren ...
Cabrera Infante, Guillermo: Drei traurige Tiger (Suhrkamp, Frankfurt/M. 1998, 535 S.). Ein amüsanter, teils wirrer Rückblick in die Zeit vor der Revolution und die ausschweifenden 1950er Jahre in Havanna. Der Autor gehört zu den bekanntesten der Zuckerinsel.
Castro, Alicia: Anacaona. Aus dem Leben einer kubanischen Musikerin (Econ, München 2002, 397 S., zahlreiche SW-Fotos). Die populäre Frau-

SERVICE von A–Z

enband Anacaona bestand im Havanna der 1930er aus elf Schwestern, und eine, Alicia Castro, erzählt von der Zeit nach der Revolution bis heute.
de Villa, José, Neubauer, Jürgen: Máximo Líder. Fidel Castro – eine Biographie (Econ Verlag, Berlin 2006, 270 S.). Neueste und spannend zu lesende Biographie.
Diaz, Jesús: Erzähl mir von Kuba (Piper Verlag, München 2001, 300 S.). Ein Roman über einen Kubaner in Miami und seine für die kubanischen Emigranten so typische Hass-Liebe zu dem nur 150 Kilometer entfernten Heimatland.
Fuentes, Norberto: Die Autobiographie des Fidel Castro (C.H. Beck, München 2006, 757 S.): Ein alter ehemals enger Freund von Castro, der heute in den USA lebt, schlüpft in dessen Rolle und erzählt aus dem kubanischen Alltag des Máximo Líder.
Greene, Graham: Unser Mann in Havanna (dtv, München 1998, Erstveröffentlichung 1958). Spionagethriller aus den 1950ern.
Fernández, Alina: Ich, Alina. Mein Leben als Fidel Castros Tochter (Hamburg 1999, Rowohlt Verlag). Fidel Castros uneheliche Tochter schreibt aus dem Exil in den USA über ihre Beziehung zu Castro und Kuba.
Hagemann, Albrecht: Fidel Castro (dtv, München 2002, 188 S.). Lesenswerte Biographie.
Hemingway, Ernest: Der alte Mann und das Meer (Rowohlt-TB, Hamburg, 124 S.). Der mit dem Nobelpreis ausgezeichnete Klassiker für Hemingway-Fans auf Kuba-Reise.
Erazo Heufelder, Jeanette: Havanna Feelings (Lübbe Verlag 2001, 286 S., 73 Fotos). Die Roaring Fifties im »Las Vegas der Karibik«: von Legenden und Skandalen, von der Mafia, Diktatoren und Rebellen usw.
Erazo Heufelder, Jeannette: Fidel. Ein privater Blick auf den Máximo Líder (Eichborn Verlag, 2004, 396 S.): Die deutsche Autorin konnte Castro persönlich kennenlernen und schrieb ein interessantes »Nachschlagewerk« über Castro in Schlagwort-Kapiteln, etwa Machismo, Legenden und Kochleidenschaft ...
Hoffmann, Bert: Kuba, Beck'sche Länderreihe (München 2000, 252 S.). Ein Muss für jeden Kuba-Fan: kenntnissreiche Einblicke ins kubanische Leben sowie Alltagskultur, Religion, Musik, Literatur, Kunst und Architektur.
Lang, Miriam (Hg.): Salsa Cubana – Tanz der Geschlechter (Konkret-Verlag, Hamburg 2004, 143 S.). Ein Buch gegen die vielen Klischees über Kuba und die Kubaner – wenn man etwas hinter die Kulissen schauen möchte.
Miller, Tom: Ein Amerikaner auf Kuba (National Geographic, Hamburg 2003, 371 S.). Der amerikanische Landeskenner und Reiseschriftsteller erzählt amüsant von seinen Abenteuern bei vielen Aufenthalten in Kuba.

Niess, Frank: Che Guevara (Rowohlt TB, Hamburg 2003, 160 S.). Erste deutsche Monographie über den weltberühmten Revolutionär und »Mythos« – und sein Scheitern.
Padura, Leonardo: Die Nebel von gestern (Zürich 2008, Unionsverlag, 363 S.). Spannender Havanna-Krimi aus dem heutigen Havanna, kritisch und mit Abstechern in die Zeit vor der Revolution.
Politycki, Matthias: Herr der Hörner (München 2007, Goldmannverlag, 831 S.). Ein deutscher Roman auf den Spuren des Afro-Kultes Santería in Santiago de Cuba, für Anfänger etwas schwer zu verstehen.
Ponte, Antonio José: Der Ruinenwächter von Havanna (München 2008, Kunstmann Verlag, 234 S.). Roman des bekannten Exil-Kubaners über den äußeren und inneren Zerfall Kubas.
Roy, Maya: Buena Vista. Die Musik Kubas (Palmyra-Verlag, Heidelberg 2000, 256 S.). Die französische Wissenschaftlerin lässt die gängigen Klischees links liegen, Compay Segundo kommt trotzdem zu Wort.
von Schelling, Cornelia, Wöhrl, Ann-Christine: Frauen in Havanna (Frederking & Thaler, München 2001, 191 S., 46 Fotos). Hier kommen 14 Habaneras zu Wort, von der Revolutionärin bis zur Jinetera – eines der besten Bücher in einer wahren Bücher-Sintflut über Kuba aus den vergangenen Jahren.
Skierka, Volker: Fidel Castro (Kindler Verlag 2001). Die erste deutsche Lebensbiografie des kubanischen Staatschefs – exakt recherchiert, spannend, informativ.
Wulffen, Bernd: Eiszeit in den Tropen. Botschafter bei Fidel Castro (Christoph Links Verlag, Berlin 2006, 320 S.). Aus der durchaus persönlichen Sicht des deutschen Botschafters von 2001–2005.

Hörbuch:
Kuba – Eine akustische Reise zwischen Havanna und Santiago de Cuba (Geophon Berlin, Hörbuch-CD mit Booklet, 71 Min.). Kuba für die Ohren.

Bildbände:
Salas, Osvaldo/Salas, Roberto: Kuba. Eine Revolution in Bildern (Aufbau Verlag, Berlin 1999). Der Bildband dokumentiert mit einzigartigen Bildern, auch aus der Sierra Maestra, aus den 1950er und 1960er Jahren und spannenden Texten das Geschehen in Kuba.
Hemingways Kuba (Gerstenberg Verlag, Hildesheim 2000): Eine Zeitreise in die Geschichte Ku-

SERVICE
von A–Z

bas, von den legendären 1930ern bis in die *Roaring Fifties*.
Tuengler, Bodo: Havana – The Sleeping Beauty (Jovis-Verlag, Berlin 2007, 96 S.). Dreisprachiger Fotoband mit den verfallenden Preziosen aus den 1950ern – Havannas kurze Moderne mit aufregenden Architekturensembles internationaler Architekten und Künstler.

Camping

Es gibt kaum reine Campingplätze für Touristen mit Zelten, allerdings werden die bestehenden Campismo-Anlagen mit ihren Bungalows zunehmend auch geöffnet – außerhalb der kubanischen Ferienzeiten – für Ausländer (z.B. El Abra und Jibacoa bei Santa María del Cruz östlich von Havanna, und Aguas Claras bei Pinar del Río, Guajimico westlich von Trinidad): Man übernachtet dort allerdings vorwiegend in einfachen Steinbungalows, *cabañas*, und könnte in den Ferien auch ggf. abgewiesen werden.

Diebstahl und Sicherheit

Kuba ist wahrscheinlich im Vergleich zu manchen Städten in den USA, Brasilien, Mexico City oder gar Kolumbien noch immer das sicherste Reiseland auf dem amerikanischen Kontinent. Doch mit der Verschlechterung der wirtschaftlichen Lage und gewachsenen Touristenzahlen sind auch die Begehrlichkeiten in den letzten Jahren größer geworden. Sie beschränken sich noch auf die großen Touristenzentren wie Havanna, Playas del Este, Varadero und Santiago de Cuba sowie das Prostituiertenmilieu.

Schwerpunkte sind Handtaschenraub (v.a. im dichten Gedränge öffentlicher Busse, aus dem Mietwagen oder auf der Straße in Havanna) und kleine Betrügereien: z.B. beim illegalen Geldwechsel auf der Straße (von Euro oder US-Dollar in völlig wertlose kubanische Pesos, CUP, und nicht in die touristischen *Pesos convertibles*, CUC!) sowie beim populären Straßenverkauf von gefälschten Zigarren und gepanschtem Rum, teils in Originalverpackungen (die Zigarrenkisten tragen neuerdings ein fälschungssicheres Hologramm).

Auch mathematische »Wissenslücken« bei der Abrechnung an der Rezeption oder in Restaurant und Bar kommen mittlerweile regelmäßig vor – Rechnung prüfen und reklamieren! Gelegentlich wird »vergessen«, den hinterlegten Pfand für Safe- oder Telefonbenutzung bei der Abreise wieder auszuhändigen. Auch der Gang zur öffentlichen Toilette oder der Koffertransport im Bus kostet nicht etwa CUC 1 extra, es reichen ein paar Centavos für die Toilettenangestellte (auch wenn sie mittlerweile hartnäckig auf CUC 1 bestehen).

Selbstverständlich sollte man die Kreditkarte nie aus der Hand geben, weder Bargeld noch Schmuck im Zimmer herumliegen lassen (ggf. ist der abgeschlossene Koffer/Rucksack sicherer) und Wertsachen stets im Hotelsafe aufbewahren (für Safebenutzung wird eine tägliche Gebühr und Kaution verlangt). Leider wird auch öfter über Geld-Diebstähle, sogar aus dem Safe im Zimmer, berichtet. Frauen sollten ihre teure Lieblingsunterwäsche im Koffer verschließen – Gelegenheit macht gerade auch in Kuba Diebe, wo es schöne Damenunterwäsche gar nicht oder nur zu unerschwinglichen Preisen zu kaufen gibt.

Grundsätzlich sollten Touristen ihren vermeintlichen Reichtum nicht zur Schau stellen, um niemanden mit einem durchschnittlichen Monatseinkommen von umgerechnet rund € 13 in Versuchung zu führen …

Das Auswärtige Amt warnt vor aufgebrochenen Schlössern von Reisetaschen auf kubanischen Flughäfen. Wertsachen wie Fotoapparate, Geld oder Schmuck gehören nicht ins Koffergepäck! Wer auf Nummer sicher gehen will, reist mit Hartschalenkoffern. In Havanna kommt es mittlerweile in den Stadtteilen Habana Vieja und Centro immer öfter zum Handtaschenraub (auch tagsüber, meist zwei junge kräftige Männer). Bargeld ist besser aufgehoben in einem Bauchgurt statt in der Hosentasche. In allen Großstädten sollten Mietwagen über Nacht auf bewachten Hotelparkplätzen, in privaten Garagen (der Casas particulares) geparkt oder von einem der allgegenwärtigen »Autowächter« gegen geringe Gebühr (CUC 1–2) über Nacht bewacht werden! Ein weit verbreiteter Trick: Ein (nachts) zerstochener Reifen wird von »zufällig« vorbeikommenden, freundlichen und hilfsbereiten Kubanern am Morgen gewechselt bzw. repariert – gegen Trinkgeld, versteht sich. Reifenreparaturwerkstätten *(taller de autos)* finden sich in Städten schnell oder Reifenreparateure *(ponchera)*.

Für ihre aufdringlichen bis agressiven Schlepper *(jineteros)* und eher unaufdringlichen Bettler bekannt sind die Städte Havanna und Santiago, in letzter Zeit verstärkt auch Pinar del Río, Trinidad, Camagüey und das eher noch verschlafene Gibara.

Ein Trick abseits der Touristenpfade: Von Ausländern werden manchmal in einfachen Imbissstuben auf dem Land statt der 10 kubanischen Pesos *(moneda nacional)* für eine Pizza oder ein Bier 10 Pesos convertibles (CUC) verlangt (dafür bekäme man jedoch ganze 20 Pizzen oder Biere, denn der angemessene Preis wäre entsprechend umgerechnet etwa ein halber Peso convertible usw. usf.). Aber es kommt natürlich wie überall darauf an, ob man ein bisschen Menschenkenntnis besitzt und zwielichtigen Typen aus dem Weg geht, ob man spanisch spricht (!) oder in Begleitung von befreundeten Kubanern unterwegs ist.

SERVICE von A–Z

Diplomatische Vertretungen

Kubanische Botschaft Deutschland
Stavanger Str. 20, D-10439 Berlin
www.botschaft-kuba.de
embacuba-berlin@botschaft-kuba.de

Wichtiger für Touristen (wegen der Touristenkarte) ist die
Konsularabteilung
Gotlandstr. 15, D-10439 Berlin
℡ (030) 44 73 70 23 (Anrufbeantworter!), direkte Konsular-Nr. ℡ 030-44 79 31 09/-105 (nur Mo–Fr 14–16 Uhr)
Fax (030) 447 370 38
consulberlin@t-online.de
Öffnungszeiten Mo–Fr 8.30–11.30 Uhr

Außenstelle der Botschaft der Republik Kuba in Bonn:
Kennedyallee 22–24, D-53175 Bonn
℡ (02 28) 30 90, Fax (02 28) 30 92 44
kons-od-bonn@botschaft-kuba.de

Diplomatische Vertretung Kubas in Österreich:
Kaiserstr. 84, A-1070 Wien
℡ (01) 877 81 98, Fax (01) 877 81 98 30
http://emba.cubaminrex.cu/austria

Diplomatische Vertretung Kubas in der Schweiz:
Gesellschaftsstr. 8, CH-3012 Bern
℡ (031) 302 21 11, Fax (031) 302 98 30
http://emba.cubaminrex.cu/suiza

In Kuba

Botschaft der Bundesrepublik Deutschland
Calle B & Calle 13 Nr. 652 (Vedado)
10600 Havanna
℡ 07-833 25 60/-69/-39, Fax 07-833 15 86
Mo–Fr 9–12 Uhr
www.havanna.diplo.de, alemania@enet.cu

Österreichische Botschaft
Calle 4 Nr. 101, Ecke Primera (Miramar), Havanna
℡ 07-204 28 25, Fax 07-204 12 35
www.bmeia.gv.at

Schweizer Botschaft
Av. 5ta Nr. 2005, zwischen Calles 20 & 22 (Miramar), 11300 Havanna
℡ 07-204 26 11, Fax 07-204 11 48
www.eda.admin.ch/havanna, Mo–Fr 9–15 Uhr

Einkaufen/Märkte

T-Shirts, Schlüsselanhänger und Postkarten mit Che Guevaras Konterfei, Musik-CDs (von Salsa bis Bolero), Strohhüte, Modeschmuck, Musikinstrumente, Keramiken, Spielzeug aus Colabüchsen, bunte Pappmaché-Figuren und Santería-Puppen *(orishas)*, Masken, Holzschnitzereien, teils antiquarische Bücher, Dominospiele – die Liste ließe sich endlos fortsetzen.

In den meisten Hotels bieten staatliche Souvenirläden der Ketten Artex und Caracol allerlei Kunsthandwerk zum Verkauf. Weitere beliebte Souvenirs sind Zigarren, Rum und kubanischer Kaffee, die mit Qualitätsgarantie und zu offiziellen Preisen in speziellen Läden oder in den jeweiligen Fabriken erhältlich sind.

Bis zu 20 lose Zigarren pro Person dürfen ohne Quittung und Originalverpackung ausgeführt werden, bei 50 Zigarren: in verschlossener Originalverpackung mit Qualitätssiegel und offiziellem Hologramm (ohne Rechnung möglich), bei mehr als 50 Zigarren muss zusätzlich eine Rechnung der offiziellen Verkaufsstelle vorgelegt werden.

Die großen Luxushotels verfügen über klimatisierte Shopping-Arkaden mit Boutiquen, Schmuckläden, Galerien, Drogerien und Apotheken. In den Einkaufsstraßen mit *Tiendas Panameriacanas*, den Devisen-Kaufhäusern (Calle Neptuno in Havanna z.B.), werden meist auch die Touristen aufgefordert, ihre Taschen an der *Guarda bolsa*-Aufbewahrung abzugeben – angesichts der endlosen Schlangen dort sollte man dagegen protestieren bzw. das Kaufhaus gleich ohne Tasche besuchen.

In Havanna, Varadero, Trinidad und Santiago de Cuba gibt es einige Souvenirmärkte, Straßenkünstler und Galerien, letztere meist mit naiver Malerei und afro-religiösen Motiven. Auf den Open-Air-Märkten sollte stets gehandelt werden.

Auf den Kauf von bunten oder schwarzen Korallen als Aschenbecher und andere als Souvenirs verarbeitete tierische Bestandteile sollte im Sinne des Washingtoner Artenschutzabkommens und der Umwelt unbedingt verzichtet werden (vgl. Zoll).

Ein spezieller Tipp: Die Kubaner können es sich kaum noch leisten, die Touristen schon – das tra-

SERVICE von A-Z

ditionelle kubanische Hemd *guabera* für offizielle Anlässe.

Eine Warnung/Tipp:
Man sollte die Zigarrenkiste mit den 25 edlen Cohíbas niemals vom wildfremden *jinetero* für 50 € auf der Straße kaufen statt rund 400 € im Laden: Oft sind in den »original« versiegelten Kisten *(hecho en Cuba, totalmente a mano)* nur die Restprodukte vom Fußboden der Zigarrenfabrik, Bananenblätter oder sogar nur Sand. Man kann allerdings auch Glück haben, wenn man an vertrauenswürdige Kubaner gerät, denn viele Zigarren werden tatsächlich aus den offiziellen Tabakfabriken »abgezweigt« oder in illegalen Wohnzimmerfabriken angefertigt.

Wer sich mit Zigarren auskennt, weiß wie er die angebotene Ware zu testen hat: Er muss beispielsweise das richtige Aroma erschnüffeln können, das Rascheln und die Farbe der Zigarre müssen stimmen. Die Zigarren-Amateure sollten sich den Erstgenuss nicht verderben und lieber in den staatlichen Läden und Fabriken kaufen (vgl. Zollbestimmungen). Gleiches gilt für den oft gepanschten oder minderwertigen Rum mit getauschtem Etikett, der auf der Straße gegen Devisen angeboten wird. Es gibt sehr gute und preiswerte Rumsorten (z.B. Habana Club Añejo 7 años, der sieben Jahre gereifte goldfarbene Rum – es muss ja nicht gleich der 15-jährige Gran Reserva für den zehnfachen Preis sein ...).

Eintrittspreise/Museen

In Museen zahlen Touristen zwischen CUC 1–5 für das Museumsticket, meist kostet das Fotografieren CUC 1–15 extra, auch das Videofilmen kostet oft CUC 10–20 extra!

In Kirchen zahlt man keinen Eintritt. Kinder unter 12 Jahren erhalten oft einen großen Rabatt, z.B. in Museen und Hotels sowie beim Busunternehmen Viazul.

Essen und Trinken

Nach Kuba fährt niemand – außer den Exilkubanern – der exquisiten Küche wegen, weil es kaum solche gibt! Der Mangel an Lebensmitteln aber auch an Kreativität mag zu einer Kochkunst geführt haben, die heute eher bescheiden daherkommt. *Comida criolla* ist deftig und fleischlastig:

Ein typisches kubanisch-kreolisches Gericht besteht aus Huhn *(pollo)* oder Schwein *(cerdo)*, immer begleitet von Reis mit schwarzen Bohnen *(moros y cristianos)*, Kochbananen, die oft als relativ geschmacklose Scheiben frittiert auf den Teller kommen *(tostones)*, und den im Geschmack kartoffelartigen, einheimischen Gemüsen wie Maniok *(yuca)*, Taro *(malanga)* und Süßkartoffel *(boniato)* sowie Kürbis (calabaza). Gewürzt ist das Mahl meist mit einer leckeren Marinade aus Öl, Zitronensaft und Knoblauch.

In den Ausflugslokalen serviert man den Reisegruppen oft ein *cerdo asado:* ein im Holzofen geschmortes oder am Spieß geröstetes Spanferkel, oder auch *chicharrones* (zerstoßene Schweineschwarte vom Rost). Lammgerichte *(carnero)* sowie teuerer Fisch *(pescado)*, Garnelen *(camarones)* und Hummer *(langosta;* 10–20 CUC) gehören ebenfalls zum Angebot in guten Restaurants. Rindfleisch *(carne de res)* ist außerhalb der Hotels und guten Lokale eher selten. In den vergangenen Jahren hat Fidel Castro seine fleischliebenden Landsleute überzeugen können, mehr Fisch zu essen – der jedoch auch an den Hotelbüfetts leider nicht selten nur als panierter Bratfisch daherkommt.

Ajiaco ist eine Art kubanischer Eintopf aus mehreren Knollen- und Gemüsearten, oft mit Mais, Kochbananen und Kürbis, Schweine- und anderem, gerade zur Verfügung stehendem Fleisch wie Huhn. Gelegentlich werden *tamales* (Maismehltaschen) und Maiskolben serviert. Die kreolischen Gerichte sind i.d.R. lauwarm und trocken, aber immer sehr sparsam gewürzt. Pfeffer sucht man oft vergeblich, dafür gibt es fast überall die feurige Tabasco-Soße in Flaschen auf Nachfrage.

Vegetarier haben es schwer in Kuba: Salate *(ensalada mixta)* und eine große Auswahl an Gemüse gehören selten zu einem typisch kreolisch-kubanischen Essen. Wenn ein solches extra bestellt wird, kann es vorkommen, dass fades Büchsengemüse (Erbsen, Karotten, grüne Bohnen) sowohl als Beilage *und* als Salat serviert werden. Mit etwas Glück und je nach Saison bekommt der vegetarische Gast Weißkohl *(col)*, grüne Gurke *(pepino)*, Tomaten *(tomate)*, Avocado *(aguacate)* und Rote Beete.

Als Imbiss oder Frühstück wird außerhalb der großen Hotels meist ein Sandwich *(bocadito)* mit Käse *(queso)* oder Schinken *(jamón)* angeboten. Für den kleinen Hunger zwischendurch gibt es an einfachen Straßenständen und Cafeterias fast immer Pizza, Spaghetti und die spottbilligen *cajitas* (1 CUC): z.B. Schweinekotelett und Gemüse in einem vor lauter Öl tropfendem Pappkarton. Macht auch satt, ist aber zugegeben nicht gerade ein kulinarischer Höchstgenuss. Wer sich selbst versorgen möchte, kann sich auf den *Mercados Agropecua-*

rios umschauen: Auf den Märkten wird alles verkauft, was die Saison gerade hergibt: schrumpelige Papayas und Kochbananen, Gurken, Zwiebeln, Eier, Hühner- und Schweinefleisch usw.

Als kulinarische Besonderheit hat sich in Baracoa im äußersten Osten, wo die meisten Kokospalmen wachsen, die Verwendung von Kokosmilch beim Kochen entwickelt, was den Gerichten eine leicht asiatische Note gibt. In Guamá wird Krokodilfleisch aus der landesweit größten Zuchtfarm für Krokodile serviert, das ähnlich wie Hühnchenfleisch schmeckt.

An den Hotel-Büfetts herrscht i.d.R. kein Mangel an Obst wie Apfelsinen, Pampelmusen und Papayas und manchmal kleine Bananen, Äpfel, Melonen, Weintrauben und Ananas. Obwohl das Land streckenweise von Fruchtbäumen übersät ist, sucht man Obst außerhalb der Hotels leider oft vergeblich. Die meisten kubanischen Früchte werden zu Fruchtsaft *(jugo)* verarbeitet, z.B. dem sirupartigen Mangosaft. Direkt aus der Kokosnuss genießt man den erfrischenden, klaren Kokossaft.

Der Karamellpudding ist eine Hinterlassenschaft der spanischen Kolonialherren. In den kreolischen Ausflugsrestaurants wird neben Obst oft Käse mit Marmelade als typischer Nachtisch gereicht. Ziemlich stolz sind die Kubaner auf ihre Eiscreme *(helado),* die landesweit für Andrang und endlose Warteschlangen in den Coppelia-Filialen sorgt: sehr süß, aber meist stehen nur Erdbeere, Schokolade oder Kokosnuss zur Auswahl.

Getränke:
Ad absurdum führt sich die US-Blockade, wenn sich Kubaner wie Touristen im Strandrestaurant bei einer aus Mexiko importierten Coca-Cola erfrischen. Die Kubaner konnten es sich natürlich nicht nehmen lassen, ihre eigenen Colas zu produzieren: »Tropicola« und »tu Kola« ... Daneben löschen internationale oder kubanische Erfrischungsgetränke in Büchsen *(refrescos),* Fruchtsäfte, Mineralwasser *(agua mineral)* und Tee den Durst. In den Hotels wird Filterkaffee und der kubanische *cafecito* (stark wie Espresso) serviert.

Unter den alkoholischen Getränken mausert sich das kubanische Bier, v. a. die Marken »Cristal«, »Hatuey« oder »Bucanero«. Spanische, französische und chilenische Weine gehören meist zum All-inclusive-Angebot in den Hotels. Und *last but not least:* die kubanischen Cocktails, wegen der manch einer Kuba gar nicht wieder verlassen will, wie Ernest Hemingway: Cuba libre, Mojito, Daiquirí, Mulata, Piña Colada, Saoco, Cubanito ...

Der bekannteste kubanische Rum ist der »Havana Club«, zum Mixen von Cocktails eignen sich am besten der weiße, etwa dreijährige »Silver Dry«, der braune »Añejo« ist bis zu sieben Jahre gereift und wird von Kennern pur und ohne Eis getrunken – es wäre eine Sünde, solch einen Rum

SERVICE
von A–Z

zu vermixen! Viele Kubaner können sich ohnehin nur den hochprozentigen *aguardiente* (Branntwein) leisten.

Mojito-Rezept:
Man nehme den Saft einer Limette und verrühre ihn mit einem halben Teelöffel Zucker, zerdrücke sechs Minzeblätter im Glas, dazu kommen 3-6 cl weißer Rum, mit Sodawasser auffüllen und rühren, ein paar Minzeblätter als Dekoration – und fertig ist Kubas Nationalgetränk!

Hotelbüfett oder Privatrestaurant?
Die All-inclusive-Büfetts in den Hotels sind reichhaltig und abwechslungsreich: Neben internationalen Gerichten werden regelmäßig Länderabende veranstaltet, etwa eine *noche cubana* oder mit Pizza und Pasta auf italienisch. Oft gibt es ein zusätzliches Barbecue-Restaurant, manchmal auch ein À-la-carte-Restaurant (in dem meist extra bezahlt werden muss).

Die kubanische Mangelwirtschaft macht leider vor den Touristenhotels nicht halt: Fehlende Butter oder Schlangestehen für den Frühstückskaffee, weil es nur eine einzige Kaffeemaschine gibt – so etwas kann durchaus vorkommen. In der Hochsaison kann es zu Stoßzeiten so voll in den Restaurants sein, dass erstmal draußen gewartet werden muss. In solchen Momenten empfiehlt sich ein »solidarischer« Gedanke an die Kubaner, die im Alltag stets mit fehlenden Lebensmitteln, Schlangestehen und Stromsperren leben müssen – und das seit Jahrzehnten!

Außerhalb der Hotels speist man zum Beispiel in der einfachen Cafeteria (billig, meist nicht so gut), in staatlichen Restaurants (schwankende Qualität) und in meist guten *Paladares* in der Wohnstube (Privatrestaurants, aber oft mit eingeschränkter Speiseauswahl, s.u.). In den vergangenen Jahren hat sich auch die Qualität des Essens in den staatlichen Lokalen (v.a. Palmares) eindeutig verbessert, das Angebot ist größer, die Speisen teils hervorragend und das Ambiente kann sogar elegant sein, etwa in einer alten Villa mit antikem Mobiliar.

Die touristischen Ausflugsrestaurants (z.B. Rumbos) servieren meist die oben beschriebenen *Criollo*-Gerichte. Internationale Restaurants sind selbst in Havanna noch immer selten: Einige französische, italienische und spanische Gaststätten konnten sich außerhalb der großen Luxushotels in der Hauptstadt etablieren, gehören aber meist nicht gerade zur Haute cuisine.

SERVICE von A–Z

Karneval in Havanna um 1920

Paladares:
Eine oftmals sehr gute Alternative zum Hotelbüfett sind diese legalen Privatrestaurants: Damit sich keiner der privaten Gastwirte bereichert, darf ein solches Etablissement offiziell nur maximal zwölf Stühle haben – die Kubaner sagen dazu mit ihrem einzigartigen Galgenhumor: das »letzte Abendmahl«. Nicht selten versteckt sich ein Paladar in kolonialen Villen mit schönem Garten oder Terrasse und lockt seine Gäste über Mundpropaganda an. Der Kunde kann sich aber auch in einer Art Kammer zwischen knarrendem Kühlschrank und rostigem Fahrrad wiederfinden. Die Speisekarte ist meist überschaubar – je nach Marktangebot an diesem Tag – dafür kümmert sich die ganze Familie aufopfernd um ihre Gäste. Viele Restaurants schließen relativ früh (etwa 22 Uhr).

Bei den unter Service & Tipps empfohlenen Restaurants werden **Preiskategorien** (€) angegeben, die sich auf den Preis für eine Hauptmahlzeit mit Beilagen (außer Hummer und Garnelen!) beziehen.

€   – 4 bis 10 CUC (meist Paladares und Cafeterias)
€€   – 10 bis 15 CUC (meist Hotelrestaurants)
€€€   – 15 bis 20 CUC

Feiertage/Feste

In Kuba finden alljährlich unzählige Veranstaltungen und Festivals statt – zu Musik, Sport, Literatur und religiösen Anlässen. Neben den vielen Gedenktagen zur Erinnerung an die Revolution und deren Helden gibt es unzählige Gelegenheiten zum Tanzen und Schwofen (es kommt jedoch nicht selten vor, dass kulturelle Veranstaltungen aus Kostengründen ausfallen …). Geschäfte bleiben an den meisten Gedenktagen geöffnet, außer an den gesetzlichen Feiertagen. Infos gibt es auch in den Casas de la Cultura oder Casas de la Musica sowie den Casas de la Trova, die sich in fast jeder Stadt befinden.
Infos:
www.cubarte.cult.cu (Kultur, Festivals, englisch)
www.dtcuba.com
www.cartelera.com (wöchentlich donnerstags erscheinendes Veranstaltungsmagazin in Havanna)

Gesetzliche Feiertage:

1. Januar: Tag der Befreiung
1. Mai: Tag der Arbeit
26. Juli: Jahrestag des Angriff auf die Moncada-Kaserne in Santiago de Cuba (1953; vom 25.–27. können alle Geschäfte geschlossen sein)
10. Oktober: Jahrestag des Beginns des zweiten Unabhängigkeitskrieges
25. Dezember: Weihnachtsfeiertag

Festkalender:

Februar
Cuban Cigar Festival
Im blauen Dunst versammeln sich die Aficionados in Havanna zu Fachseminaren und Geschäften, auch Zigarren paffende Hollywoodstars wurden hier schon gesichtet …

März oder Dezember
Weltmeisterschaft im Domino
Im Domino sind die Kubaner wirklich Spitze, seit 2003 gibt es eine Weltmeisterschaft, an der rund 150 Duos aus mehr als 20 Ländern teilnehmen (im zweijährlichen Wechsel in Havanna oder Santiago).

März
Festival Danzón Habana
Bei dem Musikfestival wird der traditionellen kubanischen Musik und ihrer (meist schon verstorbenen) Stars gehuldigt: mit vielen Konzerten, bei denen Alt und Jung das Tanzbein schwingen.

April
Festival Internacional del Cine Pobre
In dem kleinen idyllischen Küstenort Gibara/Holguín werden einmal im Jahr hauptsächlich engagierte Low-Budget-Produktionen aus Lateinamerika in einem Wettbewerb gezeigt.

Mai/Juni
Internationales Angelturnier in der Marina Hemingway
Sportangler aus aller Welt versuchen in Havanna ihr Glück, eine der begehrtesten Angler-Trophäen

der Welt zu ergattern: den Ernest Hemingway Cup (weitere Turniere im Sept. und Nov.).

SERVICE von A–Z

Juni
Bolero d'Oro
Beim Festival des »Goldenen Boleros« lässt man sich im Rhythmus der Boleros durch Havanna tragen.

Juli
Carnaval und Festival del Caribe (Festival del Fuego)
Am 25./26. Juli ziehen Folkloregruppen und die Comparsa-Bands in einer kunterbunten Parade durch Santiago, es gibt Musik, Tanz, Konzerte und Ausstellungen. Meist hat der Karneval ein bestimmtes Landesmotto – dementsprechend kostümiert man sich, die besten Kostüme werden prämiert. Das zweite Juli-Fest, das »Festival del Caribe«, findet meist am Anfang des Monats statt.

Juli/August
Carnaval in Habana
Der Karneval in der Hauptstadt findet in der vorletzten Juli- bis zur ersten Augustwoche statt: An zwei Wochenenden befinden sich die Habaneros im karnevalistischen Rausch, mit Umzügen und Tänzen entlang dem Malecón und dem Prado (ein weiterer Carnaval findet Ende Feb./Anfang März statt).

Havanna International Rap Festival
Zu dem Festival zieht es die Jugendlichen im August in Massen nach Havanna in den Vorort Alamar (Havana del Este), wo auch die berühmteste Rap-Band Kubas, die Orishas, herkommt.

Oktober
Am 8. Oktober wird der **Todestag** des Volkshelden Che Guevara v.a. in Santa Clara im Mausoleum feierlich begangen.

Oktober/November
Festival Internacional de Ballet de la Habana
Das Havanna-Ballett unter der langjährigen Leitung von Alicia Alonso hat internationalen Rang, alle zwei Jahre finden erstklassige Veranstaltungen der Ballettszene in Havanna im Wechsel mit Camagüey statt (2008, 2010 ...).

Dezember
Festival Jazz Plaza Internacional
Jedes Jahr sind die Größen der Jazz-Szene Lateinamerikas und der restlichen Welt, darunter viele

Einblicke in kubanisches Alltagsleben: Domino unter freiem Himmel

SERVICE von A–Z

Stars, zu Gast in Havanna. Viele Konzerte, auch von Nachwuchsbands.

Festival Internacional del Nueve Cine Latinoamericano
In Havanna und anderen Städten treffen sich Regisseure und Schauspieler des ganzen lateinamerikanischen Kontinents und Filmfans aus aller Welt, um die neuesten Produktionen zu sehen.

16./17. Dezember
Wichtiges Fest des **heiligen San Lazaro** mit einer Vielzahl von Pilgern und Ritualen in Rincón (Vorort Havannas) und Santiago (El Cobre) zu Ehren des Babalu Ayé, wie der katholische Heilige in der Santería auch genannt wird.

Parrandas
Karnevalsähnliche Umzüge mit Musik, farbenprächtigen Karossen, Trommlern und Tänzern ziehen im Laufe des Dezember (Höhepunkt am 24.12.) durch einige Provinzstädte wie beispielsweise im Küstenstädtchen Remedios bei Santa Clara.

Sancti Spíritus: Fotografieren à la Daguerre mit der Plattenkamera auf einem Dreibein

Fotografieren

Alle militärischen Anlagen sind als Foto-Objekte absolut tabu, ebenso Soldaten und Polizisten. Dies ist unbedingt zu beachten, da es schon mehrere schwerwiegende Zwischenfälle mit fotografierenden Touristen auf Kuba gab.

Geld/Kreditkarten

500 Pesos

Seit November 2004 gilt in Kuba nicht mehr der US-Dollar als offizielles Zahlungsmittel für Ausländer (und Kubaner)! Die einheimische Währung ist der kubanische Peso (CUP, *moneda nacional*), der jedoch für die meisten Touristen keine Bedeutung hat. Touristenwährung ist der *Peso convertible* (CUC, oft auch noch Dollar genannt) oder in den großen Touristen-Badeorten wie Varadero auch der Euro. Umtausch von Euro in CUC ist in Banken, den Cadeca-Wechselstuben und großen Hotels möglich (Stand: Juli 2011: € 1 = CUC 1,43, CUC 1 = € 0,70).

In Hotels werden Kreditkarten zwar theoretisch akzeptiert – in der Praxis scheitert es nicht selten an der nicht funktionierenden Technik (ebenso an den Geldautomaten, 1,5–3 % Gebühr). Die Gebühren sind allerdings hoch (vorher unbedingt fragen!) – mit Ausnahme von American Express und Citibank-Karten! Empfehlenswert sind Reiseschecks (nicht von American Express!), die in Cadecas (meist auch Sa/So geöffnet), Banken und Hotels eingetauscht werden – mit Reisepass und gegen eine Gebühr von 3–5 Prozent der Umtauschsumme.

Geldautomaten sind außerhalb Havannas selten (in Havanna-Altstadt z.B. im Hotel Parque Central, vor der Bank an der Plaza de San Francisco de Asís sowie in der Calle O'Reilly). Kleine Scheine und Münzen sind unterwegs nützlich als Trinkgeld.

Mit Kinder auf Kuba

Kuba ist für Familien mit Kindern ein ideales Reiseziel. Kinder unter 12 Jahren erhalten oft einen großzügigen Rabatt, z.B. beim Busunternehmen Viazul und in vielen Hotels und Museen. Die Kubaner sind ein sehr kinderliebendes Volk, es gibt in Kuba weder Malaria noch andere gefährliche (tropische) Krankheiten, keine giftigen oder gefährlichen Tiere.

Die Temperaturen liegen besonders im Winter um 25 °C und sind somit erträglich. Wenn das Badevergnügen und Sandburgenbauen an den oft flach abfallenden Stränden doch einmal langweilig werden sollte, kümmern sich in vielen Hotels die Angestellten in speziellen Kinderclubs um die Kleinsten, man macht Exkursionen und veranstaltet Spiele und Wettbewerbe oder besucht die Delphinarien und Aquarien.

Bei der Reise mit Babies und Kleinkindern könnte die Versorgung mit den gewohnten Lebensmitteln (Babynahrung ist nicht vorhanden) und guten Windeln (sehr teuer!) problematisch sein – man sollte daher ausreichend Vorrat mitnehmen. Wer als Familie aus finanziellen Gründen in den günstigen »Campismo«-Bungalowanlagen absteigt, sollte wissen: Hier gibt es oft nur Kaltwasserduschen, kein Bettzeug und nicht selten Stromausfälle ...

Kleidung/Gepäck

Legere und leichte Baumwoll- oder Leinenkleidung genügen, man kann so gut wie alles in Kuba zurücklassen. Als weitere Geschenke oder als ein »Dankeschön« eignen sich: Filzstifte, Kugelschreiber und Schreibblöcke für Schüler und Kinder, Shampoo, Bodylotion, Seife, Parfüm, Brillen, Medikamente ...

Dinge, die man ggf. mitnehmen sollte, weil sie in Kuba nicht oder nur schwer und gegen teure Devisen zu erhalten sind: Oropax (Kuba ist ein extrem lautes Land, v.a. in den Städten), Moskitonetz, v.a. im Sommer, und Mückenlotion, Kontaktlinsenflüssigkeit, Tampons, Schnorchelausrüstung und Schwimmbrille, Taschenlampe (evtl. Kerzen und Streichhölzer (für gelegentliche Stromausfälle) und ein Adapater für amerikanische Flachstecker (diese Dinge sind v.a. in privaten *Casas particulares* wichtig), Laken oder Bettwäsche (wichtig für einfach ausgestattete Campismo-Bungalows), Toilettenpapier, Kondome, Reisewecker oder das Handy. Ersatzbatterien für Walkman, CD-Player und Kamera, ggf. ausreichend Diafilme bzw. Speicherkarten für Digitalkameras.

SERVICE von A–Z

Klima/Reisezeit

Kuba kennt zwei Jahreszeiten: Sommer und Winter. Der Winter reicht von November bis April und ist die angenehmere Reisezeit, die Temperaturen fallen auf durchschnittliche 25 °C (nachts kann es kühl werden!), im Osten ist es heißer. Die trockenste Zeit reicht von Februar bis April, Mai bis Oktober herrscht Regenzeit im ganzen Land, allerdings selten mit lang anhaltendem Regen (außer im östlichen Baracoa):. Die Tagestemperaturen klettern in dieser Zeit auf 30–32 °C, die Moskitos fühlen sich besonders jetzt auf den Inseln und an der Küste wohl.

Traumstrand von feinstem weißen Sand

SERVICE von A–Z

»Mariposa Blanca«, die Nationalblume Kubas

In den Monaten Juli/August bis Oktober/November wird Kuba regelmäßig von Hurrikans heimgesucht, teils so heftig, dass Touristen evakuiert werden müssen. Allerdings sind die Auswirkungen der tropischen Wirbelstürme in Kuba meist nicht so verheerend wie in anderen karibischen Ländern und die kubanischen Vorhersagen und Vorsorgemaßnahmen vorbildlich. Bei starken Regengüssen und Hurrikans brechen die Telefonleitungen und die Stromversorgung oft vorübergehend zusammen.

Die Monate Dezember bis März sowie Juli/August gelten als Hochsaison, und dementsprechend teurer sind Hotels und Flüge. Im Juli und August machen die Kubaner Urlaub, dann sind vor allem die billigen Campismo-Bungalows meist restlos ausgebucht. Die Wassertemperaturen liegen allgemein bei angenehmen 27 °C, können aber besonders im Winter im Norden Kubas etwas absinken, wenn der kühlere Golfstrom sich hier bemerkbar macht.

Landkarten

Die Ausschilderung in Kuba lässt zu wünschen übrig, am besten sind die Straßenkarten von Freytag & Berndt oder vor Ort der »Guía de Carreteras« und die Mapa Turístico Cuba.

Notrufe

Polizei ✆ 106
Feuerwehr ✆ 105
Krankenwagen ✆ 108

Asistur
Prado 208, zwischen Colón Trocadero, Centro, Havanna
24-Std. ✆ 07-866 85 27, 866 83 39
Fax 07-866 80 87
www.asistur.cu, asisten@asistur.cu
Mo–Fr 8.30–17 Uhr
Reisescheck-Wechsel mit hohen Gebühren auch am Wochenende, internationaler Geldtransfer, medizinische Hilfe, rechtliche Beratung usw.

Öffentliche Verkehrsmittel

Inlandsflüge:
Von fast allen touristischen Orten werden Flüge nach Havanna, auf die Inseln und in die Provinzhauptstädte angeboten, teils als Tagesausflüge im Helikopter oder in kleinen russischen Propellermaschinen (Cubana, Inter und Aero Caribbean). Die Cubana hat der Unfall-Statistik nach den weltweit schlechtesten Ruf, was die Sicherheit angeht. Info: www.cubana.de.

José Martí International Airport
Auskunft internationale Flüge ✆ 07-266 41 33

Bus- und Bahnreisen:
Auf Langstrecken fährt man am besten mit den sehr pünktlichen **Viazul-Bussen** (eiskalt klimatisiert, tägl. Verbindungen zwischen den Städten und Badeorten, z.B. von Havanna nach Viñales (CUC 13) oder Santiago (CUC 55); der Flug auf der Santiago-Strecke kostet etwa das Doppelte. Oft werden zum selben Preis Tickets verkauft mit unterschiedlich langen Fahrtzeiten (vorher fragen, ob Express-Bus).

Auf einigen abgelegeneren und kürzeren Strecken fahren mittlerweile auch Shuttlebusse, wenn man über Agenturen vor Ort bucht (z.B. ab Viñales nach Cayo Levisa oder Soroa).

Die billigeren **Astro-Busse** dürfen neuerdings offiziell nur noch einheimische Fahrgäste mitnehmen, die Tickets zahlen Kubaner in der Landeswährung CUP *(Peso Cubano).*

Seit 2011 gibt es einen neuen Busservice von Cubanacán: Bei Conectando Cuba verkehren die von mehrsprachigen Reiseleitern begleiteten Busse auf sechs verschiedenen Routen zwischen den Tourismusgebieten von Hotel zu Hotel, man wird abgeholt und spart somit Taxikosten. Außerdem ist bei Langstrecken (nach Santiago, mehr als 5–6 Stunden) eine Mahlzeit im Ticketpreis enthalten. Infos und Buchung: Cubanacán (www.cubanacan.cu), Infotur u.a. Reisebüros (Preise ähnlich wie Viazul).

Auf die **Eisenbahn** ist oft kein Verlass, aber sie verkehrt theoretisch auch regelmäßig auf der Havanna–Santiago-Strecke (u.a. mit dem komfortablen »Tren Frances« zu CUC 50–62 nach Santiago, sonst nur sehr langsame *lecheros* und schnellere »Express«-Züge). Auf das Gepäck sollte man Acht geben.

Viazul-Busbahnhof
Calle 26 & Zoológico (Nuevo Vedado)
Havanna
✆ 07-881 56 52 (außerdem kann man am Zentralen Busbahnhof in Vedado reservieren und zusteigen: Reservierung ✆ 07-870 33 97)
www.viazul.com

Hauptbahnhof
Estación Central de Ferrocarriles (Altstadt)
Havanna
℃ 07-862 49 71 und 861 83 30
Station La Coubre (um die Ecke, Tickets für Ausländer in CUC) ℃ 07-862 10 06

In der Stadt:
Wer mit dem **Fahrrad** in Havanna oder Kuba unterwegs ist, wird gelegentlich bestaunt, als wäre er mit einem Porsche auf Tour. Man wird von anderen Radlern gegrüßt und in Fachgespräche verwickelt. Im Vergleich zu anderen Großstädten der Welt ist auf Havannas Straßen wenig los (der Verkehr nimmt allerdings spürbar zu). Leihräder vermietet:
Bicicletas Cruzando Fronteras
Edificio Metropolitano, Calle San Juan de Dios, Ecke Calle Aguacate, Altstadt Havanna
℃ 07-860 85 32, Mo-Fr 9-18, Sa 9-17 Uhr
Preis: CUC 12 pro Tag, CUC 60 pro Woche – verhandelbar). Privatfahrräder werden ab CUC 3 pro Tag angeboten.

Stadtbusse:
Die lokalen Busse *(guagua)* kosten 20–40 Centavos, das System ist für Ausländer aber schwer zu durchschauen; an der Haltestelle fragt man »el último?« (wer ist der Letzte?) in die Runde der kreuz und quer Wartenden und quetscht sich dann hinter die letzte Person mit in den Bus (am besten ohne Tasche und Wertgegenstände!).

Taxi:
Die Touristentaxis – gelbes Schild mit schwarzer Aufschrift – fahren in den meisten großen Städten und sind mit Taxameter ausgestattet. Es gibt leicht unterschiedliche Preisklassen, günstig ist Panataxi (℃ 55 55 55; Preis Altstadt–Vedado ca. CUC 5, bei Taxameter Grundgebühr CUC 1 für den ersten Kilometer, jeder weitere 50 Centavos, nachts etwas teurer).
Noch preiswerter sind *Taxis particulares* (alte Ladas) und *Colectivos* (Oldtimer, die als Sammeltaxis auf einer festen Route verkehren). Bei privat gecharterten (Sammel-) Taxis sollte der Fahrpreis immer vorher erfragt werden, bei längeren Strecken wird verhandelt.
Darüber hinaus fahren Bici-Taxis (selten gewordene Rikschas, CUC 1-3 maximal), gelbe, fast kugelrunde Coco-Taxis (Festpreise CUC 3-6) und (touristische) Kutschen in einigen Städten (z.B. Varadero, Cienfuegos, Bayamo).

Öffnungszeiten

Die Öffnungszeiten in Kuba sind sehr uneinheitlich:

SERVICE von A–Z

Banken und Cadeca-Wechselstuben: Mo-Fr 8.30-15 Uhr, bei kleineren Zweigstellen evtl. mit Mittagspause etwa 12-13.30 Uhr, viele Cadecas haben bis 17 Uhr und meist auch Sa/So geöffnet, in den großen internationalen Hotels am Sa 8-10, manchmal sogar bis 20 Uhr (z.B. im Melía Santiago);
Büros: etwa 8/9-17 Uhr mit einer Stunde Mittagspause;
Postämter: Mo-Sa etwa 8.30-17 Uhr;
Geschäfte: i.d.R. Mo-Sa etwa 9/10-19/20 Uhr, Supermärkte Mo-Sa 9-18 bzw. 20 Uhr und So 9-13 Uhr, Märkte sind oft Mo geschlossen;
Museen: oft Mo geschlossen, in der Provinz oft mittags zu, Kirchen sind oft außerhalb der Messen geschlossen, auch wenn es offiziellen Öffnungszeiten gibt.

Presse/Radio/TV

In Kuba gibt es keine Meinungsfreiheit, daher ist die öffentliche Berichterstattung eingeschränkt und es sind kaum ausländischen Zeitungen erhältlich, lediglich in den Shoppingcentern der großen internationalen Hotels in Havanna bekommt man gelegentlich (politische) Magazine in Englisch. Für Touristen interessant ist das wöchentlich (donnerstags) erscheinende Wochenblatt »Cartelera« in Spanisch mit Veranstaltungshinweisen und Konzerttipps in Havanna. Die »Cuban Review« ist ein monatlich publiziertes Heft mit Nachrichten aus der Tourismusbranche in Englisch.

Das Presseorgan der KP und größte Tageszeitung Kubas ist die »Granma«, es gibt eine monatliche internationale Ausgabe auch in Deutsch (GNN-Verlag mbH, Zülpicher Str. 7, 50674 Köln, ℃ 02 21-21 16 58, Fax 02 21-21 53 73, www.granma.cu/aleman, gnn-koeln@netcologne.de). Diverse Magazine für verschiedene Zielgruppen erscheinen regelmäßig, etwa »Juventud Rebelde« für die Jugend, »Bohemia« für den Kultur- und Politikinteressierten und »Trabajadores« für die Arbeiterschaft.

In den großen Hotels sind u.a. CNN und teils die Deutsche Welle zu empfangen. Ansonsten gibt es vier staatliche kubanische Programme in Spanisch (mit einem Programm ausschließlich für Bildung). Das Touristenradio Radio Taíno bringt ein englischspanischsprachiges Programm. Radio Rebelde sendet seit den Tagen der Revolution, und

SERVICE von A–Z

Radio Reloj ist ein reiner Nachrichtensender in Spanisch.

Sport/Urlaubsaktivitäten

Wassersport:
Kuba ist ein Paradies für alle Wasserratten und jegliche Wassersportaktivitäten, die meisten sind bei den Hotelpreisen inklusive. Baden steht natürlich an erster Stelle – gefahrlos, weil die vorgelagerten Inselketten die starken Meeresströmungen von der Küste abhalten und viele Strände flach abfallen. In den großen Badeorten kann man außerdem schnorcheln (eigene Taucherbrille, Schnorchel und Flossen am besten mitbringen, die Auswahl ist nicht allzu groß), surfen und rudern, ebenso gibt es Wasserski und Jetski. Wer das Wasser scheut und die bunte Pracht trotzdem genießen möchte, bleibt an Bord der Glasbodenboote (z.B. Varadero, Cayo Coco).

Tauchen:
Es gibt insgesamt 500 eingetragene Tauchstellen in Kuba, die zu den besten der Welt gehören – am immerhin drittgrößten Korallenriff der Welt. Mehr als 500 Fischspezies und Tausend unterschiedliche Muschelarten warten auf Entdeckung. Außerdem können Profis unzählige spanische Kolonialwracks erkunden und in unterirdisch ins Meer mündende Flüsse abtauchen. Besondere Attraktionen sind die vielen unterirdischen Höhlen nahe der Küste (z.B. die Cueva de las Peces bei Playa Larga/Guamá). Kubas Tauchdestinationen sind für die geringen Strömungen und eine klare Sicht bis zu 50 m Tiefe bekannt. Internationale Tauchschulen betreuen die Urlauber in den meisten Badeorten, z.B. auf der Isla de la Juventud und Cayo Largo (beides deutsche Schulen) und in María la Gorda.

Hochseefischen und Angeln:
In allen Yachthäfen und Badeorten werden Ausflüge veranstaltet, zum Beispiel Hochseefischen (mit internationalen Fisch-Wettbewerben im Juni, September und November; beste Zeit ab Mai im Golfstrom im Norden und bei der Inselkette von Isla de la Juventud bis Cayo Largo im Süden). Auch Angeltouren sind populär (Letzteres v.a. Lago de

Surfschule am Strand von Varadero

Tesoro bei Guamá, Zaza-Stausee und Hanabanilla-Stausee; Ausrüstung vorhanden).

Segeln:
Manchmal stehen Segelboote und Katamarane zum Chartern zur Verfügung, etwa in Havannas Marina Hemigway und in der Marina Gran Caribe auf Cayo Largo. Wer nicht selbst segelt, kann Charterboote mit Skipper buchen: zum Beispiel die »Niña«, die zwischen der Isla de la Juventud, der größten Insel des Landes, und der Hafenstadt Cienfuegos an der Südküste Kubas entlangsegelt. Dabei kreuzt der Einmaster zwischen den zahllosen kleinen und unbewohnten Inseln des Archipiélago de los Canarreos, wie der kleinen Cayo Rosario, und der Touristenenklave Cayo Largo.

Während des organisierten Segeltörns wird nicht immer in windgeschützten Marinas angelegt, man schläft in den Kojen an Bord, der Törn ist also bei stärkerem Windgang nichts für schaukelempfindliche Landratten. Die Skipper sprechen nicht immer ausreichend englisch. Hurrikans suchen die Region besonders im September und Oktober heim.

Tennis, Reiten, Golfen:
Tennis und Reiten gehören ebenfalls zum touristischen Angebot in den meisten großen Hotels und Badeorten, aber auch in den Bergen (z.B. Soroa). Golfplätze gibt es bisher nur in Havanna und Varadero (in Cayo Coco geplant).

Vogelbeobachtung, Wandern, Trekking, Climbing:
Trekking bzw. Ökotourismus steckt noch in den Kinderschuhen, die Insel wird jedoch immer mehr als Wanderreiseziel entdeckt: Immerhin besitzt Kuba etwa 100 Naturschutzgebiete! Die Unterkünfte können recht spartanisch sein, je abgelegener die Gegend ist. Bei organisierten Wanderungen sind es bisher oft nur Tagesausflüge, die auch nur mit einem Reiseführer möglich sind, offiziell jedenfalls. Wichtig sind bei allen Ausflügen festes Schuhwerk und Wasserflasche, evtl. auch Proviant. Für Vogelbeobachtung eignen sich die Zapata-Halbinsel (Guamá) sowie Cayo Coco und Cayo Sabinal (v.a. Flamingos) – es empfiehlt sich, das eigene Fernglas mitzubringen.

Weil die Infrastruktur hier am besten ist und offizielle Führer zur Verfügung stehen, eignen sich bisher am ehesten die **Sierra del Rosario** (bei Pinar del Río, Soroa und Las Terrazas mit markierten Pfaden), die **Sierra del Escambray** mit den Topes de Collantes (hier besonders die 4-Stunden-Wanderung zum Caburní-Wasserfall, die man ohne Guide unternehmen kann – allerdings müssen 400 Höhenmeter überwunden werden!) und die Gegend um den (Stausee) **Presa Hanabanilla** bei Trinidad.

> **SERVICE**
> *von A–Z*

Im Landesosten folgt man mit dem Aufstieg auf den höchsten Berg Kubas, den **Pico Turquino** (westlich von Santiago de Cuba in der Sierra Maestra), den Spuren der Revolutionäre – am besten bei einer Zweitageswanderung vom Bergdorf Santo Domingo im Landesinneren und nicht von der Küstenseite her, weil für viele Wanderer diese Küstenstrecke ab Las Cuevas zu steil ist (hier steigen die Berge, auch der Pico Martí und La Bayamesa, vom Meeresspiegel auf nur vier bis fünf Kilometern schnell auf 1974 m an).

Beste Zeit für diese anstrengende Tour ist vom Oktober bis Mai, man übernachtet in einem Lager mit Etagenbetten. Oder man erklimmt bei einem Spaziergang den zugänglicheren **Gran Piedra** im gleichnamigen Nationalpark (östlich von Santiago de Cuba). Ein Ausflug empfiehlt sich auch in den regenwaldähnlichen **Parque Nacional Alejandro de Humboldt** und auf den Tafelberg **El Yunque** (beides bei Baracoa im äußersten Landesosten).

In den *mogotes* genannten Bergen von **Pinar del Río** und **Viñales** im Westen der Insel sind die ersten Climber gesichtet worden – kein Wunder bei der spektakulären Aussicht! Die Ausrüstung zum Felsenklettern sollten Profis allerdings mitbringen und ggf. dalassen. Info: http://escaladaencuba.com, www.cubaclimbing.com

Radtouren:
Kuba ist ein Traumziel für Radfahrer mit durchschnittlicher Radlerkondition: relativ flach, fast leere Autobahnen und Landstraßen, wo mehr Ochsenkarren und Pferdekutschen als Autos verkehren. Die wenigen kubanischen Autofahrer sind an Radler als Massenphänomen gewöhnt und fahren daher meist rücksichtsvoll. Wer sein eigenes Rad mitbringt, kommt eventuell sogar hoch hinaus, etwa auf die anstrengendste aller kubanischen Radlerstrecken: die Serpentinen der »Farola« im Osten bei Baracoa – auf dieser herrlichen Panoramastraße begleitet den Sportradler eine Dschungelkulisse bei jedem Tritt.

Weiter im Süden bei Santiago radelt man auf der schönen Küstenstraße oder auf den Spuren der Revolutionäre durch die Sierra Maestra um den höchsten Berg Kubas, den Pico Turquino (1974 m) – ein Traum für Off-Road-Fans und geübte Montainbiker.

Fahrräder mieten kann man beispielsweise in Havanna (vgl. S. 239). Auch die Hotels bieten oft Montainbikes all-inclusive an, die jedoch nicht immer den Ansprüchen genügen. Mit viel Glück

SERVICE von A–Z

findet man in den modernen Einkaufszentren von Havanna (Galerias de Paseo und Plaza Carlos III.) ein überteuertes chinesisches Fahrrad (ca. € 120) oder gar ein Mountainbike.

Tipp fürs eigene Fahrrad: Air Berlin fliegt nach Varadero, Fahrradtransport: € 30 extra. Um Diebstahl und Beschädigungen zu vermeiden, sollte das Rad in einen festen Karton gepackt werden, leicht abmontierbare Teile gehören am sichersten ins Handgepäck! Eventuell kann man das Rad am Ende der Reise im Lande verschenken.

Kuraufenthalte:
Gesundheitsbehandlungen und Schönheitskuren bringen Kuba seit einiger Zeit auch Devisen, bisher v.a. mit kanadischer und lateinamerikanischer Klientel (wie der argentinische ehemalige Fußballstar Maradonna zum Drogenentzug). Auf dem Gebiet der Neurologie und Orthopädie hat sich Kuba international einen sehr guten Ruf erworben. Sanatorien und Kurkliniken kümmern sich mit Physiotherapie, schwefelhaltigen Quellen, Akupunktur und Heilkräutern landesweit ums leibliche wie seelische Wohlergehen, z.B. in Havanna (Kurhotel La Pradera), Sierra del Rosario (San Diego de los Baños) und Sierra del Escambray (Kurhotel Topes de Collantes, s.u.) sowie Villa El Saltón bei Santiago.

Immer mehr Luxus-Hotels eröffnen eigene Spa-Abteilungen mit Anticellulitisbehandlungen, Peelings, kosmetischen Angeboten usw. (z.B. das Hotel Commodoro in Havanna-Miramar, weitere im Badeort Tarará bei Havanna und in Varadero sowie Cayo Santa María und Cayo Coco).

Tanz- und Percussion-Kurse:
Im wahrsten Sinne mitreißend sind die Tanzkurse in Kuba – allerorten werden die Touristen mit heißen Salsa-Rhythmen auf die Tanzfläche gelockt. Mittlerweile bieten mehrere deutsche Veranstalter das lässige Hüftschwingen in ihren Programmen an, aber selbst in den Todo-incluído-Hotels werden die Urlauber am Pool fleißig »salsanimiert« ... Auch Musikunterricht, wie Percussion oder afro-kubanische Klänge, kann gebucht werden, v.a. in Havanna und Santiago.

Vor Ort erkundigt man sich in Havanna am besten im Teatro Nacional (✆ 07-879 60 11, www.teatronacional.cult.cu), im Conjunto Folklórico Nacional (✆ 07-831 34 67, www.folkcuba.cult.cu, teuer), in der Casa de la Cultura Habana Vieja (Calle Aguiar zwischen Amargura & Brasil, Altstadt) und im Museo del Ron (Av. del Puerto, auch: Calle San Pedro, Ecke Calle Sol, ✆ 07-861 80 51), wo ebenfalls Salsakurse gegeben bzw. vermittelt werden. In Havanna und kleineren Städten wie Trinidad oder Santiago wird man darüber hinaus von »Tanzlehrern« angesprochen für Privatstunden (CUC 5–10 pro Stunde, je nach Professionalität des Lehrers, z.B. bei Lazaro und Familie in Havanna: ✆ 07-861 20 64).

Veranstalter von Tanzreisen in Deutschland (der durchschnittliche Preis liegt bei ca. € 120 für 10 Stunden) sind:

Via Danza, ✆ (07 11) 48 90 70 03, Fax (07 11) 48 90 70 04, www.viadanza.com;

Danza y Movimiento, ✆ (040) 34 03 28, Fax (040) 34 03 17, www.danzaymovimiento.de, www.dym.de).

Sprachkurse:
Wer das vernuschelte Kubanisch besser verstehen möchte, kann bei vielen Veranstaltern einen Sprachkurs buchen. Auch an der Universität in Havanna finden Sprachkurse auf verschiedenen Ebenen statt, etwa CUC 100 (20 Stunden) bis CUC 300 (80 Stunden), Schulmaterialien inklusive.
Infos: Tel. in Havanna: ✆ 07-832 42 45, www.uh.cu/infogral/estudiaruh/postgrado/english.html.

Info in Deutschland: Sprachcaffe Reisen Hauptbüro: Gartenstr. 6, 60594 Frankfurt/Main, ✆ (069) 61 09 120, Fax (069) 61 04 53, www.sprachcaffe-cuba.com (in Havanna: ✆ 07-204 54 33).

Sprachführer und Glossar

In Kuba wird wird hoffnungslos genuschelt. Ganze Wortenden werden kurzerhand verschluckt, besonders »s« und »v« scheint niemand zu mögen (vom Fisch »pescado« bleibt so nur noch: pecado; das »v« wird fast immer zu »b« – so wurde aus Havanna: Habana).

Einige Worte haben ihre eigene urkubanische und rein nationale Bedeutung (manchmal auch nur regional in Havanna oder in Santiago): Etwa wenn die Kubaner »Mami« sagen – und zwar zu jeder Frau jeden Alters, auch liebevoll zu ihren Töchtern (ebenso sagen Frauen gelegentlich »Papi« zu den Männern).

Allgemein
Guten Morgen/Tag – *Buenos días*
am Nachmittag – *Buenas tardes*
Guten Abend – *Buenas noches*
Hallo – *Holá*
Auf Wiedersehen – *Adiós*
Bis bald – *Hasta luego*
Danke, vielen Dank – *Gracías, Muchas gracías*
Wie geht es Ihnen? – *Cómo está (Usted)?*
Wie geht's? – *Que tal?*
sehr gut – *muy bien*

SERVICE von A–Z

ja – *sí*
nein – *no*
bitte – *por favor*
entschuldigung – *perdón*
kein Problem – *no problema*
Viel Glück! – *Tenga suerte!*
Wo ist ...? – *Donde está ...?*
Wie teuer? – *Cuánto cuesta?*
(zu) teuer – *(demasiado) caro*
heute – *hoy*
gestern – *ayer*
morgen – *mañana*

Wochentage
Montag – *lunes*
Dienstag – *martes*
Mittwoch – *miércoles*
Donnerstag – *jueves*
Freitag – *viernes*
Samstag – *sábado*
Sonntag – *domingo*

Zahlen
0 – *zero*
1 – *uno*
2 – *dos*
3 – *tres*
4 – *cuatro*
5 – *cinco*
6 – *seis*
7 – *siete*
8 – *ocho*
9 – *nueve*
10 – *diez*
11 – *once*
20 – *veinte*
30 – *treinta*
100 – *cien*
1000 – *mil*

Glossar
aficionados – Liebhaber, Fan
aguardiente – Branntwein
amigo – Freund
apagones – Stromabschaltungen
autopista – Autobahn
barbudos – bärtige Guerillas
behíque – indianischer Medizinmann
bicitaxi – Fahrradtaxe
bohío – traditionelle Hütte mit Palmdach
cabaña – Stein-/Holzbungalow
calle – Straße
camello – Stadtbus in Havanna
camino – Weg
camiones – Laster
campesino/guajiro – Bauer
caney – indianische Rundhütte, kubanische Rumsorte
carretera – Landstraße
casa – Haus
casa particular – Privatwohnung mit Zimmern
casa de combatiente – Treffpunkte/Häuser für die alten Revolutionskämpfer
casa de la trova – traditionelle Musikclubs mit Live-Musik (meist Trova)
castillo, fortaleza – Burg
cayo – Insel
cenote – Unterwasserhöhle
cerdo asado – Spanferkel
cimarrón – entflohener Sklave
ciudad vieja – Altstadt
Cohíba – bekannteste Zigarrenmarke (Fidels Lieblingsmarke)
comida criolla – typisch kreolische Speisen
compañero/a – Genosse/Genossin
cueva – Höhle
finca – Bauernhof
ganadería – Viehfarm
ganado criollo – kreolisches Vieh (Kreuzung aus Holsteinischen Kühen und dem aus Asien stammenden Zebu-Rind)
guarapo – Zuckerrohrsaft
»Hasta la victoria siempre« – »Bis zum ewig währenden Sieg«
jinitera/o – Prostituierte/Straßenhändler/Schlepper
libreta – Bezugsschein
mambí (-ses) – Befreiungskämpfer im 19. Jh.
Mami – Frauen jeglichen Alters in der Umgangssprache (vom Ehemann oder Vater so genannt)
mirador – Aussichtsturm
mogote – Kalksteinhügel
montaña – Berg
moros y cristianos/congrí – Reis mit schwarzen (oder roten) Bohnen
nylon – umgangssprachlich für Plastiktüte
orisha – afrikanische Santería-Gottheit
palacio – Palast
paladar – Privatrestaurant
Palmares – staatliche Restaurantkette der gehobeneren Klasse
»Patria o muerte« – »Vaterland oder Tod«
período especial – »Spezialperiode« in den 1990ern nach dem Zerfall der UdSSR (Rationierungen, Stromsperren usw.)
persiana – Lamellenfenster
Peso convertible (CUC) – Touristenwährung auf Kuba
playa – Strand
plaza – Platz
puerto – Hafen
rejas – teils kunstvoll gedrechselte Holzgitter vor kolonialen Gebäuden
Rumbos – einfache Lokalkette
Santería – afrokubanischer Kult
santero/a – Santería-Priester/in
santo sepulcro – heilige Grabstätte
secadero – Trockenhütte für Tabak
tinajon – Tonkrug

SERVICE
von A–Z

todo incluído – all inclusive
torre – Turm
tostones – frittierte Bananenscheiben
valle – Tal
vaquero – kubanischer Cowboy
vega – Tabakpflanzung
veguero – Tabakpflanzer
»Venceremos!« – »Wir werden siegen!«
vitrales – Glasmosaiken
zafra – Zuckerrohrernte

Strände und Inseln

Kuba besitzt eine 5700 km lange Küste, an der sich rund 300 Strände und mehr als 4000 Inseln und Inselflecken erstrecken, mit feinstem weißen Strand unter Palmen oder Meerestrauben, azurblauem Meer und einem meist wolkenlosen tropischen Himmel. Viele Strände sind mit allen erdenklichen touristischen Attraktionen gesegnet: etwa in **Trinidad** an der Südküste oder **Varadero, Guardalavaca** und dem ruhigeren **Santa Lucia**, die im Norden liegen und wo das Meer etwas unruhiger als im Süden sein kann. Hier betreibt man (fast) alle möglichen Wassersportarten, es gibt internationale Tauchstationen, Bars, Diskotheken und Restaurants mit internationaler Küche. Für Kinder gibt es die beliebten Delfinarien, wo man mit den Delfinen schwimmen kann; der Spaß ist allerdings mit bis ca. € 65 pro Person plus Eintrittspreis plus Filmerlaubnis nicht gerade billig (z.B. in Varadero, Guardalavaca, Cienfuegos im Süden und Baconao im Osten).

Auf Kuba ist der Fußball erst in den letzten Jahren populär geworden

Neu auf der touristischen Landkarte sind die an der Nordküste liegenden Urlaubsgebiete von **Covarrubias** (bei Puerto Padro, Provinz Las Tunas), die **Cayo Santa María** (bei Caibarién/Provinz Villa Clara) und **Playa Pesquero** (in der Provinz Holguín nahe dem Badeort Guardalavaca) mit riesengroßen luxuriösen Todo-incluído-Hotelanlagen. Wer nur wenig Zeit für seine Kuba-Erkundungen hat und die trubelige Hauptstadt als festen Standort vorzieht, kann die Strände kurz hinter der Stadtgrenze von Havanna besuchen: die 9 km langen **Playas del Este**, wo sich der Fremde unter die Kubaner mischen kann und Touristen streckenweise noch in der Minderheit sind.

Ganz anders dagegen die touristisch erschlossenen und abgeschirmten Inseln wie **Cayo Largo** und **Cayo Coco/Cayo Guillermo** und die neu erschlossene **Cayo Santa María**: Hier bleiben Ausländer unter sich, denn den Kubanern ist der Zutritt ins Paradies nur als Barmann oder Zimmermädchen, Reiseleiter, Animateur oder Busfahrer gestattet (nach Cayo Largo verkehren nur Flieger, Cayo Coco erreicht man über den 20 km langen Damm vom Festland bei San Rafael – mit einem kleinen Obolus in Devisen für die Benutzung).

Auch in Varadero leben zwar Tausende Kubaner im Stadtgebiet und Familien erholen sich hier am Strand, aber die Mehrzahl der Kubaner darf an Varaderos Traumstrand nicht baden, ganz wie zu Zeiten der Al Capones und Du Ponts, die als reiche Amerikaner den Strand von Varadero in den 1950ern bevölkerten. Lediglich die »Helden der Arbeit« dürfen auf Einladung der Gewerkschaft heute auch ein paar Tage in Varadero mit der Familie ausspannen, meist in den einfacheren oder Mittelklassehotels. Dafür bietet sicherlich kein anderer Ort so viele Attraktionen und Abwechslung – von Fahrten mit Glasbodenbooten bis zum Fallschirmspringen. Kein Wunder, dass es hierher fast die Hälfte aller ausländischen Kubaurlauber zieht.

Die **Cayo Sabinal** im Norden ist nur per Tagesausflug zu erreichen. Die ebenso winzige, idyllische **Cayo Levisa** (20 Minuten per Boot nördlich von Palma Rubia im Westen von Havanna) verfügt über einige gute Bungalows. Es gibt Orte in Kuba, wo der Reisende sich auf einen anderen Kontinent versetzt fühlt: etwa beim Anblick eines Zebras in freier Wildbahn! **Cayo Saetía** (95 km von Guardalavaca) könnte auch irgendwo in Afrika liegen: Antilopen, Strauße und Wildschweine fühlen sich hier augenscheinlich wohl. Die meisten ausländischen Touristen fliegen als Tagesgäste zur Jeep-Safari mit dem Helikopter aus Guardalavaca ein – bewaffnet mit Videokamera und Teleobjektiv.

Im Gegensatz zu den endlosen weißen Stränden an der Nordküste verstecken sich im **Süden** die oftmals dunkelgrauen Strände in kleinen idyllischen Buchten mit Palmenhainen und steil abfallenden Felsküsten, zum Beispiel entlang der traumhaften Küstenstrecke zwischen Santiago de Cuba und den Fischerorten Chivirico und Marea del Portillo: Manchmal verläuft die asphaltierte Straße nur knapp über der zerklüfteten Steilküste und die Wellen schwappen auf die Fahrbahn, die leider seit den Hurrikans 2005 und 2008 arg gelitten hat und stellenweise nur noch im Schritttempo passierbar ist. Mitunter muss man wegen einer seit Jahren zerstörten Brücke auch durch einen flachen Fluss (am besten mit einem Jeep bzw. Allradantrieb, aber es geht auch notfalls ganz langsam und vorsichtig mit einem Mietwagen).

Im Süden der Insel liegen die Hotels noch etwas weiter verstreut, das Meer ist ruhiger und auch der Urlaubstrubel hält sich in Grenzen. Im Winter wird es hier nicht so kalt an den Abenden wie an der Nordküste. Bekannt und mit einigen guten Hotels und Wassersportmöglichkeiten ausgestattet sind **Trinidad-Ancón**, **Playa Larga** und **Playa Girón** nahe der Schweinebucht (bei Guamá), der **Playa Rancho Luna** (bei Cienfuegos) sowie die Strände und Buchten westlich und östlich von Santiago (z.B. der ruhige Playa Cazonal im Parque Baconao). Unberührt empfangen auch die Strände bei Baracoa im äußersten Osten: **Playa Maraguana** (im Westen Baracoas) und die **Playitas Cajobabo** bis **Playa Yacabo** (Richtung Guantánamo, nur mit einfachen Campismo-Anlagen).

Die weniger bekannten Strandorte zeichnen sich durch mehr Ruhe, aber auch durch einfachere Hotels aus (meist untere Mittelklasse). Die Anreise kann sich manchmal etwas schwierig gestalten und muss besonders bei Fährüberfahrten u. U. mit Geduld gemeistert werden. Die Strände sind nicht unbedingt touristisch sauber, sondern eher naturbelassen. In den äußersten **Westen** des Landes auf die **Halbinsel Guanahacabibes** zieht es bisher vor allem Taucher: Das Gebiet steht unter UNESCO-Schutz als Welt-Biosphärenreservat und besteht vorwiegend aus Mangrovensümpfen, in María la Gorda steht ein Strandhotel, ebenso am noch einsameren Cabo de San Antonio am westlichsten Ende der Insel.

Im Süden lockt die größte Insel Kubas Taucher, Naturliebhaber und Geschichtsfans an: die **Isla de la Juventud**. Das Eiland hat viel Abwechslung und kubanischen Alltag zu bieten, allerdings treffen sich in den bisher wenigen und recht einfachen Hotels eher die Tauchsportler (im Internationalen Tauchzentrum des Hotels Colony), um den maritimen Schönheiten des Archipiélago de los Canarreos in Unterwasser-Exkursionen auf den Grund zu gehen: Rund 30 km vor der Küste, wo der kubanische Inselsockel plötzlich auf mehr als 1000 m Tiefe abbricht, erleben Taucher ein traumhaftes Revier mit Höhlen, Schluchten, Fischschwärmen und Korallenreichtum.

SERVICE von A–Z

Strom

Die Stromspannung beträgt 110 Volt (in großen Hotel meist 220 Volt); am besten einen Adapter für US-amerikanische Flachstecker mitnehmen (in manchen besseren Hotels vorhanden), oft passt auch der europäische Stecker, teils sogar in den privaten Unterkünften (dort jedoch immer zuvor nach der Stromspannung fragen!). Auf dem Land, in den Kleinstädten und in *Casas particulares* sowie Campismo-Unterkünften kommt es regelmäßig zu Stromausfällen. Allerdings sollen die Stromabschaltungen mit neuen Elektrizitätswerken demnächst der Vergangenheit angehören – zu wünschen wäre es den Kubanern.

Telefon/Post/Internet

Postämter sind Mo–Sa etwa 8.30–17 Uhr geöffnet. Briefe und Postkarten können in allen Hotels abgegeben werden. Nach Europa dauert die Postsendung mindestens 10 Tage, es können aber auch einige Wochen sein (oft dauert es drei Wochen). Es gibt Postkarten, die bereits mit aufgedruckter Briefmarke verkauft werden.

Internationale **Telefonate** werden meist über den *operador* vermittelt und sind relativ teuer (eine Minute nach Deutschland kostet bis zu CUC 6). Es gibt außerdem Telefonkarten für nationale und für internationale Gespräche *(propia)* à CUC 10/15 (ca. CUC 1,70 pro Min. – nachdem man mit persönlichem Code etwas komplizierter erst mehrere Nummern wählen muss), die in offenen Telefonboxen an der Straße, im Hotel oder in den Telekommunikationsläden (Etecsa) benutzt werden können und etwas billiger sind als vermittelte Gespräche.

Inlandsgespräche sind wesentlich billiger (25-fach!) mit einer kubanischen Peso-Telefonkarte, also CUP-Karte und nicht CUC-Karte! (die heißt auch *propia* und funktioniert an Telefonzellen und privaten Telefonen).

Vorwahlen:
Aus Deutschland, Österreich und der Schweiz nach Kuba ✆ 00 53
aus Kuba nach Deutschland ✆ 119-49
nach Österreich ✆ 119-43
in die Schweiz ✆ 119-41

Telefonieren in Kuba:
Ruft man von Deutschland (Österreich, Schweiz) bzw. aus Havanna in den jeweiligen kubanischen

SERVICE von A–Z

Orten an, gilt die jeweils hier im Buch genannte Vorwahlnummer. Ruft man von unterwegs aus einer anderen kubanischen Stadt bzw. Provinz in dem jeweiligen Ort an, gilt oft eine andere Vorwahl (z.B. für Baracoa wählt man aus Deutschland, Österreich, Schweiz und Havanna: ✆ 021, aus allen anderen kubanischen Provinzen wählt man für Baracoa: ✆ 01-21). Bei Problemen sollte man die Auskunft *(operadora)* ✆ 113 anrufen, noch besser: in die örtlichen Etecsa-Telefonbüros gehen und nach der jeweiligen aktuell geltenden Vorwahl fragen! Aber selbst auf diese Auskünfte ist nicht immer Verlass, da das kubanische Telefonsystem bereits seit einigen Jahren landesweit digitalisiert und nach und nach umgestellt wird.

Mobiltelefon:

Es besteht in Kuba eine Funkversorgung für GSM-Netz, Roamingpartner sind verschiedene D1- und D2-Netzbetreiber, so dass man mit seinem eigenen Handy telefonieren kann – zu sehr hohen Tarifen (derzeit ca. € 4/Min. nach Deutschland, SMS ca. € 1), das GSM-Netz ist nicht immer flächendeckend funktionsfähig, v.a. außerhalb der Ballungsräume. Beim kubanischen Mobilfunkbetreiber Cubacel Etecsa kann man tage- oder wochenweise Mobilphones gegen Personalausweis mieten: ca. CUC 6 pro Tag. Eine SIM-Karte fürs eigene Handy kostet eine einmalige Gebühr von ca. CUC 40). (www.cubacel.cu, ✆ 07-880 22 22 und 07-264 22

Mit wem sie wohl telefonieren?

66). Einzelheiten zu Tarifen und Preisen sollte man beim Provider zu Hause erfragen.

Internet:

In einigen Touristenorten wie Havanna und Varadero sowie in den besseren Hotels gibt es Cyber-Cafés und Internetverbindungen (für E-Mail-Abfrage). Alle lokalen Etecsa-Büros in ganz Kuba verfügen über Kabinen für E-Mail-Abfrage (dauert meist sehr lange und Webseiten sind oft blockiert).

Trinkgeld

Angesichts eines Monatseinkommens von umgerechnet ca. € 13 in fast wertlosen *Pesos cubanos (moneda nacional)* leben die im Tourismus arbeitenden Kubaner quasi ausschließlich vom Trinkgeld (Taxifahrer, Kofferträger, Busfahrer, Reiseleiter, Musiker usw. – meist reicht hier CUC 1 bzw. CUC 1 p.P.). Besonders bei Hotelangestellten verheißt frühest mögliche Übergabe von Trinkgeld einen besseren und aufmerksameren Service ...! Kleine Scheine und Münzen in CUC oder Euro sind immer nützlich als Trinkgeld. Als kleines Dankeschön eignen sich außerdem: Schreibblöcke und Stifte für die Kinder der Familie, Parfüm und Seife, Kleidung ...

Allerdings sollte man bedenken, dass die meisten Zimmermädchen, Barkeeper und Kellner an nur einem einzigen Tag ein Vielfaches dessen verdienen, was ihre Landsleute, die nicht im Tourismus arbeiten (bzw. Verwandte im Ausland haben), im gesamten Monat bekommen – und das in wertvollen Devisen. Sie müssen allerdings auch einen Teil davon an den Staat abgeben. Vielleicht beschenkt man bei Gelegenheit eher einen Kubaner mit einem Obolus, der keinen tagtäglichen Zugang zu harten Devisen hat.

Unterkunft

Der früher bei der Einreise vorzulegende Nachweis eines Hotelzimmers wird heute nur noch selten verlangt, am besten man nennt dem Zollbeamten in diesem Fall dann irgend einen bekannten Hotelnamen am Ankunftsort.

Die Palette der Unterkunftsmöglichkeiten reicht von meist sehr einfachen Campismo-Cabañas (Bungalows bis zu CUC 35) über mittelklassige und komfortable Hotelzimmer (CUC 40–80) bis zum Luxusapartment mit allem erdenklichen Komfort und Poollandschaft (um CUC 150). Am preisgünstigsten sind der bereits pauschal in Deutschland gebuchte Urlaub (»alles inklusive« pro Tag etwa € 50–100, abhängig von Saison, Hotelkategorie und Anbieter) oder gemietete Privathäuser mit bis zu zwei Zimmern, Wohnzimmer,

Das Gran Hotel in Camagüey um 1960

Bad und Küche (ab CUC 50–60 pro Tag, z.B. Playas del Este). Oder man wohnt in den privaten Casas particulares bei Familien: Doppelzimmer CUC 15–30, abhängig von Region und Saison.

Hotels:
Kuba hat sein Hotelangebot in den vergangenen Jahren um ein Vielfaches erweitert. Zu den hoch herrschaftlichen, wunderschön restaurierten Kolonialhotels und den hässlichen Plattenbauten im Jugendherbergsstil aus den 1970ern gesellen sich nun architektonisch originelle Joint-Venture-Hotels und moderne Bungalowanlagen *(cabañas)*, die First-Class-Kategorie findet sich besonders in den großen Badeorten und vor allem auf den touristisch voll erschlossenen Inseln wie Cayo Santa María, Cayo Coco und Cayo Largo. Die Preise in der Hochsaison steigen um etwa 30 %, in den meisten Badeorten gelten All-inclusive-Preise. Einzelzimmer sind ca. 30 % billiger. Die Gäste in den All-inklusive-Anlagen tragen als Erkennungszeichen stets ein Plastikarmband.

Die **oberste Preisklasse** bietet den international standardisierten Luxus (Gran-Caribe-, Sol-Melía- und Habaguanex-Hotels). In der **Mittelklasse** (drei Sterne in Kuba – einem Entwicklungsland – entsprechen oft nur ein bis zwei Sternen nach deutschem bzw. internationalem Standard) ist leider zu beobachten, dass der ohnehin geringe Standard im internationalen Vergleich weiter nachlässt, und man setzt offenbar auf billigsten Massentourismus aus Kanada und Großbritannien (wer die von dort gleich mitgebrachten litergroßen Plastiktrinkbecher nicht hat, geht oft leer aus...).

In den jüngsten Jahren macht sich auch eine recht negative Tendenz in den mittelklassigen **All-inclusive-Hotels** (besonders Varadero, Playa Santa Lucia, Guardalavaca, Trinidad) bemerkbar: Man bekommt abends an den Bars oft nicht einmal mehr den Nationaldrink Mojíto (weil angeblich die Minze fehlt), die übrigen Drinks und sogar Säfte sind verwässert (zu viel Eis), die Bars schließen offenbar, wenn der Barmann keine Lust mehr hat (v.a. in Nebensaison). Ohne Extra-Tipp ist oft keine Aufmerksamkeit der Angestellten zu erlangen, ob Kellner, Barmann oder Putzfrau. Auch die Safes in den Zimmern sind nicht immer sicher. Das ist leider die Realität in einem sozialistischen Staat mit 15-Euro-Monatsgehältern.

SERVICE von A–Z

Außerdem macht sich seit Öffnung der Hotels auch für die Kubaner (in 2008) unüberhörbar bemerkbar, dass man in einem lauten und tanzfreudigen Land unterwegs ist: Tag und Nacht dröhnend laute Reggaeton-Musik, ganze Großfamilien »besetzen« v.a. an Wochenenden und in den Ferien Pool und Liegen und holen lautstark nach, was ihnen jahrzehntelang im eigenen Land verwehrt blieb. Leider wird viel geklaut, und so mehren sich die Billighotels, in denen man Kaffee nur noch aus Plastikbechern oder Suppentassen bekommt.

Weitere häufige Beschwerden: langes Anstehen in Restaurants, kein richtiges Warmwasser in der Dusche, dafür warmes Bier (kaputte Eismaschinen), auseinanderfallende Armaturen und Möbel usw. usf. Die **unterste Kategorie** ist sehr einfach und wird meist von Kubanern frequentiert (Islazul).

Die **internationalen Hotels** bieten i.d.R. ein sehr engagiertes, mehrsprachiges Animationsprogramm und manchmal auch Live-Konzerte – in der Nähe des Swimmingpools ist daher vor 23 Uhr nicht mit Nachtruhe zu rechnen. Meist gehören ein Souvenirladen und ein winziger Supermarkt sowie ein Reisebüro zum Hotel. In allen Hotels liegen Handtücher und Seife bereit, es wird täglich gereinigt. Das Duschwasser kann auch in modernen Hotels nicht immer richtig heiß werden, einige Inselanlagen verwenden Solarsysteme. Da die Strandanlagen meist nur zweistöckig sind, gibt es kaum Fahrstühle. Nach einem Hurrikan treten oft Probleme mit der Wasser- oder Stromversorgung auf.

Casas particulares:
Privatunterkünfte bei Familien sind v.a. in den Städten und in einigen Strandorten (z.B. Playas del Este, Trinidad) zu finden und an den blauen Dreiecken an der Tür zu erkennen. Man wird aber auch oft angesprochen oder vom Taxifahrer hingefahren, allerdings zahlt man dann zusätzlich eine »Schleppergebühr« (ca. CUC 5), das gleiche gilt für die Privatrestaurants. Der Gast wird mit seinem Pass in eine Art offizielles Gäste-Meldebuch eingetragen. Manche Wohnung hat man fast für sich alleine, bei anderen ist der Familienanschluss inklusive. Allerdings sollte man nicht sehr pingelig sein, keine blitzeblanken Zustände oder schickes Mobiliar erwarten, und der Strom fällt gelegentlich auch aus.

247

SERVICE von A–Z

Zeitunterschied

Da Kuba im Westen liegt, beträgt der Unterschied zur mitteleuropäischen Zeit wieder ganzjährig (nachdem die Sommerzeit wieder eingeführt wurde) MEZ minus 6 Stunden.

Zollbestimmungen

Zur zollfreien **Einfuhr** in Kuba sind erlaubt: 3 Liter Alkohol, 200 Zigaretten, eine Fotokamera, eine Videokamera, ein CD-Spieler, ein Laptop. Außerdem: Sportgeräte, z.B. ein Fahrrad, Medikamente bis zu 10 kg. Elektrogeräte dürfen nur in dem Maß eingeführt werden, wie sie für den persönlichen Bedarf bestimmt sind, nicht als Geschenke für kubanische Staatsangehörige. Für Geschenke (nichtkommerzielle Einfuhr) ab einem Gegenwert von CUC 50–250 wird Zoll in Höhe von 100 % erhoben. Die Einfuhr von Drogen, Pornographie, »konterrevolutionärer« Literatur und Waffen ist strengstens verboten. Lebensmittel werden bei der Einreise beschlagnahmt, da die Einfuhr aus gesundheitspolizeilichen Gründen verboten ist.

Bei der **Ausfuhr** sind maximal erlaubt: vier Flaschen alkoholische Getränke, 250 g Kaffee, 250 g Tabak. Bis zu 20 lose Zigarren pro Person dürfen ohne Quittung und Originalverpackung ausgeführt werden; bei 50 Zigarren müssen sie in verschlossener Originalverpackung mit Qualitätssiegel und offiziellem Hologramm verpackt sein (ohne Rechnung möglich); bei mehr als 50 Zigarren muss zusätzlich eine Rechnung der offiziellen Verkaufsstelle vorgelegt werden.

In den letzten Jahren wurden wiederholt eigentlich wertlose kunsthandwerkliche Gegenstände, die auf Touristenmärkten gekauft worden waren, bei der Ausreise von den kubanischen Zollbehörden beschlagnahmt mit dem Hinweis, es handele sich um kubanisches Kulturgut. Auskünfte hierzu sowie Ausfuhrgenehmigungen erteilt in Havanna: **Bienes Culturales**, Calle 17 Nr. 1009 zwischen Calles 10 & 12, Vedado).

Schwarze Koralle steht unter Naturschutz, Elfenbein und Krokodilleder sowie andere tierische Bestandteile wie Felle, Krallen, Zähne, Schlangenhäute, Schildpatt und selbstverständlich lebende Tiere fallen unter das Washingtoner Artenschutzabkommen, und spätestens beim europäischen Zoll drohen bei Entdeckung hohe Strafen.

Zollfreie Einfuhr in Deutschland und EU (p.P. über 17 Jahre): 200 Zigaretten oder 100 Zigarillos oder 50 Zigarren oder 250 g Rauchtabak, 1 Liter Spirituosen (mehr als 22 %) oder 2 Liter Spirituosen, Aperitifs aus Wein oder Alkohol, Taffia, Sake oder ähnliche Getränke (22 % oder weniger) oder 2 Liter Schaumweine oder Likörweine, andere Waren wie Kaffee, Tee, Parfüm sowie Geschenkartikel bis zu einem Warenwert von € 430 (unter 15 Jahren bis insgesamt € 175). Info: www.aduana.co.cu, www.zoll.de.

Sonnenuntergang auf der Halbinsel Punta Gorda bei Cienfuegos

Orts- und Sachregister

Fett hervorgehobene Seitenzahlen verweisen auf ausführliche Erwähnungen, die *kursiv* gesetzten Begriffe und Seitenzahlen beziehen sich auf den Service am Ende des Buches.

Al Qaida 16
Alexander-von-Humboldt-Nationalpark vgl. Parque Nacional Alejandro de Humboldt
Altiplanicie de Nipe 149
Altos Malones 140
Alturas de Baracoa vgl. Cuchillas de Toa
Alturas de Maybe 147, 195
Alturas de Santa Clara 102
An- und Einreise 225
Archipiélago de los Canarreos 77, 78 f.
Archipiélago de los Colorados 64, 65
Archipiélago de los Jardines de la Reina 116, 210
Archipiélago de Sabana-Camagüey 59, 95, 116, 123 ff.
Ärztliche Versorgung und Gesundheit 225 f.
Asseradero 204
Auskunft 226 f.
Autofahren/Automiete 227 f.

Bacuranao 46, 185
Bahía de Baracoa 136
Bahía de Bariay 132, **134 f.**, 195, 196
Bahía de Cienfuegos 82, 93
Bahía de Cochinos 7, 76, **91 f.**, 187
Bahía de Corrientes 67
Bahía de Guantánamo 140 f.
Bahía de Santiago de Cuba 155, 158
Bahía Honda 181, 183
Bajada 68
Banes **135 f.**, 197, 198
– Museo Indocubano Baní 135 f., 142
Baracoa 6, 10, 132, 133, **136 ff.**, 148, 197, 198, 199, 200, 210
– Catedral de Nuestra Señora de la Asunción 136, 138
– Cruz de la Parra 136
– El Castillo 136
– Festung Matachín/Museo Histórico Municipal 136, 138

– Hotel La Rusa 136 f.
– Museo de la Rusa 137
Bartolomé Masó 205, 206, 207, 222
Basílica de Nuestra Señora del Cobre vgl. El Cobre
Batabanó 42
Bayamo 10, 164, **165 ff.**, 207, 208, 210
– Casa Natal de Carlos Manuel de Céspedes 165, 166
– Iglesia Santísimo Salvador 166 f.
Birán **140**, 197, 199
Boca Ciega 47 f.
Boca de Cojimar 184
Boca de Guamá 85, 187
Boca de Yumurí 137
Buchempfehlungen 228 ff.
Buena Vista Social Club 4, 17, 28

Cabañas 181, 183
Cabo Cruz 205
Cabo de San Antonio 67
Caibarién 95, 96
Caimanera 140 f., 210 f.
Cajimaya 200
Calentura 167, 200 f.
Caleta Buena 187, 188
Caletón Blanco 167, 203, 204
Camagüey 6, 10, 95, **117 ff.**, 179, 191, 192, 195, 211
– Catedral Nuestra Señora de la Merced 120, 122
– Iglesia de San Juan de Dios/Museo de Arquitectura Colonial 117, 120 ff.
– Museo y Casa Natal Ignacio Agramonte 120, 122
– Teatro Principal 120, 122
Camagüey, Provinz 116 ff.
Camping 230
Cárdenas 53, 57, 184, 186 f.
– Museo Batalla de la Ideas 53
– Museo Oscar Maria de Rojas 53
Caridad de los Indios 139
Casilda 96, 107
Cayería del Norte vgl. Archipiélago de Sabana-Camagüey
Cayo Bariay 134
Cayo Blanco 59, 79, 97
Cayo Cantiles 78
Cayo Coco 95, 116, **123 f.**, 192, 211
– Parque Natural El Bagá 124
Cayo de Dios 78

Cayo del Rosario 78, 80
Cayo Ensenchaos 95, 212
Cayo Granma 158
Cayo Guillermo 95, 116, 123, **125**, 211
Cayo Iguana 78, 80
Cayo Jutía 145
Cayo Jutías 64
Cayo Largo 77, **78 ff.**, 211 f.
– Casa Museo 79, 80
– Isla del Sol 78 f.
– Granja de las Tortugas 79, 80, 81
– Playa Sirena 79, 80
Cayo Las Brujas 95, **96**, 192, 194, 212
Cayo Levisa 64, **65**, 181, 182, 183, 212
Cayo Los Pájaros 79
Cayo Matias 78
Cayo Media Luna 125
Cayo Mégano 65
Cayo Paraíso 65
Cayo Paredón Grande 123, 125, 211
Cayo Rico 80
Cayo Romano 123
Cayo Sabinal 130
Cayo Saetía **141**, 197, 200, 212
Cayo Santa María **95 f.**, 99, 191, 192, 194, 212
Central Camilo Cienfuegos 51, 56
Chivirico 167, 176, 212 f.
Chorro de Maíta/Aldea Taína 132, **142 f.**, 197, 198
– Museo Archeológico Chorro de Maíta 142 f.
Ciego de Àvila **126**, 191, 192, 213
Ciénaga de Zapata vgl. Península de Zapata
Cienfuegos 6, 77, **82 ff.**, 93, 97, 179, 187, 188, 189, 213
– Catedral de la Purísima Concepción 82, 84
– Club Cienfuegos 83
– Palacio del Valle 77, 83, 84
– Palacio Ferrer 82
– Parque Martí 82
– Punta Gorda 82 f.
– Teatro Tomás Terry 82, 84
Cojímar 43 f., 184

249

Orts- und Sachregister

Comandancia de la Plata 174 f., 176
Contramaestre 208
Cordillera de la Gran Piedra 153 f.
Cordillera Guaniguanico 71
Cruce de los Baños 208
Cuatro Caminos 200
Cuchillas de Toa 136, 148 f.
Cueto 198, 199
Cueva de los Portales 66
Cuevas de Bellamar 54
Cumanayagua 97, 189, 192, 219 f.

Diebstahl und Sicherheit 230
Diplomatische Vertretungen 231
Dominikanische Republik 14
Dos Ríos (Region Sierra Maestra) 167 f., 208, 213

Einkaufen/Märkte 231 f.
Eintrittspreise/Museen 232
El Cobre 143, 150 f., 179, 208
El Cristo 200
El Nicho 97, 98, 189, 193
El Rincón 44 f.
 - Iglesia de San Lázaro 44
El Saltón 152, 176, 208
El Yunque 134, 136, 137, 139 f.
Ensenada de Casilda 96
Ensenada Juan Gonzáles 204
Escuela Nacional de Espeleología 72
Essen und Trinken 232 ff.

Faro Roncalli 67
Feiertage/Feste 234 ff.
Finca Fiesta Campesina (Casa del Campesino) 86, 187
Finca Las Manacas 140, 199
Floro Pérez 195
Fotografieren 236
Fray Benito 195
Fremdenverkehrsämter 226 f.

Geld/Kreditkarten 236
Gibara 6, 10, 143 f., 195, 213
 - Festival Internacional del Cine Pobre 143
 - Iglesia de San Fulgencio 143
 - Museo de Arte Colonial/ Museo de Historia Municipal 143, 144
Gran Caverna de Santo Tomás 72
Gran Parque Natural Montemar 90 f., 92, 188
Gran Parque Natural Topes de Collantes 95, 105 f., 190
 - Salto de Caburní 105, 106, 190
 - Salto Javira 105, 106, 190
Gran Piedra 153, 154
Granjita Siboney 152, 157
Granma, Provinz 7
Grupo Maniabón 135
Guamá 85 f., 184, 187, 213 f.
 - Krokodilfarm La Boca 85, 86
 - Laguna del Tesoro 85 f.
 - Museo Guamá 86
Guanabo 47 f., 220
Guanahabacoa 44 f.
 - Museo Histórico Municipal 44 f.
Guardalavaca 145 f., 195, 197, 198, 214 f.
Güira de Melena 45
Gunatánamo 16, 132 f., 144 f., 214
Gunatánamo, Provinz 132, 144
Gunatánamo, US-Internierungslager 16, 140 f., 148

Haiti 10, 11, 154
Havanna 5 f., 10, 12, **20–41**, 42 ff., 178, 181, 184, 185, 215 ff.
 - Bahía de La Habana 20, 23, 34, 49
 - Bodeguita del Medio 27
 - Calle Obispo 26, 27
 - Capitolio de La Habana 29 f., 36
 - Casa de Africa 26, 35
 - Casa del Habano 26, 35
 - Casa Natal de José Martí 28, 36
 - Casablanca 24
 - Castillo de la Real Fuerza 24, 35
 - Castillo de los Tres Reyes del Morro (El Morro) 23, 34
 - Catedral de La Habana 27, 35 f.
 - Centro 22, 26, 27, **28 ff.**
 - Centro Wifredo Lam 27, 36
 - Convento de Santa Clara 28, 36
 - Coppelia 31
 - Edificio Bacardí 36 f.
 - El Templete 24
 - Fortaleza de San Carlos de la Cabaña 23, 34 f.
 - Gran Teatro García Lorca 28, 36
 - Habana del Este 34
 - Habana Libre 31
 - Habana Vieja 24 ff.
 - Hotel Ambos Mundos 26 f., 35
 - Hotel Nacional 31
 - Iglesia de Nuestra Señora de la Merced 28, 36
 - Iglesia de San Francisco de Paula 28, 36
 - Iglesia y Monasterio San Francisco de Asís 28, 36
 - José Martí-Memorial 32 f., 37
 - La Chorrera 30
 - La Punta 23, 30
 - Linja del Comercio 28
 - Loma Cabaña 23, 34
 - Malecón 22, 30 f.
 - Marina Hemingway 33
 - Miramar 33
 - Museo Compay Segundo 37
 - Museo de Arte Religioso 36
 - Museo de Automóviles 26, 35
 - Museo de la Ciudad 25, 35
 - Museo de la Commandancia del Che 34
 - Museo de la Revolución 30, 37
 - Museo del Ron Havana Club 28, 36
 - Museo Nacional de Bellas Artes 30, 36 f.
 - Necrópolis Cristóbal Colón 33, 36
 - Palacio de los Capitanes Generales 24 f., 35, 36
 - Palacio del Conde Santovenia 24
 - Plaza de Armas 24
 - Plaza de la Revolución 32
 - Vedado 22, 31
Hershey Train 46, 48, 51, 55, 56, 57
Hispaniola 10, 139
Holguín 146 ff., 216 f.
 - Loma de la Cruz 146
 -Museo de Historia Natural Carlos de la Torre y Huerta 146, 147
Holguín, Provinz 132, 195
Hurrikans 16, 17, **124**

Internetadressen 227
Isla de la Juventud 7, 77, 78, **87 ff.**, 217
 - Ciénaga de Lanier 88 f., 90

Orts- und Sachregister

- Cuevas Punta del Este 88, 90
- Museo de Historia Natural y Planetario 87, 89
- Museo Finca El Abra 89
- Nuestra Señora de los Dolores 87, 89
- Nueva Gerona 87, 89, 217
- Playa Bibijagua 88, 89
- Presidio Modelo 7, 87 f., 89
- Punta del Este 88, 90
- Río Las Casas 87
- Sierra de Caballo 88

Jagüey Grande 184, 187
Jardín Botánico Soledad 85
Jardines de la Reina 97
Jardines del Rey vgl. Archipiélago de Sabana-Camagüey
Jibacoa 186, 192
Jiguaní 207, 213
Jovellanos 184, 187

Kleidung/Gepäck 237
Klima/Reisezeit 237 f.

La Bayamesa 172
La Boca 97, 130
La Demajagua 165, **168**, 205, 206
La Farola 7, 148, 200 ff.
La Maya 200
Landkarten 238
La Palma 181, 183
La Platica 175
Lago Redonda 128
Lago San Juan 66, 70
Laguna de la Leche 128
Laguna del Tesoro 187
Laguna Itabo 47
Laguna Portillo 172
Las Cuevas 171, 175 f.
La Sierrita 188, 190
Las Terrazas 64, **65 f.**, 70, 71, 181 f., 182, 217
- Cafetal Buenavista 66
Las Tumbas 67
Las Tunas 126 f., 195
- Museo de los Mártires de Barbados 127
Libreta (Lebensmittelkarten) 69
Loma de la Mensura 149
Loma de la Mezquita 134, 196
Loma del Cedro 195 f.
Loma del Puerto, Mirador 115
Loma del Salón 70
Loma del Yarey 168, 208, 213

Maffo 152, 208
Malanga 45

Manaca 114
- Torre Iznaga 114
Manicaragua **97**, 192, 193
Manzanillo 6, **169 f.**, 205, 206, 217
- Teatro Manzanillo 169 f.
Marcané 199
Marea del Portillo **171 f.**, 176, 203, 205, 217
Mariel 46
- Playa Baracoa 46
Matanzas 6, **54 ff.**, 184, 186, 187, 217 f.
- Palacio del Junco 55
- Parque Turístico Río Canímar 55, 56
- Teatro Sauto 55
Mayarí **149**, 188, 190, 197, 198, 199 f.
Media Luna 206
Meeresschildkröten 78, 79, **80 f.**, 95
Mije Hueco 208
Mirador de Bacunayagua 46, 186
Mirador de los Malones 140 f., 201
Mit Kindern auf Kuba 236 f.
Moa 197, 198, 199
Morón 128 f.
- Museo Ingenio Central Patria 129

Öffentliche Verkehrsmittel 238 f.
Öffnungszeiten 239 f.
Oriente 6 f., 150 ff.

Palma Rubia 183
Palma Soriano 208
Parque Monumento Nacional Bariay 134 f.
Parque Nacional Alejandro de Humboldt 7, 133, 136, 137, **148 f.**, 199
- Bahía de Taco 149
Parque Nacional de Baconao 152 f., 201, 218
- Museo Nacional de Transportes 153
- Valle de la Prehistoria 152 f.
Parque Nacional de Gran Piedra 153 f., 218
- Cafetal y Finca La Isabélica 154
- Jardín Botánico Ave de Paraíso 154
Parque Nacional de Guanahacabibes 67, 218

- Estación Ecológica de la Bajada 67
Parque Nacional de Turquino 173 ff.
Parque Nacional Desembarco del Granma (Playa Las Coloradas) **172 f.**, 205, 206
Parque Nacional La Güira 67, 70
Parque Natural Bahía de Naranjo 145, 146
Parque Natural La Mensura **149**, 197, 198, 200, 218
- Kaskade El Guayabo 149, 200
Península de Guanahacabibes 64, **67 f.**, 218
Península de Hicacos 52 ff.
Península de Zapata 76, **90 f.**, 187 f., 214, 219
Pico Cuba 172
Pico de Pontrerillo 190
Pico Joaquín 175
Pico Martí 171
Pico Regino 175
Pico San Juan 95, 97, 105, 190
Pico Turquino 8, 165, 167, **171 f.**, **175 f.**, 204 f.
Pilón 205
Pinar del Río 6, 8, 63, **68 f.**, 75, 178, 181, 182 f., 218
- Casa Garay 68, 69
- Fabrica de Tabacos Francisco Donatien 68, 69
- Palacio Guasch/Museo de Ciencias Naturales Sandalio de Noda 68, 69
Pinar del Río 68 f.
Pinares de Mayarí 149, 218
Playa Ancón 96 f., 190, 218 f.
Playa Cajobabo **148**, 200, 202
Playa Caletones 143
Playa Corinthia 197, 198 f.
Playa Covarrubias 127, 219
Playa El Francés 204
Playa Girón 76 f., **91 f.**, 187, 188, 219
- Museo de la Intervención 91, 92
Playa Jibacoa 46, 219
Playa La Boca 218 f.
Playa La Herradura 127
Playa Larga 76 f., 91, **92 f.**, 187, 219

Orts- und Sachregister

Playa Maguana 137, 197, 199
Playa Las Coloradas 167
Playa Mar Verde 167, 203, 204
Playa Rancho Luna 93, 188, 220
- Castillo de Jagua 93
- El Perché 93
Playa Santa Lucía **129 f.**, 131, 192, 220
Playa Siboney 152
Playa Yacabo **148**, 200, 202
Playas del Este 22, 46 ff., 184, 185, 220
Presa Hanabanilla **97 f.**, 189, 190, 193, 220
Presse/Radio/TV 239 f.
Preza Zaza **98**, 191, 220
Puente de Bacunayagua 56, 57, 184
Puerto Esperanza 64, 220
Punta de Maisí 137, 148
Punta Gorda 158

Rafael Freyre 195, 215
Rancho King 130 f.
Regla 48 f.
Remedios 6, 95, **98 ff.**, 192, 194, 221
- Iglesia de Nuestra Señora del Buen Viaje 99
- Museo de las Parrandas Remedianas 99, 100
- Parroquial San Juan de Bautista 99, 100
Río Baconao, Fluss 152
Río Bacunayagua, Fluss 56
Río Bayamo, Fluss 165
Río Bayate, Fluss 70
Río Cacoyoquín, Fluss 143
Río Caiguanabo, Fluss 67
Río Canímar 55
Río Cauto, Fluss 167
Río El Masío, Fluss 172
Río Manantiades, Fluss 71
Río Negro, Fluss 97, 193
Río San Diego, Fluss 70
Río San Juan, Fluss 54
Río Santa María 149
Río Toa, Fluss 137, 139
Río Yayabo, Fluss 100
Río Yumurí, Fluss 54, 56
Río Zaza, Fluss 98
Rodas 187, 188
Rum 51, 157 f., 160

Salsa 7 f., **25**
San Antonio de los Baños 50, 221
San Diego de los Baños 70, 221
San Francisco de Paula 50 f.
- Finca Vigía/Museo Hemingway 50 f.
San Vincente 72
Sancti Spíritus 6, 10, 94, 97, **100 ff.**, 179, 191, 221
- Iglesia Parroquial Mayor Espíritu Santo 101
- Museo de Arte Colonial 101
- Puente Yayabo 100
Santa Clara 7, 13, 95, 97, 98, **102 f.**, 105, 172, 189, 192, 194, 221 f.
- Memorial/Museo de Ernesto Che Guevara 103, 104
- Museo Monumento Tren Blindado (Zug-Museum) 103, 104
- Teatro Caridad 103
Santa Cruz del Norte 47, 51
Santa Isabel de Nipe 198, 199
Santa Lucia vgl. Rafael Freyre
Santa María del Mar **47 f.**, 220
Santería-Kult 8, 26, 35, 44 f., **48 ff.**
Santiago de Cuba 10, 13, 88, **155–163**, 179, 200, 202, 203, 222
- Balcon de Velázquez 155, 160
- Casa de Diego Velázquez/ Museo de Ambiente Histórico Cubano 156 f., 160
- Casa Grande 155 f.
- Catedral de Nuestra Señora de la Asunción 156, 160
- Cementerio Santa Ifigenia 157 f., 161
- Fortaleza de San Pedro de la Roca del Morro (El Morro) 158 f., 161
- Moncada-Kaserne (Cuartel Moncada) 13, 88, 155, **157**, 161
- Museo de Carnaval 157, 161
- Museo Municipal Emilio Bacardí Moreau 157, 161
- Plaza de la Revolución 158
- San-Juan-Hügel 12
- Taberna del Ron/Museo del Ron 160
- Vista Alegra 155
Santo Domingo 174, 175, 205, 206, 222
Schweinebucht vgl. Bahía de Cochinos

Sierra de Cristal 149, 199
Sierra de Güira 70
Sierra de los Órganos 66, 70, 72, 183
Sierra de Nipe 149
Sierra del Escambray 8, 95, 97, **105 f.**, 179, 189, 192 f., 223
Sierra del Purial 200
Sierra del Rosario 64, 65, **70 f.**, 182
Sierra Maestra 7, 8, 13, 150, 153, 164 ff., **173 ff.**, 179, 189, 204 f., 222
Silla de Gibara 134, 196
Son 150
Soroa 64, 71, 182, 222 f.
- El Salto de Soroa 71
- Orchideengarten 71
Sport/Urlaubsaktivitäten 240 ff.
Sprachführer und Glossar 242 ff.
Strände und Inseln 244 f.
Strom 245

Tabakanbau 10, 72 ff.
Telefon/Post/Internet 245 f.
Tinajones-Krüge 118
Topes de Collantes 105 f., 188, 189, 190, 192, 223
Tourismusämter in Kuba 226 f.
Trinidad 6, 10, 94, 96, 97, **106 ff.**, 179, 188, 190, 191, 192, 223
- Casa Templo de Santería Yemayá 110, 111 f.
- Convento de San Francisco de Asís 109, 112
- Iglesia Parroquial de la Santísima Trinidad 109, 111
- Museo de Architectura Colonial Trinitaria 109
- Palacio Brunet/Museo Romántico 108 f., 110 f.
- Palacio Cantero/Museo Histórico Municipal 108, 110
- Palacio Iznaga 108
- Pinot Guinar 109
Trinkgeld 246 f.
Trova 25, 150, 158

Unabhängigkeitskrieg, erster 12, 115, 120, 150, 154 f., 164
Unabhängigkeitskrieg, zweiter 12, 154 f.
Unterkunft 246 f.

Valle de los Ingenios 6, 95, 107, **113 ff.**, 190, 191

252

Orts- und Sachregister / Namenregister

Valle de Viñales 6, 63, **72 ff.**, 183, 224
- Cueva del Indio 72, 74
- Palenque de los Cimarrónes (Cueva de San Miguel) 72 ff.
Valle de Yumurí 46, 56 f., 186, 224
Varadero **57 ff.**, 184, 187, 224
- Cueva de Ambrosio 58, 60
- Delfinario 58, 60
- Museo Municipal 57
- Parque Retiro Josone 57
- Reserva Ecológica 58 f.
- Villa Du Pont (Mansion Xanadú) 57, 59
Varela-Bewegung 16 f.
Vega Robaina 68, 69
Viñales 72, **74 f.**, 178, 181, 183, 223 f.
Vuelta Abajo 68, 69, 75

Yaguaramas 187, 188
Yara 176, 205, 206, 207
Yumurí-Canyon 137

Zapata-Halbinsel vgl. Península de Zapata
Zeitunterschied 248
Zigarren 8, 26, 35, 68, 69, **75**
Zollbestimmungen 248
Zuckerproduktion 10 f., 54, 94 f., **113 ff.**

Namenregister

Agromonte, Ignazio 120
Alonso, Alicia 36, 120
Alonso, Fernando 120
Arrechabala, Familie 51
Aruaco, Stamm der Taíno-Indianer 142
Asiscio del Valle Blanco, Familie 83

Bacardí, Emilio 157
Bacardí, Familie 37, 157 f.
Baní, Kazikenhäuptling 135
Batista, Fulgencio, Präsident 12 f., 32, 135, 152, 157, 173 ff.
Bernhardt, Sarah 82
Bunke, Tamara 102

Camagüei/Camagüebax, Kazikenhäuptling 117
Capablanca, José Raúl 152
Capone, Alphonse (Al) 57
Carlos III., König 23
Carpentier, Alejo 24, 33, 40, 136
Caruso, Enrico 82, 120
Castro, Fidel 4, 7, 12 ff., 31, 32, 33, 49, 76 f., 86, 87 f., 89, 105, 112, 135, 140, 150, 152, 155, 156, 157, 164, 169, 172, 173 ff.
Castro, Raúl 17, 157, 173 f.
Carter, Jimmy 16
Céspedes, Carlos Manuel de 11, 115, 120, 150, 158, 164, 165, **168**, 176
Churchill, Winston 100
Colli, Alfredo 83
Cooder, Ry 4, 28
Cortéz, Hernán 107, 154
Cousteau, Jacques-Ives 129
Cuéllar Diego Velázquez de 10

Demaison, André 40
Drake, Francis 82
du Pont, Irénée 57, 59
Ferrer, Ibrahim 16, 33

Gavilan, Kid 29
Gómez, Máximo, General 11 f., 33, 148, 167
Gonzáles, Carlos Leyva 127
González, Rubén 33
Greene, Graham 156
Guamá, Indianerhäuptling 139
Guanahatabey, Indianerstamm 10, 67
Guevara, Ernesto Che 7, 13, 67, 71, 95, **102 ff.**, 105, 136, 150, 172, 173 ff., 194
Guillén, Nicolás 178

Hass, Hans 129
Hatuey, Kazikenhäuptling 10, 139
Hemingway, Ernest 35, 37, 43, 50 f., 65, 125
Humboldt, Alexander von 56, 70, 109

Isabella II., Königin 108
Iznaga, Familie 101, 114

Johannes Paul II., Papst 15, 32, 158

Kennedy, John F. 14
King, Richard 130
Kolumbus, Christoph 4, 5, 10, 82, 132, 134, 136, 138, 143
Korda, Alberto (Diaz) 103

Lam, Wifredo 35
Legra, José 138

Longa, Rita 33, 86

Maceo, Antonio 11, 71, 158
Machado, Gerardo, Präsident 87
Mambíses (Freiheitskämpfer) 12
Martí, José 12, 33, 36, 37, 82, 87, 89, 115, 144, 148, 158, 167
Matthews, Herbert L. 176
Mies van der Rohe, Ludwig 155
Montejo, Esteban 115
Morgan, Henry 82, 120, 158

Obama, Barack 17

Palma, Tomás Estrada 158

Robaina, Don Alejandro 68
Rovwenskaya, Magdalena Menasses 136 f.

Salaya, Camilo 82
Sánchez, Celia 169
Sarría, Pedro 157
Segundo, Compay 37, 40
Siboney, Indianerstamm 10
Solás, Humberto 143
Soto, Hernando de 24
Stevenson, Teófilo 29

Taíno, Indianerstamm 10, 57, 86, 132, 134
Thatcher, Robert, 130 f.
Tracy, Spencer 43, 51

Velázquez, Diego 100, 106, 117, 136, 154, 157, 165

Wenders, Wim 4, 28

Nordamerika bei VISTA POINT

Besuchen Sie unsere Website:
www.vistapoint.de
mit tollen Sonderangeboten!
Reiseführer schon ab € 2,99

Bestellen Sie bequem Reiseführer,
City/Info Guides und Bildbände –
ab 20 € porto- und versandkostenfrei!

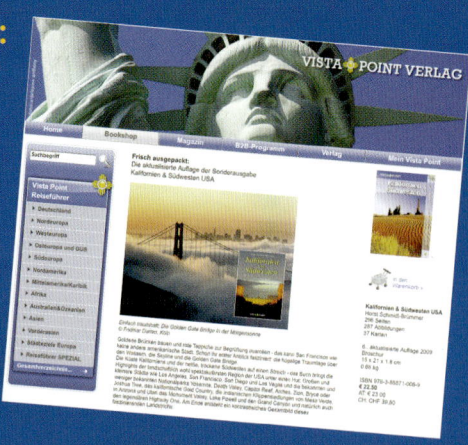

Reiseführer USA/Kanada:

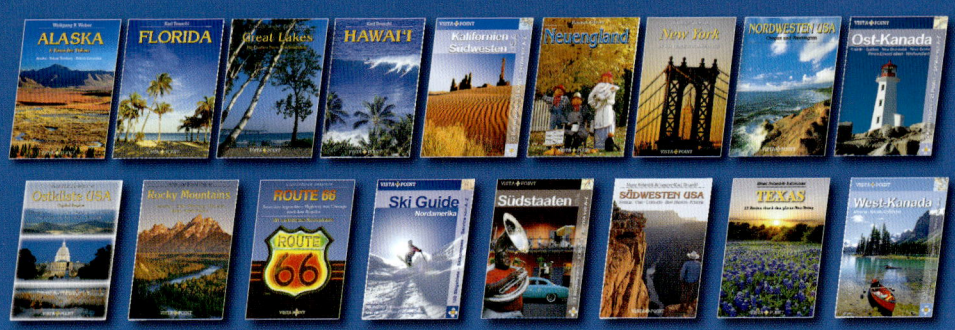

Alle Titel im Format 15 x 21 cm, 240–352 Seiten mit bis zu 200 Farbabbildungen und vielen Karten.

Leserzuschrift:

... Ich bin schon mit manchem Reiseführer durch die Staaten gefahren, doch dieser hat alle anderen wirklich in den Schatten der kalifornischen Goldsonne gestellt ... Die knappen Angaben der Routen, die Hotels und Restaurants, die Vorschläge von Neben- und Alternativrouten, die Beschreibungen, die Hinweise auf »Geheimtipps« ... Spitze! ...
Peter Hahne, ZDF

VISTA POINT Reiseführer gibt's im Buchhandel, in Kaufhäusern und im Internet.

VISTA POINT VERLAG · Händelstr. 25–29 · 50674 Köln · info@vistapoint.de · Tel.: 0221/92 16 13-0

www.vistapoint.de

Zeichenerklärung

In diesem Buch werden die nachfolgenden Symbole verwendet:

- (i) Information
- (◉) Sehenswürdigkeit
- (🏛) Museum
- (🌳) Nationalpark, Naturpark
- (🐐) Tierpark, -reservat
- (🐟) Aquarium, Delfinarium
- (🐢) Schildkrötenbeobachtung
- (🌼) Botanischer Garten, Park
- (🎭) Theater, Festival, Galerie
- (♫) Live-Musik, Konzert
- (♪) Jazzclub
- (🏃) Sport und Erholung, Wandern
- (👪) Für Familien geeignet
- (👶) Hits für Kids
- (✕) Restaurant

- (☕) Café, Bistro
- (🍸) Bar, Nachtclub
- (🛍) Einkaufen
- (✈) Flughafen
- (🚕) Taxi, Mietwagen
- (🚌) Busverbindung
- (🚂) Zugfahrt
- (🚢) Schiffsverbindung, Fähre
- (⛵) Bootsfahrt, -tour
- (🚂) Historische Eisenbahn
- (🌴) Strand
- (🏊) Swimmingpool
- (🛏) Hotel, Unterkunft
- (AI) All-inclusive-Anlage

Restaurants: Bei den unter »Service & Tipps« empfohlenen Restaurants werden Preiskategorien (€) angegeben, die sich auf den Preis für eine Hauptmahlzeit mit Beilagen (außer Hummer und Garnelen!) beziehen.

€   – 4 bis 10 CUC (meist Paladares und Cafeterias)
€€   – 10 bis 15 CUC (meist Hotelrestaurants)
€€€ – 15 bis 20 CUC

Bildnachweis

Klaus Acker, Köln: S. 180 u.
El Floridita, Havanna: S. 36
Fotolia/Christian Schoettler: S. 65 o., 79 u.; Frank Waßerführer: S. 125 o., 125 u.
Rainer Hackenberg, Köln: Haupttitel (S. 2/3), S. 8 u., 9 o., 18/19, 26, 35 u., 39 u., 53 o., 55 o., 55 u., 56 u., 58 o., 64, 68, 69 o., 73, 82 u., 85 u., 86, 96, 99, 100, 101, 103, 104 u., 105 o., 107 o., 113 o., 117 o., 126/127, 134, 135, 137, 138, 145 o., 151 o., 156, 158, 158/159, 162 u., 163, 182 o., 186, 198, 199, 201, 204
Andrea Herfurth-Schindler, Köln: S. 108 u., 190 u., 193
iStockphoto/Adam Booth: S. 17 u.; Bjorn Hotting: S. 61 o.; Leonid Katsyka: S. 80; Ralf Mitsch: S. 58 u.; Flavio Vallenari: S. 152
Volkmar E. Janicke, München: S. 144, 166 u.
Gerold Jung, Ottobrunn: S. 95 o., 114, 154 u., 240
Harald Mielke, Sachsenried: S. 52, 59, 60 o., 82 o., 87 u., 91, 164, 248
Martina Miethig, Berlin: S. 14 o., 22 u., 32/33, 34 o., 37 o., 40, 47 u., 48, 51, 57 o., 65 u., 70 o., 78 u., 79 o., 79 u., 81, 83 u., 88, 90, 92, 95 u., 107 u., 120, 123 u., 128/129, 131 u., 136, 140 o., 142 u., 153 o., 157, 168, 169, 171 u., 172, 174/175, 177, 179, 194, 196 o., 214, 223, 235
Hans van Ooyen, Recklinghausen: Titelbild, S. 4, 5 o., 5 u., 6, 7 u., 8 o., 16 o., 16 u., 23, 24 o., 24 u., 25, 27 o., 28, 29, 32 o., 38 o., 41, 43 u., 44 o., 45 u. l., 77, 102, 104 o., 109 o., 110/111, 113 u., 116, 121, 122, 124, 143, 146 u., 148 o., 149 o., 150, 155 u., 170, 181, 185 u., 188 o., 189, 190 o., 191, 196 u., 202, 206/207, 226, 237, 244, 246
Guido Schiefer, Köln: Schmutztitel (S. 1), S. 20, 31, 61 u., 62, 74 o., 84 o., 98 o., 132, 139 u., 147, 236 u.
Vista Point Verlag (Archiv), Köln: S. 7 o., 9 u., 10 o. l., 10 o. r., 10 u., 11, 12, 13 o., 13 u., 14 u., 15 o., 15 u., 17 o., 22 o., 27 u., 30, 33, 35 o., 37 u., 38 u., 39 o., 42, 43 o., 44 u., 45 o., 45 u. r., 46, 47 o., 49 o., 49 u., 50 o., 50 u., 53 u., 54, 56 o., 57 u., 60 o., 66, 67, 69 u., 70 u., 71, 74 u., 75 o., 75 u., 83 o., 84 u., 85 o., 87 o., 93, 97, 98 u., 105 u., 106, 108 o., 112, 113 Mitte, 117 u., 126, 130, 131 o., 139 o., 139 / 2.v.o., 139 / 3.v.o., 140 u., 141, 142 o., 146 o., 149 u., 151 u., 153 u., 160 o., 160 u., 161 o., 161 u., 162 o., 165, 166 o., 167, 171 o., 173 o., 173 u., 176, 178, 182 u., 183, 185 o., 188 u., 192, 195, 197, 203, 208, 225, 232, 234, 236 o., 238, 247
Jürgen Witte, Leutenbach: S. 154 o.
www.pixelquelle.de: S. 34 u., 72, 78 o., 89, 109 u., 123 o., 128, 145 u., 148 u., 155 o., 180 o., 187

Titelbild: »In Kuba fließt die Musik wie ein Fluss.« (Ry Cooder). Foto: Hans van Ooyen, Recklinghausen
Vordere Umschlagklappe (innen): Übersichtskarte von Kuba mit den eingezeichneten Reiseregionen
Schmutztitel (S. 1): Wandpamphlet in Cienfuegos »Viva Cuba Libre!« (Es lebe das freie Kuba!). Foto: Guido Schiefer, Köln
Haupttitel (S. 2/3): Die Ruine der Ermita de Nuestra Señora de la Candelaria de la Popa oberhalb von Trinidad. Foto: Rainer Hackenberg, Köln

Konzeption, Layout und Gestaltung dieser Publikation bilden eine Einheit, die eigens für die Buchreihe der **Vista Point Reiseführer** entwickelt wurde. Sie unterliegt dem Schutz geistigen Eigentums und darf weder kopiert noch nachgeahmt werden.

© Vista Point Verlag, Köln
2., aktualisierte Auflage 2012
Alle Rechte vorbehalten
Verlegerische Leitung: Andreas Schulz
Reihenkonzeption: Horst Schmidt-Brümmer, Andreas Schulz
Lektorat: Kristina Linke
Bildredaktion: Andrea Herfurth-Schindler
Layout und Herstellung: Sandra Penno-Vesper
Reproduktionen: Henning Rohm, Köln
Kartographie: Kartographie Huber, München
Gedruckt auf chlorfrei gebleichtem Papier

ISBN 978-3-86871-021-2